精品课程配套教材

21世纪应用型人才培养“十三五”规划教材

“双创”型人才培养优秀教材

统计学

主　审　曹虎山

主　编　李青阳　谭　棉　常　晶

副主编　钱建伟　张艳粉　董萍萍　刘哨东

汤大益　张葆华　谢树珍　陈全芬

钱　欣　姜　健　张　勤

TONGJIXUE

图书在版编目（CIP）数据

统计学 / 李青阳，谭棉，常晶主编 . —青岛：中国海洋大学出版社，2018. 7（2022. 7 重印）

ISBN 978-7-5670-1903-4

Ⅰ. ①统… Ⅱ. ①李… ②谭… ③常… Ⅲ. ①统计学—高等学校—教材 Ⅳ. ①C8

中国版本图书馆 CIP 数据核字（2018）第 184424 号

出版发行 中国海洋大学出版社
社　　址 青岛市香港东路 23 号　　邮政编码 266071
出 版 人 杨立敏
网　　址 http://www. ouc-press. com
电子信箱 2880524430@ qq. com
订购电话 010-82477073（传真）　　电　　话 010-82477073
责任编辑 郭周荣
印　　制 北京俊林印刷有限公司
印　　次 2022 年 7 月第 2 次印刷
成品尺寸 185 mm×260 mm
印　　张 19
字　　数 447 千
印　　数 10000—13000
定　　价 42. 00 元

前　言

《统计学》是一本基于统计工作过程、由任务驱动的工学结合的教材。其目标是为统计基础课程提供一本知识新、实践指导性强的专门教学用书，适合作为成人院校经济类和管理类专业的统计基础教材，也可作为有关经营管理部门培训的参考教材。

本教材主要有以下几方面的特点：

第一，教学内容体系结构更为完善。全书基于统计工作过程、以统计活动流程为主线，形成一个清晰的逻辑框架，突出教材的工学结合特点。教材按统计调查、统计整理和统计分析整个统计工作过程的三个步骤，形成八个项目：统计调查、统计整理、综合指标分析、动态数列分析、统计指数分析、抽样推断、相关与回归分析、统计综合分析。

第二，教材的应用性更为突出。从方便学习、便于掌握的角度出发，每个项目都有项目要点、学习目标、项目导入；每项目后有项目小结、实训操作、社会实践题，并配备项目自测，数量适当、覆盖面广、针对性强，非常具有适应性。全书在内容论述中也加强了例解，注重学生实践能力的培养。使学生在学完本课程后，能够应用统计学的基础理论与知识、运用统计学的基本分析方法，解决后续专业课遇到的相关问题，并能收集、整理、分析一些常见的经济生活领域的常见问题。

第三，本教材最突出的特点是对统计实践活动的指导具有可操作性。每个项目都有一个实训操作模块，每个模块内至少包括两个实训项目，即案例分析和实际操作。

第四，叙述的风格更为简洁。在写法上，各项目结构和内容都有所调整或精简，剔除了不易为学生所理解的叙述，完善了表述不够明了的内容。整体叙述风格做到深入浅出，通俗易懂，学以致用。

最后，本教材主张将统计知识的学习与现代技术的掌握有机结合。统计要对各种数据进行制表、绘图、分组整理和分析以及管理等。在计算机时代，烦琐的数据处理工作可以通过简单的计算机操作去完成，使统计学的学习与实际应用变得更加轻松和容易。因此，本教材尽可能省略了一些烦琐的演算过程，也省略了许多不必要的简化计算方法的介绍，相应的项目的最后一个任务均结合具体实例清晰地介绍了如何利用 Excel 来实现该项目有关的计算和图表的绘制。在众多数据处理软件中之所以选择 Excel，是因为它能够与 Windows 操作系统以及 Office 中其他软件良好结合，而且功能强大、简单易学，是目前实际工作中最为普及的应用软件之一。对各项目有关 Excel 内容的教学，可以根据具体情况灵活安排。教师可以在课堂上将统计方法和例题与相应的 Excel 操作结合起来讲解和演示，也可以在讲授完每一项目的基本理论和方法之后再专门安排上机实习时间。对于学习过Excel的读者，可以先阅读附录 A 的 Excel 基本操作。若没有上机操作的教学条件和要求，也可忽略这一部分，不会影响本教材统计学内容体系的完整性和逻辑性。

本书由李青阳、谭棉、常晶担任主编，由曹虎山担任主审，由钱建伟、张艳粉、董萍萍、刘哨东、汤大益、张葆华、谢树珍、陈全芬、钱欣、姜健、张勤担任副主编。具体分工如下：李青阳编写导论、项目一、项目三；谭棉编写项目二；常晶编写项目四；钱建伟、张艳粉、陈全芬编写项目五；董萍萍、张勤编写项目六；刘哨东、汤大益、钱欣编写项目七；张葆华、谢树珍、姜健编写项目八。最后由李青阳、曹虎山对全书统稿修改。

在本书编写出版过程当中，得到了编者单位领导的大力支持，同时作者还参考和引用了国内外有关教材、著作和研究成果，在此一并致以衷心的感谢！

由于编者水平有限，书中难免存在疏忽与不妥之处，敬请同行专家及读者多提建议和意见，以便修订时更完善。

编者

CONTENTS 目录

导论　树立现代统计观念 …… 1

任务一　明确统计研究的对象、特点和作用 …… 2

任务二　熟知统计研究的基本方法与工作过程 …… 6

任务三　明确统计学中的基本概念 …… 8

任务四　了解我国统计的任务和组织 …… 13

任务五　了解 EXCEL 在统计中的运用 …… 15

项目一　统计调查 …… 23

任务一　设计统计调查方案 …… 27

任务二　设计统计调查问卷 …… 31

项目二　统计整理 …… 46

任务一　进行统计分组 …… 48

任务二　编制分配数列 …… 50

任务三　编制统计表 …… 57

任务四　绘制统计图 …… 60

任务五　用 Excel 对统计数据进行整理 …… 63

项目三　综合指标分析 …… 80

任务一　总量指标分析 …… 82

任务二　相对指标分析 …… 86

任务三　平均指标分析 …… 92

任务四　标志变异指标分析 …… 103

任务五　用 Excel 计算综合指标 …… 109

项目四　动态数列分析 …… 126

任务一　动态数列水平指标分析 …… 128

任务二　动态数列速度指标分析 …… 134

任务三　动态数列影响因素分析 …… 140
任务四　应用 Excel 进行动态分析 …… 152
项目五　统计指数分析 …… 166
任务一　编制综合指数 …… 168
任务二　编制平均数指数 …… 171
任务三　编制平均指标指数 …… 173
任务四　运用指数体系对总量变动进行因素分析 …… 175
任务五　编制几种常用的价格指数 …… 180
任务六　用 Excel 进行指数分析 …… 185
项目六　抽样推断 …… 198
任务一　计算抽样误差 …… 203
任务二　估计总体参数 …… 210
任务三　设计抽样方案 …… 217
任务四　确定必要的样本容量 …… 227
任务五　运用 Excel 进行抽样估计 …… 228
项目七　相关与回归分析 …… 239
任务一　测定相关关系 …… 241
任务二　进行回归分析 …… 246
任务三　用 Excel 进行相关和回归分析 …… 253
项目八　统计综合分析 …… 265
任务一　统计综合分析技术 …… 270
任务二　撰写统计分析报告 …… 277
附录 A　Excel 的基本操作 …… 287
附录 B　正态分布概率表 …… 293
附录 C　几种常用的统计软件简介 …… 295
参考文献 …… 298

导论　树立现代统计观念

学习要点

导论的主要内容是在介绍统计产生和发展的基础上，重点阐述统计的研究对象和研究方法以及统计中常用的基本概念。

学习目标

【知识目标】

1. 了解统计学的产生、发展，统计学的研究对象和特点；
2. 明确统计工作的任务；
3. 熟练掌握统计学的基本范畴。

【能力目标】

1. 树立现代统计观念；
2. 逐步形成对社会经济现象的数量进行分析的能力。

项目导入

背景资料一：自新中国成立以来，我国进行了六次人口普查。有关数据如下：

1.1953 年 6 月 30 日 24 时，第一次人口普查，总人口为 5.82 亿，性别比为 107.6；
2.1964 年 6 月 30 日 24 时，第二次人口普查，总人口为 6.95 亿，性别比为 105.5；
3.1982 年 7 月 1 日零点，第三次人口普查，总人口为 10.08 亿，性别比为 106.3；
4.1990 年 7 月 1 日零点，第四次人口普查，总人口为 11.34 亿，性别比为 106.6；
5.2000 年 11 月 1 日零点，第五次人口普查，总人口为 12.66 亿，性别比为 106.7；
6.2010 年 11 月 1 日零点，第六次人口普查，总人口为 13.71 亿，性别比为 105.2。

这些资料可以用统计表表示，如表 0－1 所示。

表 0－1　我国六次人口普查的数据表

次数	年份	全国总人口数（亿人）
1	1953	5.82
2	1964	6.95

续表

次数	年份	全国总人口数（亿人）
3	1982	10.08
4	1990	11.34
5	2000	12.66
6	2010	13.71

这些资料还可以用统计图表示，如图 0－1 所示。

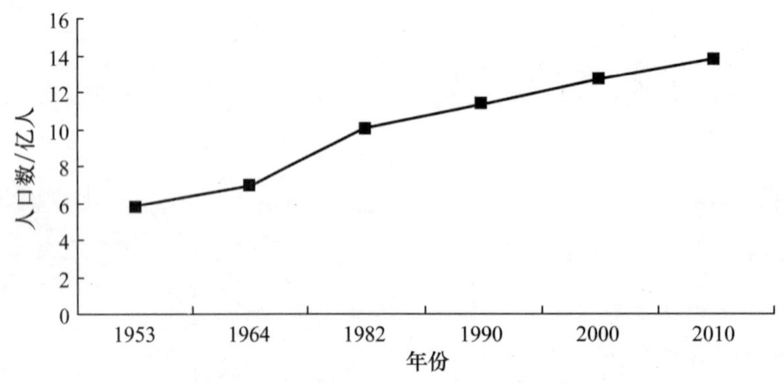

图 0－1　我国历次人口普查的人口分布

背景资料二：为了快速认识我们这个班的同学，了解全班同学的身体健康状况和学习情况，请同学们给我提供好的方法。

背景资料一中的数字资料、图表都是统计资料，是统计工作的结果。如何进行统计工作？如何用统计的方法来认识世界？这就是该学科要解决的问题。首先，我们要了解统计的产生和发展、认识统计学的研究对象和方法、明确统计的作用和任务、理解统计的基本概念。树立现代统计观念。

任务一　明确统计研究的对象、特点和作用

一、了解统计的产生和发展

（一）统计活动的产生和发展

统计是适应社会政治经济的发展和国家管理的需要而产生和发展起来的。

统计实践活动先于统计学的产生，早在四五千年前，为适应当时社会经济发展的需要，就开始了各种各样的统计实践活动。

早在奴隶社会时期，当时的统治阶级为了征兵和收税，需要了解土地、人口、粮食和牲畜的数量，就有了人口、土地等政府记录。我国在公元前 22 世纪已有人口、土地的记载。

封建社会的统计有了进一步发展。在中国，历代封建王朝都十分重视统计，战国时期

商鞅提出强国应了解 13 个方面的数字资料，其中包括粮食、各类人口、农业生产资料及自然资源等。

统计的广泛发展开始于资本主义社会。从 18 世纪起，许多国家先后设立了专门的统计机构，搜集各个方面的统计资料，出版统计刊物，倡议建立国际统计组织，积极推动召开国际统计会议。

(二) 统计学的产生和发展

随着统计工作的发展和统计实践经验的日益丰富，加上政治学、社会学、经济学、数学等学科的影响，从 17 世纪到 19 世纪中叶，出现了一批重要的统计著作，并开始形成了不同的统计学派，统计学作为独立学科得到了相应的发展。

一般来说，统计学的产生和发展可分为三个时期。不同时期各学派之间的相互争论，相互渗透，使统计理论最后发展成为统一的现代统计学。

1. 古典统计学时期

从 17 世纪中叶到 18 世纪中叶是古典统计学时期，当时主要有政治算术学派和国势学派。

(1) 政治算术学派。该学派产生于 17 世纪中叶的英国，主要代表人物是威廉·配弟。英国古典政治经济学的创始人威廉·配弟的代表作《政治算术》一书，是经济学和统计学史上的重要著作。书中用“数字、重量、尺度”等定量的分析工具，对英国和当时的主要发达国家的经济实力进行了比较分析。该书的出版标志着统计学的产生，为此被推举为统计学的创始人，并将其所代表的学派命名为政治算术学派。

(2) 国势学派。该学派产生于 18 世纪的德国国势派又称记述学派，创始人是 17 世纪德国的海尔曼·康令。国势学派搜集大量实际资料，分门别类系统地记述了有关国情国力的重要事项，如人口、领土、政治、军事、经济、宗教、地理、风俗、货币等等。使用了“统计学”这个名称，但几乎不用数字而只用文字对国情国力进行系统地描述，所以人们也把它叫作记述学派，并认为国势学派有统计学之名，而无统计学之实。

2. 近代统计学时期

统计学的近代时期是 18 世纪末到 19 世纪末。该时期的主要成果是建立和完善了统计学的理论体系，并逐步形成了以随机现象的推断统计为主要内容的数理统计学派和传统的政治经济现象描述为主要内容的社会统计学派两大学派。

(1) 数理统计学派。产生于 19 世纪中叶，创始人是比利时的阿道夫·凯特勒，在统计学发展中的最大贡献是把概率论引入了统计学，从而使统计学产生了质的飞跃。凯特勒的研究成果在自然科学、经济学、生物学等科学中得到不断的应用，逐渐形成一门独立的学科。因此，被称为数理统计学的奠基人和“近代统计学之父”。

(2) 社会统计学派。产生于 19 世纪后半叶，创始人是德国的克尼斯，克尼斯在《独立科学的统计学》中，提出了把“国势论”作为“国势学”的科学命名，把“统计学”作为“政治算术”的科学命名，从而结束了对统计学研究对象长达 200 年之久的争论。

3. 现代统计学的发展时期

从 19 世纪末开始，统计学进入了现代统计学时期。在这个时期，数理统计学与社会统计学逐步融合成为统一的现代统计学。

（三）我国的统计和统计学

我国的统计学界，在新中国成立前也存在着数理统计学派和社会统计学派，两派的观点都是从外国传来的。中华人民共和国成立初期，认为只有社会经济统计学才是唯一的统计学，从而在根本上否定了数理统计学是统计学的组成部分，严重妨碍了整个统计学的发展。改革开放以来，人们被禁锢的思想终于获得解放，经过长期、广泛的认识和探讨，我国统计学学科建设取得了重大突破和质的飞跃。

1996 年 10 月，中国统计学会、中国数理统计学会、中国现场统计学会联合举办全国统计科学研讨会，这次会议达成了中国各统计学科，各统计学派之间相互借鉴、相互融合、共同发展的思想，确立了统计学科体系的基本框架，肯定了统计学是包括社会经济统计学和数理统计学在内的一般方法论性质的科学，这为今后我国统计学的发展奠定了坚实的基础。

二、认识统计学的研究对象

（一）统计的含义

统计有社会经济统计和数理统计之分。本书侧重社会经济统计，简称为统计。

统计从朴素直观的词义理解为“统而计之”，即将大量事物的数量进行汇总和计算。从广义的角度观察，统计是研究社会经济现象中的数量问题，以反映其本质和规律性的一门方法论的社会科学。

统计一词包含三种意义：即统计工作、统计资料和统计学。

统计工作，即统计实践活动，是指从事统计业务的机关、单位利用科学的统计方法，搜集、整理、分析和提供有关客观现象的数据资料、研究数据的内在特征，并预测事物的发展方向等一系列工作过程的总称。

统计资料，是统计实践活动过程取得的各项数据资料以及与之相联系的其他资料的总称。背景材料中的资料都是统计资料。

统计学是统计工作经验的总结和理论概括，它阐明了统计工作的基本理论和方法。统计工作与统计资料的关系是统计活动即过程与统计成果的关系，统计工作与统计学的关系是统计实践与统计理论的关系。

相关链接

“统计”一词的由来

“统计”一词，英语为 Statistics。用作复数名词时，意思是统计资料；作单数名词时，指的是统计学。一般来说，统计这个词包括三个含义：统计工作、统计资料和统计学。这三者之间存在着密切的联系，统计资料是统计工作的成果，统计学来源于统计工作。原始的统计工作即人们收集数据的原始形态已经有几千年的历史，而它作为一门学科，还是从 17 世纪开始的。英语中统计学家和统计员是同一个单词（Statistician），但统计学并不是

直接产生于统计工作的经验总结。每一门学科都有其建立、发展的客观条件，统计科学则是由统计工作经验、社会经济理论、计量经济方法融合、提炼、发展而来的一种边缘性学科。

（二）统计学的研究对象

统计学是研究社会经济现象数量方面的理论和方法，其研究对象是大量社会经济现象总体的数量特征和数量对比关系。

1. 统计学的研究对象是社会经济现象的数量方面

任何事物都有质和量两个方面，社会经济现象也是如此，从数量上认识事物的基本特征是研究客观现象的重要方法之一。统计学正是从数量上来研究社会经济现象，反映社会经济现象的规模、水平、速度、比例关系等各种数量关系，揭示社会经济现象的变化规律。

2. 统计学是在质和量的联系中研究数量特征和数量关系

统计学不是抽象地研究纯数量，而是联系一定的质去研究事物的量。一方面，任何量都依存于一定的质，离开质就无所谓量，也无从核算量。另一方面，任何质都表现为一定的量，只有在研究事物的量的基础上，才能具体深刻地认识事物的本质。

统计学在研究社会经济现象的数量方面时，既要通过研究现象的数量来认识它的本质，又决不能离开事物的本质去抽象地研究它们的量。统计学研究的量总是具体事物在一定的时间、地点等条件下的数量表现，它总和现象的质密切地联系在一起。统计学研究事物的量的目的，正是为了深刻地反映现象的性质和内在联系，揭示社会经济现象的变化趋势或规律性。

3. 统计学研究的是总体数量方面

统计学研究社会经济现象的目的在于认识社会经济现象总体的规律性。个别现象由于受偶然因素的影响，在数量上表现得千差万别，只有通过大量观察，充分提取材料，才能真正认识和把握事物的本质特征。

（三）统计的特点

社会经济统计是对社会经济现象的一种调查分析活动，它具有以下特点。

1. 数量性

统计发展的历史告诉我们，统计的首要特点就是其数量性。从事统计的目的是为了认识社会经济现象的数量方面，即社会经济现象的规模、水平、结构、速度、比例关系和普遍程度等等。

统计的数量性是指为了认识社会经济现象的质量而研究其数量，而要对社会经济现象的数量方面进行分析研究，又必须结合其质量方面。

社会经济现象有质量和数量两个基本方面，两者是辩证统一的。要了解事物的存在和发展并掌握其变化规律，就必须分析研究事物的量的方面及其发展规律性在具体时间、地点、条件下的数量表现。认识事物的数量表现，是深入把握事物的质量的前提和基础。例如，一个国家的人口数量、结构和分布，国家财富的数量、构成和利用情况，国民经济的规模、发展速度、人民生活水平等等数字，都是反映该国国情国力的基本方面。通过一系列统计指标对这些基本情况有所了解，才可能对该国有一个客观的认识。从另一个角度看，要准确反映事物的数量方面，就要求对所研究现象的质有一个基本认识。例如，要计算国内生产总值，首先要对国内生产总值所反映的国民经济总量有一个基本认识，根据这种认识，才能正确界定国内生产总值的计算口径、范围和计算方法，也才能得出较为准确的国内生产总值的数据。正是在这种与质量研究相结合的过程中，统计成为人们认识客观事物的有力工具。

2. 总体性

统计的研究对象是客观总体现象的数量方面。如人口统计是要反映和研究一个国家或一个地区全部人口的综合数量特征，而不是要了解和研究某个人的特征，但是它是从对每个人调查开始的。人口统计是这样，其他统计活动也是这样。

3. 变异性

统计研究同类现象总体的数量特征，它的前提则是总体各单位的特征表现存在着差异，而且这种差异并不是由某种固定的原因事先给定的。

4. 具体性

统计要研究的是具体事物的数量，不是抽象的量，这是统计与数学的一个重要区别。数学研究客观世界的空间形式和数量关系时，具有高度的抽象性，它可以撇开所研究客体的具体内容；而统计在研究社会经济现象的数量时，就必须紧密联系被研究现象的具体内容，联系其质的特征。

三、明确统计的作用

统计是社会调查研究方法中应用最广泛的重要方法之一。列宁曾精辟地指出，统计是认识社会最有力的武器之一。因此，统计既是一种认识社会的有力武器，又是为一定政治目的服务的一种工具。

统计之所以能够起到认识社会的作用，是因为统计能够从全面事实的总和中，从事物的内部联系中把握实质，也就是说它能够从数量方面来说明客观事物的现象和发展过程，能够深刻有力地揭示客观事实的内在本质和规律。

人类认识社会的目的在于改造社会，在改造社会的过程中。统计的作用又表现为实现一定政治经济目的的工具。在社会主义现代化建设时期，则主要是了解国情国力、服务社会、监督国民经济正常运行、促进社会主义现代化建设事业的可持续发展。

任务二　熟知统计研究的基本方法与工作过程

一、统计研究的基本方法

统计学研究对象的性质，决定了统计的研究方法，解决研究方法问题是解决统计研究

过程一切问题的关键之一。因此，研究方法问题在统计学中居于重要地位。主要包括大量观察法、统计分组法、综合指标法和模型推断法等。

（一）大量观察法

任何事物都处于相互联系的统一整体中，脱离整体而孤立的事物是不存在的。统计是从社会经济现象总体的角度来把握事物的，因而统计必须运用大量观察法，就是要对所观察的事物足够多的单位进行观察以达到认识总体的目的。

社会经济现象的发展比自然现象的发展复杂得多，由于各种社会规律相互交错影响，社会经济现象总体中的个别事物往往会受到各种偶然因素的制约。在这种情况下，如果孤立地就其中少数单位进行观察，其结果常常不足以反应现象总体的一般特征。因此，就要对总体内足够多的单位进行观察并加以综合，如此才能抵消个别现象所受到的偶然因素的影响，从而形成对总体的正确认识。

至于大量观察法的形式，则要根据所观察事物的特点和统计工作的条件来确定。在统计实践中常用到的统计调查方法有抽样调查、定期统计报表、普查等。

（二）统计分组法

社会经济现象是多层次、多种类、错综复杂的，只有运用统计分组法划分社会经济现象类型，确定所研究现象的同质总体，才能为统计资料的加工整理和统计分析研究奠定基础。所谓统计分组，就是根据一定的研究目的和现象的总体特征，将总体各单位按一定的标志，把社会经济现象划分为不同性质或类型的组别。统计分组法是统计研究的基本方法，主要用于统计整理阶段。

（三）综合指标法

综合指标法是在对大量资料进行整理的基础上，计算各种综合指标，对大量现象的数量方面进行分析的方法，它是统计分析的基本方法之一。在统计分析中，广泛运用相对指标分析法、平均指标分析法、动态分析法、指数分析法、相关分析法等等，可以综合反映社会经济现象的规模、水平、比例关系、发展速度等，使我们对被观察的事物有一个更为深入的认识。

（四）模型推断法

在综合统计指标分析的基础上，统计研究还要借助于数学模型对社会总体的数量特征做出归纳、推理和预测，这是所谓的模型推断法。所谓数学模型，就是根据社会现象的内在因素、外在因素变量及其相互关系进行抽象和假设，构成一个或一组反映社会经济数量关系的数学方程式。利用数学模型，可以揭示事物存在的内部结构，分析变量间的相互关系，进行统计推断和预测。

统计推断分析一般是借助于统计数学模型完成的，它是利用已有的信息推断未知信息的工作过程，如利用过去的信息推断未来，利用局部资料推断总体，利用相关总体的资料进行变量间关系的推断等。推断统计是描述统计的继续，是统计研究的深入和发展，因为统计研究的对象是大量社会经济总体现象的数量特征。但是，由于各方面条件的约束，统计工作者不可能也不必要对每项统计调查都全面系统的认识总体的全部单位，而只需要抽取少部分的信息资料，对总体的状况进行推断和估计。如此，可以更有效地发挥统计的作用。所以，在统计研究中，统计推断方法占有很重要的地位。

统计研究中的抽样推断分析方法、相关与回归分析方法、统计推断与预测、统计假设检验等方法都是模型推断方法的具体表现形式。这些方法主要是从样本调查的结果推断总体，包括在一定条件下，对总体的数量特征做出一定区间内的推测；也可用以推断两个不同总体之间某一数量特征是否具有明显的差异。在统计假设检验中，就可以具体地进行应用。例如，在质量上，两种不同工艺方法所生产的产品，新工艺是否明显优于旧工艺。此外，还可以用样本回归方程对总体的参数做出估计和推断等等。统计推断方法大部分是以概率论和数理统计方法为基础的，这些方法在社会经济统计中已经成功应用。

二、统计工作的过程

统计工作是运用各种统计特有的方法对社会经济现象进行调查研究以认识其本质和规律性的一种认识活动。就一次统计活动来讲，一个完整的统计工作过程一般分为统计设计、统计调查、统计整理和统计分析四个阶段。

统计设计就是对统计活动的各个方面和各个环节加以通盘考虑和安排。统计设计的结果就是形成设计方案，如指标体系、分类目录、调查方案、整理方案及保管和提供制度。这是统一统计行动的依据。

统计调查即统计资料的搜集，就是根据统计调查方案的要求，采用各种统计调查组织形式和调查方法，有计划有组织地对所研究总体的各个单位进行观察、登记，准确、及时、完整、系统地搜集原始资料的工作过程。这一阶段是认识事物的起点，也是进一步进行统计资料整理和分析的基础环节。

统计整理就是对统计调查所搜集到的统计资料加以科学汇总，按一定标志进行分组归类，使个体的、零散的资料系统化、条理化，从而得出能反映总体数量特征的综合数字资料的过程。所以，这一阶段是统计研究的中间阶段。统计整理的结果表现为各种统计表和统计图。

统计分析是对已经经过加工汇总整理的资料进行分析研究，对各项分组和统计资料从动态和静态两方面计算各种分析指标，认识和揭示所研究现象的本质和规律，得出科学的结论，进而提出建议和意见并进行科学的统计预测的工作过程。统计分析是统计工作的最后阶段，也是统计发挥信息、咨询和监督职能的关键阶段。

统计工作过程的四个阶段是相互联系、不可分割的，一般情况下是依序进行的，但是某些情况下各阶段也相互交叉和渗透。在实际工作中，只有做好每个阶段的工作，才能保证优质、高效地完成整个统计工作。

任务三　明确统计学中的基本概念

在统计实践中，会经常涉及一些概念，它们是统计学中常用的基本概念。其核心是围绕统计指标展开的。

一、统计总体与总体单位

（一）统计总体

统计总体是根据一定的调查目的所确定的被研究事物的全体。例如，研究某市商业企业的基本情况，那么由该市所有商业企业组成的全体就是一个统计总体。

一般来说，一个统计总体需要同时具备大量性、同质性、变异性三个特征。

一是大量性。总体必须由许多个别单位结合组成，仅仅由个别单位或为数极少的单位结合不足以构成总体。大量性是组成总体的基本前提。总体必须具备大量性，是因为构成总体的个别单位的表现是多种多样的，只对少数单位进行观察，其结果难以反映总体的本质特征。总体的本质特征只有对数量众多的个别单位进行综合分析时才能反映出来。以某市商业企业组成的总体为例，每一企业是个别单位，那么全市所有的商业企业组成的全体就具有大量性，把全市每一个商业企业的职工人数进行综合分析，就能说明该市商业企业这一总体的人员结构特征。

总体的大量性是相对于个别事物或极少数事物而言的，有一定的相对性。大量性的多少，取决于两点：一是和统计研究精度有关，调查要求精确程度高，就需要尽可能增加个别单位的数量，反之则可少一些；二是和总体中个别单位之间的差距程度有关，如果每一个别单位之间有着显著性差别，就需要尽可能增加个别单位的数量，以减少偏差，取得准确可靠的结果。

二是同质性。总体的同质性是指总体中每一个别单位在某一方面具有共同性质，这是组成总体的根本条件。如果把不同性质的个别单位结合在一起，它所表现的总体特征是模糊不清的。例如，在某市商业企业这一总体中，每一个企业都必须具有“商业”这一共同特征。凡不具备“商业”这一性质的企业都不能进入这一总体中。

同样，总体的同质性也是相对的。在不同的研究条件下，对总体的同质性有不同的规定。例如，研究某市企业基本情况时，则由全市企业组成总体，这时同质性只要求把具有“企业”特征的单位结合起来组成总体，而不强调是工业企业，还是商业企业，或是其他企业。

三是变异性。总体中的每一个别单位除了在一至两方面具有同质性外，在更多的方面则表现出不同，或是质的差别，或是量的变化。在某市商业企业这一总体中，每一个商业企业在所有制形式、业务类型、职工人数、销售额等方面都有差异，这种差异是普遍存在的，所以才对大量的个别单位进行调查和统计。如果总体中每一个别单位在所有方面表现出共同性，就没有必要对个别单位进行统计调查，而只研究其中某一个别单位就可以说明总体特征，实际上这种情况几乎不可能出现。因此可以说变异性构成了总体研究的主要内容。

可见组成总体的三个特征是密切相联的。同质性是组成总体的根本条件，大量性是组成总体的基本前提，变异性是总体研究的主要内容。

统计总体中包括的个别单位数量如果是无穷的，则称为无限总体。例如，大量连续生产的零件组成的总体，只要这种零件连续生产下去，这一总体就会无限扩大下去，因而是无限总体。如果统计总体中包括的个别单位是可数的，则称为有限总体，像某市商业企业、全国人口等一些总体，不论总体包括的个别单位如何多，只要其数量有限，都是有限总体。一般来说，对无限总体适合采用非全面调查方法进行统计，对有限总体既可用全面调查方法，也可用非全面调查方法。

（二）总体单位

构成总体的每一个别单位，被称为总体单位。原始资料就是从总体单位取得的，总体单位是各项调查项目的直接承担者。了解某市的商业企业的基本情况，首先要做的是对每个商业企业的属性和数量加以登记；其次才是经过汇总和综合来说明该市商业企业这一总体的基本情况。

总体和总体单位之间的关系如表 0－2 所示。

表 0－2　总体和总体单位之间的关系

区别与联系	总体	总体单位
侧重点不同	反映事物的整体	反映事物的个体
反映资料不同	二手资料	原始资料
联系	随着研究目的的不同，总体与总体单位可以互相转化。 如：对某市工业企业进行普查，则每一个工业企业是总体单位；若研究这一个工业企业的规模时，则该企业就是总体。	

二、标志与统计指标

（一）标志

标志是说明总体单位的属性和特征的名称。在某市商业企业这一总体中，作为总体单位的每个商业企业，其中有的企业是全民所有制这一属性，有的企业是集体所有制这一属性，有的还是联营性质的属性，无论是全民所有制、集体所有制或联营属性，我们都可以用“所有制性质”这一名称加以说明。“所有制性质”是说明总体单位属性的名称，因而是标志。再如每个商业企业分别有 500 人、400 人、300 人……尽管数量上有所不同，但我们可以用“职工人数”这一名称说明这些不同数量。“职工人数”是说明总体单位数量特征的名称，因而也是标志。某人性别为“男”，性别是标志；某人年龄 20 岁，年龄是标志，“20”是这个标志表现出来的数量特征。在同一个标志下，总体单位表现的属性是有差别的，表现的数量特征也是变化的。

标志根据所反映的总体单位内容的不同可分为品质标志和数量标志。品质标志是说明总体单位属性一类的名称，如所有制性质、性别、文化程度这一类标志，它们表现的是具体属性，只用文字而不用数字描述，如“文化程度”这一品质标志的属性是小学、中学、大专等这样的文字叙述的内容。数量标志是说明总体单位数量特征的名称，如职工人数、销售额、工资额这一类标志，它们表现的数量特征只能是数字而不能是文字性内容，如“销售额”这一数量标志可以表现为 200 万元、300 万元、400 万元等这样的数字性内容。通常把具体数字称作标志值。

值得指出的是，标志和标志值表现的是两个不同含义的概念，品质标志的表现是具体

属性，数量标志的表现是具体标志值。而标志是从不同的具体属性和具体标志值中抽象出来的名称，用来说明总体单位之间的变异情况。

实际上统计调查中拟定的调查项目就是统计标志。例如，大家常填的履历表中，像籍贯、民族、文化程度等项目，就是品质标志。自己所填写的具体情况，如湖南、汉族、大学等就是品质标志表现（即属性）。像年龄、工龄、工资额等项目，就是数量标志。所填写的 30 岁、10 年、500 元等就是数量标志表现（即标志值）。

（二）统计指标

1. 统计指标的概念

统计指标是说明总体特征的数量化概念，如人口数、土地面积、总产量、销售额这一类概念。把那些不能表示为数字的名称称作非数量化概念，数量标志就是数量化概念。当数量化概念用来说明总体特征时，就称作统计指标；当数量化概念用来说明总体单位特征时，就称作数量标志。

2. 统计指标的构成要素

统计指标从构成上看是由数量化概念和具体数值两部分组成。从构成要素看，数量化概念这部分包括指标名称和计算方法两要素；具体数值包括具体时间、具体地点和具体数字三要素。

在实际工作中，统计指标的两大构成和三要素是相互关联的整体，是现实经济生活中真实的统计指标。如 2010 年末，中国居民存款余额达到 307166 亿元。而在统计理论研究中，所考虑的统计指标仅指数量化概念这一部分，并对其进行分析研究。

3. 数量化概念的内涵和外延

统计指标的数量化概念包括指标名称和计算方法两要素。

所谓指标名称，是指这一概念的内涵，它对指标做出质的规定，阐明指标的定义和含义。统计指标质的规定是根据实质性学科，如政治经济学、部门经济学的范畴予以确定的。所谓计算方法，是指这一概念的外延，它对指标做出量的规定，阐明指标的计算范围和计算口径。统计指标量的规定是根据统计理论研究成果和统计制度予以确定的。

各部门统计学着重研究统计指标的外延。例如“固定资产”这一指标，根据政治经济学定义，其内涵是长期参加生产并反复参与生产过程的资金；根据统计制度规定。其外延是指使用期限在一年以上，其价值在大型企业为 2000 元以上，在中型企业为 1500～2000 元，在小型企业为 1000～1500 元；仅符合内涵要求但不符合外延规定，不能算作固定资产，只能算作低值易耗品。

统计指标的内涵和外延基本上保持一致，但也会出现一定程度的背离。这是由于指标内涵是由实质性科学的范畴予以确定的，实质性科学的范畴又是经过科学的抽象，对客观事物本质的描述，是纯概念的。

4. 统计指标的种类

统计指标按照反映总体的数量特点和计算方法不同，分为数量指标和质量指标。

数量指标是说明总体规模大小和数量多少的指标，如职工人数、国民收入和利润额等指标。其特征表现在计算方法上，是不同空间的数值可以相加求和，并且数值大小与总体范围大小呈同方向变化。质量指标是说明总体内部数量对比关系和一般水平的指标，如平均工资、费用率、发展速度等指标。其特征表现在计算方法上，是指标数字通过相除求商得到的；表现在数量特点上，是不同空间上的数字不能直接相加，数值大小与总体范围大小无直接对应关系。

统计指标按其数值表现的形式来看，可分为总量指标、相对指标和平均指标。总量指标的数值是绝对数形式。一般把数量指标与总量指标等同看待。相对指标的数值是相对数形式，平均指标的数值是平均数形式。一般把相对指标和平均指标看作质量指标，是总量指标的派生。通常把这三种指标称为综合指标。

标志和指标之间的关系如表 0－3 所示。

表 0－3　标志和指标之间的关系

区别与联系	标志	指标
说明的对象不同	标志是说明总体单位特征的	指标则是说明总体特征的
划分的种类不同	标志分为表现为属性的品质标志和表现为数值的数量标志	统计指标无论数量指标还是质量指标都表现为数量性
联系	统计指标与标志之间二者也存在转化关系，这种转化关系是伴随总体和总体单位的转化而形成的。如果原来总体转变成总体单位了，那么原来说明总体的统计指标就变成说明总体单位的标志了。	

三、变异和变量

（一）变异

所谓变异，就是指某一标志在总体单位之间的表现有变化、有差别，包括属性的差别和数量的变化。如所有制形式这一标志在各企业分别表现为全民所有、集体所有、联营等差别就是一种变异。如职工人数这一标志在各商业企业中分别有 100 人、150 人等变化，也是一种变异。这与总体具有变异特征的含义基本一致。

如果某一标志在总体单位间表现得不尽相同，我们把这类标志称作可变标志，统计调查的项目都是可变标志。但在一个总体中，由于还具有同质性，某一标志在总体各单位间表现完全相同，这类标志称作不变标志。例如，在某市商业企业总体中，“行业类型”这一标志在总体单位间都表现为“商业”这一特征，因此“行业类型”是这一总体中的不变标志。任何总体中的总体单位至少有一个不变标志，才能使总体单位结合成同质总体，不变标志是构成总体同质性的基础。

（二）变量

可变的数量标志就是变量，标志值就是变量值。社会经济统计学一方面归属经济学科门类，另一方面又和一定的数学方法相联系，当研究的内容和数学公式有关的时候，就用变量这一数学范畴命名。

根据变量值计数的特点可将变量分为连续型变量和离散型变量。连续型变量是指其数

值连续不断，在相邻的两值之间可无穷分割，表现为无穷小数。例如“年龄”这一变量，如果对精确度要求很高的话，其变量值可以取60.326635……岁，因此“年龄”是一连续变量。连续变量的数值通过测量或计算取得。离散型变量的变量值一般只能表现为整数，如“人口数”的变量值是300人、800人，“学校数”的变量值是50所、40所等等，因此“人口数”“学校数”这些变量是离散变量。离散变量的数值通过逐个计数取得。探究连续变量问题，在数学处理上要用积分方法等高等数学知识。研究离散变量，在数学上大多用初等数学知识，个别复杂问题才用差分法等高等数学知识。因此在社会经济统计工作中，人们常把“身高”“年龄”“体重”等一类连续变量近似地看作离散变量，用初等数学方法进行处理，这样就简单方便适用得多。因此统计某人年龄时只记录为60岁、40岁等这样的整数。

变量按其性质可分为确定性变量和随机变量。确定性变量是指该变量是由基本因素引起的，其数值能够在现实中被确定下来。例如，在有奖储蓄中，中头奖人数就是确定性变量。随机变量由各种偶然因素引起，其数值随机而成，有多种可能性数值，事前无法确定。在有奖储蓄中，“中奖号码”是随机变量。统计研究事前情况，多是随机变量，如“某人的寿命”“明年粮食亩产量”等都是随机变量；统计研究事后情况，则是确定性变量，如“某人出生时间”“去年粮食亩产量”等。

任务四　了解我国统计的任务和组织

一、我国统计的任务

随着社会分工的发展，统计活动已成为一种独立的工作，成为社会活动的一个组成部分。统计的主要活动，一般是由国家或地方政府机关和业务部门组织实施的。而统计的作用，则主要通过各级政府机关和业务部门的统计工作人员完成统计工作任务来得到发挥。

现阶段，我国统计工作的基本任务是对国民经济和社会发展情况进行统计调查、统计分析，提供统计资料和统计咨询意见，实行统计监督。这一基本任务包括统计调查、统计分析、提供统计资料和实行统计监督三方面的内容。

（一）对社会经济现象进行统计调查和统计分析

统计调查和统计分析是统计机构和统计人员的日常工作，它包括统计工作过程的各个阶段，统计研究的目的是要研究社会经济现象的数量方面，以认识其本质和规律性，而这个研究目的，需要通过一系列调查研究活动。

从工作方案的设计、实地的调查、调查资料的加工整理直至分组研究，任何一个环节都不可忽视，否则就难以达到认识社会经济现象本质和规律性的目的。因此，从事统计工作的机构和人员必须按照统计工作过程认真开展统计调查和统计分析的日常工作。

（二）为制定国民经济和社会发展计划，加强经济管理，开展科学研究和宣传教育提供统计资料

提供统计资料是统计工作发挥作用的基本形式，包括统计表、统计图、统计分析所呈

现的数字及其相关文字资料。我国实行的是社会主义市场经济，党和国家为了进一步解放和发展生产力，就必须及时地了解、掌握社会主义经济发展的真实情况，以便制订正确的经济计划和经济政策。在社会主义现代化建设的进程中，还需要不断加强经济研究和经济管理。这就需要发挥统计科学管理经济这一重要手段的作用，加强指标的核算和综合分析，不断提高经济管理水平。

利用统计资料还可以总结经验、提供咨询、开展科学研究，并有效地动员和激发人民群众的积极性和创造性

（三）对国民经济和社会发展计划及其政策执行情况实行统计监督

统计监督是通过一系列反映和监督国民经济运行状态的指标，及时、准确地从总体上反映经济、社会和科技的运行状态，并对其实行全面、系统的定量检查、检测和预警，以促进国民经济按照客观规律的要求持续、稳定、协调地发展。通过统计监督可以保障国家整体利益，加强各地区、各部门和各单位执行政策和计划的责任心。遵守财经纪律，保证正常的经济工作秩序。

统计工作任务的三方面是有机联系的。统计监督是通过如实、客观反映情况的统计资料来实现的，而统计资料又是日常统计工作的成果。因此，我们要认真做好日常的统计调查、统计分析工作，确保统计工作的顺利完成。

二、统计的整体功能

根据统计工作的作用和任务可以看出，统计工作具有统计信息、统计咨询和统计监督三种功能。

统计信息功能是指统计部门把有关统计资料和情况提供给决策部门和公众，起到“仪表显示器”的作用。

统计咨询功能是指统计信息为决策部门提供预选备用方案和建议，起到参考的作用。

统计监督功能是指运用统计手段对社会经济现象进行定量检查、监测和预警，起“报警器”的作用。

统计的三种功能既是独立的，又是相辅相成的，统计信息是基本功能，统计咨询功能和统计监督功能是统计信息基本功能的进一步延伸。

三、我国的统计组织

统计组织的设置是根据统计工作的需要专门设立的，负责组织领导（或指导）和协调统计工作，从事统计活动的职权（或职能）机构。

统计机构是随着社会化大生产的发展，为适应国家管理、经济文化管理、企业事业管理的需要而建立起来的。

我国最早的政府统计机构是 1906 年（清光绪三十二年）宪政编查馆下设立的统计局。中华民国成立后，1916 年在国务院内设统计局；定都南京后，在国民政府主计处下设统计局。中华人民共和国成立后，1949 年在政务院财政经济委员会计划局内设统计处（后改为统计总处）；1952 年在政务院下设立国家统计局，同时开始建设各级统计局。在文化

大革命中，从中央到地方的各级政府的统计机构遭到严重破坏，国家统计局并入国家计划委员会计划组，各级地方统计机构被撤销。党的十一届三中全会以来，全国统计机构及统计工作得到了迅速恢复并有了新的发展。

我国现行的统计组织是采用双轨制。一是国家统计系统（或称政府统计系统）。国务院设立国家统计局，负责组织领导和协调全国统计工作；县级以上各级地方人民政府设立独立的统计机构（设各级地方人民政府统计局），负责组织领导和协调本行政区域内的统计工作，指导同级各部门和本区域内各单位（包括中央和地方各单位）完成国家和地方的统计调查任务，地方各级人民政府统计局受同级人民政府和上级统计局的双重领导，在统计业务上以上级统计局为主；乡、镇人民政府设立专职或兼职的统计员，在统计业务上受县统计局领导。此外，国家统计局统一领导和管理全国城市和农村社会经济抽样调查队。这样，从国家统计局到地方各级人民政府统计局和乡、镇统计人员构成从中央到地方各级人民政府的、以推行国家的统计法规、政策、计划、规章和任务为己任的国家统计系统，它们是完成国家和地方统计调查任务的主系统，是全国统计系统的主干。

二是部门统计系统。国务院和各级人民政府的各部门设统计司或统计处（各级业务部门设置相应的统计机构或专职统计负责人）。这些统计机构或统计负责人执行本部门综合统计的职能，负责组织指导、综合协调本部门各职能机构和管辖系统内企事业组织的统计工作，完成规定的统计任务。它们的基层单位的统计组织是企业、事业和乡镇人民政府设置的统计机构或统计人员。

以上的统计机构组成全国统计组织系统。国家统计局是全国统计系统的最高领导，负责领导全国的统计工作，各级统计部门负责各级的统计工作。

任务五 了解 Excel 在统计中的运用

在统计工作中需要对各种数据进行制表、绘图、分组整理、分析和管理等。在计算机时代，烦琐的数据处理工作离不开先进实用的数据处理软件。在众多的数据处理软件中，由于 Excel 能够与 Windows 操作系统以及 Office 中的其他软件良好结合，而且普及面广、使用简便、功能强大，能够满足一般统计分析的需要，所以本教材也选择 Excel 来进行统计分析。

利用 Excel 进行统计分析主要是利用 Excel 中的统计函数、数据分析工具和图表。我们先对 Excel 的这几种统计功能作一个简单的概述，在后面各项目中将会结合各案例分别介绍怎样使用这些功能进行各种统计分析。

（一）统计函数

Excel 内置的函数中有很多可用于统计，其中常用的统计函数有：AVEDEV（绝对偏差的平均值）、AVERAGE（算术平均值）、CONFIDENCE（总体平均值的置信区间）、CORREL（相关系数）、COVAR（协方差）、GEOMEAN（几何平均值）、HARMEAN（调和平均值）、KURT（峰度）、MEDIAN（中位数）、MODE（众数）、NORMDIST（正态分布的概率值）、NORMINV（正态分布的累积函数的逆函数）、NORMSDIST（标准正态分布的概率值)、NORMSINV(标准正态分布累积函数的逆函数)、SKEW(偏度)、STANDARDIZE(正态化数值)、STDEV(样本的标准差)、STDEVP(总体的标准差)、VAR(样本方差)、VARP(总体方差)、ZTEST(Z检验的双尾P值)。

在工作表中插入这些函数即可得到相应统计指标或估计量的数值，其操作方法可参见附录A和后面各章中相关的内容。

(二)分析工具

Excel提供了一组可直接使用的数据分析工具，称为“分析工具库”，为统计分析提供了极大的方便。使用这些工具的方法是：选择菜单栏中的“工具”→“数据分析”命令，在弹出的“数据分析”对话框中选择所需的分析工具，如图0-2所示，在所选工具的对话框中填写必要的数据或参数的信息后单击“确定”按钮，即可得到所需的输出结果(表格或图表形式)。各种分析工具的使用方法在后面章节中具体说明。

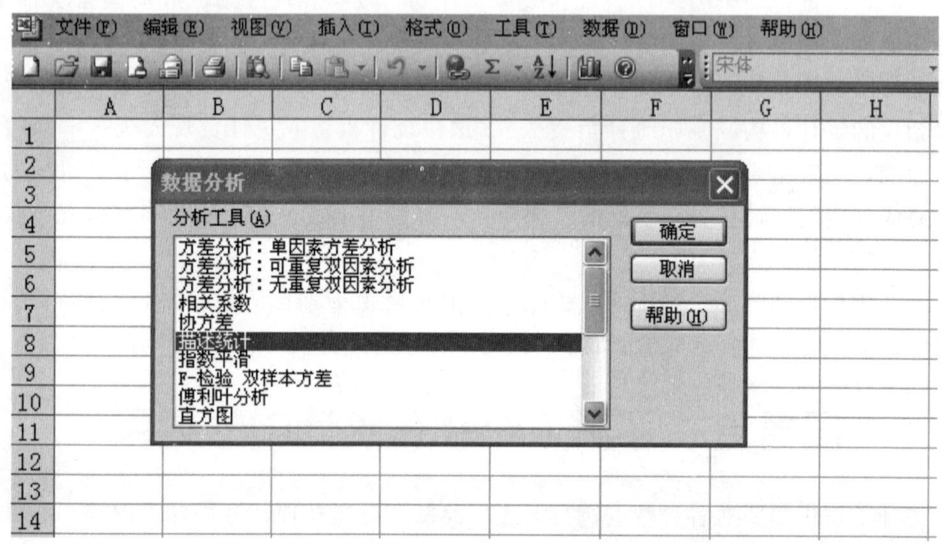

图0-2 数据分析中的分析工具菜单

如果“工具”菜单栏中没有出现“数据分析”命令，则应先执行“加载宏”命令，在“加载宏”对话框中选择“分析工具库”选项后单击“确定”按钮即可。

(三)图表

Excel具有强大而灵活的图表功能，使枯燥乏味的数据形象化。利用Excel的图表向导可以轻松地创建图表，其方法是：选择菜单栏中的“插入”→“图表”命令，或直接在常用工具栏中单击“图表向导”对话框中选择所需的图表类型，如图0-3所示。Excel提供了柱形图、条形图等14种标准类型，用户还可以自己定义图表类型。选定图表类型后单击“下一步”按钮，弹出“图表数据源”对话框，在“数据区”选项卡中输入数据所在区域。每一行(或一列)数据作为一个系列，如果有多个系列，则可在“系列”选项卡中添加(或删除)、命令、指定相应数据区域，并指定分类轴。然后根据提示填写标题、分类轴和数值轴的名称等，即生成所需的统计图表。

图 0-3　Excel 的统计图表功能

对自动生成的图表可以进行缩放、移动、复制和删除等操作，也可以单击图表的任一部分（如标题、图例、坐标轴、绘图区等）对进行修改或美化。

项目小结

导论是全书的统领，学习导论对掌握全书的内容具有指导意义。导论内容分为四部分：明确统计研究的对象和特点；了解统计研究的基本方法和工作过程；正确理解统计的基本概念、了解我国统计的任务和组织。基本内容包括如下。

1. 统计是适应社会政治经济的发展和国家管理的需要而产生和发展起来的。

2. 统计一词的含义，包括统计工作、统计资料和统计学。

3. 统计学研究对象是社会经济现象总体的数量特征和数量关系。

4. 统计具有数量性、总体性、具体性和变异性等特征。

5. 统计工作的过程一般包括统计调查、统计整理和统计分析三个阶段。

6. 统计学的研究方法常应用大量观察法、统计分组法、综合指标法、模型推断法。

7. 统计具有信息、咨询和监督三大职能。

8. 统计总体是客观存在的，是在同一性质基础上结合起来的许多个别事物的整体，总体单位是构成总体的个别事物。总体和总体单位随着统计研究的目的和任务的不同而变化。

9. 变异是总体单位间同一标志的差异，变量是可变的数量标志，变量值则是变量的具体数量表现。变量可分为连续变量和离散变量。

10. 标志是说明总体单位特征的名称，有品质标志和数量标志，不变标志和可变标志之分。统计指标是实际存在的一定社会经济现象总体某种特征的数量概念或具体数值。标志和指标既有区别又有联系。

最后简单介绍了 Excel 在统计中的运用。

实训操作

实训一：案例分析

树立现代统计观念——别拿“估计”当统计

王番

《经济参考报》2009年6月15日刊发记者报道，称“国家统计局上个周末公布的工业增加值数据受到部分经济学家质疑”。报道一是引用中国宏观经济学会秘书长王建的“估计”，称工业增加值的同比增幅“也就在5%左右”；二是用中国社会科学院经济所研究员袁钢明的话说：“从美国的经验来看，工业用电量和工业增加值的差距一般在3个百分点左右，如果按此测算，当前我们的工业增长只有0。”理由是5月份全国发电量2897.19亿千瓦时，同比减少3.54%，与4月份3.55%的降幅基本持平。

很显然，两位号称经济学家的人，却犯了连普通人都未必犯的低级错误：一是真把“估计”当成了统计；二是把所谓的美国经验当成了中国的实际。如果这样判断和研究经济问题，难免误国误民。

根据国家统计局6月12日发布的数据，5月份当月全国规模以上工业企业增加值同比增长8.9%，增幅较4月份加快1.6个百分点，但仍然比上年同期的增速低7.1个百分点。这样的速度既延续了半年来工业增速下降的趋势，也体现出一些新的动态和走向。但是否走出谷底、是否企稳回升，还有待进一步观察。由于出厂价格降幅由上月的6.6%扩大至7.2%、出口交货值降幅由14.3%扩大至15%。所以，增长的内在动力依然不足，增速略有回升。其原因一是有2008年5月份发生特大地震的不可比因素；二是一些地区为保稳定、促生产，采取如增加贷款等促进生产的措施，以控制增速下滑的趋势。而在外需不足的大背景下，一些措施是否能持续有效，也还有待观察和检验。

全国规模以上工业企业的统计，采取全面统计也就是定期报表的方法，是由国家统计局对部分企业实行联网直报，对所有填报单位实行超级汇总。企业填报的数据，仅用于地区和全国汇总，对企业自身利益没有直接影响。理论上假设，如果人为干扰或作假，一是无中生有编几张企业的基层表，但这受到法人单位代码唯一的制约；二是修改基层表数据，但这也受到数据逻辑关系的制约，需要平衡所有的相关数据。对于理论上存在的这些可能的造假行为，需要通过更加严格的执法检查、通过认真执行《统计法》和5月1日开始施行的《统计违法违纪行为处分规定》来遏制和查处。

但不争的事实是，即使全国发电量由国家电网统计，但规模以上工业增加值、出口交货值、工业品出厂价格，这三方面数据都是由国家统计部门来统计的。如果作假，让三者的方向和幅度合理匹配岂不更好？岂不更有说服力？而统计数据反映出的，生产增速加快同价格、出口下行趋势加剧同时存在的现象，正客观反映了增长内在动力依然不足的现实，从而也表明统计部门、统计工作坚持实事求是原则的务实态度。

现在，再分析一下两位经济学家的观点。

王建先生的“估计”有什么具体的依据呢？他并没有说自己做了多少调查，搜集了多少单位的多少数据。哪怕他只统计了100个单位，也可以算是个重点调查或典型调查，尽管这两种调查都不能推算总体。但是，没有。他说的具体依据，主要是几个房地产商说的话。他们说，目前的投资主要是加速在建项目，而没有开发新项目。即使所说的这种情况完全属实，即使几个房地产商就可以代表全国房地产商，但房地产商说的也是建设还没建成的商品房，但产生工业增加值的是早已建成的工业企业。两者实在有点儿风马牛不相及。他这个“5%”的“估计”，完全没有任何工业的数据支撑。不过，我倒是同意他说的，工业增速与地方政府保增长压速度有关的观点。

而袁钢明先生的分析也站不住脚。他的依据是全国发电量下降，但在引用发电量数据后，又把全国发电量的概念换成了工业用电量。其实，无论是两个电量之间，还是工业增速与两个电量之间，关系是有的，但不是绝对的、长时间的、等比例的关系，更不是把美国的比例套在中国身上的即可的。否则，世界各国为什么还要进行工业或者说制造业的统计？为什么每个工业企业都要有人搞统计，为什么各级统计部门还要进行工业统计？按着专家说的这个办法，拿这个比例一套，岂不是既轻松又准确，还省得遭人非议？实际上，相当一段时间以来，我国工业增速虽然高于发电量和用电量，但其变动方向是大致相同的：即工业增速高，电量增速也高；工业增速下降，电量下降或增速下降。这既表明两者有联系，且有因果关系，但又不是精确的同幅度、等比例关系。

《经济参考报》的报道在不长的篇幅内，引用了两位经济学家的质疑观点。但是，两个人给出的“估计”则相差悬殊。一位承认增长，说增速5%；但另一位则以置换了概念后的美国经验为依据，说增速为0。即使不相信官方统计数据，相信完全没有统计数据支撑的两位经济学家的数据，但这两个大相径庭的数据，该让人相信哪一个呢？如果有更多人再不断抛出一些自己“估计”的数据，让“估计”的数据满天飞，公众该如何进行判断呢？“估计”不是统计，经济学家也不要信口开河，用自己没有数据和理论支撑的“估计”代替经过评估的统计。

（资料来源：http://www.stats.gov.cn/tjyj/tjggyj/t20090616_402565858.htm）

思考与讨论问题：

1. 根据该案例，我们应该树立什么样的统计观念？
2. 案例中，运用了哪些统计指标？

实训二：统计在经济工作中的意义

一、实训主题：统计在经济工作中的意义

二、实训方案

（一）实训目的要求

本实训的目的在于从总体上对统计学进行基本的认识，通过实际资料的学习，了解统计在经济中的作用及能够分析经济发展的基本情况，目的是培养学生现代的统计学理念与运用现代统计方法的能力。

（二）实训形式

单独训练或分组讨论。

（三）实训过程

1. 课程主讲教师交代如下案例：2011 年中国经济发展情况。

2. 先分小组讨论，以上资料反映出我国经济发展的基本情况如何？

结合该资料说说统计的含义、工作过程及统计在国民经济发展中的重要性。

试指出其中的各类指标，并说出指标与标志的区别与联系。

3. 小组派代表发言，进行课堂讨论。

4. 指导教师课堂点评。

（四）实训点评

统计学是经济管理工作者和经济研究人员所必备的一门知识。通过本门课程的学习，可使学生掌握统计学的基本知识和技能，能运用所学的统计理论对社会经济现象进行调查研究、分析有关经济问题，为国民经济的管理提供真实可靠的数字资料，提高经济管理水平。

（五）课后操作实践

自觉地关注日常生活和企业的相关统计资料，逐步培养现代统计学理念与运用现代统计方法的能力。

项目自测

一、单选题（每题 5 分）

1. 统计科学产生于（　　）。

A. 原始社会　　B. 奴隶社会
C. 17 世纪　　D. 社会主义社会

2. 统计学是一门（　　）。

A. 方法论科学　　B. 方法论的社会科学
C. 是执行科学　　D. 方法论的自然科学

3. 统计学的研究对象是（　　）。

A. 研究客观现象的特殊数量方面　　B. 研究客观现象的特征和规律性
C. 为国民经济计划的制定提供资料　　D. 对国民经济计划执行情况进行检查和监督

4. 研究某市工业企业生产设备情况，总体是（　　）。

A. 该市全部工业企业　　B. 该市每个工业企业
C. 该市工业企业的全部生产设备　　D. 该市工业企业的每一台生产设备

5. 对全市商业营业员进行研究，总体单位是（　　）。

A. 各个商业企业　　B. 一个商业企业
C. 全市每一位营业员　　D. 一个商业企业的所有营业员

6. 研究某企业职工情况，则“工龄”为（　　）。

A. 品质标志　　B. 不变标志
C. 变量　　D. 变量值

7. 标志是（　　）。
A. 表明总体特征的　　B. 表明总体单位特征的
C. 说明总体数量的　　D. 说明总体单位数量的

8. 下列变量中属于连续变量的是（　　）。
A. 中等学校个数　　B. 企业个数
C. 学生年龄　　D. 学生人数

9. 下列标志中属于数量标志的是（　　）。
A. 性别　　B. 文化程度
C. 职业　　D. 年龄

10. 总量指标一般可用（　　）。
A. 绝对数表示　　B. 相对数表示
C. 平均数表示　　D. 百分数表示

11. 质量指标是（　　）。
A. 由数量指标加总得到　　B. 由数量指标综合得到
C. 由品质标志综合得到　　D. 由指标数值计算得到

12. 统计指标的数量性特点是指（　　）。
A. 统计是研究数量的　　B. 统计研究主要是定量分析
C. 统计指标反映总体单位的数量特征　　D. 数量指标和质量指标

二、多选题（每题5分）

1. 下面哪几个属于品质标志（　　）。
A. 职工人数　　B. 性别
C. 企业经济类型　　D. 文化程度
E. 先进工作者人数

2. 下面哪几个属于数量标志（　　）。
A. 企业职工人数　　B. 企业男职工人数
C. 企业所属部门　　D. 企业现有设备台数
E. 企业管理人员数

3. 指标与标志之间存在着变换关系，这是指（　　）。
A. 在同一时间内，指标和标志可以互相对调
B. 指标有可能变成标志
C. 标志有可能成为指标
D. 在不同研究目的下，指标和标志可以互相对调
E. 在任何情况下，指标和标志可以互相对调

4. 在工业普查中（　　）。
A. 机器台数是统计指标

B. 机器台数是离散变量

C. 工业总产值5亿元是统计指标

D. 工业总产值是离散变量

E. 每一个工业企业是总体单位

5. 统计认识社会时具有数量性的特点，是因为（　　）。

A. 社会经济统计是通过对社会经济现象数量方面的研究认识客观世界的本质

B. 要运用一系列统计数字资料来反映现象的发展变化情况

C. 要研究社会经济现象数量方面的数量关系、联系与发展趋势等

D. 是纯数量的研究

E. 是从社会经济数量质与量的辩证统一中研究其数量的表现

三、综合应用题（15分）

统计研究的目的不同，其总体、总体单位、标志和指标也不相同。在下表空格内填入各基本概念的内容。

研究的目的	总体	总体单位	品质标志	数量标志	变量值
了解某市工业企业的经营情况					
了解某校的学生的基本情况					
了解某地区汽车的基本情况					

项目一　统计调查

学习要点

本项目的主要内容是在介绍统计调查的意义和种类的基础上，重点阐述如何设计统计调查方案和设计统计调查问卷。

学习目标

【知识目标】

1. 掌握各种统计调查基本方式的应用条件；
2. 掌握制定统计方案的基本问题；
3. 了解各种调查方法在实际中的应用。

【能力目标】

1. 具有独立设计简单的统计调查方案的能力；
2. 培养在实际工作中应用各种调查方法的能力。

项目导入

背景资料一：我国于2010年11月1日进行了第六次全国人口普查的登记工作。国家统计局发布的第六次全国人口普查主要数据公报显示，全国总人口为1 339 724 852人。与2000年第五次全国人口普查相比，10年增加了7390万人，增长5.84‰，年平均增长0.57‰，比1990年到2000年的年平均增长率1.07‰下降0.5个千分点。数据表明，十年来我国人口增长处于低生育水平阶段。

你知道我国人口普查工作是如何开展的吗？

背景资料二：一间宽大的单边镜访谈室里，桌子上摆满了没有标签的杯子，有几个被访问者逐一品尝着不知名的饮料，并且把口感描述出来写在面前的卡片上。这个场景发生在1999年，当时任北华饮业调研总监的刘强组织了5场这样的双盲口味测试，他想知道，公司试图推出的新口味饮料能不能被消费者认同。此前调查显示，超过60%的被访问者认为不能接受“凉茶”，他们认为中国人忌讳喝隔夜茶，冰茶更是不能被接受。刘强领导的调查小组认为，只有进行了实际的口味测试才能判别这种新产品的可行性。

等拿到调查的结论，刘强的信心被彻底动摇了，被测试的消费者表现出对冰茶的抵抗，一致否定了装有冰茶的测试标本。新产品在调研中被否定。

直到2000年、2001年，以旭日升为代表的冰茶在中国全面旺销，北华饮业再想迎头赶上为时已晚，一个明星产品就这样穿过详尽的市场调查与刘强擦肩而过。说起当年的教训，刘强还满是惋惜："我们举行口味测试的时候是在冬天，被访问者从寒冷的室外来到现场，没等取暖就进入测试，寒冷的状态、匆忙的进程都影响了访问者对味觉的反应。测试者对口感温和浓烈的口味表现出了更多的认同，而对清凉淡爽的冰茶则表示排斥。测试状态与实际消费状态的偏差让结果走向了反面。"

"驾驭数据需要系统谋划"。好在北华并没有从此否定调研本身的价值，"去年，我们成功进行了对饮料包装瓶的改革，通过测试，我们发现如果在塑料瓶装的外形上增加弧形的凹凸不仅可以改善瓶子的表面应力，增加硬度，更重要的是可以强化消费者对饮料功能性的心理认同。"

北华饮业搜集统计资料的过程就是统计调查，它是整个统计工作过程的起点，又是统计分析的前提和基础。在这个过程中，要着重考虑的问题是：搜集哪些资料？从哪里能得到这些资料？如何获得这些数据？归结起来，就是调查内容、调查方式和调查方法的问题。

【基本知识】统计调查的含义和分类

统计调查是根据统计任务的要求，运用科学的调查方法，有计划、有组织地搜集统计资料的过程。统计调查搜集来的资料有两种：一种是对调查单位未做任何加工整理的原始资料，又称为初级资料；另一种是次级资料，即已经经过某个部门或地区加工整理过的综合说明某个部门或地区综合情况的统计资料。统计调查是统计工作的基础环节，是认识事物的起点。

在整个统计工作过程中，统计调查处于十分重要的地位。通过统计调查取得统计资料，是统计工作的开端和基础。取得的统计资料完整与否、正确与否，都将直接影响到以后各阶段的工作质量。对及时、全面、系统的原始统计资料，才能进行科学的汇总与整理，才能开展统计分析工作，充分发挥统计的信息、咨询、监督作用。

对于统计数据质量的要求，具体可以归纳为统计数据的时效性、准确性和一致性。

一、统计数据的时效性

统计数据的时效性就是指及时和准时获取统计数据。及时获取统计数据就是要在规定的统计调查时间内，保质保量完成统计调查工作，保证数据在时间上的效率；准时获取统计数据就是要确切地反映出统计调查对象在规定的调查时点上，或规定的调查时段中的数量特征，以保证统计数据在时间上的准确性和可比性。

二、统计数据的准确性

统计数据的准确性是指确保统计数据的完整性、真实性和精确性，最大限度地降低统计数据中的各种偏误。完整性是要保证调查对象中每一个调查单位都不重复、不遗漏地包含在统计调查的实际登记数据之中。在进行抽样调查时，则通过对抽样框不重复、不遗漏

地包含统计调查对象所有调查单位，来保证统计数据的完整性。真实性是要保证每一个调查单位的特征都要无偏差、无失真，准确无误地反映在统计调查的登记数据中，从而如实地描述出调查对象的数量特征。精确性是指在抽样调查中，要保证抽样误差有效地被控制在规定的许可范围内。

三、统计数据的一致性

统计数据的一致性是指统计数据在时间上和空间上的连续性和可比性。

相关链接

统计调查误差产生的原因及控制方法

统计调查的误差是指统计数据与客观事实之间的差距。可以分为登记性误差和代表性误差两类。

一是登记性误差。

登记性误差是指在调查过程中由于调查者和被调查者的人为原因形成的误差。其中，调查者的人为原因主要有总体界定错误、调查单位缺失、计量和测量误差、记录失误、抄录错误、汇总差错；被调查者的人为原因主要有有意识地提供虚假数据、无意识地提供有误数据。从理论上说，登记性误差属于可以消除的误差。

二是代表性误差。

代表性误差是指利用样本数据推断总体参数时产生的误差。根据误差的基本属性、误差来源和控制误差的方法不同，又分为系统性误差和随机性误差。

系统性误差是由于从总体中抽选调查单位时没有按照随机原则而形成的误差。例如，在选取调查单位时，主观上有意选取标志值较大或较小的单位进行登记调查，这样所得到的调查结果与真实值相比一定偏大或偏小，因此，这种误差又叫偏差。

随机性误差又叫抽样误差，它是由于抽样的随机性而带来的误差，在调查过程中即使遵循了随机原则，也不可能避免产生这种误差，不过大小可以控制。

为了取得准确的统计资料，必须采取各种措施，控制可能发生的登记误差，把它缩小到最低限度。

一要正确制定统计调查方案。详细说明调查项目和计算方法，选择合理的调查方式方法。

二要切实抓好调查方案的执行工作。

至于代表性误差的控制，如果是重点调查、典型调查，选择调查单位时，要从多方面研究，征求有关方面的意见，使调查单位有较高的代表性；如果是抽样调查，一定要遵循随机原则，确定适当的样本容量，改进抽样组织，达到控制代表性误差的目的。

社会经济现象错综复杂，根据不同的调查对象和调查目的，可采用不同的调查方式和方法。

1. 按调查对象包括的范围不同，可分为全面调查和非全面调查

全面调查是对被调查对象中所有的单位全部进行调查，其主要目的是要取得全面、系统、完整的总体资料，如普查。全面调查要耗费大量的人力、物力、财力和时间。非全面调查是对被调查对象中一部分单位进行调查。如重点调查、典型调查、抽样调查和非全面统计报表等。

全面调查和非全面调查是以调查对象所包括的单位范围不同来区分的，而不是以最后取得的结果是否反映总体特征的全面资料而言的。

2. 按登记时间是否连续，可分为经常性调查与一次性调查

经常性调查，是随着调查对象在时间上的发展变化，而随时对变化的情况进行连续不断地登记。例如，要对某个工程的质量水平进行调查，就需要随着工程进度的延伸，连续不断地调查登记此项工程的质量情况和相关情况，直至工程全面竣工、验收。这种调查就是全面调查。其主要目的是获得事物全部发展过程及其结果的统计资料。

一次性调查，是不连续登记的调查，它是对事物每隔一段时期后在一定时点上的状态进行登记。例如，人口数、学校数、固定资产原值等指标，因为短时间内的变化不会太大，所以没有必要进行经常性调查。一次性调查的主要目的是获得事物在某一时点上的水平、状况的资料。一次性调查又分为定期和不定期两种。定期调查是每隔一段固定时期进行一次调查，不定期调查是时间间隔不完全相等，而且间隔一般比较长才进行一次调查。

3. 按调查的组织方式不同，可分为统计报表和专门调查

统计报表是按照国家统一规定的调查要求与文件（如指标、表格形式、计算方法等）自下而上的提供统计资料的一种调查方法。我国建立了统计报表制度，所有企业、事业单位都有责任按照规定的表式、项目、日期和程序，向上级领导机关提交报表。

专门调查是为研究某些专门问题，由调查单位专门组织进行的一种调查方式。这种调查方式灵活多样、适应性强，既可以针对某些专项内容进行，又可以补充统计报表的不足。例如，为了解全国人口状况而进行的人口调查，为掌握粮食和其他农作物产量而进行的农业产量调查，都是专门组织的调查。统计专门调查包括普查、抽样调查、重点调查和典型调查。

4. 按搜集资料方法的不同，可分为直接观察法、报告法、采访法和卫星遥感法

直接观察法是由调查人员深入现场对调查对象直接进行点数和计量而取得资料的方法。如对商品库存的盘点，对农产品的实割实测。报告法又叫凭证法，它是指要求被调查者以原始记录和核算资料为依据，向有关单位提供统计资料的方法，如报表制度。采访法，又称为询问法或通信法。它是由调查人员向被调查者提问，根据被调查者的答复来搜集资料的方法，如口头询问或开调查会及被调查者自填等。卫星遥感法是使用卫星高分辨率照片，提供地面农作物绿度资料，来估计农产量的方法。

任务一　设计统计调查方案

统计调查是一项基础性工作，既有高度的科学性，又有广泛的群众性，一个全国性的统计调查往往需要成千上万的人员参加。如果没有科学、严密的工作计划和组织措施，就无法取得预期的效果。所以在组织调查前，必须设计周密可行的调查方案。调查方案是事先设计制订用以组织和协调统计调查全面展开的工作计划书。它使调查工作有组织有计划地进行，并对调查内容、方法、步骤实行高度统一。一个科学、严密的调查方案主要涉及以下内容。

一、确定调查的目的和任务

制订统计调查方案的首要问题是明确统计调查的任务和目的。对任何社会经济现象，要根据不同的任务、不同的目的来收集资料。目的不明确、任务不清楚，就无法确定向谁调查、调查什么，以及用什么方式、方法来进行调查，使调查得来的资料不符合需要或者用处很少，浪费人力、物力和时间，而真正需要了解的情况，得不到充分反映，满足不了研究工作的需要。

例如，2010 年第六次全国人口普查的目的是："人口普查是一项重大的国情国力调查。自 2000 年第五次全国人口普查以来，我国的人口状况发生了很大变化。组织开展第六次全国人口普查，将查清十年来我国人口在数量、结构、分布和居住环境等方面的变化情况，为科学制定国民经济和社会发展规划，统筹安排人民的物质和文化生活，实现可持续发展战略，构建社会主义和谐社会，提供科学准确的统计信息支持。"

二、确定调查对象和调查单位

确定调查对象和调查单位，就是解决向谁调查，由谁来具体提供资料的问题。确定调查对象和调查单位，要以调查目的为依据。调查对象就是需要调查的那些社会经济现象的总体，它是由性质上相同的许多调查单位组成的。调查单位是调查对象中所要调查的具体单位，即总体单位。例如，2010 年人口普查规定，此次普查对象与 10 年前的普查不同，首次纳入了外籍人口。此次普查范围分几类：我国境内的自然人，比如常住人口、港澳台侨人员、外籍人员；在境外但未定居的中国公民，比如驻外使馆人员、出国留学人员、外派劳务人员。已在国外定居的中国公民不属于普查对象；来华出差、旅游等短期停留的外籍人员也不普查。调查单位则是每一个公民。

需要明确的是，调查单位和填报单位是有区别的，调查单位是调查项目的承担者，而填报单位是负责向上报告调查内容的单位。填报单位一般是在行政上、经济上具有一定独立性的单位，而调查单位可以是人、单位，也可以是物。两者有时一致，有时不一致。例如，工业企业普查，每个工业企业既是调查单位又是填报单位；如果对工业企业的设备情况进行调查，调查单位是工业企业的每一台设备，而填报单位则是每一个工业企业。

三、确定调查方式和方法

统计调查是取得社会经济数据的主要来源，也是获得直接统计数据的重要手段。实际中采用的统计调查方式主要有抽样调查、普查、统计报表、重点调查和典型调查。

（一）抽样调查

抽样调查是一种非全面调查，它是按照随机原则从总体中抽取一部分单位作为样本进行观察研究，以抽样样本的指标去推算总体指标的一种调查。抽样调查同其他调查比较，既能节省人力、物力、财力，又可以提高资料的时效性，而且能取得比较准确的全面统计资料。因此，这种调查方法在市场经济条件下，使用范围非常广泛。详细内容，将在抽样调查项目中介绍。

（二）普查

普查是为某一特定目的而专门组织的一次性全面调查，它是适合于特定目的、特定对象的一种调查方式，主要用于收集处于某一时点状态上的社会经济现象的数量，目的是掌握特定社会经济现象的基本全貌，为国家制定有关政策或措施提供依据。我国进行的普查主要有人口普查、工业普查、农业普查、第三产业普查、基本统计单位普查等重要国情国力的统计资料。

相关链接

目前，经国务院批准的周期性普查项目包括：人口、工业、农业、第三产业和基本统计单位等。人口普查、工业普查和农业普查每隔 10 年进行一次，分别在尾数逢 0 的年份进行。基本统计单位普查每隔 5 年进行一次，在尾数逢 1、6 的年份进行。

普查可以摸清一个国家的国情、国力，特别是可以了解与掌握人力、物力、资源状况及其利用状况，为国家制定长远规划与政策提供可靠的依据。因此，普查具有资料包括的范围全面、详尽、系统的优点，但是普查的工作量大，耗资也多，一般不宜经常使用。

组织普查应注意的问题有以下几点。

第一，必须统一规定普查资料所属的标准时间。普查资料主要用来说明社会现象在某一时点上的状态，为了避免重复和遗漏，应明确规定统一的普查时点，即标准时间。如 2010 年第六次人口普查就规定了 2010 年 11 月 1 日零点为标准时点。

第二，普查的登记工作应在整个普查范围内同时进行，以保证普查资料的实效性、准确性，避免资料的搜集工作拖得太久。

第三，同类普查的调查项目在历次普查中应尽可能保持连贯性，以便于对比分析。

普查的组织形式有两种：一种是组织专门的普查机构，派专门的调查人员对被调查单位直接进行登记，如人口普查；另一种是利用一定的组织系统，由被调查单位根据本单位的原始记录和实际情况填写调查表，然后上报，如商品库存量的调查。

相关链接

第六次人口普查

第六次全国人口普查以邓小平理论和“三个代表”重要思想为指导，深入贯彻落实科学发展观，科学设计、精心组织、依法实施、确保质量，全面、准确地提供基本国情国力数据，为党中央、国务院以及地方各级人民政府宏观管理和科学决策服务。

人口普查工作是一项庞大的社会系统工程，涉及范围广、参与部门多、技术要求高、工作难度大。因此，通知要求，各地区、各部门要按照“全国统一领导、部门分工协作、地方分级负责、各方共同参与”的原则，认真做好此项重大国情国力普查的宣传动员和组织实施工作。

第六次全国人口普查采取全员制普查，也就是说普查涉及每个家庭和个人，做到调查员入户中调查。普查涉及性别、年龄、婚姻、住房、就业和迁移等多个方面。

第六次全国人口普查以户为单位进行登记，户分为家庭户和集体户。以家庭成员关系为主、居住一处共同生活的人口，作为一个家庭户；单身居住独自生活的，也作为一个家庭户。相互之间没有家庭成员关系、集体居住共同生活的人口，作为集体户。

第六次全国人口普查采用按现住地登记的原则。每个人必须在现住地进行登记。普查对象不在户口登记地居住的，户口登记地要登记相应信息。

（三）统计报表制度

统计报表制度是按照国家或上级部门统一规定的表式、指标、报送程序和报送时间，自下而上逐级提供基本统计资料的一种统计报告制度。用于收集资料的表式称为统计报表。

统计报表所包括的范围比较全面，项目比较系统，分组比较齐全，指标内容和调查周期相对稳定，是我国定期收集资料的一种重要组织形式。

（四）重点调查

重点调查是在调查对象中选择一部分重点单位进行调查的一种非全面调查。重点单位是指它们的标志总量在总体总量中占据绝对大比量。因此，当调查的任务只要求掌握事物的基本状况与基本的发展趋势，而不要求掌握全面的准确资料，而且在总体中确实存在着重点单位时，进行重点调查是比较适宜的。例如，为了掌握全国钢铁产量，可以选出鞍钢、宝钢、武钢、包钢、首钢、攀钢、马钢等几个大型钢铁企业调查。重点调查的组织形式有两种：一种是专门组织的一次性调查；另一种是利用定期统计报表经常性地对一些重点单位调查。

（五）典型调查

典型调查是一种非全面调查，它是根据调查的目的与要求，在对被调查对象进行全面了解的基础上，有意识地选择若干具有典型意义的或有代表性的单位进行的调查。

典型调查具有灵活机动、通过少数典型即可取得深入、翔实的统计资料的优点。但是，这种调查由于受“有意识地选出若干有代表性”的限制，在很大程度上受人们主观认识的影响。因此，必须同其他调查方法结合起来使用，才能避免出现片面性。

相关链接

我国统计调查体系

《中华人们共和国统计法》第十条明确规定了：统计调查应当以周期性普查为基础，以经常性抽样调查为主体，以必要的统计报表、重点调查、综合分析等为补充，搜集、整理基本统计资料。

重大国情国力普查，需要动员各方面力量进行的，由国务院和地方各级人们政府统一领导，组织统计机构和有关部门共同实施。

进行经常性抽样调查，应当在调查前查明基本统计单位及其分布情况，按照经批准的抽样调查方案，建立科学的抽样框。

发往基层单位的全面定期统计报表，必须严格限制。凡通过抽样调查、重点调查、行政记录能取得统计数据的，不得制发全面定期统计报表。

思考：抽样调查、典型调查和重点调查三者的区别和联系。

四、确定调查项目和设计调查表

调查项目是指准备向被调查单位进行调查的内容。调查表是将调查项目按照一定顺序排列而成的一种表格形式。为了填写和整理汇总的方便，一般都把调查项目编成调查表。调查表是统计调查方案的重要内容，是统计工作搜集原始资料的基本工具。调查表的设计要科学，项目排列要注意逻辑顺序。

调查表一般由表头、表身、表脚三部分内容组成。

表头：用来说明调查表的名称，填写调查单位的名称、性质、隶属关系等。这些项目通常不用于统计分析，只在核实和复查调查单位时使用。

表身：这是调查表的主体部分。包括调查所要说明的社会经济现象的项目、栏号、计量单位等。

表脚：包括调查者的签名、调查日期等，用于明确责任，如果发现问题，便于查询。

调查表确定以后，为了保证资料的科学性和统一性，需要编写填表说明和指标解释。填表说明用来提示填表者填表时应注意的事项；指标解释则是为了说明调查表中每一个指标的含义，包括范围、计量方法。

调查表的形式一般有单一表和一览表两种。单一表是每个调查单位填写一份表，可以容纳较多的标志，便于整理和分类，是普查、详细调查用表。一览表是把许多调查单位填写在一份表上，便于合计和核对差错。

例如，2010 年人口普查中，调查表分为短表和长表，长表为 10％的抽样人群填报，短表为其余人填报。短表中按人填报的项目有 9 项，按户填报的项目有 10 项。长表中按人填报的项目有 26 项，按户填报的项目有 23 项。

五、确定调查时间和调查期限

（一）调查时间

调查时间，即调查资料所属的时间。如是时期现象，就要明确规定资料所反映的调查对象从何年月日至何年月日止的资料。如调查的是时点现象，就要规定统一的标准时间。例如 2010 年第六次人口普查的标准时间是 11 月 1 日 0 时。

（二）调查期限

即进行调查工作的起讫时间。包括搜集资料和报送资料的整个工作所需要的时间。为了保证调查资料的及时性，调查期限应尽可能缩短。例如 2010 年第六次人口普查登记工作的期限从 2010 年 11 月 1 日开始，11 月 10 日前结束。

六、制定调查的组织实施计划

严密细致的组织实施，是保证调查工作顺利开展的重要依据。调查工作的组织实施主要应包括以下内容：调查工作的组织；领导机构和调查人员的组织；调查方式和方法；调查前的准备工作，包括宣传教育、干部培训、文件印刷等；调查资料的报送办法；调查经费的预算和开支办法；提供或公布调查成果的时间，等等。

任务二　设计统计调查问卷

在统计调查中，我们常使用调查问卷。它是管理咨询中一个获取信息的常用方法。调查问卷从短小的表格到详细的说明，可以有不同的规格和多种样式。它们可以用来收集有关参与者态度的主观性数据，由于这种方式功能齐全、应用广泛，如何设计问卷使其能够恰当、高效地满足多种目标，就显得极其重要。

一、设计问卷的基本结构

问卷是用来搜集调查数据的一种工具，是调查者根据调查目的和要求所设计的，由一系列问题、备选答案、说明以及码表组成的一种调查形式。不同的调查问卷在具体结构、题型、措辞、版式等方面的设计会有所不同，但在结构上一般都由开头部分、甄别部分、主体部分和背景部分组成。

（一）开头部分

开头部分一般包括问候语、填表说明和问卷编号等内容。

问候语。在自填式问卷中，写好问候语十分重要，它可以引起被调查者对调查的重视，消除顾虑，激发参与意识，以争取他们的积极合作。问候语要亲切，诚恳礼貌，文字要简洁准确，并在结尾处表示对被调查者的参与和合作表示感谢。

例如，下面是一份“我院图书馆的使用情况问卷”中的问候语。

亲爱的同学：

您好！我们是 11 级行政管理班的同学，为了了解大家对我院图书馆的使用情况，我们特邀您参加此项调查，您宝贵的意见和建议将成为我们学习资源建设的重要参考材料。本次调查采取随机抽查不记名的方式，我们对您的回答将予以保密，我们期待能收到您填写完整的问卷。调查要耽搁您一些时间，请您谅解。谢谢您的支持与合作！

填表说明。在自填式问卷中要有详细的填表说明，让被调查者知道如何填写，如何将问卷返回到被调查者手中。这部分内容可以集中放在问卷的前面，也可以分散到各有关问题的前面。下面是一份自填式问卷集中写明填写要求的例子。

请您在所选择答案上画圈；

对只许选择一个答案的问题只能画一个圈；对可选多个答案的问题，请在你认为合适的答案上画圈；

需填写数字的题目在留出的横线上填写；

对于表格中选择答案的题目，在所选的栏目内画钩；

对注明要求您自己填写的内容，请在规定的地方填上您的意见。

问卷编号。主要用于识别问卷、调查者、被调查者姓名和地址等，便于校对检查、更正错误。

（二）甄别部分

甄别也称为过滤，它是先对被调查者进行过滤，筛选掉不需要的群体，然后针对特定的被调查者进行调查。

通过甄别，一方面可以筛选掉与调查事项有直接关系的人，以达到避嫌的目的；另一方面，也可以确定哪些人是合格的被调查者，哪些人不是。甄别的目的是确保被调查者合格，能够作为该市场调查项目的代表，从而符合调查研究的需要。

例如，下面是一份问卷的甄别部分：

S1. 请问您或您的家庭有没有在下列行业工作的呢？

1. 广告、公关机构……………………………
2. 市场研究、咨询、调查机构………………
3. 电视，广播，报纸等媒介机构…………… } 终止访问
4. 轿车制造……………………………………
5. 轿车批发、零售……………………………
6. 以上皆无……………………………………继续访问

S2. 请问您的年龄是：

1. 20 岁以下………终止访问
2. 20 岁～30 岁
3. 30 岁～40 岁
4. 40 岁～50 岁
5. 50 岁以上………终止访问

（三）主体部分

该部分是调查问卷的核心内容，它包括了所要调查的全部问题，主要由问题和答案所组成。

(四)背景部分

背景部分通常放在问卷的最后,主要是有关被调查者的一些背景资料。该部分所包含的各项问题,可使研究者根据背景资料对被调查者进行分类比较分析。例如,下面是一份问卷所包括的背景资料:

A. 请问您的教育程度?

没受过正式教育……………………………………1

小学,初中…………………………………………2

高中,职高,中专,技校…………………………3

大专,大学或以上…………………………………4

B. 请问您的职业和职位是什么?

普通职员,工人……………………………………1

部门经理负责人,高级管理人员…………………2

公司老板,厂长,总经理…………………………3

专业人员……………………………………………4

个体户,自营职业…………………………………5

失业,待业…………………………………………6

学生…………………………………………………7

离退休人员…………………………………………8

其他(请注明)……………………………………9

二、设计提问项目

问卷所要调查的资料,有若干个提问的具体项目即问题所组成。因此,如何科学准确地提出所要调查的问题,是问卷设计中最重要的一步。

从整体上看,一份问卷中的内容不宜过多,不必要的问题不要列入。很多初学调查或问卷设计的人,往往以为多一道题,可多一份资料,所以会询问一些不必要的问题,不但浪费时间和资料处理的费用,有时也因问题过多,使被调查者感到厌烦,影响整体调查的质量。提问项目即问卷中的问题,其设计的好坏将对调查质量有着重要的影响。在设计提问项目时,需要注意以下几点。

第一,提问的内容尽可能短。

如果提问的问题太长,不仅会给被调查者的理解带来一定的困难,也会使其感到厌烦,从而不利于对问题的回答。特别是访问调查中的问卷,提问的部分过长,会使被调查者忘记开头的内容,更不利于对整个问题的理解和回答。

第二,用词要确切、通俗。

问卷中的用词一定要保证所提问的问题清楚明了。用词是否确切,具体可按“6W”准则加以推敲。“6W”即Who(谁),Where(何处),When(何时),Why(为什么),What(什么事),How(如何),以此来判断问题是否清楚,当然,并不是一项提问中必须同时具备这几项内容。例如:

请问您使用什么牌子的洗发水?

这个问题中的 Who 很清楚，What 指洗发水的牌子，When 则未表明，是指过去还是指现在？这很容易造成回答的偏差。因此，可以修改为：

请问您最近三个月使用什么牌子的洗发水?

此外，时间的范围一定要清楚，比如：

您最近一段时间使用什么品牌的化妆品?

这里的 When 过于笼统，被调查者不清楚“最近”是指那段时间，时间范围不明确，因此，可改为：

您最近一个月使用什么品牌的化妆品?

还有许多词，如“一般”“经常”“很多”等都属于过于笼统、含义不确切的词，不同的人可能会有不同的理解，从而造成回答的偏差。

也有一些用于所询问问题会导致含义不清或过于笼统的用词。例如

您觉得这种电视机的画面质量怎么样?

这里“画面质量”的概念还以是很笼统的，被调查者不知道要回答哪些方面的问题。因此可以改为：

您觉得这种电视机的画面质量是否清晰?

此外，由于被调查者的文化程度不同，问卷中的用词要通俗，易被人理解，避免使用过于专业的术语。例如：

您是否认为使用电脑数字技术制作的广告更具有吸引力?

有些人可能不知道“电脑数字技术”，因此无法回答这样的问题。

第三，一项提问只包含一项内容。

如果在一项提问中包含了两个以上的内容，被调查者就很难回答。比如：

您觉得这种新款轿车的加速性能和制动性能怎么样?

这里包括了加速性能和制动性能两项内容。如果被调查者认为加速性能很好而制动性能不好，或者认为加速性能不好而制动性能很好，就会一时很难作出判断和回答。所以，不如把它分解为两个问题：

您觉得这种新款轿车的加速性能怎么样?

您觉得这种新款轿车的制动性能怎么样?

第四，避免诱导性提问。

问卷中提问的问题不能带有倾向性，而应保持中立。词语中不应暗示出调查者的观点，不要引导被调查者做出何种回答或如何选择。例如：

人们认为长虹牌彩电质量不错，你觉得怎么样?

这里已经暗示了长虹牌彩电很好，对被调查者有引导作用。不如改为：

您觉得长虹牌彩电的质量怎么样?

引导性提问容易使被调查者不假思索地做出回答或选择，也会从心理上产生顺应反应，从而按照提示做出回答或选择。

第五，避免否定形式的提问。

在日常生活中，人们往往习惯于肯定陈述的提问，而不习惯于否定陈述的提问。例如，对一种新产品包装的调查，采用否定式的提问是：

您觉得这种产品的新包装不美观吗？

而采用肯定式的提问是：

您觉得这种产品的新包装美观吗？

否定提问会影响被调查者的思维，或者容易造成相反意愿的回答或选择。因此，在问卷中尽量不要使用否定形式的提问。

第六，避免敏感性问题。

避免敏感性问题是指被调查者不愿意让别人知道答案的问题。比如，个人收入问题、个人生活问题、政治方面的问题等等。问卷中应尽量避免提问敏感性的问题或容易引起人们反感的问题。对于这类问题，被调查者可能会拒绝回答，或者采用虚报、假报的方法来应付回答，从而影响整体调查的质量。

对有些调查，必须涉及敏感性问题的，应当在提问的方式上进行推敲，尽量采用间接回答的方式，用语也要特别婉转，以降低问题的敏感程度。

三、设计回答项目

回答项目是针对提问项目设计的答案。由于问卷中的问题有不同的类型，所设计的答案类型和对被调查者的回答要求也是不同的。

问卷中的问题有两类：一类是开放性的问题，一类是封闭性的问题。

（一）开放性问题

开放性问题对问题的回答未提供任何具体的答案，由被调查者根据自己的想法自由作出回答，属于自由回答型。例如，下面所列的就是两个开放性问题。

您认为我国目前的广告宣传中，存在的主要问题是什么？

您对这种捷达新款车有何更具体的看法？

开放性问题的优点是比较灵活，适合于搜集更深层次的信息，特别适合于那些尚未弄清各种可能性或潜在答案类型较多的问题。而且可以使被调查者充分表达自己的意见和想法，有利于被调查者发挥自己的创造性。其缺点是由于会出现各种各样的答案，给调查后的资料整理带来一定困难。

（二）封闭性问题

封闭性问题对问题事先设计出了各种可能的答案，由被调查者从中选择。封闭性问题的答案是标准化的，有利于被调查者对问题的理解和回答，也有利于调查后的资料整理。但封闭性问题对答案的要求较高，对一些比较复杂的问题，有时很难把答案设计周全。一旦设计有缺陷，被调查者就可能无法回答问题，从而影响调查的质量。因此，如何设计好封闭性问题的答案，是问卷设计中的一项重要内容。

封闭性问题的答案是选择回答型，所以设计的答案一定要穷尽和互斥。穷尽即要求列出问题的所有答案，不能有遗漏；对有些问题，答案不能穷尽时，可以加上“其他”一类，以保证被调查者有所选择或回答。互斥即要求各答案间不能相互重叠或包容。

根据提问项目或内容的不同，封闭性问题的回答方法主要有：两项选择法、多项选择法、顺序选择法、评定尺度法、双向列联法五种。

(1) 两项选择法。两项选择题答案只有两项，要求被调查者选择其中之一来回答。例如：

您家里有电视机吗？

1. 有　　　　2. 没有

两项选择法的特点是，被调查者只需在二者之中选择一项，回答比较容易；调查后的数据处理也很方便。其缺点是得到的信息量较少；当被调查者对两项答案均不满意时，很难作出回答。

(2) 多项选择法。多项选择题在设计问卷时，对一个问题给出三个或三个以上的答案，让被调查者从中选择进行回答。根据要求选择的答案多少不同，多项选择题有以下三种类型。

单项选择型。要求被调查者在所给出的答案中选择其中的一项。例如：

您觉得哪种类型的广告宣传效果最好？(选一项)

1. 电视广告
2. 广播广告
3. 杂志广告
4. 报纸广告
5. 路牌广告

多项选择型。要求被调查者对所给出的答案中，选出自己认为合适的答案，数量不受限制。例如：

请问您在购买小轿车时，主要考虑哪些因素？(选出您认为合适的答案)

1. 价格
2. 款式
3. 品牌
4. 耗油量
5. 售后服务
6. 维修费用
7. 乘坐舒适
8. 行使平稳
9. 加速性能
10. 制动性能

限制选择型。要求被调查者在所给出的问题答案中，选出自己认为合适的答案，但数量要受一定限制。比如，在上面的问题中，可要求被调查者限选三项。

(3) 顺序选择法。顺序选择法的问题答案有多个，要求被调查者在回答时，对所选的答案按要求的顺序或重要程度加以排列。其中，对所选的答案数量可以进行一定的限制，

也可以不进行限制。例如：

您在购买这种牌子的电视机时，主要是考虑哪些因素？

1. 产品的品牌
2. 价格合理
3. 售后服务
4. 外形美观
5. 维修方便

（按重要程度进行排序）

顺序选择法的问题答案不仅可以反映所要调查的内容，而且可以反映出被调查者对问题的看法，从而增加了信息量。

（4）评定尺度法。评定尺度法中的问题答案，由表示不同等级的形容词组成，并按照一定的程度排序，由被调查者依次选择。例如：

您对这种新款轿车是否感到满意？

1. 非常满意
2. 比较满意
3. 一般
4. 不太满意
5. 不满意

（5）双向列联法

这种方法是将两类不同问题综合到一起，通常用表格来表现。表的横向是一类问题，纵向是另一类问题。这种问题结构可以反映两方面因素的综合作用，提供单一类型问题无法提供的信息。同时也可以节省问卷的篇幅。例如：表 1－1 是面向不同的消费者对不同品牌的汽车在不同性能方面所持观点的问题设计表。

请在您赞同项目的空格内划“√”

表 1－1　两类不同问题设计表

	神龙富康	捷达	桑塔纳
耗油量低			
外观大方			
乘坐舒适			
整车价格合理			
驾驶容易			
制动性好			
维修方便			
零配件齐全			
故障率低			
售后服务周到			

四、设计问题顺序

为了提高问卷的回收率，设计问卷时，应站在被调查者的角度，顺应被调查者的思维习惯，使问题容易回答。因此，在问卷设计的过程中，安排好问题的顺序也是非常重要的。

具体来说，设计问题的顺序时，应注意以下几点。

第一，问题的安排应具有逻辑性。

设计问卷时，问题的安排应具有逻辑性，以符合被调查者的思维习惯。否则，会影响被调查者回答问题的兴趣，不利于对问题的回答。

第二，问题的顺序应先易后难。

把简单的、容易回答的问题放在前面，而复杂的、较难回答的问题放在后面。这样可以使被调查者开始时感到比较轻松，有能力继续回答下去。如果让被调查者一开始就感到很难回答，将会影响他们回答问题的情绪和积极性。

第三，能引起被调查者兴趣的问题放在前面。

把被调查者感兴趣的问题放在前面，而比较敏感的问题放在后面，这样可以引起他们填写问卷的兴趣和注意力。如果一开始就遇到敏感性问题，会引起被调查者的反感，产生防卫心理，不愿意回答或拒绝回答，从而影响整个调查。

第四，开放性问题放在后面。

被调查者在回答开放性问题时需要一定的思考和时间，因此，一份问卷中的开放性问题不宜太多。而且开放性问题一般应放在后面，否则，会影响到被调查者填写问卷的积极性，从而影响整个问卷的回答质量。

除上面介绍的问题外，问卷设计还要注意版面格式的设计。问卷的版面格式有时也会影响调查的质量。整个问卷的结构安排要合理，问卷的主体部分要突出、醒目。设计时，不要编排过密，各问题之间要留出一定的空间，外表及内容的印刷要美观。这样，会使被调查者产生好感，从而引起填写的兴趣。

项目小结

本项目主要介绍了统计调查方案设计和问卷调查设计两大主要任务。

一份完整的统计调查方案包括确定调查的目的和任务；确定调查对象和调查单位；确定调查项目和设计调查表；确定调查方式和方法；确定调查时间、调查期限和制订调查的组织实施计划。调查目的应说明调查所要达到的具体目的是什么；调查对象和单位是要确定向谁调查；调查项目和调查表说明的是调查的具体内容；调查方式和方法说明采用什么方法来收集资料；调查项目要解决的问题是“调查什么”，也就是调查的具体内容。在大多数统计调查中，调查项目通常以调查表的形式来表现。

问卷设计是市场调查的一项重要内容。一份完整的问卷一般包括开头、甄别、主体和背景几个部分。问卷设计的主要内容包括提问项目、问题的答案和问题的顺序等。设计提问项目时应注意提问的内容尽可能短、用词要确切通俗、一项提问只能包含一项内容、避

免诱导性问题和否定形式的提问、避免敏感性问题等。封闭型问题答案的设计方法有两项选择法、多项选择法、顺序选择法、评定尺度法、双向列联法等。问题顺序的设计应注意问题的安排要有逻辑、问题的顺序先易后难、能引起被调查者兴趣的问题放在前面、开放性问题放在后面等。

统计调查方案的设计是对整个统计调查工作制订一个周密完整的计划，用以指导整个统计调查工作，调查方案设计的好坏直接影响到调查数据的质量。问卷调查是企业获得市场信息的重要手段，问卷设计的好坏直接影响数据的质量和分析的结论。

实训操作

实训一：案例分析

温州市居民出行调查方案

1. 调查背景和调查目的

据了解，由于机关、企事业单位以及学校等上下班时间相对集中，使得温州市约有40万人在同一时间上下班，每天早晚形成车流、人流高峰，且各主要道路早晚高峰的交通流量约占全天流量的1/6，道路普遍处于超饱和状态，交通堵塞严重。这成了温州城市管理中的一个大难题，尽管市政府采取了各种措施，仍不能缓解交通压力。

2002年起，温州市在全省率先推出错时上下班制度：市级和鹿城、瓯海、龙湾3个区以及温州经济技术开发区的机关、事业单位的上班时间从原来的上午8：00推迟到8：30，学校的上学时间为8：00以前，商场的上班时间则推迟到上午9：00。这一制度推出后，使40万温州人错时上下班，大大缓解了城市道路通行压力，各界人士普遍为此叫好。

经过了几年的发展，现在温州市的交通又是一种什么情况呢？

这次调查的目的主要是想了解和掌握温州市区交通管理现状、存在的问题和主要矛盾。

2. 调查范围和调查对象

本次调查将对温州市居民包括工人、农民、士兵、教师、医疗、公务员、学生、管理者、个体从业人员、经商人员、服务业从业者、自由职业者在内的各行各业人员进行问卷调查，收集第一手资料。

调查范围为温州市区。

调查对象分六个年龄段：

A. 7～10岁

B. 11～18岁

A和B年龄段以学生居多。此年龄段上学出行一般为所有出行中较早的一个出行内容。

C. 19～30岁

D. 31～45岁

C 和 D 年龄段均以上班族居多，还包括在校的大学生。此年龄段为所有居民出行的主体，多数人在此阶段也拥有了自己的小轿车，也是影响交通流量的主体。

E. 46～60 岁

F. 60 岁以上

E 和 F 年龄段以体育、娱乐休闲出行居多。

3. 调查的主体内容：日常出行目的表。

此表可间接反映出车流繁忙的时间段。

车流量集中区域范围。

车流量类型等情况。

4. 调查方式：抽样调查

5. 调查时间：7 月 8 日～7 月 13 日

调查问卷的基本情况：本次问卷共发放 1025 份，总共收回 922 份。收回率为 90.0%。其中有效问卷 896 份。有效率为 97.2%。

附问卷：

温州市居民出行调查表

您好！我们是温州大学统计系的学生，现在正进行一次实地调研活动，麻烦您耽搁一点时间配合我们做一次调查访问。我们的问题不涉及个人隐私和利益，谢谢您的支持与合作！

居民出行定义：居民出行是指居民为完成某一目的（如上班、购物、探亲访友、休闲娱乐等），使用某一种交通方式，耗用一定的时间，从出发地点经过某一路径到达目的地的位移过程。一般在可通行的道路上步行 5 分钟以上或使用交通工具单程距离超过 500 米即为一次出行。其目的是确定客流在城市道路上的分配情况。

请您根据下面的问题认真填写：

1. 您的职业：________。

A. 工人　B. 农民　C. 士兵　D. 教师

E. 医疗从业人员　F. 公务员　G. 学生　H. 管理者

K. 个体从业人员　M. 经商人员　N. 服务业从业人员　P. 自由职业者

2. 您的年龄________。

A. 7～10　B. 11～18　C. 19～30　D. 31～45

E. 46～60　F. 60 以上

3. 您的性别：________。

A. 男　B. 女

4. 您家里拥有的车辆有：________，（　）辆。

A. 自行车　B. 摩托车

C. 小轿车　D. 无

5. 如果您还没有私家车，您计划在什么时间购买________。

A. 1 年以内　　B. 2～3 年

C. 4～8 年　　D. 还没有计划

表 1-2　日常出行调查表

日常出行目的	次数	距离（千米）	出发地点	到达地点	出发时间	到达时间	耗时（分钟）	方式					
								步行	自行车	摩托车	公交车	出租车	私家车
上班													
上学													
购物													
休闲													
体育													
探亲访友													
经商													
公务													
其他													
合计													

表 1-3　周末出行调查表

周末出行目的	次数	距离（千米）	出发地点	到达地点	出发时间	到达时间	耗时（分钟）	方式					
								步行	自行车	摩托车	公交车	出租车	私家车
上班													
上学													
购物													
休闲													
体育													
探亲访友													
经商													
公务													
其他													
合计													

祝您身体健康，工作愉快！谢谢您的合作！

温州大学调查实践小分队
调查人：__________
年　月　日

思考与讨论问题：

1. 此项调查的调查目的与调查对象和调查内容之间有什么样的联系？
2. 你认为该方案是否完整？

实训二：统计调查的应用

一、实训主题：设计某高校在校大学生日常支出情况调查方案（也可以自己确定主题）

二、实训方案

（一）实训目的要求

本实训是在完成项目一统计调查教学之后进行的，目的是培养学生设计调查方案的能力和搜集与处理信息的能力，特别是利用网上资源的能力。

通过对某高校在校大学生日常支出情况调查，可以获取相应的原始数据资料。

[**提示**]调查项目可以包括：被调查学生月生活费支出、基本月生活费（生存所必需的月生活费）、学习费（学费、用具、资料）、零食消费、课外培训费、娱乐消费（网吧、舞厅、影院、郊游）、其他消费等。

（二）实训形式

分组讨论及调查。

（三）模拟操作过程

1. 由课程主讲教师对专业主干学科目前的研究情况作一介绍，列出课题目录。
2. 将学生按 3～4 人分为一组，共分成若干小组。
3. 每组同学从所列课题目录中选出一个调查方向。
4. 每组用一周的时间提出研究假设，并设计调查方案。
5. 模拟操作讨论。

（1）各组代表发言：每组派一名代表在课堂上介绍自己提出的研究假设（或调查大纲）及设计的调查方案。

（2）同学进行评议。

（2）指导教师点评。

（四）模拟操作点评

1. 从实际需要出发，方案的设计是考虑得充分。
2. 对于一些应用性较强的调查课题，方案的编制要充分考虑到时间效果。

（五）课后操作实践

自选一个实地研究课题，拟定调查方案。

实训三：设计统计调查问卷

根据实训二的资料设计一份调查问卷。

社会实践题

1. 根据上面的实训材料组织一次统计调查，并将调查所得的数据资料保存。

2. 要求学生到图书馆从公开出版物如《中国统计年鉴》《中国统计摘要》《中国社会统计年鉴》《中国工业经济统计年鉴》《中国农村统计年鉴》《中国人口统计年鉴》《中国市场统计年鉴》《世界经济年鉴》《国外经济统计资料》《世界发展报告》等资料中查阅有关宏观数据的资料：

(1) 1980 年以来中国进出口贸易额的数据资料；

(2) 1980 年以来中国 GDP 的数据资料；

(3) 1980 年以来外商对中国的直接投资额数据资料；

……

3. 某床上用品公司为了解其床上用品、布艺品、睡衣等产品的市场竞争环境和客户需要等情况，决定进行一次市场调查。这次调查的主要目的是：

(1) 获得某市消费者的个性化特征，包括年龄、性别、收入、职业、教育程度、婚姻状况、家庭人口、居住城区等信息，并作为分析变量与其他因素结合以便深入分析该市消费者行为特征。

(2) 了解消费者最喜欢的品牌、目前使用的品牌、打算购买的品牌等。

(3) 了解相关产品的消费者行为特征，包括获得采购信息的主要途径、购买时间选择、购买渠道选择、购买动机、价格段分布（包括单件和套件）、影响购买决策的主要因素、顾客最喜欢的促销方式、产品规格、花色、款式、质地、包装等。

(4) 结合消费者的购买渠道选择情况，了解该市主要商圈的租金、人流量等信息。

(5) 结合消费者获得采购信息的主要途径，提供该市相关媒体的受众和价格信息。

4. 要求学生利用网络，登录如中国统计信息网等统计相关网站，查阅有关数据资料（如第六次人口普查的相关信息等）。

项目自测

一、单选题（每题 5 分）

1. 某地区 2012 年工业企业经济活动成果的统计年报的呈报时间为 2013 年元月 31 日，则调查期限为（　　）。

A. 一年　　B. 一年零一个月

C. 一个月　　D. 一天

2. 调查大庆、胜利、大港、中原油田等几个大油田，以了解我国石油工业生产的基本情况，这种调查属于（　　）。

A. 普查　　B. 重点调查

C. 抽样调查　　D. 典型调查

3. 企业入库单和原料单属于（　　）。

A. 统计台账　　B. 企业内部报表

C. 原始记录　　D. 以上都不是

4. 在统计调查中，调查单位和填报单位是（　　）。

A. 完全一致　　B. 完全无关联

C. 一般是有区别，但有时是一致　　D. 完全不一致

5. 有意识地选择三个农村点调查农民的收入情况，这种调查方式属于（　　）。

A. 普查　　B. 重点调查

C. 抽样调查　　D. 典型调查

6. 在国有工业企业的设备普查中，每一个国有工业企业是（　　）。

A. 调查对象　　B. 调查单位

C. 填报单位　　D. 调查项目

7. 统计调查担负着（　　）。

A. 提供原始资料的任务　　B. 提供次级资料的任务

C. 提供真实资料的任务　　D. 提供基础资料的任务

8. 直接观察法的最大特点是（　　）。

A. 取得资料准确可靠　　B. 人、财、物力花费小

C. 时效性好于局限性　　D. 直接取得第一手材料

二、多选题（每题 8 分）

1. 重点调查是（　　）。

A. 全面调查　　B. 专门调查

C. 非全面调查　　D. 统计报表

E. 可与普查结合运用

2. 普查是（　　）。

A. 非全面调查　　B. 专门调查

C. 全面调查　　D. 一次性调查

E. 经常性调查

3. 调查单位是（　　）。

A. 需要调查的那些社会经济现象的总体

B. 所要调查的那些社会经济现象总体的每个单位

C. 调查项目的承担者

D. 负责向上报告调查内容的单位

E. 调查中所调查的具体单位

4. 下列调查中属于一次性调查的有（　　）。

A. 人口普查　　B. 个人收支变化调查

C. 第三产业从业人数调查　　D. VCD 库存量调查

E. 公司利润调查

5. 下列调查属于全面调查的有（　　）。

A. 普查　　B. 对全国所有钢铁企业的钢产量都进行调查

C. 全面的统计报表　　D. 抽样调查

E. 我国 2010 年 11 月 1 日零时进行的人口调查

三、综合应用题（20 分）

以第六次人口普查为例，分析其调查目的、调查任务、调查对象、调查单位、填报单位、调查时间、调查方式。

项目二　统计整理

学习要点

统计整理是统计工作的中间环节，起着承上启下的作用。本项目的主要内容是在了解统计整理的含义和步骤的基础上，把握统计整理的方法和技能。

学习目标

【知识目标】

1. 明确统计资料整理的概念，了解统计整理的步骤；
2. 通过学习统计分组理论，能够对不同的社会经济现象进行统计分组；
3. 运用分配数列对原始数据进行系统整理；
4. 掌握统计表的具体编制方法。

【能力目标】

1. 能够对不同的社会经济现象进行统计分组；
2. 运用分配数列对原始数据进行系统整理；
3. 熟练制作统计图和编制统计表；
4. 熟悉运用 Excel 对统计资料进行统计整理。

项目导入

通过统计调查可以获得有关经济现象的数据资料，但是这些资料只能反映总体单位的具体情况，而且这些数据分散、零碎、繁杂，有时还可能存在各种问题。为了研究统计总体、揭示经济现象的本质特征，我们通常需要更加条理化、系统化的数据资料。如何才能得到我们需要的数据呢？这就是本项目要解决的问题。

背景资料：张三毕业于某校统计专业，现就职于湖南某制造有限公司从事统计工作。为了应对全球性的金融危机，公司总经理想了解公司现阶段的发展情况，要求小张收集相关数据资料，并进行整理，向他汇报。

张三从现有职工构成、工人生产、销售及库存等几个方面收集的部分资料如下。

1. 公司现有职工共计 391 人，其中男职工 267 人，女职工 124 人。其中计财部 11 人，营销部 46 人，办公室 52 人，用户服务中心 79 人，制造部 203 人。

2. 对制造部第一车间的40名职工日加工零件情况进行调查，得到下列数据：

9	6	7	10	9	8	7	9
9	8	7	9	9	8	6	9
7	9	10	8	8	7	9	9
9	7	8	9	8	9	8	7
8	10	9	8	7	8	9	8

3. 对该车间的40名职工于2009年12月份完成个人生产定额百分比（%）情况进行统计，结果如下：

103	98	115	112	117	124	129	132	100
103	118	89	123	87	115	152	112	147
108	117	105	93	127	125	118	120	136
107	110	113	104	97	118	95	121	109
106	123	114	109					

4. 对营销部40名一线销售人员2009年销售情况进行调查，每位销售人员销售数量（台）情况如下：

90	87	121	113	116	149	111	145	117
123	119	108	105	110	118	120	137	136
104	107	104	127	117	124	137	128	100
98	97	106	105	125	119	128	114	141
115	104	118	86					

5. 该公司历年生产性固定资产和工业总产值情况如表2-1所示。

表2-1　历年生产性固定资产和工业总产值统计表

年份	生产性固定资产价值（万元）	工业总产值（万元）
1997	200	438
1998	320	520
1999	335	605
2000	380	815
2001	415	910
2002	508	928
2003	700	1010
2004	1028	1210
2005	1210	1518
2006	1225	1620
2007	1340	1745
2008	1489	1923
合计	9150	13242

对于上述资料，张三将如何进行相关数据的整理？

【基本知识】统计整理的意义和步骤

在统计调查阶段取得资料之后，需要将这些主要反映总体单位个体情况的原始资料按照研究目的，对其进行加工，使之条理化、系统化，得到能够说明现象总体特征的综合资料。这一过程就是统计整理。

统计整理是统计调查的延续，是统计分析的前提。统计调查阶段取得的资料是零星分散的，只有通过科学的审核、分析、汇总等整理工作，才能得到反映现象总体特征的统计资料。通过统计整理实现对事物由感性认识提高到理性认识、由现象到本质的转变。

统计整理的过程大致分为以下四个步骤。

第一步：设计统计资料整理方案。

统计资料整理方案就是根据统计分析的任务、要求以及所研究经济现象的特点制定的统计整理工作计划。

第二步：审核统计资料。

依据统计资料整理方案对统计资料进行整理时的首要工作是对统计调查获得的初始资料进行审核。审核这些原始资料的准确性、完整性和及时性。

审核资料的准确性主要是检查所收集到的资料是否准确可靠。审核方法主要有两种：一种是逻辑检查，即从逻辑上及常识上检查统计资料是否存在不合理、前后矛盾和不符合实际的情况；另一种是计算检查，即通过计算检查统计资料的数据有无差错，计算方法、计算范围、计算单位是否正确等。

审核资料的完整性主要是检查为完成统计任务所需的资料是否已经收集完备，如有遗漏要及时补正。

审核资料的及时性主要是检查所需统计资料是否在规定的时间内报送，是否存在迟报和不报现象。

第三步：统计分组与汇总。

按照一定的标准将原始数据进行分组归类以区分现象内部质的差异，综合汇总形成各项统计指标使得反映个体特征的资料转化为反映总体综合特征的资料。

第四步：编制统计表和绘制统计图。

将经过统计分组和汇总整理的资料以统计表或统计图的形式进行表现，以直观的形式表现社会经济现象之间的数量关系。

任务一　进行统计分组

统计分组是根据统计研究的目的和任务，结合社会经济现象的自身特点选择一定的分组标志，把被研究的现象总体划分为若干个性质不同的组成部分的一种统计方法。

进行统计分组主要有以下几个步骤。

一、选择分组标志

进行统计分组的首要问题是确定分组标志。分组标志就是分组时用来作为划分各组依

据的标准。例如：为了调查全民文化素质可以选择学历作为分组标志；为调查全民身体素质可以选择身高、体重作为分组标志等。

1. 按品质标志分组

按品质标志分组就是按经济现象的质量特征分组。例如，人口按性别、民族、职业、出生地分组，工业企业按所有制分组等。按品质标志分组时需要考虑事物的特点和统计研究的任务，事物本身的既定属性是确定组数的基本依据。如人口按性别分组，就只能分为男女两组。

2. 按照数量标志分组

按数量标志分组就是按经济现象的数量特征分组。例如，人口按年龄分组，企业按注册资金规模分组等。按数量标志分组时应注意以下两个问题：一是各组界限的确定必须能反映现象质的差别；二是依据被研究经济现象的数量特征，采用适当的分组方式。

二、确定统计分组体系的形式

对经济现象按一定的分组标志进行分组以后，就形成了分组体系。分组体系有两类：一类是简单分组及平行分组体系；另一类是复合分组及复合分组体系。

1. 简单分组及平行分组体系

简单分组就是对总体只选择一个标志进行分组；平行分组体系是对同一总体运用两个或两个以上的标志进行简单分组，然后将分组结果平行排列所形成的体系。例如，张三将河北冀欣制造有限公司全体职工按所属部门和年龄进行分组，然后将分组结果平行排列，形成平行分组体系如下。

按所属部门分组：计财部、营销部、办公室、用户服务中心、制造部。

按年龄分组：25 岁以下、25～45 岁、45 岁以上。

2. 复合分组及复合分组体系

复合分组是对同一总体按照两个或两个以上的标志进行层叠分组，即对总体先按一种标志分组，然后在这种分组结果之上再选择另外的分组标志对各组进行再次分组，由复合分组形成的体系称为复合分组体系。

【例 2－1】在按照所属部门分组的基础上，张三对湖南某制造有限公司全体职工又按照年龄分组，形成的复合分组体系如表 2－2 所示。

表 2－2　湖南某制造有限公司职工情况统计

按所属部门和年龄分组	职工人数（人）
计财部	
25 岁以下	
25～45 岁	
45 岁以上	
营销部	
25 岁以下	

续表

按所属部门和年龄分组	职工人数（人）
25～45 岁	
45 岁以上	
办公室	
25 岁以下	
25～45 岁	
45 岁以上	
用户服务中心	
25 岁以下	
25～45 岁	
45 岁以上	
制造部	
25 岁以下	
25～45 岁	
45 岁以上	
合计	

三、确定各组的组限，并将总体单位分配到各组

我们可以根据表 2－2 的格式，将收集到的背景资料（原始资料和次级资料）的相关数据填入，完成统计分组。

任务二　编制分配数列

对总体按某种标志分组，将总体单位按组归类整理并按顺序排列，形成总体中各个单位在各组间的分布，就是分配数列。根据分组标志的不同，分配数列可以分为品质分配数列和变量分配数列两种。

一、确定分配数列的形式

当对总体按照品质标志分组时，则所编制的分配数列叫品质分配数列，简称品质数列；当对总体按照数量标志分组时，则所编制的分配数列叫变量分配数列，简称变量数列。

二、编制品质数列

编制品质分配数列时，首先根据统计研究的目的、现象的特点及其所处的具体环境选择适当的品质作为分组标志；选择完分组标志之后，将总体分成不同的组；最后将总体单位归入各组。

【例 2－2】 张三根据其调查所得的数据资料，整理结果如表 2－3 所示。

表 2-3 湖南某制造有限公司职工性别构成情况

按性别分组	人数（人）	比重（%）
男	267	68.29
女	124	31.71
合计	391	100.00

分配数列由两部分组成：一部分是总体按某种标志所分的组，另一部分是各组所包含的总体单位数。在表 2-3 中，职工按性别分为男女两组，267 人为男职工这一组的次数，391 人为总次数，68.29%是男职工占职工总数的比例。

编制品质分配数列，只要分组标志选择得好，分组标准定得恰当，则事物性质的差异表现得比较明确，总体中各组的划分较容易。因而品质分配数列一般比较稳定，能准确地反映总体的分布特征。

三、编制变量数列

变量数列又可分为单项式变量数列和组距式变量数列。单项式变量数列是按数量标志分组后，用一个变量值代表一个组所形成的数列，简称单项数列；组距式变量数列是按数量标志分组后，用变量值变动的一定范围代表一个组所形成的数列，简称组距数列。

1. 确定变量数列的形式

单项数列适用于变量值个数比较少、变量值变动幅度较小的离散型变量，组距数列适用于变量值个数比较多、变量值变动范围较大的离散型变量以及所有的连续型变量。那么，我们就要根据具体的数据来观察和分析，是采取单项式数列还是组距式数列的形式。

2. 编制单项数列

单项数列的编制也比较简单，分组变量的变量值有几个，就分为几组。

【例 2-3】现根据张三调查得到的制造部第一车间的 40 名职工日加工零件情况说明如何编制单项数列：

9	6	7	10	9	8	7	9
9	8	7	9	9	8	6	9
7	9	10	8	8	7	9	9
9	7	8	9	8	9	8	7
8	10	9	8	7	8	9	8

（1）根据不同变量值的个数，确定分成的组数。

第一车间职工日加工零件个数不同的值共有五个，所以可以将这 40 名工人按加工量的不同分为五组。

（2）按顺序排列变量值。

按从小到大排列上述变量值，排列结果为：6、7、8、9、10，将这 5 个数值作为五组的标志值。

(3) 汇总各组的次数，并计算频率。

统计资料汇总的方法有手工汇总法和计算机汇总法两种。手工汇总法是指利用一些简单的工具对统计资料进行汇总，常见的有画线法、过录法、折叠法、卡片法。手工汇总法整理速度较慢，且比较容易出错，所以只有当数据资料较少的情况时采用。计算机汇总法就是利用计算机对数据进行处理，由于具有速度快、储存信息量大、精确度高等优点，目前已得到广泛的运用。

从调查得到的40个数据中我们通过点数得知：零件加工个数为6的出现了2次；零件加工个数为7的出现了8次；零件加工个数为8的出现了12次；零件加工个数为9的出现了15次；零件加工个数为10的出现了3次。

(4) 检查。

检查各组次数之和是否等于总体单位数。通过计算可知五组职工人数之和为40，可以说明编制无误。

采用单变量值分组编制的单项数列如表2-4所示。

表2-4 第一车间职工加工零件情况分布

按零件数分组（个）	人数（人）	比重（%）
6	2	5.0
7	8	20.0
8	12	30.0
9	15	37.5
10	3	7.5
合计	40	100.0

【关联性知识】 在变量分配数列中分组标志在各组中有不同的数量表现（如本表中的6、7、8、9、10），形成标志值数列，也称为变量，一般用x表示；频数用f表示。

3. 编制组距数列

第一步：分别找出总体单位的最大值和最小值，求出全距。

将总体单位的取值按顺序依次排列，找出其中的最大值与最小值，两者之差即为全距。

第二步：确定组数、组距。

确定组数时应该考虑数据的变动范围和数据分布规律，力求使分组既能反映总体的分布特征，又要尽可能区分出组与组之间性质上的差异。由于分组的目的之一是为了观察数据分布特征，因此组数的数量应适中。

在确定组数时，如果总体趋于正态分布，则可参考美国学者斯特吉斯提出的经验公式来确定。$n=1+3.322\lg N$，其中：n为组数，N为总体单位数，对结果用四舍五入的办法取整数即为组数。当然，这只是一个经验公式，在应用时可根据实际情况对组数进行灵活调整。本例中，$n=1+3.322\lg 40=6.32\approx 6$，即应分为6个组，然后可根据实际情况适当调整组数。

组距数列有等距数列和不等距数列，究竟是选择哪种形式应该考虑研究目的和研究对象的分布情况。一般来说，如果总体中的各单位取值比较均匀，则应采用等距数列；相反总体中的各单位取值并不均匀，且变动范围较大，则适合采用不等距数列。

在组距数列中，组数的多少与组距的大小成反比，组数多，组距小；组数少，组距大。在等距数列中，组数、组距与全距三者之间的关系为：

组数＝全距÷组距＝（最大值－最小值）÷组距

组距＝全距÷组数＝（最大值－最小值）÷组数

第三步：计算频数、频率，编制数列。

频数就是分配数列中各组的总体单位数，也称为次数；总体单位总数叫总次数；用各组次数除以总次数就得到各组的频率。

在编制组距式数列时，组限的确定需要注意以下两点：一是最小组的下限应该小于或等于最小变量值，最大组的上限应该大于或等于最大变量值，使每个数据都能归入其中的一组，不能遗漏；二是对于离散型变量最好采用不同限分组，而对于连续型变量划分组限时相邻的组限必须相等，如果某变量取值正好是组限则遵守“上限不在内”原则，即各组不包括等于其上限值的单位。

此外，组距式数列中由于分组掩盖了各组内的数据分布状况，因此通常用组中值作为代表反映各组数据的一般水平。但这种代表需要依据一个前提假定：各组数据在本组内是均匀分布或在组中值两侧呈对称分布。如果实际情况并非如此，则用组中值作为代表会出现误差。组中值的计算公式如下：

$$\text{闭口组组中值}=\frac{\text{上限值}+\text{下限值}}{2}$$

$$\text{上开口组的组中值}=\text{该组的下限值}+\frac{\text{相邻组的组距}}{2}$$

$$\text{下开口组的组中值}=\text{该组的上限}-\frac{\text{相邻组的组距}}{2}$$

【例 2－4】根据张三调查得到的营销部 40 名一线销售人员 2009 年销售数量（台）情况说明如何编制组距式数列：

90	87	121	113	116	149	111	145	117	123
119	108	105	110	118	120	137	136	104	107
104	127	117	124	137	128	100	98	97	106
105	125	119	128	114	141	115	104	118	86

第一步：分别找出总体单位的最大值和最小值，求出全距。

最大值为 149，最小值为 86，全距为 63。

第二步：确定组数和组距。

参考美国学者斯特吉斯提出的经验公式来确定。$n=1+3.322\lg N=1+3.322\lg 40=6.32\approx 6$，即应分为 6 个组．

组距＝全距÷组数＝（最大值－最小值）÷组数＝63÷6＝10.5，取整数为 10。

第三步：计算频数和频率，编制数列。

对本例中的数据资料，结合斯特吉斯经验公式和数据的实际进行分组，可得到下面的组距式数列，如表 2-5 所示。

表 2-5　营销部一线销售人员 2009 年销售情况

按销售业绩分组（台）	职工人数（人）	比重（%）
100 以下	5	12.5
100～109	9	22.5
110～119	12	30.0
120～129	8	20.0
130 以上	6	15.0
合计	40	100

四、累计次数分布

累计次数分布，是指将变量数列各组的次数和频率逐组累计相加而形成的次数分布。有向上累计和向下累计两种。

1. 向上累计

向上累计，也称较小制累计，就是将次数与比重从标志值最小的组开始逐渐向标志值最大的组累计。向上累计所表现的是各组上限以下所包含的总次数和总比重。当所关心的是比较小的变量值的次数分布情况时，通常采用向上累计，表明这些变量值以下的总体单位数及其所占的总比重。

2. 向下累计

向下累计，也称较大制累计，就是将次数与比重从标志值最大的组开始逐渐向标志值最小的组累计。向下累计所表现的是各组下限以上所包含的总次数和总比重。当所关心的是比较大的变量值的次数分布情况时，通常采用向下累计，表明这些变量值以上的总体单位数及其所占的总比重。

【例 2-5】将表 2-5 所体现的次数分布编制成累计次数分布，如表 2-6 所示。

表 2-6　营销部一线销售人员 2009 年销售量累计分布情况

按销售业绩分组（台）	职工人数（人）	比重（%）	向上累计		向下累计	
			人数（人）	比重（%）	人数（人）	比重（%）
100 以下	5	12.5	5	12.5	40	100.0
100～109	9	22.5	14	35.0	35	87.5
110～119	12	30.0	26	65.0	26	65.0
120～129	8	20.0	34	85.0	14	35.0
130 以上	6	15.0	40	100.0	6	15.0
合计	40	100	—	—	—	—

相关链接

洛伦茨曲线与基尼系数

为了研究国民收入在国民之间的分配问题，美国统计学家（或说奥地利统计学家）M·O·洛伦茨（Max Otto Lorenz，1876—　）于1907年（或说1905年）提出了著名的洛伦茨曲线。它先将一国人口按收入由低到高排队，然后考虑收入最低的任意百分比人口所得到的收入百分比。将这样的人口累计百分比和收入累计百分比的对应关系描绘在图形上，即得到洛伦茨曲线，如图2-1所示。

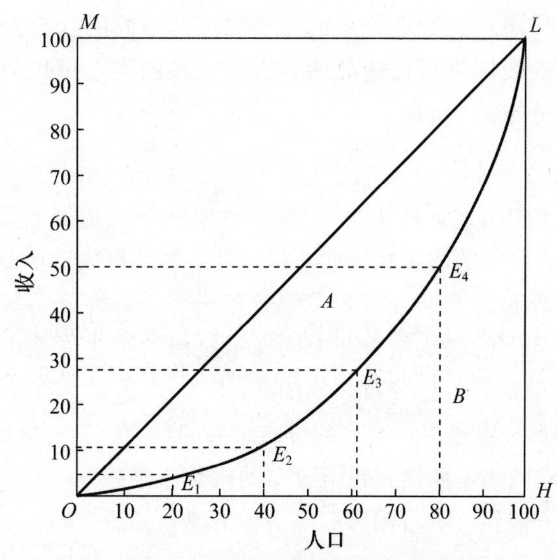

图2-1　洛伦茨曲线图

洛伦茨曲线用以比较和分析一个国家在不同时代或者不同国家在同一时代财富的不平等程度，该曲线作为一个总结收入和财富分配信息的便利的图形方法得到广泛应用。

图中横轴OH表示人口（按收入由低到高分组）的累积百分比，纵轴OM表示收入的累积百分比，弧线OL为洛伦茨曲线。

洛伦茨曲线的弯曲程度有重要意义。一般来讲，它反映了收入分配的不平等程度。弯曲程度越大，收入分配越不平等，弯曲程度越小，收入分配越平等。特别是，如果所有收入都集中在一人手中，而其余人口均一无所获时，收入分配达到完全不平等，洛伦茨曲线成为折线OHL；另一方面，若任一人口百分比均等于其收入百分比，从而人口累计百分比等于收入累计百分比，则收入分配是完全平等的，洛伦茨曲线成为通过原点的45度线OL。

一般来说，一个国家的收入分配，既不是完全不平等，也不是完全平等，而是介于两者之间。相应的洛伦茨曲线，既不是折线OHL，也不是45度线OL，而是像图中这样向横轴突出的弧线OL，尽管突出的程度有所不同。

洛伦茨曲线与45度线之间的部分A叫作“不平等面积”，当收入分配达到完全不平等时，洛伦茨曲线成为折线OHL，OHL与45度线之间的面积A+B叫作“完全不平等面积”。不平等面积与完全不平等面积之比，称为基尼系数，是衡量一国贫富差距的标准。基尼系数G=A/（A+B）。显然，基尼系数不会大于1，也不会小于零。基尼系数是反映一国社会分配状况的指标，0为“完全平等”，1为“极端不平等”。目前公认的标准是，基尼系数在0.3以下为“好”，0.3～0.4之间为“正常”，超过0.4为“警戒”。一旦基尼系数超过0.6，表明该国社会处于可能发生动乱的“危险”状态。拉美平均0.522的基尼系数，意味着该地区不少国家已经相当接近甚至超过了0.6的危险状态。

五、次数分布的主要类型

次数分布是反映总体单位总数在各组的分布状况。不同的社会经济现象会呈现出不同的次数分布，如果采用曲线图进行描述的话，次数分布的类形可以概括为以下三类：钟形分布、U形分布和J形分布。

1. 钟形分布

钟形分布的特征是“中间大，两头小”，即靠近中间的变量值分布的次数多，靠近两边的变量值分布的次数少，曲线图的形状宛如一口古钟，因此称为钟形分布，如图2-2所示。

钟形分布分为对称分布、右偏分布和左偏分布三类。对称分布就是中间变量值分配的次数最多，两侧变量值分配的次数随着与中间变量距离的增大而逐渐减少，并且两侧呈对称分布。正态分布是最重要的对称分布。如图2-2（a）所示。许多社会经济现象的次数分布趋于正态分布，例如，农业平均亩产的分布、人的身高、钢的含碳量等。偏态分布的特征是中间变量值分布的次数多，两侧变量值分布的次数逐渐减少，但两侧减少的速度快慢程度不同，所以曲线向一方偏斜。有右偏和左偏两种情况，如图2-2（b）和（c）所示。

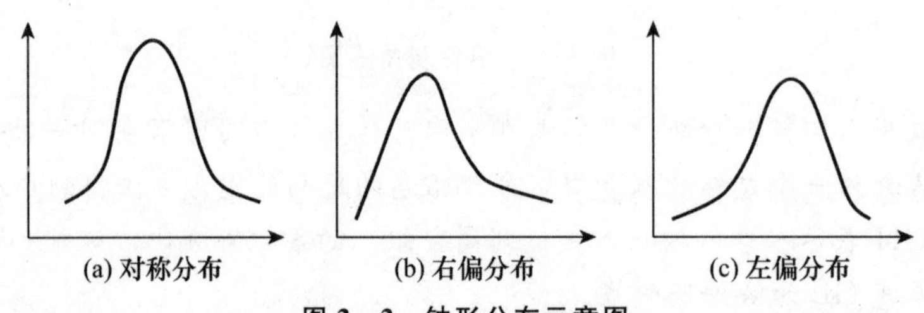

图2-2　钟形分布示意图

2. U形分布

U形分布的特征和钟形分布刚好相反，是“两头高，中间低”，即靠近中间的变量值分布的次数少，靠近两边的变量值分布的次数多，曲线图的形状类似英文字母U，因此称为U形分布。如图2-3所示。

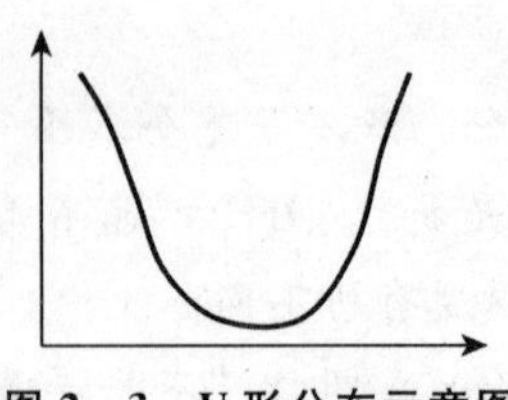

图2-3　U形分布示意图

有些社会经济现象表现为U形分布，例如，人和动物的死亡率的分布就近似于U形分布，因为人口中婴幼儿和老年人的死亡率较高，而中青年的死亡率则较低，动物也是如此。

3. J形分布

J形分布有两种类型：正J形分布和反J形分布。正J形分布的特征是随着变量值的增大，次数也随之增多，其曲线图犹如英文字母J，如图2-4（a）所示。例如，育龄妇女生育子女数的次数分布。反J形分布的特征就是，随着变量值的增大，次数随之减少，其曲线图犹如反写的英文字母的J，所以称反J形分布，如图2-4（b）所示。例如，正常商品的需求量随价格的提高而逐渐减少。

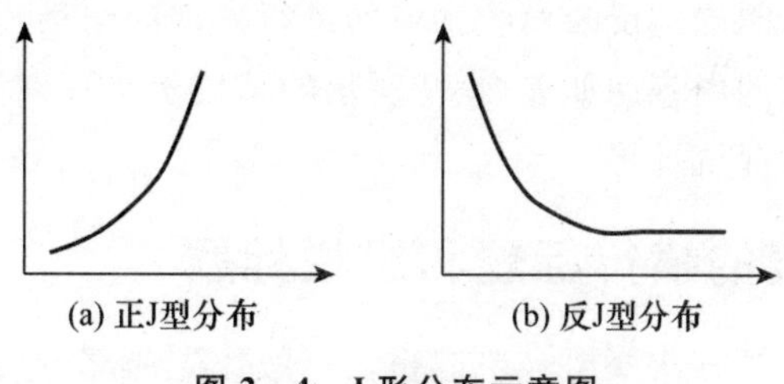

图2-4　J形分布示意图

任务三　编制统计表

统计表是将经统计分组整理过的、表现总体特征的资料，按一定的顺序排列在具有特定格式的表格上而形成的、用来表现统计整理结果的表格。从统计表的构成要素看，统计表包括总标题、横行标题、纵栏标题和数字资料四部分。

1. 总标题

总标题是整个统计表的名称，位于表的正上方，用于简明扼要的说明表中资料。一般应该涵盖统计数据的时间和空间范围。

2. 横行标题

横行标题通常是统计单位分成的各个组、总体单位名称或者是现象的动态时间，位于表的左侧，反映统计表所要说明的总体、总体的各组或总体单位的名称。

3. 纵栏标题

纵栏标题通常是统计指标的名称，位于表格的上方，反映总体的性质或数量特征。

4. 数字资料

数字资料是用来说明总体数量特征的各项指标值，这部分是统计表的核心，位于横栏和纵栏交叉处。

统计表的基本构成如表2-7所示。从统计表的内容看，统计表包括主词和宾词两部分。主词是统计表所要说明的总体，以及总体的各个单位、各个组的名称，或者各个时期。宾词是统计表用来说明主词的各个指标，包括指标名称及单位。

表2-7　某校学生性别构成情况 ←（总标题）

横行标题	人数（人）	比重（%） ← 纵栏标题
全部学生	1200	100.0
其中：男生	700	58.3
女生	500	41.7

（主词栏）　（宾词栏）　数字资料

统计表的编制一般由以下几个步骤组成。

一、确定总标题

总标题应该能够清晰明确地反映对统计资料进行整理的结果，并且言简意赅，使读者能够由表的总标题便知表的内容。如表 2－7 所示的某校学生性别构成情况，表 2－8 所示的湖南某制造公司零件库存统计等。

二、确定统计表的横行标题和纵栏标题

表内的横行和纵栏的排列次序要合乎逻辑，一般按先局部、后整体的原则排列，即先列出各项，然后再列出总计；若没有必要列出所有项目，应先列出总计，后列出其中重要的项目。如果统计表的栏数过多，通常要进行编号，主词和计量单位用（甲）（乙）等文字标明，宾词用（1）（2）（3）等数字标明。如果各栏次存在计算上的相互关系，可同时予以标明，如（3）＝（1）×（2）等。张三通过调查公司零件库存情况整理出下表，如表 2－8 所示。

表 2－8　湖南某制造公司零件库存统计

零件编号	存放地点	单价（元） (1)	库存量（件） (2)	总金额（元） (3)＝(1)×(2)
X－01	一仓库	32.00	60	1920.00
Y－02	二仓库	38.00	40	1520.00
SX－001	三仓库	33.00	20	660.00
SY－001	服务中心一库	39.80	50	1990.00
YY－01	服务中心二库	30.00	70	2100.00
合计	—	—	240	8190.00

【关联性知识】统计表的种类根据主词的结构来决定。主词栏的结构有三种：未分组、简单分组和复合分组，所以统计表也分为简单表、分组表和复合表。简单表是主词未经过任何分组的统计表；分组表是主词按一个标志进行分组的统计表；复合表是主词按两个或两个以上的标志进行复合分组的统计表。

表 2－8 就属于简单表，主词由研究单位名称组成的一览表；表 2－1 也是简单表，主词是由时间顺序组成的编年表。

表 2－9 就属于分组表。在编制时只需将分成的各组进行罗列即可。

表 2-9　湖南某制造公司各部门职工人数统计

按所属部门分组	职工人数（人）	比重（%）
计财部	11	2.81
营销部	46	11.76
办公室	52	13.30
用户服务中心	79	20.20
制造部	203	51.93
合计	391	100.00

表 2-10 属于复合表，在编制时对总体先按一种标志分组，表 2-10 是对该公司职工人数先按所属部门分组；然后对第一次分组结果再选定一种分组标志进行第二次分组，表 2-10 第二次分组时选择的是年龄这一分组标志，对第一次分组结果——各部门再次分组。

表 2-10　湖南某制造有限公司职工情况统计

按所属部门和年龄分组	职工人数（人）
计财部	11
25 岁以下	1
25～45 岁	8
45 岁以上	2
营销部	46
25 岁以下	12
25～45 岁	30
45 岁以上	4
办公室	52
25 岁以下	7
25～45 岁	37
45 岁以上	8
用户服务中心	78
25 岁以下	20
25～45 岁	49
45 岁以上	9
制造部	203
25 岁以下	37
25～45 岁	116
45 岁以上	50

三、统计数据资料的填列

（1）表中的指标数值应该填写整齐，对准位数。如没有该栏数字，就用符号“—”表示；当缺乏某项数字或该数字不足该表规定的最小单位数时，就用“…”表示；免填的数字用“×”表示，重要项目用“#”标注，用相同的数据时也要逐一填写，不要用“同上”“同下”“同左”“同右”等字样代替。

（2）当统计表中的栏数较多时，要统一编写每栏的序号，一般主词部分用“甲、乙、丙、丁……”为序号，宾词部分用“（1）（2）（3）（4）……”为序号。

（3）统计表的计量单位要写清楚。如果全表只有一种计量单位时，将其写在表的右上角；横行的计量单位相同时，在横行标题后注明计量单位；当纵栏标题的计量单位相同时，在纵栏标题下方或右方注明计量单位。

（4）统计表的上、下横线一般用粗线条，各部分的界线宜用粗线条，其他线条一般宜细一些。左、右两端不封口。

（5）注解或者资料来源应该注明在表的下方，以备查考。

任务四　绘制统计图

统计图是根据统计资料的特点，利用各种点、线、面、体等各种几何图形及事物的形象，运用制图的基本技术，从所研究现象的数量关系转化而来的各种图形。统计图主要有条形图、圆形图、直方图、折线图和曲线图等几种类型。

一、条形图的绘制

条形图是用宽度相同、高度因次数不同而异的条形来表示数据频数分布的图形。

1. 确定基线、数值轴

根据图纸的大小确定图的面积。在图纸下端适当位置画一条横线作为基线，以此线作为各个条形的起点。然后在基线的左端点画一条垂直于基线的数值轴。然后根据所要表示的组将基线分成组数等分；将数值轴标明刻度，数值轴刻度的确定应结合各组的取值情况，适当确定。

2. 确定条形高度

根据各组取值并结合数值轴的刻度确定各组条形的高度，在图纸上标记此高度。

3. 绘制条形

根据确定的高度，画出等宽等距的条形。然后在基线下面对应着各条形标明各组名称。

4. 填写图表名称、绘制图例

在条形图的正上方注明图表名称，在条形图的右侧绘制图例。

表 2-11 是张三根据调查得到的 2009 年各个季度销售额。

表 2-11　湖南某制造有限公司 2009 年各季销售额统计

季度	销售额（元）	百分比（%）
第一季度	13000	13.00
第二季度	25000	25.00
第三季度	35000	35.00
第四季度	27000	27.00
合计	100000	100.00

根据上表资料绘制的条形图如图 2-5 所示。

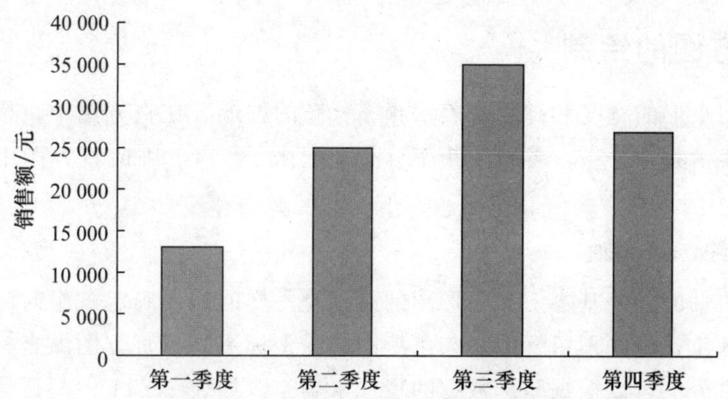

图 2－5　湖南某制造有限公司 2009 年各季销售情况条形图

在绘制条形图时一般把分成的各组作为横坐标，各组的取值作为纵坐标。横坐标从左至右的排列顺序取决于统计表中各组从上到下的顺序。纵坐标的取值取决于原表中指标值的大小，比例适中。

二、圆形图的绘制

圆形图是用圆形图案及圆内扇形的面积来表示各指标数值大小的图形，主要用来描述总体中各个组成部分的对比关系。

1. 绘制圆形

在图纸中央用圆规绘制一个圆形。

2. 确定各组的扇形面积

从圆心向正上方画一条直线段与圆周相交，以此为起始边界确定各组的扇形面积。由于圆心角为 360°，所以每 3.6°的圆心角相应的圆面积为 1%。绘图时将各组占总体的百分比分别乘以 3.6°便可得知各组的圆心角度数。然后利用量角器沿着起始边顺时针方向量出第一组的圆心角，做出标记并确定该扇形。接下来以刚才画出的第一组的边界为起始边再用量角器确定第二组的圆心角，以此类推画出倒数第二组时，剩下的扇形面积就是最后一组。最后在图上注明指标数量。

3. 填写图表名称、绘制图例

在圆形图的正上方注明图表名称，在圆形图的右侧绘制图例。

例如，表 2－11 相应的圆形图如图 2－6 所示。

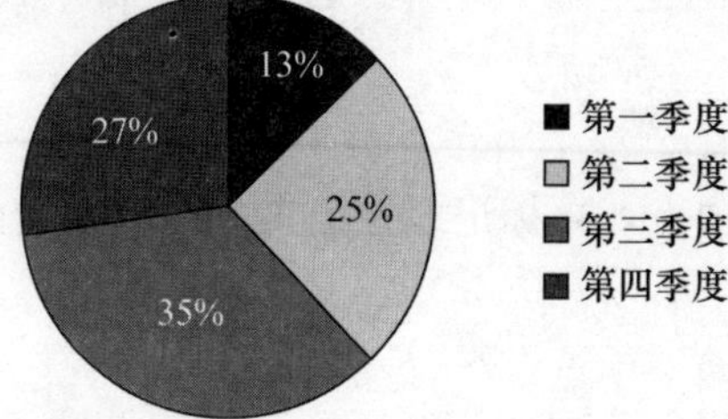

图 2－6　湖南某制造有限公司 2009 年各季销售情况圆形图

三、直方图的绘制

直方图是用矩形的宽度和高度来表示频率分布的图形。在直方图中，横坐标表示数据分组，纵坐标表示频率分布，各组的频率分布加起来等于1，因此直方图中矩形面积也等于1。

1. 确定基线、数值轴

基线和数值轴的确定基本上和条形图的绘制是一样的，在确定各组时将各组紧密排列于基线的中间部位，中间不留缝隙。与条形图的纵坐标不同，直方图纵坐标的单位为百分比。纵坐标的百分比可以根据基础数据的特征来确定。如表2-11中的百分比取值都不超过40%，所以纵坐标的最大值可以只列示到40%。

2. 确定直方的高度

根据直方图纵坐标最大值的高度确定各组直方的高度。方法是测量直方图纵坐标最大值的高度，然后用各组的百分比取值除以纵坐标最大百分比取值再乘以纵坐标最大值的高度，从而得出各组直方的高度，并在图纸上与基线上各组对应的位置标记此高度。

3. 绘制条形

根据确定的高度，画出等宽等距的直方，然后在基线下面对应着各条形标明各组名称。

4. 在直方图的正上方注明图表名称。

例如，根据表2-11的资料，绘制相应的直方图如图2-7所示。

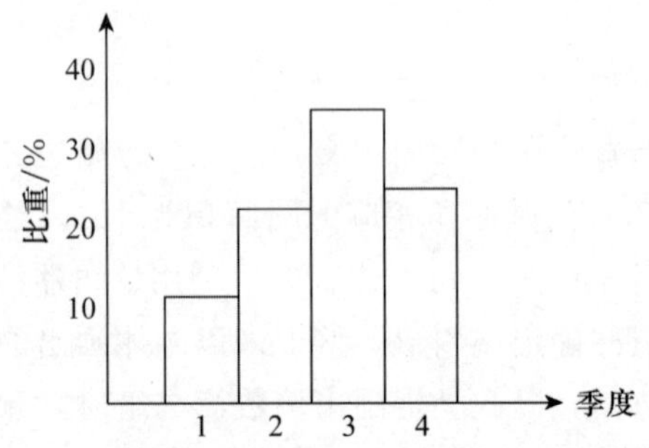

图2-7　湖南某制造有限公司2009年各季销售直方图

四、折线图的绘制技术

折线图是用折线将直方图中各矩形的中点用直线连接而形成的图形。

(1) 绘制直方图。

(2) 标点折线连接点。

先标记各个直方的顶部中点，再标记最左边直方左侧纵线的中点，最后标记最右侧直方右侧竖线的中点。

(3) 用直线段连接相邻两个中点。

直方顶端的各个中点直接用直线段相连，最左侧直方顶端中点与其左侧纵线中点的连

线需延伸至基线，最右侧直方顶端中点与其右侧纵线中点的连线亦需延伸至基线。

例如，根据表 2-11 的资料，所制成的折线图如图 2-8 所示。

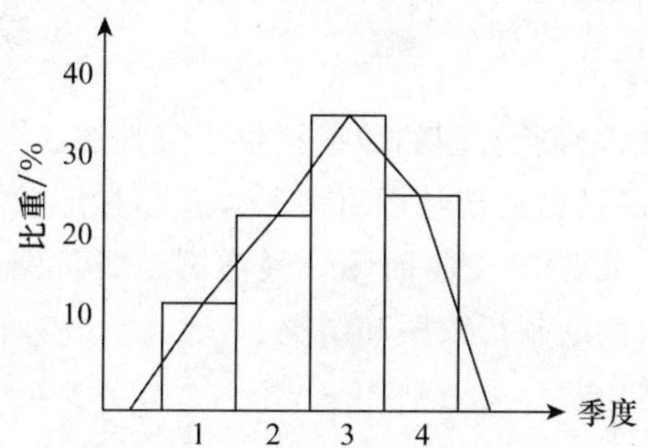

图 2-8　湖南某制造有限公司 2009 年各季销售折线图

以上是手工绘制统计图的一些简单介绍，现在由于计算机技术的普遍应用，统计工作中统计图的绘制都会借助一些绘图工具来完成，操作简单，且绘制精准。

任务五　用 Excel 对统计数据进行整理

一、建立统计表

打开 Excel 软件，从 A1 单元格开始将上述案例中的该公司各年度生产性固定资产价值和工业总产值等相关文字和数据输入到相应单元格中，操作如图 2-9 所示。

SUM　=SUM(B2:B13)

	A	B	C	D	E	F	G	H	I	J
1	年份	生产性固定资产价值(万元)	工业总产值（万元）							
2	1997	200	438							
3	1998	320	520							
4	1999	335	605							
5	2000	380	815							
6	2001	415	910							
7	2002	508	928							
8	2003	700	1010							
9	2004	1028	1210							
10	2005	1210	1518							
11	2006	1225	1620							
12	2007	1340	1745							
13	2008	1489	1923							
14	合计	=SUM(B2:B13)	13242							
15		SUM(number1, [number2], ...)								
16										
17										
18										
19										
20										

图 2-9　建表

二、处理数据

运用 Excel 可以进行分类汇总、合并和加减乘除运算以及回归分析、统计检验等复杂的数据处理工作。如图 2-9 中在 B14 单元格输入 SUM（B2：B13）后单击“√”或确认键可进行汇总。如要对数据进行排序，可选用“数据”菜单中“排序”对话框，选择相应的关键字及增减顺序，确认后即可对所选区域进行排序。其他功能参见 Excel 应用基础，这里着重介绍 Excel 中统计功能的运用。

三、绘制统计图

【关联性知识】Excel 软件对所管理的数据提供了统计图表向导，大家可以很方便地借以进行绘制统计图表。Excel 提供的统计图有多种，包括柱形图、条形图、折线图、饼图、散点图、面积图、圆环图、雷达图、曲面图、气泡图、股价图等，各种图的作法大同小异。以上述案例中的数据为例绘制折线图和饼图。

(一) 折线图

(1) 单击工具栏中的“图表向导”，弹出对话框，如图 2-10 所示。

=SUM(B2:B13)

	A	B	C
1	年份	生产性固定资产价值(万元)	工业总产值（万元）
2	1997	200	438
3	1998	320	520
4	1999	335	605
5	2000	380	815
6	2001	415	910
7	2002	508	928
8	2003	700	1010
9	2004	1028	1210
10	2005	1210	1518
11	2006	1225	1620
12	2007	1340	1745
13	2008	1489	1923
14	合计	9150	13242

图表向导 - 4 步骤之 1 - 图表类型
标准类型 自定义类型
图表类型(C): 柱形图 条形图 折线图 饼图 XY 散点图 面积图 圆环图 雷达图 曲面图
子图表类型(T):
数据点折线图
按下不放可查看示例(V)
取消 <上一步(B) 下一步(N) > 完成(F)

图 2-10 图表向导对话框

(2) 选择图表类型如折线图。单击“下一步”弹出对话框，选择 A2：B13 的区域，如图 2-11 所示。

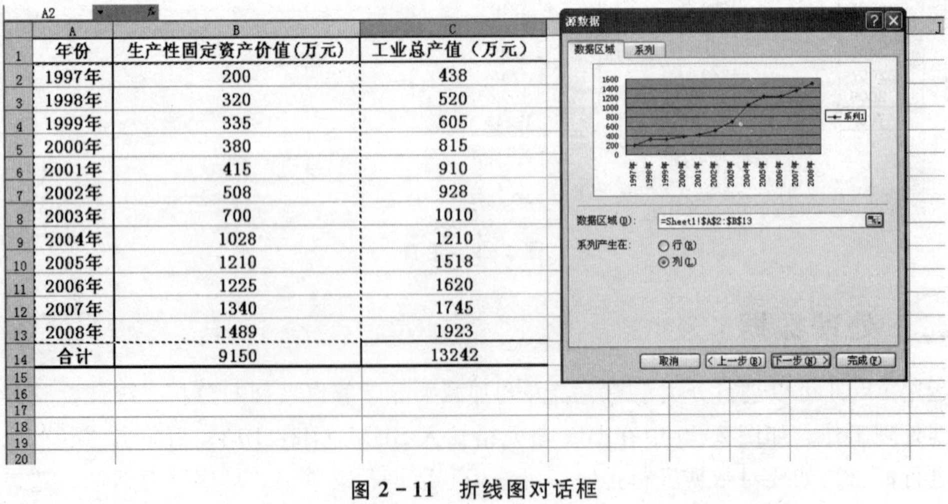

A2

	A	B	C
1	年份	生产性固定资产价值(万元)	工业总产值（万元）
2	1997年	200	438
3	1998年	320	520
4	1999年	335	605
5	2000年	380	815
6	2001年	415	910
7	2002年	508	928
8	2003年	700	1010
9	2004年	1028	1210
10	2005年	1210	1518
11	2006年	1225	1620
12	2007年	1340	1745
13	2008年	1489	1923
14	合计	9150	13242

源数据
数据区域 系列
系列1
数据区域(D): =Sheet1!$A$2:$B$13
系列产生在: 行(R) 列(L)
取消 <上一步(B) 下一步(N) > 完成(F)

图 2-11 折线图对话框

(3) 单击下一步，出现步骤之 3，在图表标题中输入“某公司历年生产性固定资产分布图”，在分类轴中输入“年份”，在数值轴中输入“生产性固定资产（万元)”，如图 2-12 所示。

年份	生产性固定资产价值(万元)	工业总产值（万元）
1997年	200	438
1998年	320	520
1999年	335	605
2000年	380	815
2001年	415	910
2002年	508	928
2003年	700	1010
2004年	1028	1210
2005年	1210	1518
2006年	1225	1620
2007年	1340	1745
2008年	1489	1923
合计	9150	13242

图表向导 － 4 步骤之 3 － 图表选项
标题　坐标轴　网格线　图例　数据标志　数据表
图表标题(T):　万年生产性固定资产分布图
分类(X)轴(C):　年份
数值(Y)轴(V):　生产性固定资产（万元）
次分类(X)轴(X):
次数值(Y)轴(Y):
取消　<上一步(B)　下一步(N)>　完成(F)

图 2-12　图表向导

(4) 单击下一步，在弹出的对话框中单击“完成”，得出输出结果后，右击“系列”弹出对话框后清除，右击图表弹出菜单，选择“图表区格式”中的颜色，用无色即可，结果如图 2-13 所示。工业总产值分布图的制作方法相似，在图中也可将几个系列同时列示，只是将系列用不同的名称表示而已。

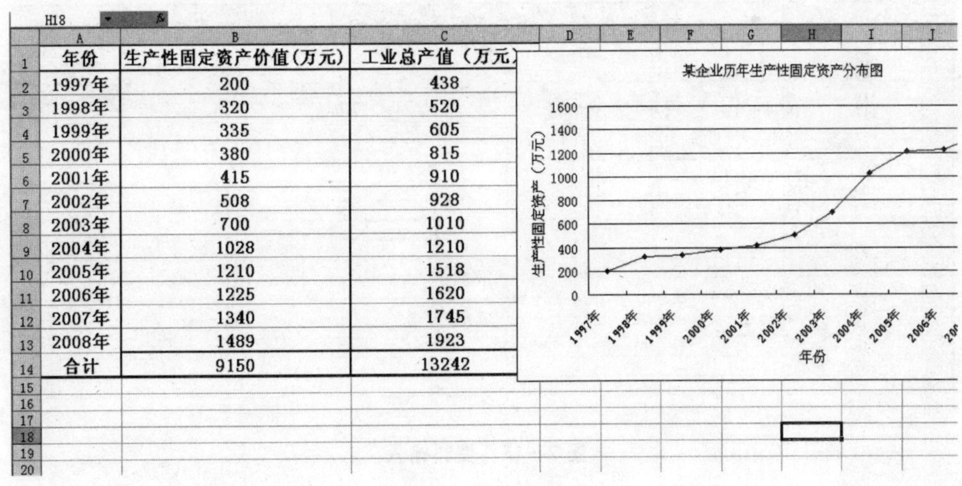

年份	生产性固定资产价值(万元)	工业总产值（万元）
1997年	200	438
1998年	320	520
1999年	335	605
2000年	380	815
2001年	415	910
2002年	508	928
2003年	700	1010
2004年	1028	1210
2005年	1210	1518
2006年	1225	1620
2007年	1340	1745
2008年	1489	1923
合计	9150	13242

图 2-13　折线图

（二）饼形图

如选择饼图，步骤同上，形成结果如图 2-14 所示。

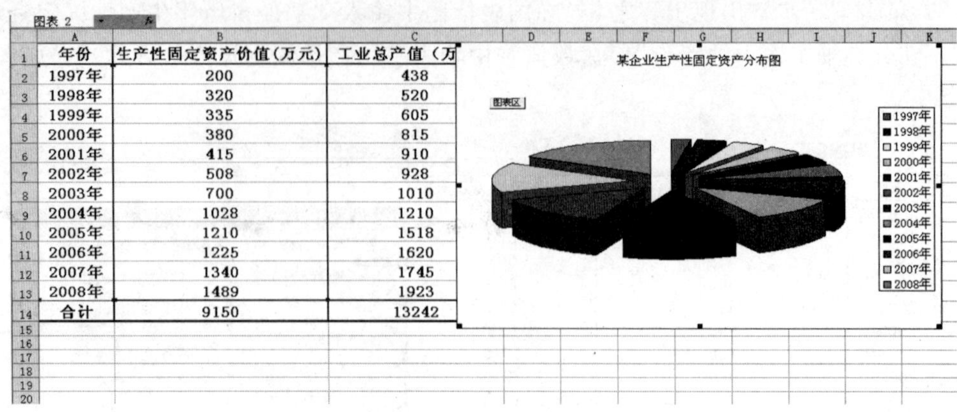

年份	生产性固定资产价值(万元)	工业总产值（万
1997年	200	438
1998年	320	520
1999年	335	605
2000年	380	815
2001年	415	910
2002年	508	928
2003年	700	1010
2004年	1028	1210
2005年	1210	1518
2006年	1225	1620
2007年	1340	1745
2008年	1489	1923
合计	9150	13242

图 2-14　饼形图

四、统计分组

利用数据分析中的“直方图”工具进行统计分组。

(1) 将该公司 2008 年 12 月份制造车间同工种的 40 名工人完成个人生产定额百分比情况的数据资料输入到单元格 A1：E10。

(2) 确定每一组的上限值，确定每组上限是进行统计分组的关键。确定了上限，实际上就确定了每一组的组距和组限，也确定了组数。我们假设每一组的上限分别为 95，105，115，125，135，145，155，把这些上限值输入到单元格 A12：A18。如图 2-15 所示。

	A	B	C	D	E
1	103	118	105	104	114
2	98	89	93	97	123
3	115	123	127	118	116
4	112	87	125	95	134
5	117	115	118	121	127
6	124	152	120	109	109
7	129	112	136	106	102
8	132	147	107	123	143
9	100	108	136	114	133
10	103	117	113	109	115
11					
12	95				
13	105				
14	115				
15	125				
16	135				
17	145				
18	155				

图 2-15　资料输入

(3) 下拉“工具”菜单，单击“数据分析”项，从其对话框的分析工具列表中选择直方图，打开“直方图”对话框，如图 2-16 所示。

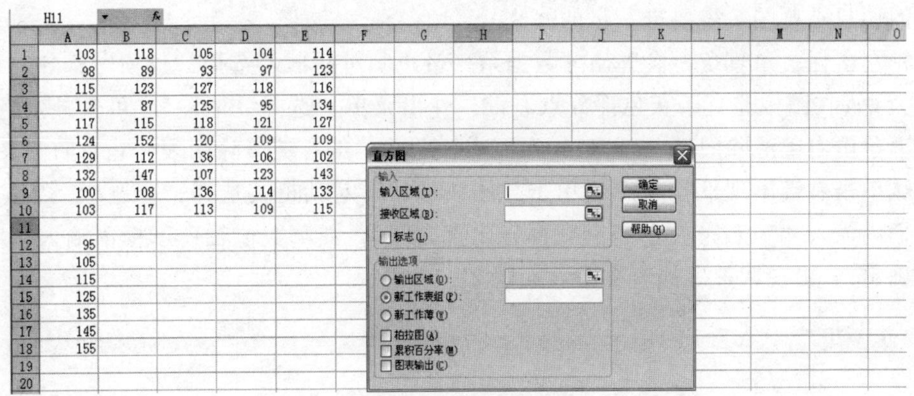

	A	B	C	D	E
1	103	118	105	104	114
2	98	89	93	97	123
3	115	123	127	118	116
4	112	87	125	95	134
5	117	115	118	121	127
6	124	152	120	109	109
7	129	112	136	106	102
8	132	147	107	123	143
9	100	108	136	114	133
10	103	117	113	109	115
11					
12	95				
13	105				
14	115				
15	125				
16	135				
17	145				
18	155				

图 2-16　直方图对话框

(4) 在输入区域输入（或选择）$A$1：$E$10；在接受区域输入（或选择）$A$12：$A$18；在输出区域输入（或选择）任意空白单元格如$I$10。选择“图表输出”，可得到直方图；选择“累计百分比”，系统将在直方图上添加累积频率线；选择“柏拉图”，可得到按降序排列的直方图，假设只选择“图表输出”项，单击“确定”。格式如图 2-17 所示。

	A	B	C	D	E
1	103	118	105	104	114
2	98	89	93	97	123
3	115	123	127	118	116
4	112	87	125	95	134
5	117	115	118	121	127
6	124	152	120	109	109
7	129	112	136	106	102
8	132	147	107	123	143
9	100	108	136	114	133
10	103	117	113	109	115
11					
12	95				
13	105				
14	115				
15	125				
16	135				
17	145				
18	155				

直方图
输入
输入区域(I): $A$1:$E$10
接收区域(B): $A$12:$A$18
标志(L)
输出选项
输出区域(O): $I$10
新工作表组(P):
新工作薄(W)
柏拉图(A)
累积百分率(M)
图表输出(C)
确定
取消
帮助(H)

图 2-17　直方图对话框

得到输出结果如图 2-18 所示。

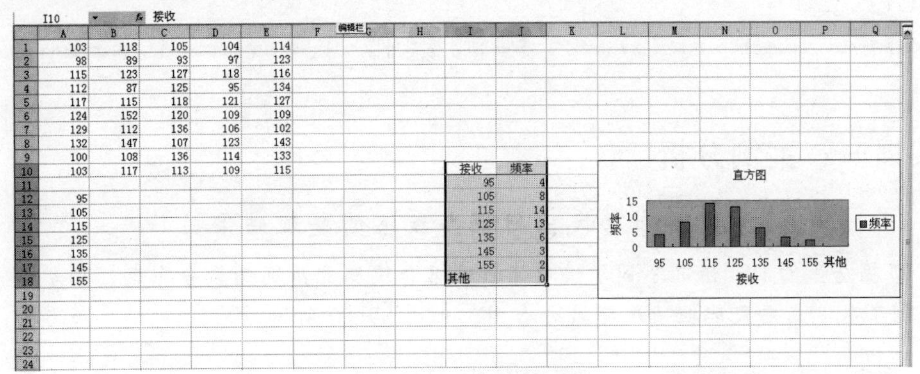

接收	频率
95	4
105	8
115	14
125	13
135	6
145	3
155	2
其他	0

图 2-18　直方图草图

上图还只是草图，需要进一步的修改。

(5) 左击任一条直条，会弹出“数据系列格式”对话框，选择“选项”标签，设置分类间距为 0；在图域非直条灰色部分点右键，弹出菜单，选择“清除”，可去掉灰色背景；在图例上单击右键清除图例“频率”；在图表标题上单击右键清除图表标题“直方图”；在绘图区域单击右键出现下拉菜单后单击“图表选项”对话框，选择“标题栏”，在“分类轴”下框内输入“工人完成生产定额百分比直方图”，在“数值轴”下框内输入“频数”，单击“确定”，出现调整后的直方图，如图 2－19 所示。

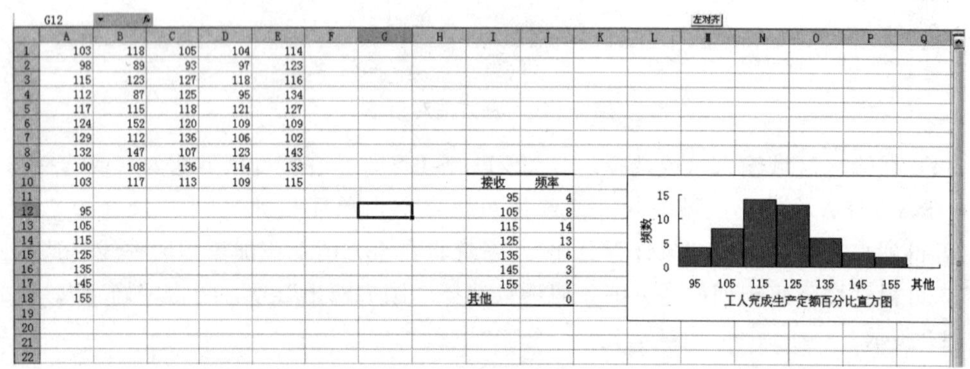

	A	B	C	D	E	I	J
1	103	118	105	104	114		
2	98	89	93	97	123		
3	115	123	127	118	116		
4	112	87	125	95	134		
5	117	115	118	121	127		
6	124	152	120	109	109		
7	129	112	136	106	102		
8	132	147	107	123	143		
9	100	108	136	114	133		
10	103	117	113	109	115	接收	频率
11						95	4
12	95					105	8
13	105					115	14
14	115					125	13
15	125					135	6
16	135					145	3
17	145					155	2
18	155					其他	0

图 2－19　直方图

项目小结

本项目主要包括：统计分组、编制分配数列、编制统计表以及绘制统计图四项相关任务。其中统计分组是本项目的基础，在对统计数据进行分组的基础上我们编制分配数列。分配数列是本项目的重点内容，尤其是变量分配数列的编制更是应用最广泛的一种数列。分配数列的表现之一就是统计表。统计图的绘制是在统计表的基础上进行的，统计图运用更加直观的图形来反映总体特征，从而获得对统计资料生动直观的印象。在展示统计资料的形式中，统计图具有形象生动、通俗易懂、一目了然等特点。

最后，简单介绍了用 Excel 对统计数据进行整理。

实训操作

实训一：案例分析

温州市居民出行调查数据的整理结果

1. 根据居民的职业情况不同，编制了 896 名居民职业情况频数分布表，如表 2－12 所示；绘制了 896 名居民职业情况频数分布图，如图 2－20 所示。

表 2-12　896 名居民职业情况频数分布表

职业	A	B	C	D	E	F	G	H	K	M	N	P
频数（人）	106	16	5	54	27	31	175	93	90	61	103	135
频率（%）	11.8	1.8	0.6	6.0	3.0	3.5	19.5	10.4	10.0	6.8	11.5	15.1

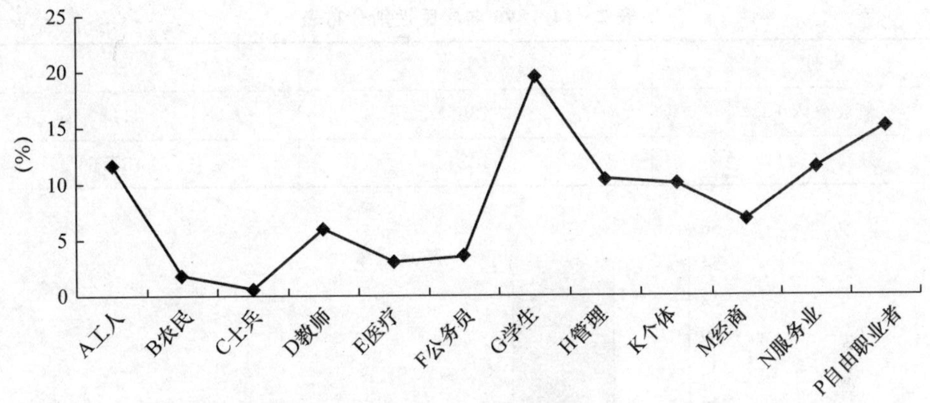

图 2-20　896 名居民职业情况频数分布图

由以上表格及图表可以明显看出，调查对象主要集中在学生、工人、管理、个体、服务从业者。其他行业也均有所调查，比例也比较平均。可以反映出温州市主要的车流集中在这些从业者当中。

2. 根据居民的年龄情况不同，编制了 896 名居民年龄分布表，如表 2-13 所示；绘制了 896 名居民年龄分布图，如图 2-21 所示。

表 2-13　896 名居民年龄分布表

年龄	A	B	C	D	E	F
频数（人）	6	76	472	238	90	14
频率（%）	0.7	8.5	52.7	26.6	10.0	1.6

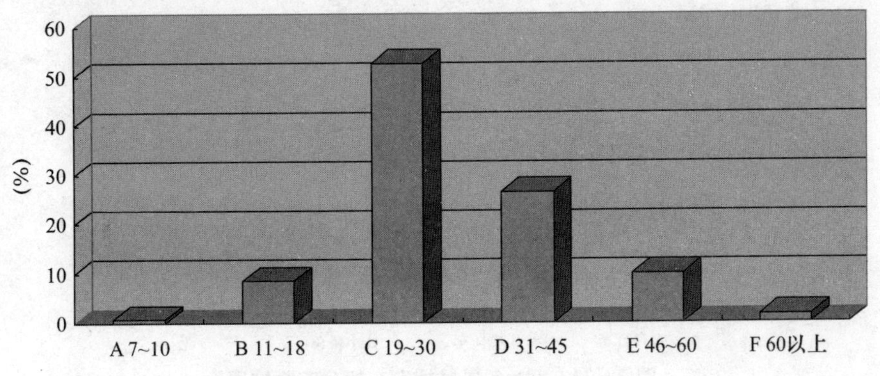

图 2-21　896 名居民年龄分布频率图

出行人员集中在青壮年（19～45岁），此年龄段也是出行频繁的一个年龄段。但青少年（7～18岁）和中老年（46岁以上）的比例也不容忽视。其他各年龄段也占一定的比例，综合反映了各年龄的出行情况。

3. 根据居民的性别情况不同，编制了896名居民性别分布表，如表2-14所示；绘制了896名居民性别分布图，如图2-22所示。

表2-14　896名居民性别分布表

性别	男	女
频数（人）	486	410
频率（%）	54.24	45.76

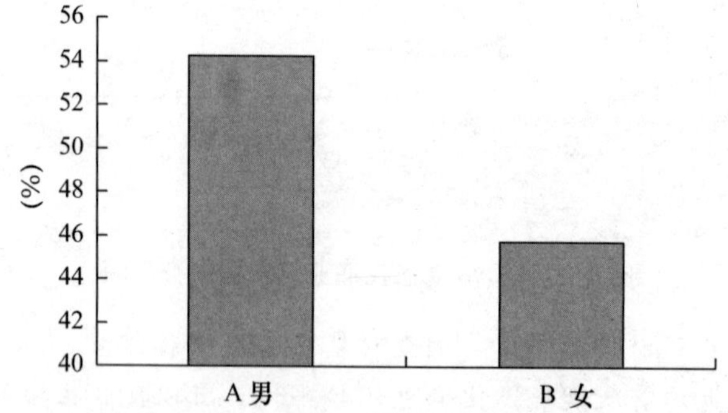

图2-22　896名居民性别分布图

随着社会的发展，人们的观念也发生变化，不再是以男性为出行主流。我们可以从上表看出中男女出行比率已趋于平均化。

4. 根据出行居民拥有车辆情况不同，编制了896名居民拥有车辆分布频数表，如表2-15所示；绘制了896名居民拥有车辆分布频数图，如图2-23所示。

表2-15　896名居民拥有车辆分布频数表

拥有的车辆	A	B	C	D
频数（人）	245	250	236	333

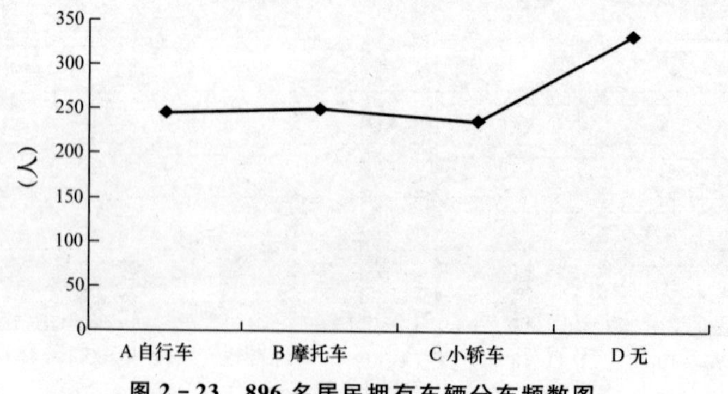

图2-23　896名居民拥有车辆分布频数图

温州经济在高速发展，人们的生活质量也普遍提高，拥有私家车不再是梦想。但同时也可以看到随着居民人均车辆的不断增加，各种交通问题也日趋突出，如：交通事故，堵车现象频繁发生，更有乱占车道、违章停车造成道路拥挤，给居民生活带来诸多不便。

5. 根据居民是否计划买车情况不同，编制了896名居民计划买车分布频数表，如表2-16所示；绘制了896名居民计划买车分布频数图，如图2-24所示。

表2-16　896名居民计划买车分布频数表

计划买车时间	A	B	C	D
频数（人）	50	160	113	551

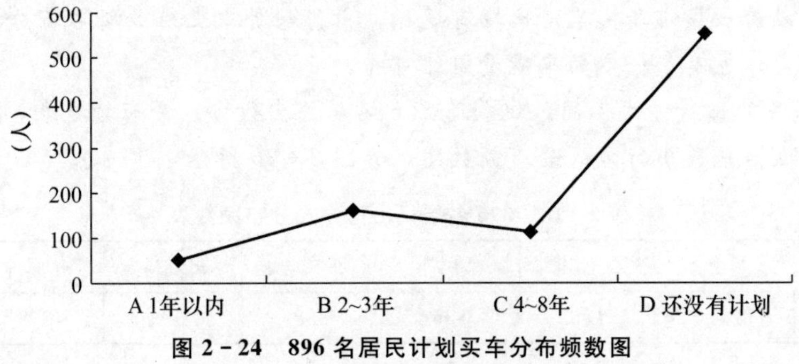

图2-24　896名居民计划买车分布频数图

从我们调查的人群中可以看出近10年内，居民计划买车的形势有所缓解，若想改善该市的交通问题目前是个好时机。

6. 根据居民的出行目的不同，编制了896名居民出行目的的次数分布表，如表2-17所示；绘制了896名居民出行目的的次数分布频率图，如图2-25所示。

表2-17　896名居民出行目的的次数分布表

	出行次数（次）	频率
上班	594	0.39765
上学	239	0.16000
购物	250	0.16706
休闲	220	0.14706
体育	72	0.04823
经商	19	0.01294
个体	58	0.03882
探亲	19	0.01294
公务	7	0.00471
其他	16	0.01059
总计	1494	1.00000

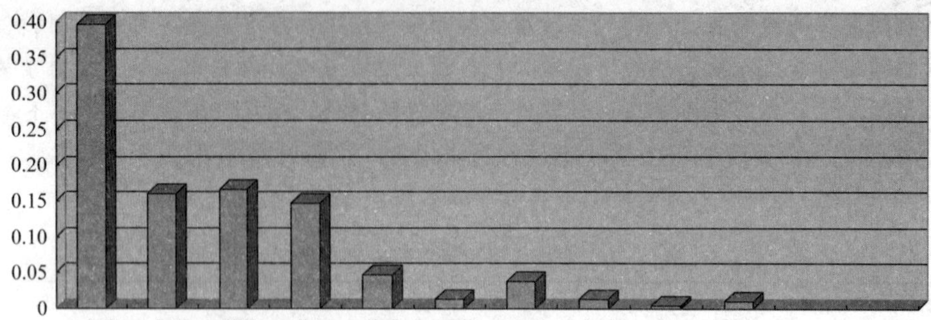

图 2-25　896 名居民出行目的的次数分布频率图

由图表可以看出该市居民生活比较有规律，出行人员中上班族所占百分数最多。因上班地方大致一定，也有了一定的车流量规律可寻。

7. 根据居民的出行方式不同，编制了 896 名居民出行方式分布频数表，如表 2-18 所示；绘制了 896 名居民出行方式分布频数图，如图 2-26 所示。

表 2-18　896 名居民出行方式分布频数表

方式	步行	自行车	摩托车	公交车	出租车	私家车	其他
频数（人）	489	146	125	388	59	209	9

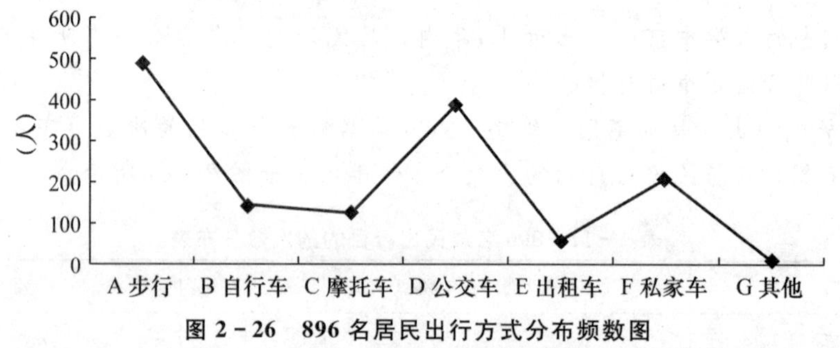

图 2-26　896 名居民出行方式分布频数图

从 896 名居民的出行方式也可看出，居民出行还是比较依赖步行或者公交车，同时也反映出温州交通状况不容乐观，有私家车的居民有时也宁愿步行或乘公交车。当然油价的上升也是因素之一，但我们也不能否认，交通现状不是影响这一出行方式的原因。

8. 根据居民出行时间段不同，编制了 896 名居民出行时间段分布频数表，如表 2-19 所示；绘制了 896 名居民出行时间段分布频数图，如图 2-27 所示。

表 2-19　896 名居民出行时间段分布频数表

时间段	出发（人数）	到达（人数）
7：00 前	249	189
7：00—7：30	252	200
7：30—8：00	249	223

续表

时间段	出发（人数）	到达（人数）
8：00—8：30	142	145
8：30—9：00	76	90
9：00—9：30	30	54
9：30—10：00	17	24
10：00—10：30	11	11
10：30—11：00	6	8
11：00—11：30	5	3
11：30—12：00	2	5
12：00—12：30	2	2
12：30—13：00	0	0
13：00—13：30	11	7
13：30—14：00	10	10
14：00—14：30	5	5
14：30—15：00	5	7
15：00—15：30	19	18
15：30—16：00	16	13
16：00—16：30	20	26
16：30—17：00	8	26
17：00—17：30	58	53
17：30—18：00	35	36
18：00—18：30	57	55
18：30—19：00	29	30
19 点之后	64	76

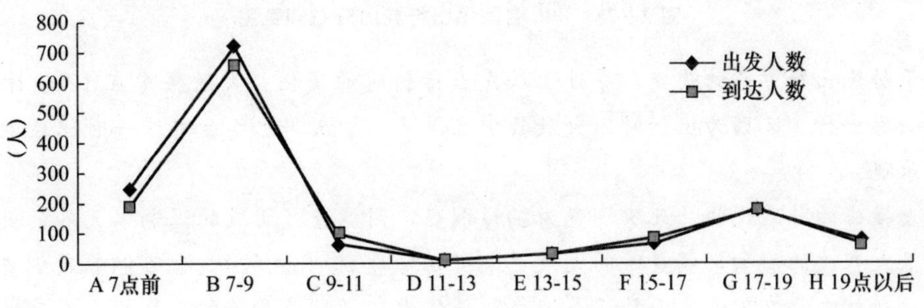

图 2-27　896 名居民出行时间段分布频数图

由图表可看出7点～8点仍然是一个车流量高峰期，并有不断提早的迹象。虽然2002年起，温州市在全省率先推出错时上下班制度：市级和鹿城、瓯海、龙湾3个区以及温州经济技术开发区的机关、事业单位的上班时间从原来的上午8∶00推迟到8∶30，学校的上学时间为上午8∶00以前，商场的上班时间则推迟到上午9∶00。这一制度在表2-19中，不能很好地体现。因8：30上班远远不能满足上班族的工作目标和工作安排，上班时间必须提早也是不可避免，这也不可避免地对车流量造成一定的影响。

9. 根据居民的出行耗时长短不同，编制了896名居民出行耗时分布频数表，如表2-20所示；绘制了896名居民出行耗时分布频数图，如图2-28所示。

表2-20　896名居民出行耗时分布频数表

耗时（分钟）	人数（人）
少于5分钟	86
5～10	251
10～20	601
20～30	694
30～40	112
40～50	23
50～60	119
多于60分钟	69

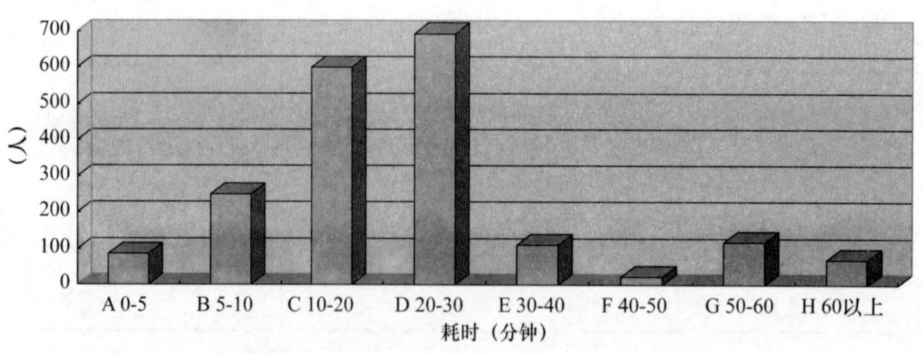

图2-28　896名居民出行耗时分布频数图

由于居民出行方式的改变，导致了居民出行耗时的变化。大致集中在10分钟～40分钟完成一次出行。又因为出行时间大致集中在7点～8点，也预示着这一时间段的交通状况不容乐观。

调查报告的补充说明：此次调查为抽样调查，因调查时间段的限制（天气的炎热给调查带来很大程度的影响，调查时间大致也集中在傍晚5、6点钟），也可能导致调查数据存在误差，当然也存在其他方面的误差因素。总体上，调查是辛苦的，数据是真实的，反映出的问题是符合客观实际的，本次调查也算是成功的。

但也存在一定不足。例如：抽样中学生层次人数过多，实际情况中学生不应是重点出行人群（有些学生也为了避免交通拥挤选择住宿）；年龄段不够均匀，不能全面反映问题；下班的时间段未能得到很好的反映，但下班这一时间段的车流量也是一个高峰期，不能忽视。由于时间紧急以及统计工具的限制，各个数据也未能展开研究，也是这份报告最大的不足。

瓯越调查队　07/15

指导老师：＊＊＊

队长：＊＊＊

思考与讨论问题：

1. 该问卷调查数据的整理采用了哪些分类方法？这些分类方法有何局限性？

2. 如果要进行更深入的分析，还需要提供复合分组或分组体系。尝试根据问卷的信息，为该案例的数据分析设计出一些复合分组或分组体系的统计表（绘制出只有主词、宾词指标名称和线条、无指标数据的空白表格即可）。

实训二：统计整理技术的运用

一、实训主题：调查资料的整理

二、实训方案

（一）实训目的要求

本实训是在完成项目二统计整理技术的理论教学之后进行的，目的主要是培养学生对统计分组与汇总的应用能力、统计表格的设计与整理分析的能力。

（二）实训形式

案例分析、单独进行或分组讨论。

（三）操作过程

1. 由课程主讲教师提供资料，整理实训素材。

某地为了解残疾人数量，共计抽取了70个街（乡）的情况，各街（乡）残疾人数量资料如下：

461	403	414	377	367	333	327	383	495	484
932	370	283	278	400	397	390	394	381	413
571	564	580	425	409	398	396	324	345	382
431	376	365	347	324	356	371	378	385	412
435	426	432	367	543	367	426	463	523	324
536	276	325	374	341	356	391	338	345	442
331	371	335	374	304	396	471	389	345	411

2. 对上述资料进行适当分组。

3. 根据分组资料编制统计表。

4. 列出累计次数分布。

5. 绘制适当的统计图。

（四）实训点评

1. 组距与组数的确定要适当，组距既不能过大，也不能过小。

2. 统计表的编制要符合其编制规则，表的两端一般不要封口。

（五）课后实践

试对自己假期社会调查所收集的资料进行统计整理。

社会实践题

请同学们对自己所在学校教师的基本情况进行调查，并对所得资料进行整理，制成统计表并绘制适当的统计图。编制统计表时注意选择适当的分组标志，例如可选择性别、年龄、教龄、职称、学历等作为分组标志。

项目自测

一、单选题（每题3分）

1. 审核资料的（　　）主要是检查为完成统计任务所需的资料是否已经收集完备，如有遗漏要及时补正。

A. 完整性　　B. 真实性

C. 及时性　　D. 系统性

2. （　　）是根据统计研究的目的和任务结合社会经济现象的自身特点选择一定的标志，把被研究的现象总体划分为若干个性质不同的组成部分的一种统计方法。

A. 统计调查　　B. 统计分组

C. 统计整理　　D. 统计分析

3. 统计分组的关键问题是（　　）。

A. 确定分组标志和划分各组界限　　B. 确定组距和组数

C. 确定组距和组中值　　D. 确定全距和组距

4. 某连续变量数列，其末组为开口组，下限为200，又知其邻组的组中值为170，则末组组中值为（　　）。

A. 260　　B. 215

C. 230　　D. 185

5. 在分配数列中，频率是指（　　）。

A. 各组频数之比　　B. 各组频率之比

C. 各组频数与总频数之比　　D. 各组频数与各组次数之比

6. 在进行组距式分组时，凡遇到某个统计单位的标志值恰好等于相邻两组上下限的数值时，一般是（　　）。

A. 将此值归入上限所在组

B. 将此值归入下限所在组

C. 将此值归入上限所在组或下限所在组均可

D. 另行分组

7. 在编制组距数列时，在全距不变的情况下，组距与组数的关系是（　　）。

A. 正向变化关系　　B. 反向变化关系

C. 等比关系　　D. 毫无关系

8. 用组中值代表各组内的一般水平的假定条件是（　　）。

A. 各组的次数均相等　　B. 各组的组距均相等

C. 各组的变量值均相等　　D. 各组次数在本组内呈均匀分布

9. 企业按经济类型分组和按职工人数分组，这两个统计分组是（　　）。

A. 按数量标志分组

B. 按品质标志分组

C. 前者按数量标志分组，后者按品质标志分组

D. 前者按品质标志分组，后者按数量标志分组

10. 统计表的主词是统计表所要说明的对象，一般排在统计表的（　　）。

A. 左方　　B. 上端中部　　C. 右方　　D. 下方

二、多选题（每题 5 分）

1. 下面哪些是离散型变量（　　）。

A. 计划完成程度　　B. 洗衣机的台数

C. 学生人数　　D. 城乡集市个数

2. 统计分组遵循（　　）原则。

A. 穷尽　　B. 互斥　　C. 相容　　D. 系统

3. 变量分配数列按每组变量值的个数不同，可以分为（　　）。

A. 离散型变量数列　　B. 单项式数列

C. 连续型变量数列　　D. 组距式数列

4. 从内容来看，统计表由（　　）构成。

A. 主词　　B. 宾词　　C. 横行标题　　D. 纵栏标题

5. 统计图主要有（　　）等几种类型。

A. 条形图　　B. 圆形图　　C. 直方图　　D. 折线图

6. 统计表从形式上看包括（　　）。

A. 总标题　　B. 横行标题　　C. 纵栏标题　　D. 指标数值

7. 下面的统计数列属于（　　）。

年龄分组（岁）	人数（人）
15～17	200
17～20	300
20～24	800
24～28	400
28～30	300
合计	2000

A. 变量数列　　B. 等距数列　　C. 异距数列
D. 连续数列　　E. 不连续数列

8. 下面的统计表属于（　　）。

时间	全国总人口数（万人）
1953 年 6 月 30 日 24 时	58 163
1964 年 6 月 30 日 24 时	69 507
1982 年 7 月 7 日零时	100 788
1990 年 7 月 1 日零时	113 401
2000 年 11 月 1 日零时	126 601
2010 年 11 月 1 日零时	137 053

A. 简单表　　B. 调查表
C. 简单分组表　　D. 复合分组表
E. 时间数列表（按时间顺序排列的统计表）

三、综合应用题（每题 10 分，共 30 分）

1. 某班 40 名学生经济数学考试成绩如下：

89	88	76	99	74	60	82	60
93	99	94	82	77	79	97	78
87	84	79	65	98	67	59	72
56	81	77	73	65	66	83	63
89	86	95	92	84	85	79	70

学校规定：60 分以下为不及格；60～70 分为及格；70～80 分为中；80～90 分为良；90～100分为优。(1) 试把该班学生分为不及格、及格、中、良、优五组，编制一张次数分布表。(2) 列出累计频数和累计频率。

2. 根据下表资料，绘制直方图和次数分布曲线图。

工人按完成生产定额（%）分组	人数（人）	比率（%）
80～90	3	3.75
90～100	15	18.75
100～110	36	45.00
110～120	20	25.00
120～130	6	7.50
合计	80	100.00

3. 某灯泡厂准备采用一种新工艺，为检查新工艺是否会使灯泡的寿命有所延长，对采用新工艺生产的 100 只灯泡进行测试（单位：小时），结果如下：

716	728	719	685	709	691	684	705	718	700
715	712	722	691	708	690	692	707	701	706
729	694	681	695	685	706	661	735	665	708
710	693	697	674	658	698	666	696	698	668
692	691	747	699	682	698	700	710	722	706
690	736	689	696	651	673	749	708	727	694
689	683	685	702	741	698	713	676	702	688
671	718	707	683	717	733	712	683	692	701
697	664	681	721	720	677	697	695	691	693
699	725	726	704	729	703	696	717	688	713

根据以上资料，以组距为 10 进行等距分组，利用 Excel 编制分配数列，绘制直方图，并说明灯泡寿命分布的特点。

项目三　综合指标分析

学习要点

统计分析是统计工作的重要环节。本项目在对统计资料进行统计整理的基础上，运用科学的综合指标分析技术对所研究现象进行深入研究，使学生能够用总量指标分析技术、相对指标分析技术、平均指标分析技术和标志变异指标分析技术对社会经济现象的数量方面进行分析，得到反映社会经济总体现象数量特征的统计综合指标。根据综合指标，达到对数据的初步了解，并对分析结果的现实意义进行解释和说明。

学习目标

【知识目标】

1. 了解各种总量指标的概念和特点；
2. 掌握各种相对指标的概念和特点；
3. 深刻理解平均指标和变异指标的基本理论和分析方法；
4. 掌握计算各种指标的计算方法及运用原则；
5. 能运用标志变异指标说明平均数的代表性基本理论和分析方法。

【能力目标】

1. 具有应用总量指标基本理论分析与处理实际问题的能力；
2. 具有运用常见几种相对指标对社会经济现象进行简单分析的能力；
3. 培养应用规模与对比关系分析社会经济现象的能力；
4. 培养应用平均指标分析社会经济现象的能力；
5. 培养在实际工作中应用变异指标分析问题的能力；
6. 熟悉运用 Excel 进行综合指标的计算和分析。

项目导入

统计整理是对统计调查得到的零散资料进行了科学的分组和汇总，形成了分配数列，并用统计表和统计图的方法直观地表现了总体单位数据分布的特征，但它未能从更深更广的角度来对社会经济总体现象进行对比、分析和综合研究。我们要如何从社会经济总体现象的数量方面来认识社会经济活动？这就要借助于统计综合指标，统计综合指标分析技术是统计分析的基础和工具。而统计指标中最常用的综合指标分为总量指标、相对指标和平均指标。总量指标是综合指标中最基本的指标。平均指标是统计中非常重要而且应用十分广泛的一种综合指标，它的数理原理又是学习标志变异指标和抽样调查的基础。

背景资料一：江苏省昆山市有三个生产同类电子产品的企业，采购商上海电子贸易公司欲与其中一个公司形成长久的合作伙伴关系，现要对三个企业进行综合的评估。进行实地参观调查得到如下资料。

甲企业的总人数为 440 人，乙企业的总人数为 360 人，丙企业的总人数为 320 人。2012 年，甲企业计划利润总额提高 10%，实际提高了 12%；乙企业计划单位产品成本为 100 元，实际单位成本为 88 元；丙企业产品成本计划降低 10%，实际降低 8%。甲企业生产部门有前段、中段和后段三个部门。2009 年 12 月份的前段产品合格率为 90%，中段产品的合格率为 88%，后段产品的合格率为 95%。2009 年 12 月份，甲企业原材料车间 12 人，工资分别为 1500、1450、1690、1820、1550、2000、1780、1620、1450、2150、2100、2080 元。其他有关数据如表 3-1 所示。

表 3-1 2012 年三个企业的有关数据

企业	职工人数（人）		利润总额（万元）	产量（万件）		单位产品成本（元）	总成本（万元）
	男	女		计划	实际		
甲企业	260	180	8000	75	80	85	6800
乙企业	240	120	6400	58	65	88	5720
丙企业	164	156	6200	55	60	80	4800
合计	664	456	20600	188	205	—	17320

背景资料二：五年计划规定，乙企业产量在计划期的最后一年应达到 75 万件，丙企业 5 年总产量累计达到 240 万件，实际产量如表 3-2 和表 3-3 所示。

表 3-2 乙企业实际完成情况

年份	第三年		第四年				第五年			
	上半年	下半年	第一季	第二季	第三季	第四季	第一季	第二季	第三季	第四季
产量（万件）	28	32	14	16	19	20	16	18	21	25

表 3-3 丙企业实际完成情况

年份	第一年	第二年	第三年	第四年		第五年			
				上半年	下半年	第一季度	第二季度	第三季度	第四季度
产量（万件）	45	48	50	24	32	10	15	16	19

背景资料三：乙、丙两企业人数及月工资资料如表 3-4 所示。

表 3-4 乙丙两企业职工工资统计表

月工资（元）	乙企业人数（人）	丙企业人数比重（%）
1000～1400	20	6
1400～1800	85	10
1800～2200	140	42
2200～2600	77	30
2600 以上	38	12
合计	360	100

背景资料四：丙企业生产车间 246 名工人生产某种零件的日产量分组资料如表 3-5 所示。

表 3-5 丙企业生产车间工人日产量分组资料

按日产量分组（件）	工人数（人）
6	8
8	28
9	73
10	96
12	32
14	9
合计	246

背景资料五：随机地从丙企业的生产车间抽取了 40 名职工，检查他们个人生产定额百分比（%）完成情况。结果如下：

104	98	115	112	117	124	129	132	100	103
118	89	123	87	115	152	112	147	108	117
105	93	127	125	118	120	136	107	110	113
104	97	118	95	121	109	106	123	114	109

现利用上述资料对三个企业进行综合对比和分析。

任务一 总量指标分析

总量指标是反映统计总体在一定时间、地点条件下所达到的总规模、总水平或工作总量的综合指标。其表现形式为绝对数，所以又称绝对指标。例如，2011 年全年国内生产总值 471564 亿元，2011 年全年货物进出口总额 36421 亿美元，2011 年年末我国总人口为 134735 万人等都是总量指标。此外，某一时期的国内生产总值、国民收入、一个企业的销售收入等都是总量指标。

一、取得总体单位资料

在三个企业中，2012 年甲企业的男职工人数为 260 人、女职工人数为 180 人，甲乙丙

三个企业的利润总额分别为 8000 万元、6400 万元、6200 万元。

二、计算总量指标

由表 3-1 资料可以计算甲乙丙三个企业的利润总额为：8000＋6400＋6200＝20600 万元。

三、确定总量指标是总体单位总量指标还是总体标志总量指标

总量指标按其反映现象总体的内容不同，分为总体单位总量和总体标志总量，简称为总体总量和标志总量。总体单位总量指总体内所有单位的总数；总体标志总量即总体中各单位某一数量标志值的总和。例如，甲企业的总人数是总体单位总量、三个企业的利润总额是总体的标志总量。再如要了解某地区商业零售网点和全国工业企业状况的基本情况，则某地区商业零售网点的个数和全国工业企业的个数就是单位总量，某地区商业零售网点的零售总额和全国工业总产值就是标志总量。

总体单位总量和总体标志总量并不是固定不变的，是随着研究目的和对象的不同而变化的。例如，工业企业设备总数指标，在研究全国工业企业基本情况时是标志总量，但若研究的是工业企业设备状况时就变成了单位总量。因此。明确总体单位总量和总体标志总量的含义与差别，对于正确统计计算具有重要意义。

四、确定总量指标是时期指标还是时点指标

总量指标按反映的时间状况不同，可分为时期指标和时点指标。时期指标是指反映某种社会经济现象在某一段时间内发展变化的总量指标，反映的是一段时间内连续发展变化过程。如三个企业的利润总额、社会总产值、贸易总额、人口出生数、销售总额、生产总值等。时点指标是反映社会经济现象在某一时间（瞬间）状况上的总量指标。如甲企业总人数、全国总人口、商品库存额、企业数、银行存款余额、土地面积、黄金储备量等。

时期指标和时点指标各有不同的特点：①指标数值的来源不同。时期指标的数值是连续计数得到的，它的每一个数据都可视为社会经济现象在这段时间内发生的总量。时点指标只能间断计数，每个数据表明社会经济现象总体发展到某一时点或某一时刻上所达到的水平。②指标数值的可加性不同。作为时期指标，各个时期的数值可以累加，结果即是更长时期社会经济现象总体发生的总量。而时点指标的数值一般是通过一次性登记取得的，累加起来没有意义。③指标数值的大小与时间单位的关系不同。一般来讲时期指标数值的大小与其所包括的时期长短有直接关系，时期越长指标数值越大，反之越小。而时点指标的数值大小与时间间隔长短没有直接关系。

五、确定总量指标的计量单位

总量指标的计量单位一般采用实物单位、价值单位和劳动单位三种形式。

1. 实物单位

实物单位与实物指标相对应，是指根据事物的自然属性和特点而采用的计量单位，有

自然单位、度量衡单位、双重单位和复合单位和标准实物单位。

(1) 自然单位，是根据被研究现象的自然属性来度量其数量的单位。如人口以“人”为单位，树木以“棵”为单位，汽车以“辆”为单位等。

(2) 度量衡单位，是按统一的度量衡规定来度量事物数量的一种计量单位。如重量以“千克”为单位，体积以“立方米”为单位，容积以“升”为单位等。

(3) 双重单位和复合单位，是采用两个或两个以上单位结合使用来度量事物的一种计量单位。双重单位，如发电机以“台/千瓦”为单位，卡车以“辆/吨”为单位等；复合单位，如货运量以“吨千米”为单位，旅客周转量以“人次千米”为单位等。

(4) 标准实物单位，指在实物单位中，有时需要把性质相似的各种实物单位折算成标准实物单位。例如，10 吨含氮 70%的化肥与 10 吨含氮 100%的化肥不能简单加总成 20 吨化肥，若按含氮 100%的标准把不同含氮量的化肥进行折算，则 10 吨含氮 70%的化肥就可折合成 7 吨标准化肥．这样合计为 17 吨含氮 100%的标准化肥；又如，各种燃料，因其发热量不相同，如不统一单位．就不便于比较，必须将其换算为统一的标准单位，一般换算为 29 千焦/千克的标准燃料。

2. 货币单位

货币单位是用货币作为价值尺度来计算社会物质财富或劳动成果的价值量的计量单位。如利润总额、销售收入、工资总额、流动资金、工业总产值等。

3. 劳动单位

劳动单位是用指用劳动消耗时间表示的计量单位，也是一种复合单位，如工时、工日等。

【关联性知识】计算和应用总量指标时应注意的问题

第一，在计算实物指标时，应注意现象的同类性。

只有同类现象才能计算实物总量，而同类性是由事物的性质决定的。例如，钢材和水泥的性质不同，就不能将它们混在一起计算实物总量，但是原煤、原油、天然气、水电等各种不同的燃料由于实用价值相同却可以折算为标准燃料计算总量，在计算粮食总产量时，稻谷、小麦、玉米、高粱、谷子和豆类的产量也可以直接相加。

不过，在计算货物运输总量时，产品的同类性就不成为计算的条件了。因为它只要求计算货物的重量或里程，而不同其品种如何。因此对于现象同类性的认识，还取决于现象所处的条件或统计研究的目的。

第二，统计总量指标时要有明确的统计含义和合理的统计方法。

统计指标的含义包括指标的内涵和外延两方面。只有明确了总量指标的含义才能正确地划分它的范围，正确地确定它的计算方法，进而才能正确地计算总量指标。例如，在计算工业增加值时，首先要明确工业的范围，工业的范围不搞清楚，就不可能统计出准确的工业增加值。再如，根据研究的目的不同，国内生产总值可以采用支出法、生产法和收入法三种计算方法。因此，一定要根据研究目的，统一规定指标的含义，采取明确合理的计算方法。

第三，统一计量单位。

对于同一总量指标在不同的时间、地点、单位进行计量时，其计量单位应当一致。不

一致时，应进行换算使之统一，以便于对比和分析。

相关链接

衡量国家经济收入的基本指标—GDP

GDP 即英文 Gross Domestic Product 的缩写，也就是国内生产总值。是目前各个国家和地区用来衡量该国或地区的经济发展综合水平通用的指标，它不但可反映一个国家的经济表现，更可以反映一国的国力与财富。

它是在某一个既定时期一个国家内生产的所有最终物品和劳务的市场价值。

1. “GDP 是市场价值……”

市场价值意味着用货币作为单位去统计形成的货币总额，因为商品种类太多，吨、个、件、台等等单位没法加总，所以用该年度的货币单位来统计并加总。所谓该年度的货币单位是指这些商品这一年的价格。

2. “所有的……”

GDP 包括在经济中生产并在市场上合法出售的所有东西。但不包括非法生产与销售的东西，例如违法的毒品。

3. “最终……”

最终产品区分于中间产品。中间产品可以认为是一种原材料产品，是用于生产最终产品的，也就是说本年度内中间产品生产出来后还要在该年度继续加工生产；如果它被摆到货架上直接销售，被消费者购买并直接使用了，那另当别论，这是特殊情况，可计入 GDP，否则不能计入。

4. “物品与劳务……”

GDP 既包括有形的物品（食物、衣服、汽车等），又包括无形的劳务（理发、清扫房屋、看病等）。

5. “生产的……”

GDP 包括现期生产的物品和劳务，但并不包括涉及过去生产的产品的交易。例如二手车，二手房等都不计入当年的国内生产总值。

6. “一个国家之内……”

GDP 衡量的生产价值局限于一个国家的地理范围之内。当一个加拿大公民暂时住在美国工作时，他的生产价值是美国 GDP 的一部分。

7. “……在某一既定时期内……”

GDP 衡量某一既定时期内发生的生产价值。这个时期一般指一年或一个季度（三个月）。

一般来说，国内生产总值共有四个不同的组成部分，其中包括消费、投资、政府购买和净出口额。用公式表示为：GDP＝C＋I＋G＋NX，式中：C 为消费、I 为投资、G 为政府购买、NX 为净出口额。

我国的 GDP 是如何确定的？

国家统计局每年公布的GDP数据的计算需要经过以下几个过程：初步估计过程、初步核实过程和最终核实过程。初步估计过程一般在每年年终和次年年初进行。初步估计过程得到的年度GDP数据只是一个初步数，这个数据有待于获得较充分的资料后进行核实。初步核实过程一般在次年的第二季度进行。初步核实所获得的GDP数据更准确些，但因仍缺少GDP核算所需要的许多重要资料，因此相应的数据尚需要进一步核实。最终核实过程一般在次年的第四季度进行。这时，GDP核算所需要的和所能搜集到的各种统计资料、会计决算资料和行政管理资料基本齐备。与前一个步骤相比，它运用了更全面、更细致的资料，所以这个GDP数据显得就更准确些。

此外，GDP数据还需要经过一个历史数据调整过程，即当发现或产生新的资料来源、新的分类法、更准确的核算方法或更合理的核算原则时，要进行历史数据调整，以使每年的GDP具有可比性，这是国际惯例。

任务二　相对指标分析

相对指标又称相对数，是两个有相互联系的指标数值进行对比的比值/比例。如人口的性别比例和年龄构成、人口的出生率和死亡率、人口密度等。

相对指标的表现形式有有名数和无名数两种。有名数主要用于强度相对数的表示，即把分子和分母的计量单位结合起来使用，如平均每人分摊的粮食产量用千克/人表示，人口密度用人/平方千米表示等。

无名数是一种抽象化的计算单位，多用倍数、系数、成数、百分数或千分数表示。

倍数、系数是将对比的基数定为1而计算出来的相对数。两个指标对比，分子比分母大得多时可以用倍数表示，分子与分母大小差不多时可以用系数表示。

成数是将对比的基数定为10而计算出来的相对数。比如粮食产量增产一成，即在原来的基础上增长十分之一。

百分数是将对比的基数定为100而计算出来的相对数。它是相对指标最常用的一种表现形式，例如，某企业产值计划完成程度达到110%。

千分数在分子比分母小得多的情况下运用，它是将对比的基数定为1000计算出来的相对数。例如人口出生率、死亡率、自然增长率等多用千分数表示。

相对指标的种类如图3-1所示。

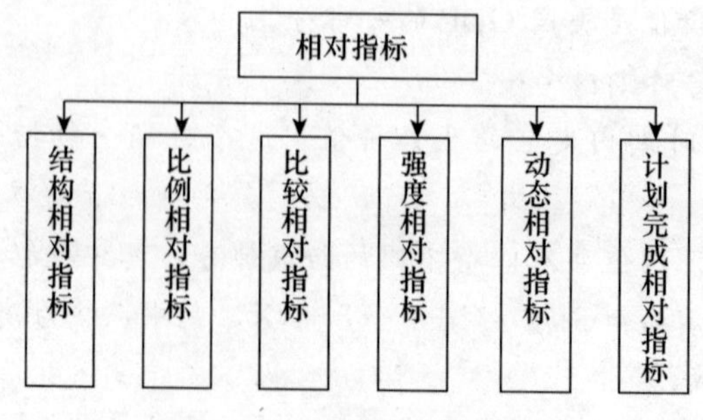

图3-1　相对指标的种类

一、结构相对指标分析

结构相对指标是指社会经济现象总体内某一部分数值与总体全部数值的比值，反映总体内部数量和类型结构。结构相对指标通常用百分数表示，总体内部各部分占总体的比重总和应等于 1 或 100%。计算公式如下：

$$结构相对指标（\%）=\frac{总体中某部分数值}{总体全部数值}\times 100\%$$

具体计算结构相对指标时，可以分三步。

1. 取得分组资料，如表 3－1 所示

甲企业男职工的人数为 260 人，女职工的人数为 180 人。

2. 计算总体的部分数值和总体数值

甲企业部分总体的数据为男性员工为 260 人、女性员工为 180 人，总人数为 440 人。

3. 计算结构相对指标

$$甲公司男职工人数占甲公司人数的比重=\frac{260}{440}\times 100\%=59.09\%$$

$$甲公司女职工人数占总人数的比重=\frac{180}{440}\times 100\%=49.91\%$$

59.90%＋40.91＝100＝1

相关链接

恩格尔定律与恩格尔系数

19 世纪德国统计学家恩格尔根据统计资料，对消费结构的变化得出一个规律：一个家庭收入越少，家庭收入中（或总支出中）用来购买食物的支出所占的比例就越大；随着家庭收入的增加，家庭收入中（或总支出中）用来购买食物的支出则会下降。推而广之，一个国家越穷，每个国民的平均收入中（或平均支出中）用于购买食物的支出所占比例就越大，随着国家的富裕，这个比例呈下降趋势。恩格尔定律的公式：

$$食物支出占总支出的比例（R_1）=\frac{食物支出变动百分比}{总支出变动百分比}$$

或

$$食物支出占总收入的比例（R_2）=\frac{食物支出变动百分比}{收入变动百分比}$$

R_2又称为食物支出的收入弹性。

恩格尔定律是根据经验数据提出的，它在假定其他一切变量都是常数的前提下才适用，因此在考察食物支出在收入中所占比例的变动问题时，还应当考虑城市化程度、食品加工、饮食业和食物本身结构变化等因素，这些都会影响家庭的食物支出。只有达到相当高的平均食物消费水平时，收入的进一步增加才不对食物支出发生重要的影响。

恩格尔系数是根据恩格尔定律得出的比例数，是表示生活水平高低的一个指标。其计算公式如下：

$$恩格尔系数=\frac{食物支出金额}{总支出金额}$$

除食物支出外，衣着、住房、日用必需品等项目的支出比例，也同样在不断增长的家庭收入或总支出中，呈先上升后递减的趋势。

二、比例相对指标分析

比例相对指标是将同一总体内各部分数值对比得到的综合指标，它表明总体内各部分之间的比例关系。其计算公式为：

$$比例相对指标=\frac{某总体某部分的指标数值}{该总体另一部分指标数值}$$

比例相对指标可以用百分数表示，也可以取占比例小的那部分为 1 或 100，其余部分的数值均大于 1 或 100。总体内各组成部分若为 3 个或 3 个以上，则比例相对指标也可以表现为连比的形式。

具体计算比例相对指标时，可以分三步。

1. 取得分组资料，如表 3－1 所示

乙企业男职工的人数为 240 人，女职工的人数为 120 人。

2. 计算总体的各部分数值

分组资料直接给出了各部分的数值资料：乙企业男职工的人数为 240 人，女职工的人数为 120 人。

3. 计算比例相对指标

$$乙公司的男女职工性别比例相对指标=\frac{240}{120}\times 100\%=200\%$$

或

乙公司男女性别比例为 240：120＝2：1

三、比较相对指标分析

比较相对指标是把同一时间内同类指标在不同空间状态下的数值对比构成的相对指标，一般用百分数或倍数表示。比较指标的分子和分母可以对换。在经济管理工作中，将各单位的技术经济指标与同类的先进水平对比，或与规定的标准水平对比，便可找出差距。计算公式为：

$$比较相对指标（\%）=\frac{某一条件下的某指标数值}{另一条件下的同类指标数值}\times 100\%$$

比较相对指标可以用百分数表示，也可以用比例的形式表示。

具体计算比例相对指标时，可以分两步：

1. 取得不同总体的同类资料，如表 3－1 所示

甲、乙、丙三个企业的利润总额分别为 8000 万元、6400 万元和 6200 万元。

2. 计算比较相对指标

甲和乙企业比较相对指标$=\frac{8000}{6400}\times100\%=125.00\%$

甲和丙企业比较相对指标$=\frac{8000}{6200}\times100\%=129.03\%$

丙和乙企业比较相对指标$=\frac{6200}{6400}\times100\%=96.88\%$

计算结果表明甲企业利润总额是乙企业的125.00%，是丙企业的129.03%，丙企业利润总额是乙企业的96.88%。

四、强度相对指标分析

强度相对指标是两个性质不同但有一定联系的总量指标对比的结果，用来反映现象发展的强度、密度和普遍程度。一般以双重计量单位表示，是一种复名数。如人口密度单位是人/平方千米，人均主要产品产量单位是吨/人等。其计算公式为：

$$强度相对指标=\frac{某一现象的总量指标}{另一但性质不同的总量指标}$$

具体计算比例相对指标时，可以分两步。

1. 取得两个有联系现象的总量指标，如表3-1所示

2012年，甲企业的总人数为440人，总产量为80万件；乙企业的总人数为360人，总产量为65万件；丙企业的总人数为320人，总产量为60万件；三个企业的总产量为205万件，职工人数为1120人。

2. 计算强度相对指标

甲企业的劳动生产率$=\frac{800000}{440}=1818$（件/人）

乙企业的劳动生产率$=\frac{650000}{360}=1806$（件/人）

丙企业的劳动生产率$=\frac{600000}{320}=1875$（件/人）

三个企业总的全员劳动生产率$=\frac{2050000}{1120}=1830$（件/人）

计算结果表明，三个企业全员劳动生产率为1830件/人，其中丙企业的劳动生产率最高。

【关联性知识】强度相对指标有正逆指标之分。如每千人拥有的零售商业机构个数或每个商业机构所服务的人数，前者为正指标，后者为逆指标。一般来说，正指标越大越好，逆指标则越小越好。

五、动态相对指标分析

动态相对指标就是将同一现象在不同时期的两个数值进行动态对比而得出的相对数，

借以表明现象在时间上发展变动程度的综合指标，又称发展速度。一般用百分数表示。其计算公式为：

$$动态相对指标=\frac{报告期指标数值}{基期指标数值}\times 100\%$$

具体计算动态相对指标时，可以分两步。

1. 取得同一现象不同时期的数值，如表 3-2 所示

五年计划中，乙企业第四年的产量为：14＋16＋19＋20＝69 万件，第五年的产量为：16＋18＋21＋25＝80 万件。

2. 计算动态相对指标

$$乙企业的动态相对指标=\frac{80}{69}\times 100\%=115.94\%$$

通常，作为比较标准的时期称为基期，与基期对比的时期称为报告期。动态相对指标在统计分析中应用很广，本书将在时间数列中详加论述。

六、计划完成程度相对指标分析

计划完成程度相对指标是指社会经济现象在某一时期内实际完成数值与计划任务数值对比的结果，一般用百分数来表示。其基本计算公式如下：

$$计划完成程度相对指标=\frac{实际完成数}{计划任务数}\times 100\%$$

计划数在实际计算中可以表现为绝对数、相对数、平均数等多种形式，因此计算计划完成程度相对指标的方法也不尽相同。

具体计算计划完成相对指标时，可以分两步。

1. 取得计划数和实际数

计划数在实际计算中可以表现为绝对数、相对数、平均数等多种形式。

情形一：计划数为绝对数时。

(1) 表 3-1 中，甲企业 2012 年产量计划达到 75 万件，实际达到了 80 万件。

(2) 计划为中长期的情况：

①五年计划规定，乙企业产量在计划期的最后一年应达到 75 万件，实际产量如表 3-2所示。

②五年计划规定，丙企业 5 年总产量累计达到 240 万件，实际产量如表 3-3 所示。

情形二：计划数为平均数时。

乙企业产品计划单位成本为 100 元，该产品实际单位成本为 88 元。

情形三：计划数为相对数时。

甲企业计划利润总额提高 10%，实际提高了 12%；丙企业产品成本计划降低 10%，实际降低 8%。

2. 计算计划完成程度相对指标

情形一：计划数为绝对数时。

(1) 甲企业产量计划完成程度相对指标$=\frac{80}{75}\times100\%=106.67\%$。

计算结果表明，甲企业超额6.67%完成产量计划，实际产量比计划增加了5万件。这里产量计划完成程度为正指标，指标数值越大越好。

(2) 对于检查中长期计划的执行情况，要视计划要求分别采用水平法和累计法进行检查。

方法一：水平法。当计划任务数是规定末期（如末年）应达到的水平时，要采用水平法。检查的内容有以下两方面，一是计算计划完成程度相对指标；二是计算提前完成计划的时间。其计算公式如下：

$$计划完成程度相对指标=\frac{中长期计划期末实际达到的水平}{中长期计划期末计划达到的水平}\times100\%$$

水平法计算提前完成的时间，一般是无论从何时开始，只要连续一年时间（可以跨年度）实际完成水平达到计划规定的任务，以后的时间即为提前完成计划的时间。

乙企业产量五年计划完成程度与提前多少天完成五年计划的计算公式如下：

$$计划完成程度相对指标=\frac{16+18+21+25}{75}=\frac{80}{75}=106.67\%$$

超额完成的绝对数$=80-75=5$（万件）

计算结果表明，该企业超额完成产量五年计划，百分比占6.67%。该企业实际从五年计划的第四年第四季度开始到第五年第三季度的连续一年时间内，产量达到了计划期最后一年计划产量75万件的水平，即$20+16+18+21=75$万件，完成了五年计划，那么第五年第四季度这三个月时间就是提前完成计划的时间。

方法二：累计法当计划任务数规定在整个计划期间应完成的累计数时，用累计法。

检查计划完成情况的内容同样为两个方面，一是计算计划完成情况相对指标；二是计算提前完成的时间。其计算公式如下：

$$计划完成程度相对指标=\frac{计划期实际累计完成数}{计划期计划累计数}\times100\%$$

累计法计算提前完成计划的时间，是将计划期全部时间减去自计划执行之日起至累计实际数量达到计划任务止的时间，以后的时间即为提前完成计划的时间。

丙企业产量五年计划完成程度与提前多少天完成五年计划的计算公式如下：

$$计划完成程度相对指标=\frac{45+48+50+24+32+10+15+16+19}{240}=\frac{259}{240}=107.92\%$$

超额完成的绝对数$=259-240=19$（万件）

计算结果表明，该企业超额完成产量五年计划，百分比占7.92%。该企业实际从五年计划的第一年开始到第五年第三季度的产量已完成了五年计划，即$45+48+50+24+32+10+15+16=240$万件，比计划时间提前了一个季度。

情形二：计划数为平均数时。

乙企业产品单位成本计划完成程度相对指标$=\frac{88}{100}\times100\%=88\%$。

计算结果表明，乙企业产品单位成本实际比计划降低了12%，多降低了12元。单位成本为逆指标，计划完成程度越小越好。

情形三：计划数为相对数时。

计划完成程度相对指标的计算公式如下：

$$计划完成程度相对指标=\frac{实际达到的百分数}{计划规定的百分数}\times 100\%$$

$$计划完成程度相对指标=\frac{100\%+实际提高率}{100\%+计划提高率}\times 100\%$$

$$计划完成程度相对指标=\frac{100\%-实际降低率}{100\%-计划降低率}\times 100\%$$

$$甲企业的利润计划完成程度相对指标=\frac{100\%+12\%}{100\%+10\%}\times 100\%=101.82\%$$

$$丙企业单位成本降低计划完成程度相对指标=\frac{100\%-8\%}{100\%-10\%}\times 100\%=102.22\%$$

计算结果表明，甲企业利润计划完成程度大于 100%，说明超额完成计划。而单位成本计划完成程度大于 100%，说明实际成本比计划成本高，未能完成成本降低计划。

【关联性知识】计算和应用相对指标时应该遵循以下原则。

第一，可比性原则。

相对指标是两个有关的指标数值之比，对比结果的正确性，直接取决于两个指标数值的可比性。对比指标的可比性是指对比的指标在含义、内容、范围、时间、空间和计算方法等口径方面是否协调一致，相互适应。许多价值指标由于价格的变动，若将各期数字进行对比，不能反映实际的发展变化程度，一般要按不变价格换算，以消除价格变动的影响。

第二，相对指标和总量指标结合运用的原则。

绝大多数的相对量指标都是两个有关的总量指标数值之比，用抽象化的比值来表明事物之间对比关系的程度，而不能反映事物在绝对量方面的差别。因此，在一般情况下，相对指标离开了据以形成对比关系的总量指标，就不能深入地说明问题。

第三，各种相对指标综合应用的原则。

为了全面而深入地说明现象及其发展过程的规律性，应该根据统计研究的目的，综合应用各种相对指标。各种相对指标的具体作用不同，但都是从不同的侧面来说明所研究的问题。把几种相对指标结合起来运用，可以比较、分析现象变动中的相互关系，更好地阐明现象之间的发展变化情况。由此可见，综合运用结构相对指标、比较相对指标、动态相对指标等多种相对指标，有助于我们分析事物变动中的相互关系及其结果。

任务三　平均指标分析

平均指标又称平均数，是反映现象总体各单位某一数量标志值在一定时间、地点和条件下一般水平的综合指标。

平均指标的种类如图 3－2 所示。

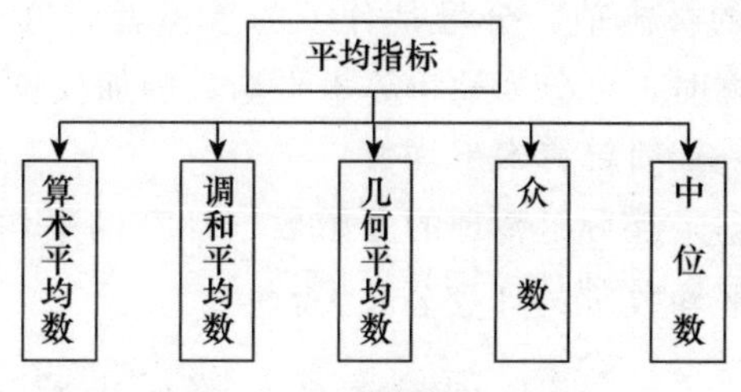

图 3-2　平均指标的种类

一、计算算术平均数

算术平均数是统计中最常用的一种平均指标，是集中趋势测度中最重要的一种。其基本公式为：

$$\text{算术平均数}\ (\bar{x}) = \frac{\text{总体标志总量}}{\text{总体单位总量}}$$

具体计算算术平均数时，可以分三步。

1. 取得总体单位情况的资料

总体各单位情况的资料可以是分组的，也可以是未分组的。

情形一：资料未分组。甲企业原材料车间 12 人，工资分别为 1500、1450、1690、1820、1550、2000、1780、1620、1450、2150、2100、2080。

情形二：资料已分组。乙、丙两企业人数及月工资资料如表 3-4 所示。

2. 计算总体单位总量和总体标志总量

情形一：资料未分组。

(1) 总体单位总量指总体内所有单位的总数。

甲企业原料车间的总人数 $n=12$ 人。

(2) 总体标志总量即总体中各单位某一数量标志值的总和。

$$\begin{aligned}\text{甲企业原料车间 12 人的工资总和} &= \sum x = x_1 + x_2 + \cdots + x_n \\ &= 150 + 1450 + \cdots + 2080 \\ &= 21190\ (\text{元})\end{aligned}$$

情形二：资料已分组。

(1) 总体单位总量 $= \sum f = f_1 + f_2 + \cdots f_n$

乙企业的总人数 $= 20 + 85 + 140 + 77 + 38 = 360$(人)

(2) 总体标志总量 $= \sum xf = x_1 f_1 + x_2 f_2 + \cdots x_n f_n$

$$\begin{aligned}\text{乙企业工资总额} &= 1200 \times 20 + 1600 \times 85 + \cdots + 2800 \times 38 \\ &= 731200(\text{元})\end{aligned}$$

3. 计算算术平均指标

计算算术平均数时，要求各变量值必须是同质的，分子与分母必须属于同一总体，即公式的分子是分母所具有的标志值，分母是分子的承担者。由于所掌握的统计资料的不同，利用上述公式进行计算时，可分为简单算术平均数和加权算术平均数两种。

情形一：资料未分组——简单算术平均数。

简单算术平均数是根据未经分组整理的原始数据计算的平均数。设一组变量值为 x_1，x_2，$x_3 \cdots x_n$，则简单算术平均数 $\bar{x}$ 的计算公式为：

$$\bar{x} = \frac{\sum x}{n} = \frac{x_1 + x_2 + x_3 + \cdots + x_n}{n}$$

甲企业某车间人均工资为：

$$\bar{x} = \frac{21190}{12} = 1765.83\ (\text{元})$$

情形二：资料已分组——加权算术平均数。

加权算术平均数是根据分组整理的数据计算的算术平均数。设各组的变量值（单项数列）或组中值（组距数列）为 x_1，x_2，$x_3 \cdots x_n$，各组变量值出现的次数（频数）分别为 f_1，f_2，$f_3 \cdots f_n$，则算数平均数的计算公式为：

$$\bar{x} = \frac{x_1 f_1 + x_2 f_2 + x_3 f_3 + \cdots + x_n f_n}{f_1 + f_2 + f_3 + \cdots + f_n} = \frac{\sum xf}{\sum f} = \sum x \frac{f}{\sum f}$$

式中：f—— 权数，即各组单位次数；

$\frac{f}{\sum f}$—— 各组次数占总次数的比重，也叫权重系数。

试计算乙丙两个企业的平均工资，分析过程如表 3－6 所示。

表 3－6 加权算数平均数计算分析

月工资（元）	组中值 x	乙企业人数（人）f	工资总额（元）xf	丙企业人数比重 $f/\sum f$	$xf/\sum f$
1000～1400	1200	20	24000	0.06	72
1400～1800	1600	85	136000	0.10	160
1800～2200	2000	140	280000	0.42	840
2200～2600	2400	77	184800	0.30	720
2600 以上	2800	38	106400	0.12	336
合计	——	360	731200	1.00	2128

$$\text{乙企业的人均工资 } \bar{x} = \frac{\sum xf}{\sum f} = \frac{731200}{360} = 2031.11(\text{元})$$

$$\text{丙企业的人均工资 } \bar{x} \frac{f}{\sum f} = 2128(\text{元})$$

由上表可知，平均数的大小不仅取决于总体各单位标志值（x）的大小，同时，也取决于各标志值次数（f）的多少，平均数总是接近次数最多的那个标志值。可见，标志值的次数多少对平均数的影响起着权衡轻重的作用，因而把它称为权数，而将这种平均数的

计算形式称为加权算术平均数。权数对算术平均数的影响作用，实质是体现在各组单位数占总体单位数比重的大小上，即权重系数，哪一单位数占的比重大，平均数就靠近哪个组的标志值。因此，当各组的单位数相等时，其比重也相等，权数的作用就没有了，加权算术平均数等于简单算数平均数。同时利用组中值作为本组平均值，计算结果与未分组资料的相应结果可能会有一些偏差。

思考：简单算术平均数与加权算术平均数的关系？

【关联性知识】算术平均数的数学性质。

算术平均数在统计学中具有重要的地位，是进行统计分析和统计推断的基础。因为算术平均数反映了一组数据的数值集中的特征，是数据偶然性、随机性特征相互抵消后的稳定数值，反映了事物必然性的数量特征。从数学公式中看，也有很多数学方面的性质。这些性质不单是平均数形式数学变形的结果，而且和标准差计算有关，具有重要的实际意义。

（1）各变量值与其算术平均数的离差之和等于零。

未分组时：$\sum(x-\overline{x})^2=0$

已分组时：$\sum(x-\overline{x})^2f=0$

该性质说明：算术平均数是一个把总体各单位的标志值差异抽象化了的代表性数值。各变量值与平均数的正、负离差的总和相等，相互抵消为零。

（2）各变量值与其算术平均数的离差平方之和最小。

未分组时：$\sum(x-\overline{x})^2=$ 最小值

已分组时：$\sum(x-\overline{x})^2f=$ 最小值

该性质说明：各变量值与任意不为平均数的数值的离差平方之和，总大于其与算术平均数的离差平方之和，这对于理解方差与均方差有意义。

二、计算调和平均数

调和平均数是各标志值倒数的算术平均数的倒数，故又称为倒数平均数。

具体计算调和平均数时，可以分三步。

1. 取得相关数字资料

表 3－7　三个企业单位产品成本统计表

企业	单位产品成本（元）	总成本（万元）
甲企业	85	6800
乙企业	88	5720
丙企业	80	4800
合计	——	17320

2. 计算总体单位总量和总体标志总量

（1）计算总体标志总量。

该数字资料与算术平均指标分析技术的资料不同，这里直接告诉我们总体的标志总量指标数值，而算术平均指标分析技术中总体标志总量是未知的，需要单独计算。

甲、乙、丙三个企业的产品总成本分别为6800万元、5720万元和4800万元。

(2) 计算总体单位总量。

现在已知的不是总产量，而是总成本。根据上表数据计算单位成本时，无法直接采用加权算术平均数形式。这时，需要根据三个企业单位产品成本和总成本数据先计算出总产量数据：

$$\text{总体单位总量}=\frac{\text{总体标志总量}}{\text{单位的标志值}}$$

$$\text{甲企业产品的总量}=\frac{6800}{85}=80\text{（万件）}$$

$$\text{乙企业产品的总量}=\frac{5720}{88}=65\text{（万件）}$$

$$\text{丙企业产品的总量}=\frac{4800}{80}=60\text{（万件）}$$

3. 计算调和平均数

由于所获得的数据不同，我们不能直接采用算术平均数的计算公式来计算平均数。计算三个企业总的单位产品成本从平均成本的实际意义上看，其计算方法应该是：平均单位产品成本=总成本/总产量。总成本、总产量我们已在第一步、第二步中求出。

$$\text{单位产品成品}=\frac{6800+5720+4800}{\frac{6800}{85}+\frac{5720}{88}+\frac{4800}{80}}=\frac{17320}{205}=84.49\text{（元）}$$

如果我们用 m 表示每个企业的总成本，x 表示每个企业的单位产品成本，H 表示三个企业的单位产品成本，并使之一般化，则有如下公式：

$$H=\frac{m_1+m_2+m_3+\cdots m_n}{\frac{m_1}{x_1}+\frac{m_2}{x_2}+\frac{m_3}{x_3}+\cdots+\frac{m_n}{x_n}}=\frac{\sum m}{\sum\frac{m}{x}}$$

这就是调和平均数的计算公式。式中 H 表示调和平均数，m 为权数。

如果 $m_1=m_2=m_3=\cdots=m_n=1$ 或 $m_1=m_2=m_3=\cdots=m_n$，上述调和平均数计算公式可变换为：

$$H=\frac{m_1+m_2+m_3+\cdots m_n}{\frac{m_1}{x_1}+\frac{m_2}{x_2}+\frac{m_3}{x_3}+\cdots+\frac{m_n}{x_n}}=\frac{n}{\sum\frac{1}{x}}$$

这种形式的调和平均数称为简单调和平均数，而前者称为加权调和平均数。

思考：调和平均数与算术平均数的关系？

三、计算几何平均数

几何平均数（G）又称几何均值，它是 n 个变量值乘积的 n 次方根，是计算平均比率和平均速度常用的一种方法。根据统计资料的不同，几何平均数分为简单几何平均数和加

权几何平均数。

我们将采用下述的数据资料来说明几何平均数的分析技术。

甲企业生产部门有前段、中段和后段三个部门。2012 年 12 月份的前段产品合格率为 90%，中段产品的合格率为 88%，后段产品的合格率为 95%。试计算甲企业三个部门的平均合格率。

某工商银行某项投资的年利率是按复利计算的，20 年的利率分配如表 3-8 所示，试计算 20 年的平均年利率。

表 3-8　投资年利率分组表

年限	年利率（%）	年本利率（%）x_i	年数（年）f_i
第 1 年	5	105	1
第 2 年至第 4 年	8	108	3
第 5 年至第 15 年	15	115	11
第 16 年至第 20 年	18	118	5
合计	——	——	20

1. 计算变量值的连乘积

几何平均数是适用于特殊数据的一种平均数，变量值本身是比率的形式，或者变量值之间具有一定的环比关系，而且各比率的乘积等于总比率或总速度。

情形一：资料未分组。

总比率（总速度）$=x_1 \cdot x_2 \cdot \cdots \cdot x_n$

甲企业三个部门总的合格率=90%×88%×95%

情形二：资料已分组。

与算术平均数一样，当资料中的某些变量值重复出现时，比如某个变量值 x 重复出现了 f 次，这时，可以用 x_f 来代替同一变量值 x 连乘 f 次。

$$\text{总比率（总速度）}=x_1^{f_1} \cdot x_2^{f_2} \cdot \cdots \cdot x_n^{f_n}$$

几何平均数要求所掌握的变量值本身是比率或环比的形式，而年利率在复利情况下，其各数值之间是没有比率或环比关系的，只有当“年利率+1=年本利率”时，他们之间才有一定环比关系。

20 年的年本息和$=(1+5\%)^1 \times (1+8\%)^3 \times (1+15\%)^{11} \times (1+18\%)^5$

2. 计算几何平均数

情形一：资料未分组——简单几何平均数。

直接对第一步计算得到的 n 项变量值连乘积开 n 次方根所得的平均数即为简单几何平均数。其计算公式如下：

$$G=\sqrt[n]{x_1 x_2 x_3 \cdots x_n}=\sqrt[n]{\Pi x}$$

甲企业三个部门的平均合格率：

$$G=\sqrt[3]{90\% \times 88\% \times 95\%}=90.95\%$$

情形二：资料已分组——加权几何平均数。

其计算公式如下：

$$G = \sum \sqrt[f]{x_1^{f_1} x_2^{f_2} x_3^{f_n} \cdots x_n^{f_n}}$$

某工商银行某项投资20年的平均年本利率：

$$G=\sqrt[20]{1.05^1 \times 1.08^3 \times 1.15^{11} \times 1.18^5}=114.14\%$$

20年的平均年利率＝114.14％－1＝14.14％

四、计算众数

众数、中位数与前面的几种平均数不同，它们是根据变量值在数列中所处的位置来确定的，一般称之为位置平均数。

众数是指一组数据中出现次数最多的变量值，是数据一般水平的代表之一，记作 M_0。

计算众数时，可以分三步。

1. 取得分组资料

我们将根据表3-4和表3-5的数据资料来说明众数的计算。

表3-5的数据是单项式分组，表3-4的数据是组距式分组，下面也根据这两种情况来计算众数。

2. 确定众数所在的组。

(1) 表3-5的数据资料显示，次数最多的组是在第四组（次数为96），即为众数所在组。

(2) 表3-4的数据资料显示，次数最多的组是在第三组（次数为140），即为众数所在组。

3. 计算众数

(1) 对于单项数列，众数组的变量值即为众数。

表3-5中，众数的变量值为10件，即丙企业生产车间日产量的众数为10件。

(2) 对于组距式数列，根据众数所在组，用下面公式求众数。

下限公式：

$$M_0=L+\frac{\Delta_1}{\Delta_1+\Delta_2}\times i$$

上限公式：

$$M_0=U-\frac{\Delta_2}{\Delta_1+\Delta_2}\times i$$

式中：L，U——众数组的下限和上限；

Δ_1——众数组次数与相邻较小组次数之差；

Δ_2——众数组次数与相邻较大组次数之差；

i——众数组的组距。

根据表3-4，计算乙企业职工工资的众数。

第三组为众数所在组，将有关数据代入上述公式计算众数。

根据下限公式计算：

$$M_0=1800+\frac{140-85}{(140-85)+(140-77)}\times 400=1986.44\text{（元）}$$

根据上限公式计算：

$$M_0=2200-\frac{140-77}{(140-85)+(140-77)}\times 400=1986.44\text{（元）}$$

【关联性知识】众数是由变量值出现次数多少决定的，不受数据资料中极端值的影响。在实际工作中，众数应用较为普遍。诸如，要说明一个企业中工人最普遍的技术等级，说明消费者需要的内衣、鞋袜、帽子等最普遍的号码，说明农贸市场上某种农副产品最普遍的成交价格等，都需要利用众数。但是必须注意，从分布的角度看，众数是具有明显集中趋势点的数值，一组数据分布的最高峰点所对应的数值即为众数。如果数据分布没有明显的集中趋势或最高峰点，众数也可能不存在；如果有两个或更多的高峰点，众数就不止一个。如果数据中恰有两个众数，我们称此众数是双众数；如果在数据中多于两个以上的众数，我们称此众数是复众数。在多众数的情况下，一般不采用众数描述数据的一般水平。

五、计算中位数

1. 取得数据资料

情形一：资料未分组。

甲企业原材料车间 12 人，工资分别为 1500、1450、1690、1820、1550、2000、1780、1620、1450、2150、2100、2080，求工资的中位数。

情形二：资料已分组。

我们仍根据背景资料 3 和 4 数据资料来说明众数的分析技术。

背景资料 4 的数据是单项式分组，3 的数据是组距式分组，下面也根据这两种情况来计算中位数。

2. 排序

情形一：资料未分组的情况下，我们要将数据按从小到大排序，这个可借助于 Excel 或其他的统计软件。

甲车间原材料车间 12 人，工资排序应为：1450、1450、1500、1550、1620、1690、1780、1820、2000、2080、2100、2150。

情形二：资料已分组时一般已排好序。

3. 确定中位数位次

情形一：资料未分组的情况下。

$$\text{中位点}=\begin{cases}\dfrac{n+1}{2}\\[2ex]\dfrac{n}{2}\text{和}\dfrac{n}{2}+1\end{cases}$$

12 个数据的中位数位次即中位点应为排好序的第 6 个和第 7 个数值，即 1690 和 1780。

情形二：资料已分组的情况下，中位数位次即总次数的一半 $=\frac{\sum f}{2}$，应用向上累计或向下累计法找到中位点所在的组，即中位数所在的组。

根据表 3－5 的资料，中位数位次 $=\frac{\sum f}{2}=\frac{246}{2}=123$，向上累计和向下累计过程如表 3－9 所示。

表 3－9　丙企业生产车间工人日产量分组资料

按日产量分组（件）	工人数（人）	累计次数 $\sum f$	
		向上累计	向下累计
6	8	8	246
8	28	36	238
9	73	109	210
10	96	205	137
12	32	237	41
14	9	246	9
合计	246	—	—

累计次数 $\sum f$ 中含有 $\frac{\sum f}{2}=123$ 的累计次数为 205（向上累计）或 137（向下累计），即第四组为中位数组。

（2）根据背景资料 3，过程如表 3－10 所示：中位数位次 $=\frac{\sum f}{2}=\frac{360}{2}=180$，

表 3－10　乙企业职工工资统计表

月工资（元）	乙企业人数（人）	累计次数 $\sum f$	
		向上累计	向下累计
1000～1400	20	20	360
1400～1800	85	105	340
1800～2200	140	245	255
2200～2600	77	322	115
2600 以上	38	360	38
合计	360	—	—

中位数位次 $=\frac{\sum f}{2}=\frac{360}{2}=180$，累计次数 $\sum f$ 中含有 $\frac{\sum f}{2}=$ 的累计次数为 245（向上累计）或 255（向下累计），即第三组为中位数组。

4. 计算中位数

中位数是指一组数据排序后，处于中间位置上的变量值，是描述数据中心位置的常用统计量，一般用 M_e 表示。中位数的计算方法视数据资料的不同而异。

情形一：根据未分组资料确定中位数。

中位数即是与中位点对应的一个数据（奇数个数）或最中间两个数的平均（偶数个数），即

$$M_e=\begin{cases} x_{\frac{n+1}{2}} \\ \dfrac{x_{\frac{n}{2}}+x_{\frac{n+1}{2}}}{2} \end{cases}$$

甲车间原材料车间 12 人工资的中位数：

$$M_e=\frac{x_{\frac{n}{2}}+x_{\frac{n}{2}+1}}{2}=\frac{1690+1780}{2}=1735\text{（元）}$$

情形二：根据已分组资料确定中位数。

（1）对于单项式变量数列。

中位数组的变量值就是中位数。

丙企业生产车间工人日产量的中位数组为第四组，此组的变量值为 10，由此可以确定中位数为 10 件。

（2）对于组距式变量数列。

根据中位数所在组，用插补法计算中位数的近似值，公式如下。

下限公式：

$$M_e=L+\frac{\frac{\sum f}{2}-S_{m-1}}{f_m}\times i$$

上限公式：

$$M_e=U^{-}\ \frac{\frac{\sum f}{2}-S_{m+1}}{f_m}\times i$$

式中：L——中位数所在组的下限；

U——中位数所在组的上限；

$\sum i$——总次数；

S_{m-1}——中位数所在组前一组的累计次数（其累计次数按向上累计计算）；

S_{m+1}——中位数所在组后一组的累计次数（其累计次数按向下累计计算）；

f_m——中位数所在组的次数；

i——中位数所在组的组距。

乙企业职工工资的中位数组是第三组，

根据下限公式计算：

$$M_e=1800+\frac{\frac{360}{2}-105}{140}\times 400=2014.29\text{（元）}$$

根据上限公式计算：

$$M_e=2200-\frac{\frac{360}{2}-115}{140}\times 400=2014.29\text{（元）}$$

中位数恰好把全数列的标志值平分，一半大于中位数，一半小于中位数，所以，它不受少数极端数值的影响，在这一点上它优于算术平均数。这说明算数平均数受极端数值影响较大。因此，当数据中含有极端值时，使用中位数比使用算数平均数更好，中位数的这种抗干扰性在统计中称为具有稳健性。

【关联性知识】算数平均数、中位数、众数之间的关系。

算术平均数、中位数和众数之间存在着一定的数量关系，它们的数量关系决定于总体内部的分布情况。三者结合起来考虑时，频数分布中的许多有用信息便会显现出来，不仅能够体现出频数分布的集中趋势，还可以看出频数分布的偏斜度，如图 3-3 所示。

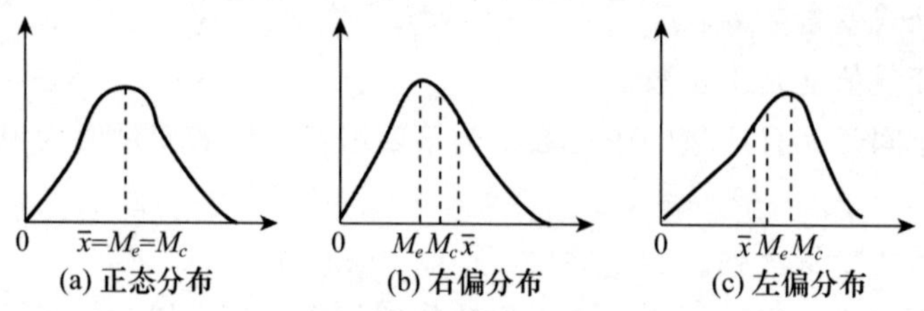

图 3-3 频数分布曲线

在标准正态分布情况下，三者合而为一，即 $\bar{x}=M_e=M_0$。

在频率分布为非对称分布时，三者之间存在一定差别，这种差别取决于非对称程度。如果分布为右偏，有 $M_0<M_e<\bar{x}$；如果分布为左偏，则有 $\bar{x}<M_e<M_0$。在经济生活中，许多经济资料的分布都呈右偏，如个人收入分布、公司销售额分布、个人储蓄分布等。在偏斜适度的情况下，不论是左偏还是右偏，中位数与算术平均数之差等于众数与算术平均数之差的 1/3，即：

$$|M_e-\bar{x}|=1/3\ |\ M_0-\bar{x}\ |$$

由此，可得出以下三个关系式：

$$\bar{x}=\frac{3M_e-M_0}{2}$$

$$M_e=\frac{M_0+2\bar{x}}{3}$$

$$M_0=3M_e-2\bar{x}$$

可以利用这些关系，从已知的两个平均指标来估计另一个平均指标。

任务四　标志变异指标分析

平均指标反映总体各单位标志值之间的一般水平，掩盖了现象之间的差异。但是差异还是客观存在的。所以，有时在研究平均指标的同时，还要研究标志值之间的差异程度。

标志变异指标是反映总体中各单位标志值之间差异程度的综合指标，又称标致变动度。测定标志值之间差异程度的指标如图 3－4 所示。

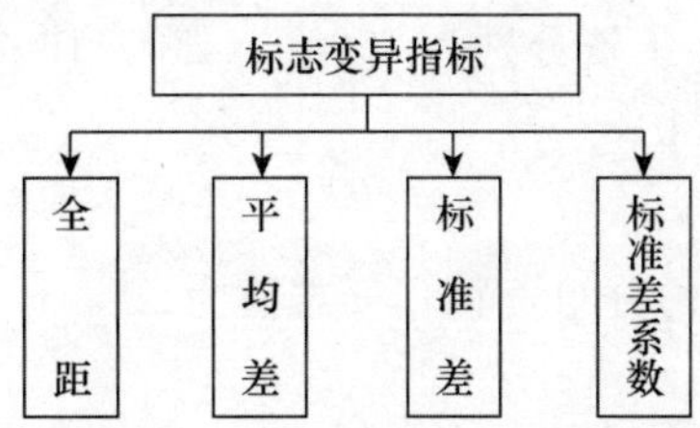

图 3－4　标志变异指标的种类

一、计算全距

全距也称极差，是指数列中最大值与最小值之差，它反映总体中标志值变动的范围。即

$$R = \text{Max}(x) - \text{Min}(x)$$

计算全距时，可以分三步。

1. 取得变量数列资料

取得总体各单位的标志值即变量数列：x_1，x_2…，x_n

甲企业原材料车间 12 人，工资分别为 1500、1450、1690、1820、1550、2000、1780、1620、1450、2150、2100、2080 元。

2. 找出变量数列中最大变量值和最小变量值

12 名工人的工资中，Max（x）＝2150；Min（x）＝1450

3. 计算全距（R）

甲企业原料车间 12 名工人工资的全距为：

$$R=2150-1450=700\text{（元）}$$

全距是数据离散程度或差异程度最简单、粗陋的测度值。显然，全距的计算十分简单（特别是数据已经按顺序排列好的时候），但这一指标提供的信息是非常有限的，因为它只强调了两个极端的数值，而忽视了中间的变化过程。实践中全距的使用范围比较小，如股票市场上的报告，通常报出每天的最高价和最低价。

二、计算平均差

平均差（$A \cdot D$）是总体各单位标志值算术平均数的离差的绝对值的算术平均数。由于各个标志值算数平均数的离差有正有负，总和为零，因此采用离差的绝对值来计算。它综合反映了总体各单位标志值的变动程度，平均差越大，则表示标志变动度越大，平均数代表性就越低；反之，则表示标志变动度越小，平均数代表性越好。

计算平均差时，可以分三步。

1. 取得变量数列资料

情形一：资料未分组。

取得总体各单位的标志值即变量数列：x_1，x_2…，x_n。

甲企业原材料车间 12 人，工资分别为 1500、1450、1690、1820、1550、2000、1780、1620、1450、2150、2100、2080。

情形二：资料已分组。

取得总体各单位的标志值的分组资料，标志值为 x_1，x_2…，x_n，每个标志值对应的次数分别为：f_1，f_2…，f_n。

我们仍用乙、丙两企业人数及月工资数据资料来说明平均差分析技术。

2. 计算总体单位标志值的平均数

情形一：资料未分组。

甲企业原材料车间 12 名工人工资的平均数：

$$\bar{x}=\frac{\sum x}{n}=\frac{1500+1450+\cdots+2080}{12}=1765.83(\text{元})$$

情形二：资料已分组。

$$\bar{x}=\frac{\sum xf}{\sum f} \quad \text{或} \quad \bar{x}=\sum x\frac{f}{\sum f}$$

乙企业的平均工资：

$$\bar{x}=\frac{\sum xf}{\sum f}=\frac{731200}{360}=2031.11(\text{元})$$

丙企业的平均工资：

$$\bar{x}=\sum x\frac{f}{\sum f}=2128(\text{元})$$

3. 计算平均差

计算公式如下。

情形一：资料未分组。

$$A\cdot D=\frac{\sum|x-\bar{x}|}{n}$$

甲企业原材料车间 12 名工人工资的平均差为：

$$A\cdot D=\frac{\sum|x-\bar{x}|}{n}=\frac{|1500-1765.83|+|1450-1765.83|+\cdots+|2080-1765.83}{12}$$

$$= \frac{2670}{12} = 222.50(\text{元})$$

计算结果表明：甲企业原材料车间 12 名工人平均工资为 1765.83 元，有的高于 1765.83 元，有的低于 1765.83 元，平均相差 222.50 元。

情形二：资料已分组

$$A \cdot D = \frac{\sum |x-\overline{x}|f}{\sum f} \quad \text{或} \quad A \cdot D = \sum |x-\overline{x}| \cdot \frac{f}{\sum f}$$

根据乙、丙两企业人数及月工资资料，计算平均差的分析过程如表 3－11 所示：

表 3－11　平均差计算表

月工资（元）	组中值	乙企业			丙企业		
		人数（人）f	$x-\overline{x}$	$\|x-\overline{x}\|f$	人数比重（%）$f/\sum f$	$x-\overline{x}$	$\|x-\overline{x}\|\frac{f}{\sum f}$
1000～1400	1200	20	－831.11	16622.20	6	－928	55.68
1400～1800	1600	85	－431.11	36644.35	10	－528	52.80
1800～2200	2000	140	－31.11	4355.40	42	－128	53.76
2200～2600	2400	77	368.89	28404.53	30	272	81.60
2600 以上	2800	38	768.89	29217.82	12	672	80.64
合计	—	360	—	115244.30	100	—	324.48

$$\text{乙企业}: A \cdot D = \frac{\sum |x-\overline{x}|f}{\sum f} = \frac{115244.3}{360} = 320.12(\text{元})$$

$$\text{丙企业}: A \cdot D = \sum |x-\overline{x}| \cdot \frac{f}{\sum f} = 324.48(\text{元})$$

计算结果表明：乙企业职工平均工资为 2031.11 元，有些职工工资高于 2031.11 元，有些职工工资低于 2031.11 元，平均相差 320.12 元；丙企业职工平均工资为 2128 元，有些职工工资高于 2128 元，有些职工工资低于 2128 元，平均相差 324.48 元。

平均差综合了总体各单位的差异，因此，能全面地反映总体分布的变异程度。但是，平均差采用了绝对值的方式来消除离差的正负号，不便于运算，这样使其应用受到了很大限制。

【关联性知识】平均差系数

平均差是反映标志变动程度的平均指标，其计量单位与标志值的计量单位相同。它除了受标志变异程度的影响外，还受变量水平的影响。在应用平均差进行统计分析时，如果两个总体平均数相等，则可直接比较两个总体平均差，说明两个总体平均数的代表性大小及标志值的变异程度差异。如果两个总体平均数不相等即变量水平不同，为了消除这一影响，则应计算平均差系数，比较平均差系数对两个总体平均数代表性与标志变异程度。平均差系数的计算公式如下：

$$V_{A \cdot D} = \frac{A \cdot D}{\overline{X}} \times 100\%$$

根据乙、丙两企业人数及月工资数据资料，

乙企业工资的平均差系数：

$$V_{A\cdot D}=\frac{A\cdot D}{\overline{X}}\times100\%=\frac{320.12}{2031.11}\times100\%=15.76\%$$

丙企业工资的平均差系数：

$$V_{A\cdot D}=\frac{A\cdot D}{\overline{X}}\times100\%=\frac{324.48}{2128}\times100\%=15.25\%$$

由此可见，丙企业的平均差系数比乙企业的平均差系数小，所以丙企业的平均工资比乙企业的代表性好。

三、计算标准差

标准差是总体中各单位的变量值与其算术平均数的离差平方的算术平均数的平方根，又称均方差。是测度标志变异最重要、最常用的指标，一般用 σ 表示，它的平方称为方差。标准差既反映分布数列中变量值的平均差异程度，也反映总体分布的离中趋势。它的意义与平均差相同，也是各个变量值与其算数平均数的离差，但在数学处理上与平均差不同，它是采用平方的方法来消除离差的正负号。标准差越小，说明总体分布越集中，平均数的代表性越好；标准差越大，说明总体分布越分散，平均数的代表性越差。

计算标准差时，可以分三步。

1. 取得变量数列资料

情形一：资料未分组。

取得总体各单位的标志值即变量数列：x_1，x_2…，x_n。

甲企业原材料车间 12 人，工资分别为 1500、1450、1690、1820、1550、2000、1780、1620、1450、2150、2100、2080。

情形二：资料已分组。

取得总体各单位的标志值的分组资料，标志值为 x_1，x_2，…，x_n，每个标志值对应的次数分别为：f_1，f_2…，f_n。

我们仍用乙、丙两企业人数及月工资数据资料来说明标准差分析技术。

2. 计算总体单位标志值的平均数

情形一：资料未分组。

$$\overline{x}=\frac{\sum x}{n}$$

甲企业原材料车间 12 名工人工资的平均数：

$$\overline{x}=\frac{\sum x}{n}=\frac{1500+1450+\cdots+2080}{12}=1765.83(\text{元})$$

情形二：资料已分组。

$$\overline{x}=\frac{\sum xf}{\sum f}\quad 或\quad \overline{x}=\sum x\frac{f}{\sum f}$$

乙企业的平均工资：

$$\bar{x}=\frac{\sum xf}{\sum f}=\frac{731200}{360}=2031.11(\text{元})$$

丙企业的平均工资：

$$\bar{x}=\sum x\frac{f}{\sum f}=2128(\text{元})$$

3. 计算标准差

根据所掌握的资料不同，标准差的计算可分为简单平均法和加权平均法。

情形一：对于未分组资料，标准差的计算公式如下（简单平均法）：

$$\sigma=\sqrt{\frac{\sum(x-\bar{x})^2}{n}}$$

甲企业原材料车间 12 名工人工资的标准差为：

$$\sigma=\sqrt{\frac{\sum(x-\bar{x})^2}{n}}=\sqrt{\frac{(1500-1765.83)^2+(1450-1765.83)^2+\cdots+(2080-1765.83)^2}{12}}$$

$$=251.61\ (\text{元})$$

计算结果表明甲企业原材料车间 12 名工人工资有的高于 1765.83 元，有的低于 1765.83 元，平均相差 251.61 元。

情形二：对于分组资料，标准差的计算公式如下（加权平均法）：

$$\sigma=\sqrt{\frac{\sum(x-\bar{x})^2 f}{\sum f}}\quad \text{或}\quad \sigma=\sqrt{\sum(x-\bar{x})^2\cdot\frac{f}{\sum f}}$$

根据乙、丙两企业人数及月工资资料，计算标准差的分析过程如表 3－12 所示：

表 3－12　标准差计算表

月工资（元）	组中值 X	乙企业			丙企业		
		人数（人）f	$x-\bar{x}$	$(x-\bar{x})^2 f$	人数比重（%）$f/\sum f$	$x-\bar{x}$	$(x-\bar{x})^2\frac{f}{\sum f}$
1000～1400	1200	20	－831.11	13814876.64	6	－928	51671.04
1400～1800	1600	85	－431.11	15797745.73	10	－528	27878.4
1800～2200	2000	140	－31.11	135496.494	42	－128	6881.28
2200～2600	2400	77	368.89	10478147.07	30	272	22195.2
2600 以上	2800	38	768.89	22465289.62	12	672	54190.08
合计	—	360	—	62691555.56	100	—	162816

$$\text{乙企业}:\sigma=\sqrt{\frac{\sum(x-\bar{x})^2 f}{\sum f}}=\sqrt{\frac{62691555.56}{360}}=417.30(\text{元})$$

$$\text{丙企业}:\sigma=\sqrt{\sum(x-\bar{x})^2\cdot\frac{f}{\sum f}}=\sqrt{162816}=403.50(\text{元})$$

计算结果表明：乙企业职工平均工资为 2031.11 元，有些职工工资高于 2031.11 元，有些职工工资低于 2031.11 元，平均相差 417.30 元；丙企业职工平均工资为 2128 元，有些职工工资高于 2128 元，有些职工工资低于 2128 元，平均相差 403.50 元。

【关联性知识】 方差和标准差的计算，利用具有统计功能的函数型计算器计算是很容易的。

标准差和平均差都能全面反映数列变量值平均的离散程度，但标准差的数值要比平均差大，这是由于采用离差平方的方法来消除正负离差互相抵消的问题时，夸大了绝对值较大的离差的影响，但由于标准差采用平方的形式更符合代数运算，所以运用是最广泛的。

标准差的平方 σ^2 称为方差，方差具有如下性质。

(1) 变量的方差等于其变量值平方的平均数减去变量平均数的平方，即：

$$\sigma^2=\overline{x^2}-\overline{x}^2$$

(2) 变量与其算数平均数计算的方差小于变量与任意数计算的方差，即：

$$\frac{\sum(x-\overline{x})^2 f}{\sum f}\leqslant\frac{\sum(x-A)^2 f}{\sum f} \quad (A\text{ 为任意数})$$

四、标准差系数分析技术

1. 根据数据资料计算变量数列的平均数

前面已经计算出乙、丙企业职工的平均工资水平分别为 2031.11 元和 2128 元。

2. 根据数据资料计算变量数列的标准差

前面已经计算出乙、丙企业职工工资的标准差平分别为 417.30 元和 403.50 元。

3. 计算标准差系数

标准差与全距和平均差一样，都是有计量单位的有名数。它们从绝对量上反映数列的变异程度，其数值的大小除了受总体内部标志值的差异程度影响外，还受标志本身水平高低的影响。两个数列或两个总体的均值不相同时，显然不能直接用上面的指标比较它们的变异程度，因而需要消除平均水平高低以及计量单位不同的影响，消除的办法就是用标志变异指标与其自身算数平均数的对比，计算离散系数。

离散系数也称标志变异系数，是衡量变量数列变量值离散程度的相对指标，通常用标志变异指标与相应的算术平均数对比求得。全距系数是全距与算术平均数之比，平均差系数是平均差与算术平均数之比，标准差系数是标准差与算术平均数之比。其中最常用的是标准差系数，记作 V_σ，计算公式为：

$$V_\sigma=\frac{\sigma}{x}\times100\%$$

根据乙、丙两企业人数及月工资资料，试分别计算标准差系数。

乙企业：$V_\sigma=\frac{\sigma}{x}\times100\%=\frac{417.30}{2031.11}\times100\%=20.55\%$

丙企业：$V_\sigma=\frac{\sigma}{x}\times100\%=\frac{403.50}{2128}\times100\%=18.96\%$

由此可见，丙企业的标准差系数比乙企业的标准差系数小，所以丙企业的平均工资比乙企业的代表性好。

【关联性知识】是非标志的标准差

是非标志是指仅有两个变量表现的标志。例如人口分为男性与女性，产品分为合格品与不合格品，抛一枚硬币将会出现正面或者反面等。这种用“有”与“无”或“是”与“非”来表示的标志，叫是非标志，也叫交替标志。

设全部总体单位数为 N。用 1 表示具有某特征的总体单位的标志值，其单位数目为 N_1；用 0 表示不具有某特征的总体单位的标志值，其单位数目为 N_0，且 $N=N_1+N_0$。令：

$$p=\frac{N_1}{N};\ q=\frac{N_0}{N}$$

显然，$p+q=1$，则是非标志的平均数为：

$$\bar{x}=\frac{\sum xf}{\sum f}=\frac{1\times N_1+0\times N_0}{N}=\frac{N_1}{N}=p$$

是非标志的标准差为：

$$\sigma=\sqrt{\frac{\sum (x-\bar{x})^2 f}{\sum f}}=\sqrt{\frac{(1-p)^2N_1+(0-p)^2N_0}{N}}$$

$$=\sqrt{pq}=\sqrt{p(1-p)}$$

是非标志的标准差系数为：

$$V_\sigma=\frac{\sigma}{\bar{x}}=\frac{\sqrt{pq}}{p}=\sqrt{q/p}$$

根据背景资料 1 给出，2012 年 12 月份甲企业生产部门的前段产品的合格率为 90%，则：

$$p=90\%$$

$$\sigma=\sqrt{p\ (1-p)}=\sqrt{90\%\times\ (1-90\%)}=30\%$$

$$V_\sigma=\frac{\sigma}{\bar{x}}=\sqrt{q/p}=\sqrt{10\%/90\%}=33.33\%$$

任务五　用 Excel 计算综合指标

一、利用 Excel 计算总量指标

总量指标是统计认识的起点，是统计分析中的基础指标。利用 Excel 计算总量指标一般有以下两种情况。

一种情况是计数，常用函数 COUNT 或 COUNTIF 来实现。COUNT 函数用于计算指定单元格区域中包含数字以及包含参数系列表中数字的单元格的个数；COUNTIF 函数用于计算指定单元格区域中满足给定条件的单元格的个数。

第二种情况是求和，常用函数 SUM 或 SUMIF 来实现。SUM 函数用于计算指定单元格区域中所有数字的总和。SUMIF 函数用于根据指定条件对若干单元格求和。其语法格式为：SUMIF（range，criteria，sum-range）

其中，range 为用于条件判断的单元格区域；criteria 为确定哪些单元格符合将被相加求和的条件，其形式可以为数字、表达式或文本；sum-range 是需要求和的实际单元格。

现以求甲企业原材料车间 12 人的工资总额为例，说明上述函数的实际运用。

先将甲企业 12 名员工的工资（分别为：1500、1450、1690、1820、1550、2000、1780、1620、1450、2150、2100、2080）按顺序输入 Excel 表中，如图 3－5 所示。

	A	B	C	D	E	F	G
1	员工序号	工资(元)					
2	1	1500					
3	2	1450					
4	3	1690					
5	4	1820					
6	5	1550					
7	6	2000					
8	7	1780					
9	8	1620					
10	9	1450					
11	10	2150					
12	11	2100					
13	12	2080					
14							

图 3－5　甲企业原材料车间 12 人的工资

根据图 3－5 中数据所要计算的总量指标，可以运用求和函数 COUNT（B2：B13）。运用函数时要注意：选定输出单元格后，在公式编辑栏中必须先输入等号（=），再输入相应的函数语法（或单击函数快捷图标 f_x，选择所需函数名后再按函数对话框提示输入指定区域等参数），按 Enter 键后在事先选定的单元格中就会显示出相应的计算结果。通过计算，甲企业原材料车间 12 人的工资总额为 21190 元。可以自己验证这些计算结果，从而掌握在大量数据条件下利用上述函数功能计算总量指标的操作方法。

二、利用 Excel 计算相对指标

计算相对指标是统计分析中最简单的计算，也是最常用的计算。使用 Excel 计算相对指标，最常用的功能就是 Excel 的公式及公式复制。这些操作都比较简单直观，只要掌握了 Excel 基本操作方法（可参见本书附录 A），就能够快速地在 Excel 中完成相对指标的计算。

下面以图 3－5 的资料为例来介绍使用 Excel 计算相对指标的具体操作方法，其余各种相对指标的计算不再赘述。

先在工作表中输入数据和将要计算的指标名称，如本例中，在单元格 C1 中输入“比

重（%）”，如图 3 - 6 所示。

	A	B	C	D	E	F	G
1	员工序号	工资(元)	比重(%)				
2	1	1500	7.078811				
3	2	1450	6.84285				
4	3	1690	7.97546				
5	4	1820	8.588957				
6	5	1550	7.314771				
7	6	2000	9.438414				
8	7	1780	8.400189				
9	8	1620	7.645116				
10	9	1450	6.84285				
11	10	2150	10.1463				
12	11	2100	9.910335				
13	12	2080	9.815951				
14	合计	21190	100				
15							

图 3 - 6　在 Excel 中计算相对指标

可以先选定输出区域（此时该区域还是空白的）并定义该区域单元格的格式（如保留两位小数，具体操作方法参见附录 A）。当然，也可以执行下面的计算再定义输出区域的数据格式。

然后，在单元格 C2 中输入公式“＝B2/＄B＄14＊100”，按 Enter 键，选定单元格 D2，用鼠标将公式向下拖动复制至 C14，放开鼠标后即在选定区域显示全部计算结果，如图 3 - 6 所示。

三、用 Excel 计算描述统计量

计算工作流程如图 3 - 7 所示：

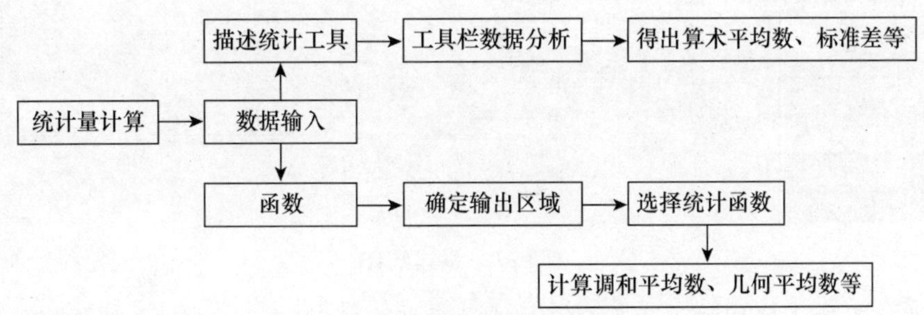

图 3 - 7　描述统计量计算工作流程

【关联性知识】众数、中位数、算术平均数、调和平均数和几何平均数是平均数指标中的描述统计量，全距、标准差和标准差系数是变异指标中的描述统计量。这些量的计算用 Excel 来求解有两种方法，即描述统计工具的方法和函数方法。

（1）用描述统计工具方法计算统计量。

适用统计量：众数、中位数、算术平均数、全距、标准差。

第一步：将丙企业 40 名工人完成生产定额百分比资料的数据输入到 A1：A40 单元格。

第二步：选中单元格 A1：A40，并下拉“工具”菜单，右击“数据分析”栏，格式如图 3－8 所示。

图 3－8　数据分析栏

第三步：选择“描述统计”右击“确定”，格式如图 3－9 所示。

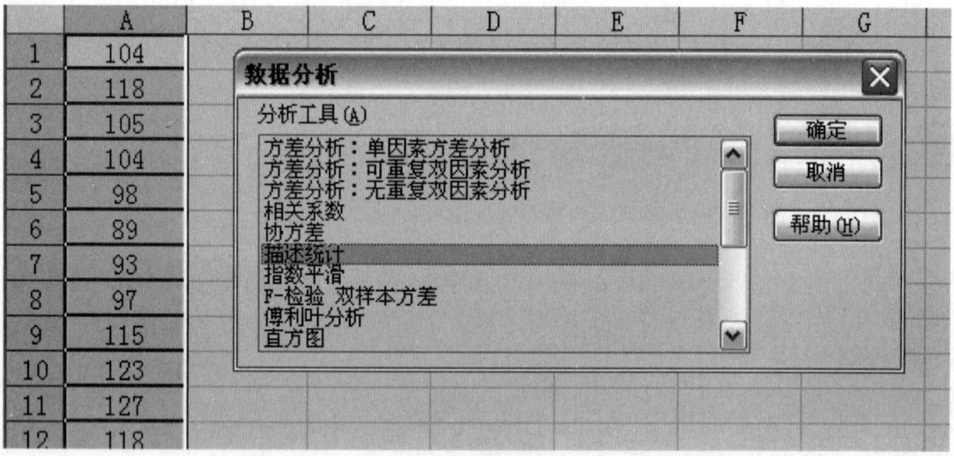

图 3－9　描述统计

第四步：在输入区域输入“＄A＄1：＄A＄40”（一般自动生成），其他复选框可根据需要选定，如输入区域“＄D＄1”，平均数置信度为 95%。第 K 大值和第 K 小值会给出样本中第 K 个大值和第 K 个小值，格式如图 3－10 所示。

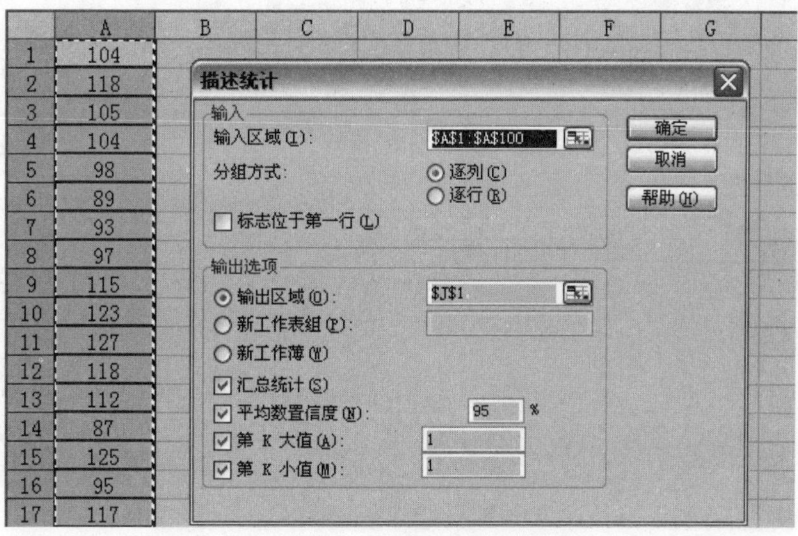

图 3-10　描述统计对话框

第五步：左击“确定”，可得输出结果如图 3-11 所示。

D1　▼　fx　列1

	A	B	C	D	E	F	G
1	104			列1			
2	118						
3	105			平均	113.8		
4	104			标准误差	2.234978		
5	98			中位数	113.5		
6	89			众数	118		
7	93			标准差	14.13524		
8	97			方差	199.8051		
9	115			峰度	0.693509		
10	123			偏度	0.511178		
11	127			区域	65		
12	118			最小值	87		
13	112			最大值	152		
14	87			求和	4552		
15	125			观测数	40		
16	95			最大(1)	152		
17	117			最小(1)	87		
18	115			置信度(95	4.52067		
19	118						
20	121						
21	124						

图 3-11　输出结果

（2）用函数方法计算统计量。

适用统计量：调和平均数、几和平均数及标准差系数。

第一步：在 Excel 中选定某一单元格作为输出区域。本例中选择 G1 作为输出区域，选择工具栏中的粘贴函数 fx，弹出对话框，如图 3-12 所示。

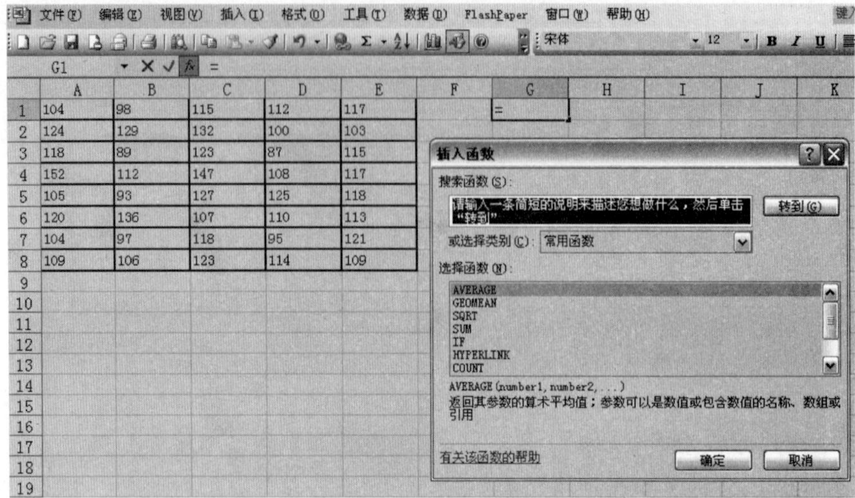

	A	B	C	D	E
1	104	98	115	112	117
2	124	129	132	100	103
3	118	89	123	87	115
4	152	112	147	108	117
5	105	93	127	125	118
6	120	136	107	110	113
7	104	97	118	95	121
8	109	106	123	114	109

图 3-12　输入函数

第二步：在弹出对话框中的函数分类中选择“统计”。在对应的函数名中选择“HARMEAN”，即可求得正数的调和平均数；若是在函数名中选择“GEOMEAN”，即可求得几何平均数；若是在函数名中选择“STDEVP”，即可求得样本总体的标准差；算术平均数则选“AVERAGE”。格式如图 3-13 所示。

	A	B	C	D	E
1	104	98	115	112	117
2	124	129	132	100	103
3	118	89	123	87	115
4	152	112	147	108	117
5	105	93	127	125	118
6	120	136	107	110	113
7	104	97	118	95	121
8	109	106	123	114	109

插入函数
搜索函数(S):
请输入一条简短的说明来描述您想做什么，然后单击“转到”
转到(G)
或选择类别(C): 统计
选择函数(N):
GROWTH
HARMEAN
HYPGEOMDIST
INTERCEPT
KURT
LARGE
LINEST
HARMEAN(number1, number2, ...)
返回一组正数的调和平均数：所有参数倒数平均值的倒数。
有关该函数的帮助
确定
取消

图 3-13　函数参数对话框

第三步：在弹出对话框中的 Number 1 栏中输入“A1：E10”，或用鼠标直接选中 A1 到 E10 的区域，然后单击“确定”，即可得到相应的数值，结果如图 3-14 所示。

	A	B	C	D	E	F	G
1	104	98	115	112	117	调和平均数	112.1356
2	124	129	132	100	103	几何平均数	112.9612
3	118	89	123	87	115	样本标准差	14.13524
4	152	112	147	108	117	算术平均数	113.8
5	105	93	127	125	118		
6	120	136	107	110	113		
7	104	97	118	95	121		
8	109	106	123	114	109		
9							

图 3-14　调和平均数、几何平均数、标准差和算术平均数的计算结果

对于标准差系数，只需在所要输出数据的单元格输入“＝G3/G4”，即可得到标准差系数为0.122889621。

项目小结

本项目主要介绍了通过综合指标法来对社会经济现象进行分析和研究的方法，主要通过完成总量指标、相对指标、平均指标和标志变异指标分析技术等相关任务来对总体现象的数量方面进行计算和分析。

总量指标又是统计指标中最基本的指标，它的计算是否科学合理会直接影响相对指标和平均指标的准确性。总量指标主要反映社会经济现象总体规模和水平，而相对指标主要反映现象总体内部的结构、比例、发展状况和彼此间的对比关系，以及对计划完成情况的检查。相对指标有多种，每种指标只能从某一个角度出发，反映事物的一个侧面，很难用某一个相对指标来说明问题的全部，因此我们必须注意把多种指标结合运用。相对指标的一个重要特点，就是将对比的总量指标进行了抽象。因此，在应用相对指标说明和分析问题时，应该使之与相应的总量指标联系起来观察，才能克服认识上的片面性，使我们获得对所研究现象的正确的全面认识。

平均指标是社会统计中非常重要且应用十分广泛的一种综合指标。应掌握算数平均数、调和平均数、几何平均数、众数和中位数的特点、计算方法和应用条件，其中算术平均数是应用最广泛的。平均指标描述的是总体的集中趋势，而标志变异指标是描述总体的离中趋势，它们是两个意义相反的指标，我们要从集中趋势和离中趋势两个方面去认识总体的分布特征，解决有关经济和技术问题。

最后，简单介绍了用Excel进行综合指标的计算。

实训操作

实训一：案例分析

中华人民共和国2008年国民经济和社会发展统计公报

中华人民共和国国家统计局

2009年2月26日

1. 综合

初步核算，2008年全年国内生产总值300670亿元，比上年增长9.0%。分产业看，第一产业增加值34000亿元，增长5.5%；第二产业增加值146183亿元，增长9.3%；第三产业增加值120487亿元，增长9.5%。第一产业增加值占国内生产总值的比重为11.3%，比上年上升0.2个百分点；第二产业增加值比重为48.6%，上升0.1个百分点；第三产业增加值比重为40.1%，下降0.3个百分点。

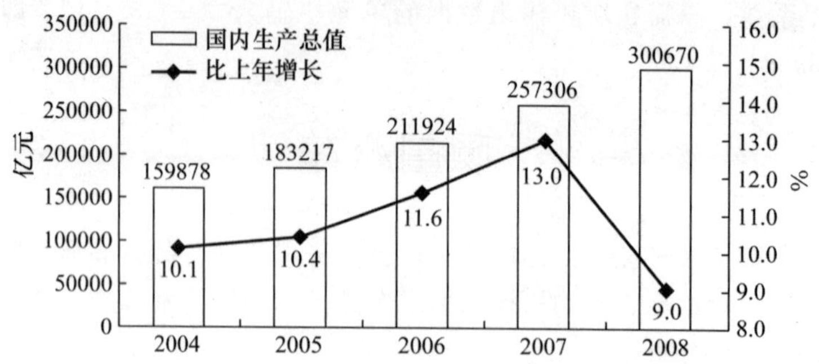

图 3-15　2004～2008 年国内生产总值及其增长速度

居民消费价格比上年上涨 5.9%，其中食品价格上涨 14.3%。固定资产投资价格上涨 8.9%。工业品出厂价格上涨 6.9%，其中生产资料价格上涨 7.7%，生活资料价格上涨 4.1%。原材料、燃料、动力购进价格上涨 10.5%。农产品生产价格上涨 14.1%。农业生产资料价格上涨 20.3%。70 个大中城市房屋销售价格上涨 6.5%，其中新建住宅价格上涨 7.1%，二手住宅价格上涨 6.2%；房屋租赁价格上涨 1.4%。

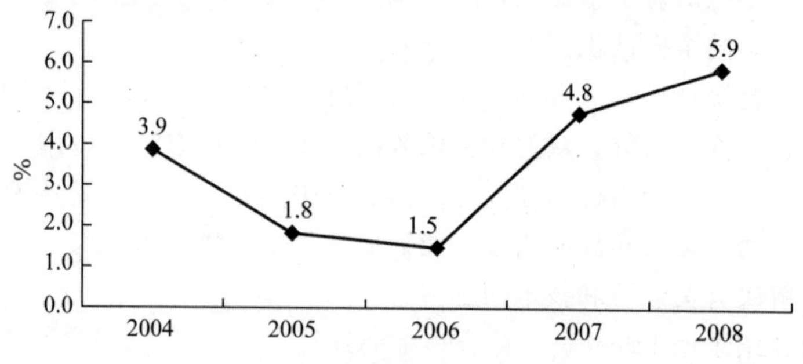

图 3-16　居民消费价格涨跌幅度

2008 年末国家外汇储备 19460 亿美元，比上年末增加 4178 亿美元。年末人民币汇率为 1 美元兑 6.8346 元人民币，比上年末升值 6.9%。

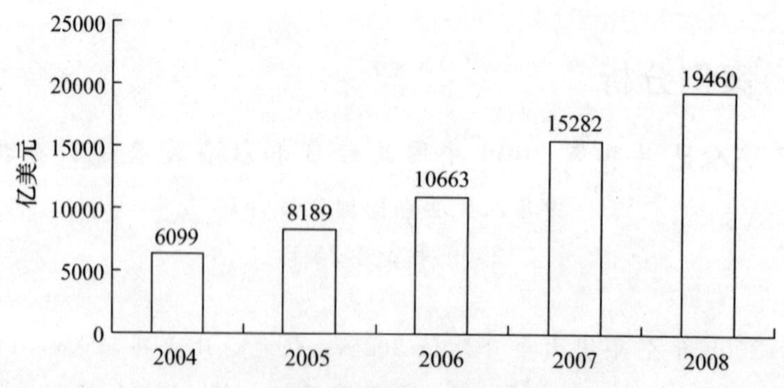

图 3-17　2004～2008 年年末国家外汇储备

全年税收收入 57862 亿元（不包括关税、耕地占用税和契税），比上年增加 8413 亿元，增长 17.0%。

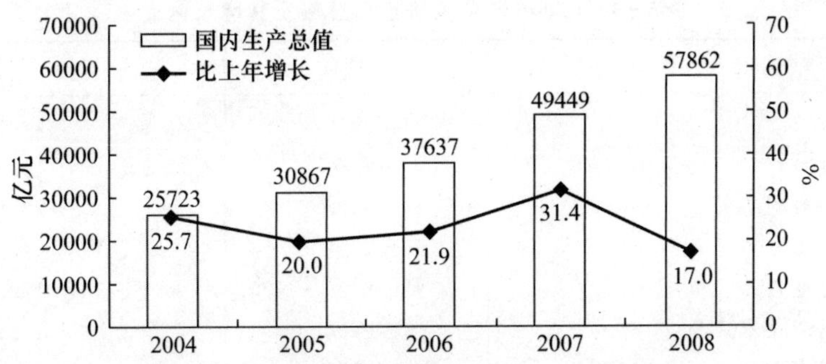

图 3-18　2004～2008 年税收收入及其增长速度

2. 国内贸易

2008 年全年社会消费品零售总额 108488 亿元，比上年增长 21.6%。分地域看，城市消费品零售额 73735 亿元，增长 22.1%；县及县以下地区消费品零售额 34753 亿元，增长 20.7%。分行业看，批发和零售业零售额 91199 亿元，增长 21.5%；住宿和餐饮业零售额 15404 亿元，增长 24.7%；其他行业零售额 1885 亿元，增长 3.7%。

在限额以上批发和零售业零售额中，粮油类零售额比上年增长 22.7%，肉禽蛋类增长 22.3%，服装类增长 25.9%，汽车类增长 25.3%，石油及制品类增长 39.9%，日用品类增长 17.1%，文化办公用品类增长 17.9%，通信器材类增长 1.4%，家用电器和音像器材类增长 14.2%，建筑及装潢材料类下降 12.0%，家具类增长 22.6%，化妆品类增长 22.1%，金银珠宝类增长 38.6%，中西药品类增长 14.8%。

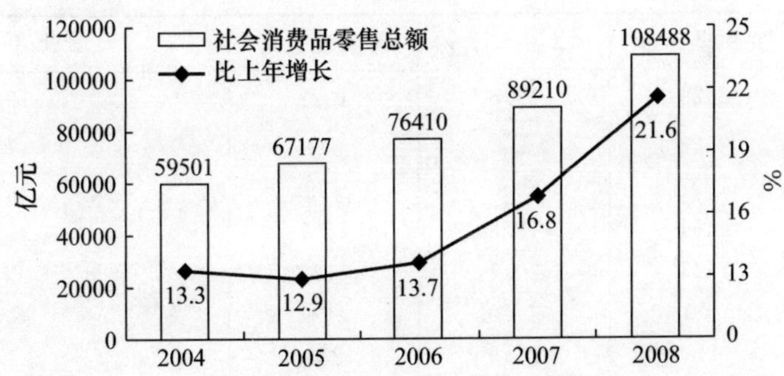

图 3-19　2004～2008 年社会消费品零售总额及其增长速度

3. 对外经济

2008 年全年货物进出口总额 25616 亿美元，比上年增长 17.8%。其中，货物出口 14285 亿美元，增长 17.2%；货物进口 11331 亿美元，增长 18.5%。进出口差额（出口减进口）2955 亿美元，比上年增加 328 亿美元。

表 3-13　2008 年货物进出口总额及其增长速度　　单位：亿美元

指标	绝对数	比上年增长%
货物进出口总额	25616	17.8
货物出口额	14285	17.2
其中：一般贸易	6626	22.9
加工贸易	6752	9.3
其中：机电产品	8229	17.3
高新技术产品	4156	13.1
其中：国有企业	2572	14.4
外商投资企业	7906	13.6
其他企业	3807	27.9
货物进口额	11331	18.5
其中：一般贸易	5727	33.6
加工贸易	3784	2.7
其中：机电产品	5387	7.9
高新技术产品	3419	4.3
其中：国有企业	3538	31.1
外商投资企业	6200	10.8
其他企业	1593	25.7
进出口差额（出口减进口）	2955	—

表 3-14　2008 年对主要国家和地区货物进出口额及其增长速度　　单位：亿美元

国家和地区	货物出口额	比上年增长%	货物进口额	比上年增长%
欧盟	2929	19.5	1327	19.6
美国	2523	8.4	814	17.4
中国香港	1907	3.4	129	0.9
日本	1161	13.8	1507	12.5
东盟	1141	20.7	1170	7.9
韩国	740	31.0	1122	8.1
俄罗斯	330	15.9	238	21.0
印度	315	31.2	203	38.7
中国台湾	259	10.3	1033	2.3

资料来源：中华人民共和国国家统计局《2008 年国民经济和社会发展统计公报》，http://www.stats.gov.cn/tjgb/ndtjgb/qgndtjgb/t20090226_402540710.htm

思考与讨论问题：

1. 在这个统计公报中，运用了哪些总量指标分析技术？它们分别是时期指标还是时点指标？它们的计量单位是实物单位还是货币单位？

2. 该统计公报中有哪些类别的相对指标？弄清楚它们的计算公式及具体含义。

3. 该统计公报中多处使用了“百分点”的概念，弄清楚“百分点”的含义及它是如何计算的。

4. 对比分析是最常采用的统计分析方法。要进行对比，往往离不开相对指标。通过该案例还应该懂得所研究的问题要从哪些方面进行对比，对比分析重要注意哪些问题，如何解读计算结果等。

实训二：综合指标分析技术在经济分析中的运用

一、实训主题：综合指标在经济中的应用

二、实训方案

（一）实训目的要求

通过本实训的学习，应了解各种综合指标的特点和应用场合及在经济工作中的地位，掌握综合指标在经济中的分析方法，主要目的是为了培养学生对综合指标在实际中的应用能力。

（二）实训形式

单独训练或分组讨论。

（三）模拟操作过程

1. 课程主讲教师交代如下资料

资料1：中国历次人口普查年龄结构变化资料如表3－15所示。

表3－15　中国人口年龄结构变化

年份	0－14岁人口比重（%）	65岁及以上人口比重（%）	老少比（%）	年龄中位数（岁）
1953	36.3	4.4	12.2	22.7
1964	40.7	3.6	8.8	20.2
1982	33.6	4.9	14.6	22.9
1990	27.7	5.6	20.1	25.3
2000	22.9	7.0	30.4	30.8

资料来源：根据五次人口普查资料计算。

资料2：1952～2008年我国三次产业增加值占国内生产总值的比重如图3－20所示。

图3－20　1952～2008年我国三次产业增加值占国内生产总值的比重

资料 3：1952～2008 年我国国内生产总值和人均国内生产总值资料分别如图 3－21 和图 3－22 所示。

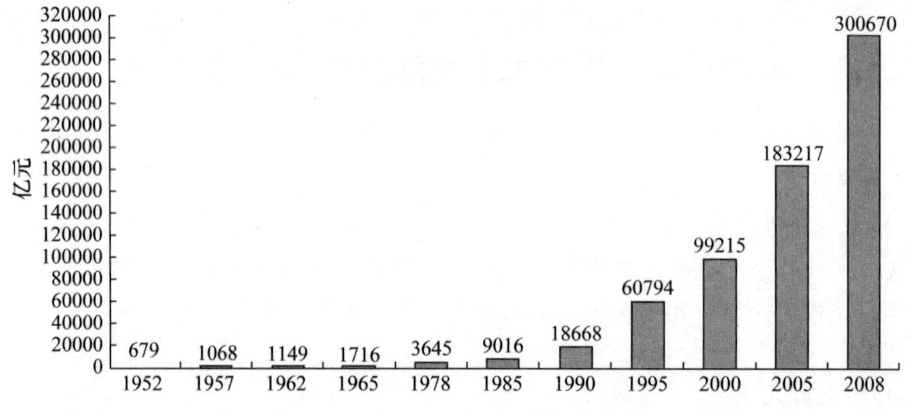

图 3－21　1952～2008 年国内生产总值

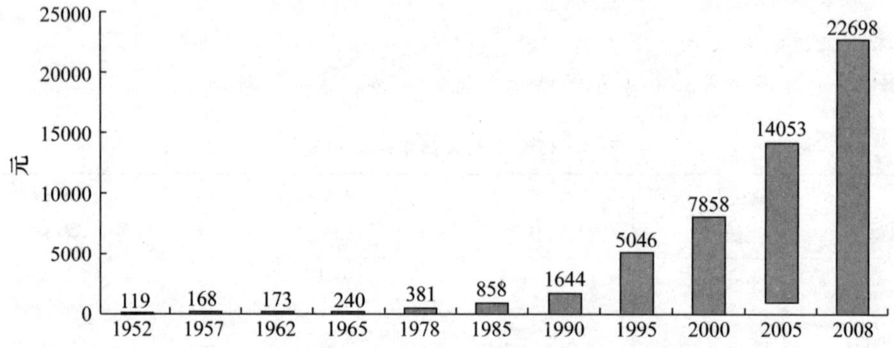

图 3－22　1952～2008 年人均国内生产总值

2. 先分小组讨论

(1) 试分析资料 1 中我国人口年龄结构经历了哪些不同类型的变化。指出所用指标各属于那种相对数？说明它们的经济含义及适用范围。

(2) 你知道年龄中位数的计算方法吗？请说出中位数的含义及其应用范围。

(3) 你知道资料 2 中的分析运用了什么相对指标方法吗？请举例说明该相对指标的实际应用。

分组讨论我国产业构成情况，并进行具体分析，以说明我国产业构成变化趋势。

(4) 根据资料 3，请正确评价 1952～2008 年国民经济综合实力的变化。

3. 小组派代表发言，进行课堂讨论

4. 指导教师课堂点评

(四) 模拟操作点评

经过调查、整理后的大量综合资料，就是反映现象总体数量性的多种统计指标，它们是我们进行统计分析的重要依据，通过指标数值的情况，可以清楚反映社会经济现象的总体情况、内部结构以及未来的发展趋势。

（五）课后操作实践

自觉关注日常经济生活中大量综合指标的含义、计算、所属类型以及所代表的社会经济含义，并且了解通过这些指标的数值反映出怎样的社会经济情况。

社会实践题

投资的收益与风险并存

在正常的市场经济环境下，投资的高收益总是伴随着高风险的。所以投资理财师总是提醒人们，不仅要看到收益率的高低，还要注意风险的大小。投资人在做出将资本用于哪类投资的决策时，理解这一点是极其必要的。具有不同风险承受能力的投资人往往有不同的投资决策。

有一研究者为了比较不同类型投资基金的收益率水平并说明收益率高低与风险大小的关系，收集了30只投资基金某年的收益率数据，其中偏债券性投资基金8只，中间型和偏股票型投资基金各有11只。它们的收益率数据如表3-16所示。

表3-16　30只投资基金某年的收益率表　　单位：(%)

偏债券性	中间型	偏股票型
6.3	10.8	13.9
6.0	6.9	18.7
5.2	9.8	5.1
8.1	7.2	−1.8
7.5	11.5	9.6
3.9	2.3	8.4
4.8	4.1	7.6
5.9	8.7	12.0
	7.4	10.5
	7.3	14.3
	8.1	11.4

问题：

1. 如何比较三种类型投资基金的收益率高低？试计算出有关指标的数值。
2. 各种类型的投资基金的风险大小如何度量？可使用所学过的哪些指标来度量？
3. 哪类投资基金收益率的波动较大？试计算出有关指标数值来具体说明。
4. 根据上述指标的计算结果可以得出什么结论？
5. 对于一个稳健的投资者，应建议其购买哪一类投资基金？为什么？

项目自测

一、单项选择题（每题 2 分）

1. 某数列两个极端值之差是（　　）。
   A. 平均差　　B. 全距　　C. 组距　　D. 标准差
2. 时期指标的特点（　　）。
   A. 不具有可加性　　B. 具有可加性
   C. 与时间间隔无关　　D. 只能间断计算
3. 我国的人均耕地面积指标属于（　　）。
   A. 结构相对指标　　B. 比例相对指标
   C. 比较相对指标　　D. 强度强对指标
4. 在研究总体中出现频数最多的标志值是（　　）。
   A. 算术平均数　　B. 几何平均数
   C. 众数　　D. 中位数
5. 某企业男性职工占 80%，月平均工资为 450 元，女性职工占 20%，月平均工资为 400 元，该企业全部职工的平均工资为（　　）。
   A. 425 元　　B. 430 元　　C. 435 元　　D. 440 元
6. 两组工人加工同样的零件，甲组工人每人加工的零件分别为：25、28、30、35、32；乙组工人每人加工的零件分别为：22、26、30、34、38。哪组工人加工零件数的变异较大（　　）。
   A. 甲组　　B. 乙组　　C. 一样　　D. 无法比较
7. 计算平均差时对每个离差取绝对值是因为（　　）。
   A. 离差有正有负
   B. 计算方便
   C. 各变量值与其算术平均数离差之和为零
   D. 便于数学推导
8. 某厂计划规定产品单位成本比上年降低 10%，实际降低 12%，则单位成本计划完成程度为（　　）。
   A. 101.82%　　B. 120.00%
   C. 97.78%　　D. 7.78%
9. 权数对于算术平均数的影响，决定于（　　）。
   A. 权数的经济意义
   B. 权数本身数值的大小
   C. 标志值的大小
   D. 权数对应的各组单位数占总体单位数的比重
10. 甲乙两个数列比较，甲数列的标准差大于乙数列的标准差，则两个数列平均数的代表性（　　）。

A. 甲数列大于乙数列　　B. 乙数列大于甲数列

C. 相同　　D. 并不能确定哪一个更好

11. 某公司所属三个企业计划规定的利润分别为 400 万元、500 万元、600 万元，计划完成程度分别为 110％、115％、90％。则该公司三个企业的平均计划完成程度为（　　）。

A. 104.42％　　B. 103.67％　　C. 105.00％　　D. 108.6％

12. 标准差与平均差的主要区别是（　　）。

A. 计算条件不同　　B. 计算结果不同

C. 数学处理方法不同　　D. 意义不同

13. 对 200 件产品进行检验，发现 8 件废品，则其合格率的方差为（　　）。

A. 0.04　　B. 0.96　　C. 0.0384　　D. 0.196

14. 某数列变量值平方的平均数等于 25，而变量值平均数的平方等于 9，则标准差为（　　）。

A. 4　　B. －4　　C. 2　　D. 16

15. 统计学原理考试结果，有半数考生成绩在 80 分以上，得 84 分的考生最多。考生成绩的分布（　　）。

A. 对称　　B. 左偏

C. 右偏　　D. 不能做出结论

二、多项选择题（每题 4 分）

1. 相对指标的数值表现形式有（　　）。

A. 绝对数　　B. 无名数

C. 有名数　　D. 平均数

E. 上述情况都存在

2. 众数和中位数（　　）。

A. 都是代表值　　B. 都是位置平均数

C. 都不是平均数　　D. 都受极端变量值的影响

E. 都不受极端变量值的影响

3. 不同总体间的标准差不能进行简单对比，这是因为（　　）。

A. 标准差不一致　　B. 平均数不一致

C. 计量单位不一致　　D. 总体单位数不一致

E. 上述原因都对

4. 下列指标属于时点指标的有（　　）。

A. 某地区人口数　　B. 某地区人口死亡数

C. 某地区在校教职工人数　　D. 某地区基本建设投资额

E. 某地区每年生产汽车数量

5. 标志变异指标可以（　　）。

A. 衡量平均数的代表性　　B. 反映社会经济活动过程的均衡性

C. 反映社会经济活动过程的节奏性　　D. 反映总体各单位标志值的差异程度

6. 将总体各单位标志值的差异抽象化，测定标志变异程度的指标有（　　）。

A. 平均差　　B. 全距

C. 标准差系数　　D. 平均差系数

E. 标准差

7. 比较相对指标可用于（　　）。

A. 不同国家、地区、部门之间的比较　　B. 不同时期的比较

C. 实际水平与计划水平的比较　　D. 落后水平与先进水平的比较

E. 实际水平与标准水平或平均水平的比较

8. 强度相对指标（　　）。

A. 是综合指标　　B. 计算结果多用复名数表示

C. 对比的两个指标属于不同的总体　　D. 用于表明现象的强度、密度或普遍程度

E. 有正指标与逆指标两种计算方法

9. 比较相对指标（　　）。

A. 一般是同时期两个不同总体指标数值之比

B. 可以是总体内部各组成部分之间的比较

C. 计算的分子与分母可以互换

D. 分子与分母可以是绝对指标、相对指标或平均指标

E. 可以是两个总体的指标数值之比

10. 标志变异指标是衡量（　　）。

A. 平均数代表性的尺度　　B. 平均数离散程度的尺度

C. 平均数稳定性的尺度　　D. 标志变异性的尺度

E. 标志值均衡性的尺度

三、综合应用题（每题 5 分）

1. 某企业 2012 年计划规定全员劳动生产率提高 10%，实际提高 14%，求其计划完成相对数。

2. 某汽车厂有铸造车间、机加工车间、零件车间、部件装配车间、总装车间等连续作业的五个车间，本年的产品合格率分别为 95%、92%、91%、90%、88%，求各车间产品的平均合格率。

3. 五年计划规定，某企业某产品产量在计划期的最后一年应达到 170 万吨，实际产量如表 3－17 所示：

表 3－17　某企业某产品生产产量统计表

年份	第三年		第四年				第五年			
	上半年	下半年	第一季	第二季	第三季	第四季	第一季	第二季	第三季	第四季
产量（万吨）	60	62	30	36	40	44	42	44	46	48

试计算该产品产量五年计划完成程度与提前多少天完成五年计划。

4. 某车间 80 名工人生产某种产品所需时间如表 3-18 所示：

表 3-18　某车间工人生产某种产品所需时间统计表

按所需时间分组（分）	人数（人）
10 以下	6
10～12	10
12～14	15
14～16	26
16～18	14
18～20	9
合计	80

试计算所需时间的算术平均数、众数和中位数。

5. 有甲、乙两个生产小组，甲组平均每个工人的日产量为 36 件，标准差为 9.6 件，乙组工人日产量资料如表 3-19 所示：

表 3-19　乙组工人日产量统计表

按日产量分组（件）	工人数（人）
10～20	15
20～30	38
30～40	34
40～50	13

要求：

(1) 计算乙组平均每个工人的日产量和标准差。

(2) 比较甲、乙两生产小组哪个组的产量差异程度大。

6. 某厂甲、乙两个工人班组，每班组有 8 名工人，每个班组每个工人的月生产量（单位：件）记录如下。

甲班组：20、40、60、70、80、100、120、70

乙班组：67、68、69、70、71、72、73、70

要求：

(1) 计算甲、乙两组工人平均每人产量；计算全距，平均差、标准差，标准差系数等指标；

(2) 比较甲、乙两组的平均每人产量的代表性。

项目四　动态数列分析

学习要点

如果项目三中有关指标的计算及分析可以看作为统计的静态分析，则项目四中有关指标的计算与分析可视为统计的动态分析。动态分析研究反映的是社会经济现象的发展变化及其过程，因此，以编制动态数列为基础，在此基础上计算动态分析指标的计算，并对动态数列进行动态分析是该项目的基本内容。动态数列如何编制和在现实生活中的运用则是本项目研究的重点内容。

学习目标

【知识目标】

1. 明确动态数列的概念，区分不同种类的动态数列；
2. 熟练掌握平均发展水平的计算方法；
3. 掌握各增减量指标之间和各发展速度指标之间的关系，能进行动态指标的相互推算；
4. 能运用长期趋势测定方法对长期动态数列进行测定，并在计算季节比率的基础上理解季节比率的经济含义。

【技能目标】

1. 培养应用动态分析的基本理论对经济现象进行分析的能力；
2. 培养应用各种动态分析指标计算和应用的能力；
3. 初步具有运用长期趋势和季节变动测定方法的能力；
4. 熟悉运用 Excel 进行动态分析。

项目导入

静态分析是在同一时间对现象之间的相互关系进行比较分析的方法。但是，任何社会经济现象都有一个产生和发展变化的过程。因此，仅有静态分析是不够的，还必须从动态的角度对事物的发展状态进行分析。

背景资料一：我国某地区 2004 年到 2012 年的有关资料如表 4－1 所示。

表 4-1　我国某地区 2004 年到 2012 年的经济指标

年份	粮食产量（万吨）	年末人口数（万人）	人口的出生率（‰）	人均住房面积（m^2）
甲	(1)	(2)	(3)	(4)
2004	217	540	16.12	18.0
2005	230	546	16.09	18.2
2006	225	554	15.68	18.9
2007	248	567	15.61	19.3
2008	242	572	15.55	19.6
2009	253	582	15.31	19.9
2010	280	596	15.01	20.1
2011	309	610	14.96	20.5
2012	343	616	14.31	21.0

背景资料二：某企业 2001 年至 2012 年的工业总产值分别为（单位：万元）：

438　520　605　815　910　928　1010　1210　1518　1620　1745　1923

背景资料三：某公司 2008～2012 年某产品各季度销售量资料如表 4-2 所示。

表 4-2　某产品销售量统计表　　单位：台

年份	销售量（t）			
	一季度	二季度	三季度	四季度
2008	78	128	240	156
2009	95	140	330	145
2010	130	195	370	160
2011	160	210	390	184
2012	172	230	422	206

【基本知识】动态数列的意义、构成要素和种类

社会经济现象是随时间的发展而变化的。将某个社会经济现象的统计指标在不同时间上的不同数值，按时间先后顺序排列起来，就形成一个时间数列。时间数列又叫时间序列、动态数列。

构成动态数列的因素有两个：一个是社会经济现象所属的时间；另一个是反映社会经济现象数量特征的统计指标。

由于统计指标有绝对数、相对数和平均数三种形式，动态数列按其排列的指标不同，可以分为绝对数动态数列、相对数动态数列和平均数动态数列。其中，绝对数动态数列是基本的动态数列，而相对数动态数列和平均数动态数列，则因为它们是根据绝对数动态数列计算出来的，故称为派生数列。各种动态数列的区别如表 4-3 所示。

表 4-3 动态数列的种类及比较

种类＼区别		构成数列的指标	各指标是否可相加	各指标与时期长短是否相关	各指标取得方法	举例
绝对数动态数列	时期数列	时期指标	可以	相关	连续不断地登记	历年粮食产量
	时点数列	时点指标	不可以	不相关	一次性调查	历年年末人口数
相对数动态数列		相对数	不可以	不相关	根据绝对数动态数计算出来	历年人口出生率
平均数动态数列		平均数	不可以	不相关	根据绝对数动态数列计算出来	历年人均住房面积

编制动态数列的基本原则。

第一，总体范围应该一致。

总体范围与指标数值有直接关系，如果总体范围有了变化，则指标数值须经过调整，使前后时间的数值能够进行比较。例如某市的行政辖区发生了变化，其辖区的工业总产值指标便应随之进行适当调整，才能进行前后对比。

第二，指标经济内容应该相同。

有时动态数列的指标，在名称上相同而经济内容各异，例如工业企业工资指标，按费用要素分组的工资包括全部职工工资；而按成本项目分组的工资则只包括基本生产工人的工资。如把不同经济内容的工资，混合编成动态数列反映工资的动态，就会产生错误的结论。

第三，时期长短应该相等。

在时期数列中，由于各指标数值大小与时期长短有直接关系，因此，各指标所属时间不等，就难以直接比较。但这一原则也不能绝对化，有时为了特殊研究的目的，还要求编制时期不等的动态数列。时点数列因其指标只反映一定时点的状况，一般不要求时间长短相等。还须指出，时期数列和时点数列，都存在指标与指标间距离的所谓“时间间隔”，如果这种意义时间间隔相等，则更便于分析。

第四，指标计算方法、计算价格和计算单位应该一致。

指标的计算方法有时也称为计算口径，如指标计算口径前后不一致，则难以进行比较。价值指标的计算价格有多种，如零售价、批发价、出厂价、收购价等，应统一按一种价格编制动态数列，才能保证价格的可比性。计量单位也要一致，在统计资料中变化很多，要注意调整一致后，再编制动态数列。

任务一　动态数列水平指标分析

进行动态分析时，需要用一系列的动态分析指标来反映社会经济现象发展水平的状况。这一系列的指标可以分成两大类，即水平指标和速度指标。水平指标主要包括发展水平、增长量、平均发展水平和平均增长量，用水平指标对动态数列进行分析，称之为动态

数列水平指标分析技术；速度指标主要包括发展速度、增长速度、增长1%的绝对值、平均发展速度和平均增长速度，用速度指标对动态数列进行分析，称之为动态数列速度指标分析技术。

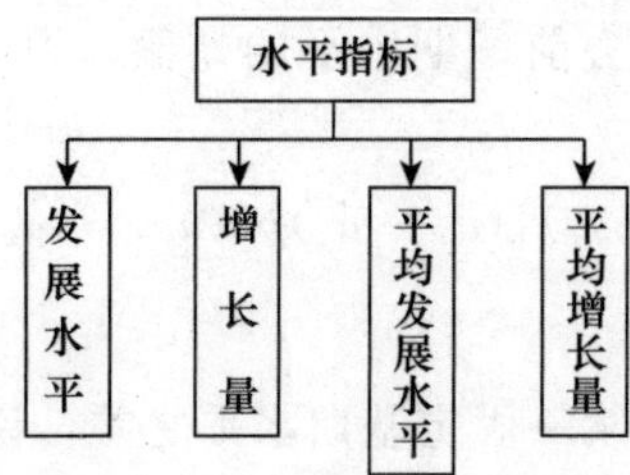

图 4-1　动态数列水平指标

一、认识发展水平

发展水平又称“发展量”，是指时间数列中的每一项具体指标值。它反映社会经济现象在各个时期所达到的规模和发展的程度，既可以表现为总量指标，也可表现为相对指标或平均指标。发展水平实际就是时间序列中的每一项具体数值。发展水平是计算其他动态分析指标，进行动态分析的基础。在文字说明上，习惯用“增加到”或“增加为”，“降低到”或“降低为”来表示。

在动态数列中，由于发展水平所处的位置不同，发展水平有以下几种，如图 4-2 所示。

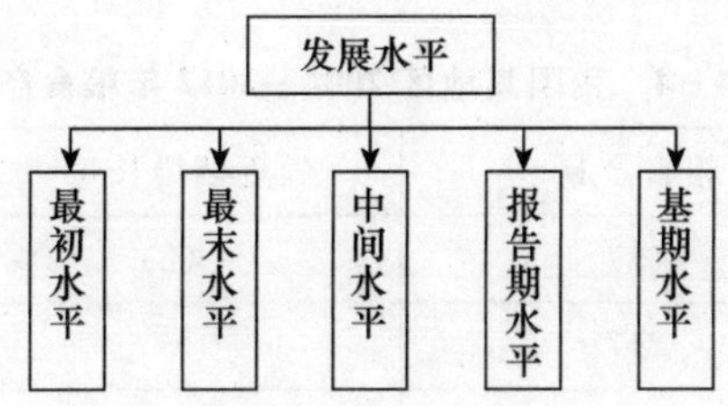

图 4-2　发展水平的指标

最初水平就是动态数列中的第一个指标数值。如果用符号 a_0，a_1，…，a_n 代表动态数列中各个发展水平，则 a_0 为最初水平。

最末水平就是动态数列中最末一个指标数值，a_n 为最末水平。

中间水平是动态数列中除最初水平和最末水平以外的其他指标数值，如 a_1，a_2，…，a_{n-1}。

在动态分析中，通常把所研究时期的发展水平叫做报告期水平或计算期水平，作为比较基础时期的发展水平。

二、计算增长量

增长量亦称“绝对速度”，是报告期水平与基期水平之差，用以说明现象在一定时期内增减的绝对数量。其计算公式为：

$$增长量=报告期水平-基期水平$$

当报告期水平大于基期水平，即现象水平增长时，表现为正值；反之，现象水平下降时，表现为负值。由于所选基期的不同，增长量分为逐期增长量和累计增长量。

1. 计算逐期增长量

逐期增长量是报告期水平减去前一期水平的差额，说明本期较上期增减的绝对数量，用公式表示为：

$$(a_1-a_0),(a_2-a_1),(a_3-a_2)\cdots(a_{n-1}-a_{n-2}),(a_n-a_{n-1})$$

2. 计算累计增长量

累计增长量是报告期水平与某一固定基期水平之差，说明报告期与某一固定时期相比增减的绝对数量。用公式表示为：

$$(a_1-a_0),(a_2-a_0),(a_3-a_0)\cdots(a_{n-1}-a_0),(a_n-a_0)$$

逐期增长量与累计增长量之间存在一定的关系。

第一，各逐期增长量的和等于相应时期的累计增长量，用公式表示为：

$$(a_n-a_0)=(a_1-a_0)+(a_2-a_1)+(a_3-a_2)\cdots+(a_{n-1}-a_{n-2})+(a_n-a_{n-1})$$

第二，两相邻时期累计增长量之差等于相应时期的逐期增长量，用公式表示为：

$$(a_n-a_0)-(a_{n-1}-a_0)=a_n-a_{n-1}$$

我们可以利用这些关系进行必要的推算。

【例 4－1】运用表 4－1 对我国某地区 2004～2012 年的粮食产量进行分析，分析情况如表 4－4 所示。

表 4－4　我国某地区 2004～2012 年粮食产量　　单位：万吨

年份	粮食产量	逐期增长量	累计增长量
(甲)	(1)	(2)	(3)
2004	217	—	—
2005	230	13	13
2006	225	－5	8
2007	248	23	31
2008	242	－6	25
2009	253	11	36
2010	280	27	63
2011	309	29	92
2012	343	34	126

从表 4－4 可以看出该地区 2004～2012 年粮食产量的累计增长量为 126 万吨，等于各年逐期增长量之和：

$$126=13-5+23-6+11+27+29+34$$

【关联性知识】在实际工作中，为了消除季节差异的影响，经常以计算可比口径的年

距增长量来反映不同年份和同季节实际变动状况，计算公式为：

年距增长量＝本期发展水平－去年同期发展水平

三、计算平均发展水平

平均发展水平，又称“序时平均数”“动态平均数”，是时间序列中各项发展水平的平均数，反映某个现象在一段时期中发展的一般水平。

由于不同时间序列中观察值的表现形式不同，序时平均数有不同的计算方法。

（一）根据绝对数动态数列计算序时平均数

情形一：由时期数列计算序时平均数。

可采用简单算术平均法，将时期数列中各个时期的发展水平数值相加之和，除以时期项数即得，其计算公式为：

$$\bar{a}=\frac{a_1+a_2+a_3+\cdots+a_{n-1}+a_n}{n}=\frac{\sum a}{n}$$

其中，$\bar{a}$ 表示序时平均数；a_1，$a_2\cdots a_{n-1}$，a_n 表示时期数列中各个时期的发展水平；n 代表时期数列的项数。

依据表 4－3 的数据，计算 2000～2008 年这一期间平均每年粮食产量为：

$$\bar{a}=\frac{217+230+225+248+242+253+280+309+343}{9}=260.78\text{（万吨）}$$

情形二：由时点数列计算序时平均数。

由于时点数列有连续时点数列和间断时点数列之分，故对于序时平均数的计算方法，又要视其掌握的资料不同而有所不同。

1. 由连续时点数列计算序时平均数

在一般情况下，时点数列都是不连续的、有时间间隔的，但是，如果有每天的时点资料，而且是逐日排列，则这个时点数列即被看成是连续的时点数列。连续时点数列也因其掌握的资料不同而有两种计算方法。

如果掌握现象逐日资料时，则可用简单算术平均的方法，其计算公式为：

$$\bar{a}=\frac{a_1+a_2+a_3+\cdots+a_{n-1}+a_n}{n}=\frac{\sum a}{n}$$

例如，存款（贷款）平均余额指标，通常就是由报告期内每日存款（贷款）余额之和除以报告期日历数而求得。

如果掌握的资料每隔一段时期才有变动，则用加权算术平均法，其计算公式为：

$$\bar{a}=\frac{\sum af}{\sum f}$$

【例 4－2】 某种商品 5 月份的库存量记录如表 4－5 所示，试计算 5 月份平均日库存量。

表 4-5　某种商品 5 月份库存资料

日期	1～4	5～10	11～20	21～26	27～31
库存量（台）	50	55	40	35	30

该商品 5 月份平均日库存量为：

$$\bar{a}=\frac{\sum af}{\sum f}=\frac{50\times 4+55\times 6+40\times 10+35\times 6+30\times 5}{4+6+10+6+5}=42(\text{台})$$

2. 由间断时点数列求序时平均数

实际统计工作中，很多现象并不是逐日对其时点数据进行统计，而是隔一段时间（如一月、一季度、一年等）对其期末时点数据进行登记。这样得到的时点数列称为间断时点数列。如果每隔相同的一段时间登记一次，所得数列称为间隔相等的间断时点数列；如果每两次登记时间的间隔不尽相同，所得数列称为间隔不等的间断时点数列。

当其时点资料是以月度、季度、年度为时间间隔单位，我们已不可能像连续时点资料那样求得准确的时点平均数。这种情况下，我们可以根据资料所属时间的间隔特点，选用不同的计算公式。

对于间隔相等的资料，先将两个相邻时点数相加后除以 2，即可得这两个时点间的序时平均数，然后再用简单平均法，求出整个数列的序时平均数。其计算公式为：

$$\bar{a}=\frac{\frac{a_1+a_2}{2}+\frac{a_2+a_3}{2}+\frac{a_3+a_4}{2}+\cdots+\frac{a_{n-1}+a_n}{2}}{n-1}$$

$$=\frac{\frac{1}{2}a_1+a_2+a_3+\cdots+a_{n-1}+\frac{1}{2}a_n}{n-1}$$

【**例 4-3**】以表 4-1 我国某地区 2004～2012 年的年末人口数为例，计算该地区 2005～2012 年年均人口数。

该地区 2005 年至 2012 年年均人口数为：

$$\bar{a}=\frac{\frac{a_1}{2}+a_2+a_3+\cdots+\frac{a_n}{2}}{n-1}=\frac{\frac{540}{2}+546+554+567+572+582+596+610+\frac{616}{2}}{9-1}=575.63\ (\text{万人})$$

这种计算方法形式上表现为首末两项观察值折半，故称为“首末折半法”。这种方法适用于间隔相等的间断时点数列求序时平均数。

对于间隔不相等，则以各间隔长度作为权数，对各相应的时点的平均数进行加权，应用加权平均法计算时序平均数，其计算公式为：

$$\bar{a}=\frac{\frac{a_1+a_2}{2}f_1+\frac{a_2+a_3}{2}f_2+\cdots+\frac{a_{n-1}+a_n}{2}f_{n-1}}{f_1+f_2+\cdots+f_{n-1}}$$

其中 f 表示时间间隔

【**例 4-4**】某商业企业 2012 年某商品库存资料如表 4-6 所示，试求该商品年平均库存量。

表 4-6　某商业企业 2012 年某商品库存资料

日期	1月1日	5月1日	8月1日	12月31日
库存量（百件）	400	400	460	500

该商业企业 2012 年某商品平均库存量为：

$$\bar{a}=\frac{\frac{400+400}{2}\times4+\frac{400+460}{2}\times3+\frac{460+500}{2}}{4+3+5}=440.83\text{（百件）}$$

运用上述方法计算的序时平均数具有一定的假定性，即假定断开的各时点之间的数值呈均匀变动状态，所以序时平均数只是一个近似值。

（二）根据相对数或平均数动态数列计算序时平均数

由于相对数或平均数动态数列都是指由两个具有密切联系的绝对数时间数列相应项对比所得，因此根据相对数或平均数动态数列计算序时平均数，其基本方法是：先计算构成相对数动态数列的分子与分母的绝对数动态数列的序时平均数，然后再将两个序时平均数对比，其计算公式为：

$$\bar{c}=\frac{\bar{a}}{\bar{b}}$$

其中，$\bar{c}$ 表示由相对数或平均数动态数列计算的序时平均数；$\bar{a}$ 表示分子的绝对数动态数列的序时平均数；$\bar{b}$ 表示分母的绝对数动态数列的序时平均数。

分子和分母指标的平均数的计算，要根据指标是属于时期指标还是时点指标的特点加以考虑。

【例 4-5】某企业 2009～2012 年职工人数资料如表 4-7 所示，计算工人占职工人数比重的年平均数。

表 4-7　企业 2009～2012 年职工人数统计

年份	2009	2010	2011	2012
工人人数（人）	342	355	358	364
职工人数（人）	448	456	469	474
工人占职工比重（%）	76.34	77.85	76.33	76.79

依据表中资料，2009～2012 年该企业工人人数占职工比重是由两个间隔相等的间断时点序列对应项对比的结果。因此，先采用“首尾折求法”分别计算该时期平均工人数和平均职工人数，然后再按 $\bar{c}=\frac{\bar{a}}{\bar{b}}$ 计算平均比重。

$$\bar{c}=\frac{\bar{a}}{\bar{b}}=\frac{\frac{a_1}{2}+a_2+a_3+\cdots+\frac{a_n}{2}}{\frac{b_1}{2}+b_2+b_3+\cdots+\frac{b_n}{2}}=\frac{\frac{342}{2}+355+358+\frac{364}{2}}{\frac{448}{2}+456+469+\frac{474}{2}}=76.69\%$$

四、计算平均增长量

平均增长量是动态数列中各个逐期增长量的平均数，它也是一种序时平均数，其计算公式为：

$$平均增长量=\frac{逐期增长量之和}{逐期增长量个数}=\frac{累计增长量}{动态数列的项数-1}$$

依据表 4－4 的资料，计算该地区 2004～2012 年这一阶段粮食产量的平均每年增长量为：

$$平均增长量=\frac{13-5+23-6+11+27+29+34}{8}=\frac{126}{9-1}=15.75\text{（万吨）}$$

任务二　动态数列速度指标分析

动态数列的速度指标主要包括发展速度、增长速度、增长 1％的绝对值、平均发展速度和平均增长速度，用速度指标对动态数列进行分析，称之为动态数列速度指标分析技术。

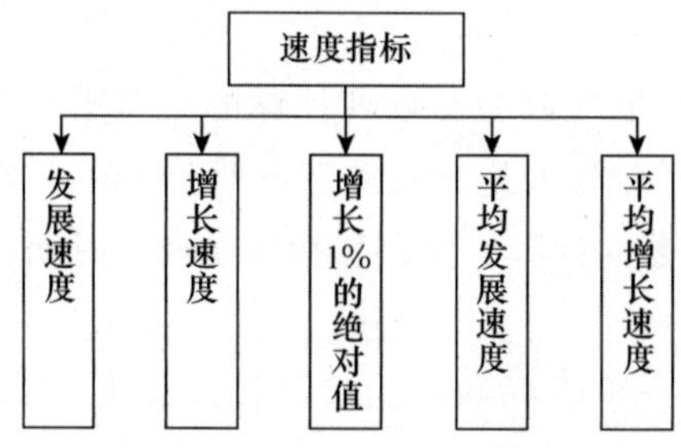

图 4－3　动态数列速度指标

一、计算发展速度

发展速度是指将两个不同时期发展水平指标相比而得到的结果，即报告期水平除以基期水平。一般用百分数或倍数表示，其计算公式为：

$$发展速度=\frac{报告期水平}{基期水平}$$

发展速度一般用百分数表示，当比例数较大时，则用倍数表示较为合适。

（一）计算定基发展速度

定基发展速度也称为发展总速度或总发展速度。它是报告期水平与某一固定时期水平（通常为最初水平）之比，说明报告期水平对某一固定时期水平已发展到（或增加到）若干倍（或百分之几），表明这种现象在较长时期内总的发展速度。其计算公式为：

$$\frac{a_1}{a_0},\frac{a_2}{a_0},\frac{a_3}{a_0}\cdots\frac{a_{n-1}}{a_0},\frac{a_n}{a_0}$$

固定基期一般应选择重要历史转折时期或选历史上最好水平的时期。

（二）计算环比发展速度

环比发展速度也称为年速度。它是报告期水平与前一期水平之比，说明报告期水平对前一时期水平来说已发展到（或增加到）若干倍（或百分之几），表明这种现象逐期的发展速度，它用倍数或百分数表示。其公式为：

$$\frac{a_1}{a_0},\frac{a_2}{a_1},\frac{a_3}{a_2}\cdots\frac{a_{n-1}}{a_{n-2}},\frac{a_n}{a_{n-1}}$$

定基发展速度与环比发展速度的关系：

(1) 环比发展速度的连乘积等于相应的定基发展速度。

(2) 两个相邻时期定基发展速度的商等于相应时期的环比发展速度。

在实际统计工作中，经常利用上述关系对发展速度指标进行推算或换算。

【例 4-6】现仍以表 4-1 中的历年粮食产量为例，计算该地区 2004～2012 年粮食产量的定基发展速度和环比发展速度，计算结果如表 4-8 所示。

表 4-8　我国某地区 2004～2012 年粮食产量

年份	粮食产量（万吨）	定基发展速度（%）	环比发展速度（%）
(1)	(2)	(3)	(4)
2004	217	100.00	—
2005	230	105.99	105.99
2006	225	103.69	97.83
2007	248	114.29	110.22
2008	242	111.52	97.58
2009	253	116.59	104.55
2010	280	129.03	110.67
2011	309	142.40	110.36
2012	343	158.06	111.00

从表中计算的定基发展速度来看，该企业 2012 年粮食产量是 2004 年粮食产量的 1.58 倍，它等于 2004～2012 年各环比发展速度的连乘积：

158.06%＝105.99%×97.83%×110.22%×97.58%×104.55%×110.67%×110.36%×111.00%

二、计算增长速度

增长速度是表明社会现象增长程度的相对指标，它是报告期的增长量与基期发展水平之比。把对比的两个时期的发展水平抽象成为一个比例数，来表示某一事物在这段对比时期内发展变化的方向和程度，分析研究事物发展变化规律。计算公式为：

$$增长速度=\frac{报告期水平-基期水平}{基期水平}\times 100\%$$

$$=\frac{报告期水平}{基期水平}\times100\%-1$$

$$=发展速度-1$$

(一) 计算定基增长速度

定基增长速度是用来表明某种现象在一段时间内总的增减速度，等于累计增长量与最初发展水平之比，其计算公式为：

$$定基增长速度=\frac{报告期水平-固定基期水平}{固定基期水平}\times100\%=定基发展速度-100\%$$

一般表示为：$\frac{a_1}{a_0}-1$，$\frac{a_2}{a_0}-1\cdots\frac{a_{n-1}}{a_0}-1$，$\frac{a_n}{a_0}-1$

(二) 计算环比增长速度

$$环比增长速度=\frac{报告期水平-前一期水平}{前一期水平}\times100\%=环比发展速度-100\%$$

一般表示为：$\frac{a_1}{a_0}-1$，$\frac{a_2}{a_1}-1$，$\frac{a_3}{a_2}-1\cdots\frac{a_{n-1}}{a_{n-2}}-1$，$\frac{a_n}{a_{n-1}}-1$

【例 4－7】 现仍以表 4－1 中的历年粮食产量为例，计算该地区 2004～2012 年粮食产量的定基增长速度和环比增长速度，计算结果如表 4－9 所示。

表 4－9　我国某地区 2004～2012 年粮食产量的增长速度计算表

年份	粮食产量（万吨）	定基增长速度（%）	环比增长速度（%）	增长 1%的绝对值（万吨）
（甲）	(1)	(2)	(3)	(4)
2004	217	—	—	—
2005	230	5.99	5.99	2.17
2006	225	3.69	－2.17	2.30
2007	248	14.29	10.22	2.25
2008	242	11.52	－2.42	2.48
2009	253	16.59	4.55	2.42
2010	280	29.03	10.67	2.53
2011	309	42.40	10.36	2.80
2012	343	58.06	11.00	3.09

三、计算增长 1%的绝对值

速度指标只能表明现象发展或增减的相对程度的指标，而掩盖了所对比的发展水平。增长量说明的现象水平增长的绝对值，虽然反映的问题较具体，但对比分析时就不太明显了。

增长 1%的绝对值是指报告期在基期水平基础上每增长 1%时增长的绝对量，它表明增长速度所包含的实际内容。计算公式为：

$$增长1\%的绝对值=\frac{逐期增长量}{环比增长速度}\times 1\%$$

$$=\frac{报告期水平-前一期水平}{\dfrac{报告期水平-前一期水平}{前一期水平}}\times 1\%$$

$$=\frac{前一期水平}{100}$$

从表 4-8 中可以看出，该地区 2010 年的增长速度为 10.67%，2011 年的增长速度为 10.36%。虽然从速度上来看，2010 年比 2011 年高，但从绝对数来看，2010 年比上年增长了 2.53 万吨，而 2011 年比上年增长了 2.80 万吨。所以，单从增长速度就看不出这种差别，容易产生误解，而须将二者结合起来分析。

四、计算平均发展速度

平均发展速度反映现象逐期发展速度的平均程度，是各个时期环比发展速度的几何平均数，说明社会经济现象在较长时期内速度变化的平均程度。

平均发展速度是一个十分重要并得到广泛运用的动态分析指标，经常用来对比不同发展阶段的不同发展速度，以及对比不同国家或地区经济发展的不同情况。

平均发展速度的计算有两种方法：几何平均法（水平法）和代数平均法（累计法或方程式法）。这两种方法计算结果经常不一致，有时甚至会得出相反的结论。

方法一：水平法。

水平法又叫几何平均法，理论基础是：平均发展速度是总速度的平均，现象发展的总速度等于各期环比发展速度的连乘积，而一段时期的定基发展速度即为现象的总速度。因而几何平均法直接用各期环比发展速度的连乘积等于定基发展速度的关系，得出平均发展速度的计算公式：

$$\overline{x}=\sqrt[n]{x_1\times x_2\times x_3\times\cdots\times x_n}=\sqrt[n]{\prod x}$$

式中 $\overline{x}$ 表示平均发展速度；x_i（$i=0$，1，2…n）表示各期环比发展速度；Ⅱ代表连乘的符号，n 表示各个环比发展速度的项数。

由于各个环比发展速度的连乘积等于最后一年的定基发展速度或总速度，所以，计算平均发展速度也可以用以下公式计算：

$$\overline{x}=\sqrt[n]{\frac{a_1}{a_0}\times\frac{a_2}{a_1}\times\cdots\times\frac{a_n}{a_{n-1}}}=\sqrt[n]{\frac{a_n}{a_0}}$$

如果用 R 表示总速度，则平均发展速度的计算公式可以表示为：

$$\overline{x}=\sqrt[n]{R}$$

在实践中，计算平均发展速度时，可根据所掌握的资料选用上述三个公式的任意一个公式。

几何平均法侧重于考察最末一期的发展水平，按这种方法所确定的平均发展速度推算的最末一期发展水平，等于最末一期的实际水平；而推算的最末一期的定基发展速度，和实际数据的定基发展速度一致。

用几何平均法计算，其平均发展速度只受最末水平（a_n）和最初水平（a_0）的影响，不受中间水平的影响。

【例 4－8】 仍以表 4－6 的资料计算平均发展速度。

（1）当已知 2008～2012 年各年的环比发展速度为分别 105.99%，97.83%，110.22%，97.58%，104.55%，110.67%，110.36%，111.00%时，平均发展速度为：

$$\begin{aligned}\bar{x} &= \sqrt[n]{x_1 \times x_2 \times x_3 \times \cdots \times x_n} = \sqrt[n]{\prod x} \\ &= \sqrt[8]{105.99\% \times 97.83\% \times 110.22\% \times 97.58\% \times 104.55\% \times 110.67\% \times 110.36\% \times 111.00\%} \\ &= \sqrt[8]{1.5806} = 112.13\%\end{aligned}$$

（2）当已知该地区 2004 年的粮食产量为 217 万吨，2012 年的粮食产量为 343 万吨时，则平均发展速度为：

$$\bar{x} = \sqrt[n]{\frac{a_1}{a_0} \times \frac{a_2}{a_1} \times \cdots \times \frac{a_n}{a_{n-1}}} = \sqrt[8]{\frac{a_n}{a_0}} = \sqrt[8]{\frac{343}{217}} = \sqrt[8]{1.5806} = 112.13\%$$

（3）当已知该地区粮食产量从 2004－2012 年的发展总速度为 158.06%时，则平均发展速度为：

$$\bar{x} = \sqrt[n]{R} = \sqrt[8]{158.06\%} = 112.13\%$$

方法二：累计法。

累计法可称为方程法，又称为代数平均法，是基于时间数列各期发展水平之和等于累计发展水平，以累计发展水平与基期水平之比为基础来计算的。计算公式为：

$$a_0\bar{x} + a_0\bar{x}^2 + a_0\bar{x}^3 + \cdots + a_0\bar{x}^{n-1} + a_0\bar{x}^n = a_1 + a_2 + \cdots + a_{n-1} + a_n$$

$$a_0(\bar{x} + \bar{x}^2 + \bar{x}^3 + \cdots + \bar{x}^{n-1} + \bar{x}^n) = \sum_{i=1}^{n} a_i$$

即
$$\bar{x} + \bar{x}^2 + \bar{x}^3 + \cdots + \bar{x}^n - \frac{\sum_{i=1}^{n} a_i}{a_0} = 0$$

这个方程式的正根，即为平均发展速度。式中 $\bar{x}$ 表示平均发展速度；$\sum a$ 表示累计发展水平；a_0 表示基期水平。

代数平均法则侧重于考察全期各期的发展水平之和，按这种方法所确定的平均发展速度推算的全期各期发展水平的总和，与全期各期实际数据总和一致；而推算的各期定基发展速度的总和，与实际数据的定基发展速度的总和也是一致的。

用代数平均法计算，其平均发展速度受时间数列中所有发展水平的影响，即既受最末水平（a_n）和最初水平（a_0）的影响，也受中间水平的影响。

相关链接

两种方法的选择

当两种计算方法的结果出现相反的结论时，最好选择代数平均法。理由如下。

第一，从经济意义上来说。

在基期水平既定的情况下，代数平均法的计算结果取决于累计发展水平（$\sum a$），在观察长时间内经济指标的变动时，累计发展水平可以说明社会经济的总成果，有现实的经济意义。而几何平均法的计算结果则取决于最末水平（a_n），当最末水平由于社会因素、自然因素等出现偶然波动时，用几何平均法计算的平均发展速度就会失真，没有实际经济意义。

第二，公式本身考虑。

代数平均法按时间数列全期发展水平之和与基期水平对比去计算，计算结果准确性高。而几何平均法只按时间数列最末水平与最初水平对比去计算，中间各期的水平尽管也是组成时间数列的重要部分，却不参与计算，因而平均发展速度的计算结果准确性差。

第三，从平均发展速度的代表性考虑。

虽然用几何平均法和代数平均法求得的平均发展速度均是各期环比发展速度的代表值，但代表性大小却不相同。

第四，从适用范围考虑。

用几何平均法计算的平均发展速度只适用于环比发展速度大致相等的时间数列。因为在测定时间数列长期趋势时，若各时期环比发展速度大致相等，应配合指数曲线方程；当时间数列的逐期增长量大致相等或二级增长量大致相等时，用几何平均法计算平均发展速度就不合适。因为时间数列的逐期增长量大致相等，应配合直线方程，二级增长量大致相等时，应配合抛物线方程。而按代数平均法计算的平均发展速度是基于时间数列全期的发展水平，因此，适用于各种类型的时间数列。

五、计算平均增长速度

平均增长速度是各个环比增长速度的序时平均数，但它不能根据各个环比增长速度直接计算，也不能根据定基增长速度直接计算，而是根据前面讲过的增减速度和发展速度的关系，先计算平均发展速度，然后减去 1 或减去 100%来计算。

当平均发展速度大于 100%时，平均增长速度为正值，表明现象在一定时期内逐期增长的速度，当平均发展速度小于 100%时，平均增长速度为负值，表明现象在一定时期内逐期下降的程度。

【例 4-9】以表 4-10 的资料为例，用方程法和平均增长速度计算平均发展速度和平均增长速度。

表 4-10 某地区“十一五”计划期间基本建设投资总额 单位：亿元

年份	基本建设投资总额	年份	基本建设投资总额
2005 年	409.32	2008 年	500.99
第十一个五年计划合计	2342.17	2009 年	523.48
2006 年	376.44	2010 年	558.89
2007 年	382.37		

要计算“十一五”计划期间基本建设投资额的平均增长速度，应先作如下计算：

$$\frac{\sum_{i=1}^{n} a_i}{a_0} = \frac{2342.17}{409.32} \times 100\% = 572.2\%$$

$$\frac{572.2\%}{5} = 114.4\%$$

$$114.4\% > 100\%$$

计算结果表明，这属于递增速度，应运用“累计法”查对表的递增速度部分。在表内找到572.2%是介于563.31%和580.19%之间，其对应的年平均发展速度分别为104%和105%，用内插法（平均指标中求众数时详细阐述）可求得572.2%的平均发展速度为104.5%，即该地区基本建设投资总额在“十一五”计划期间平均发展速度约为104.5%，平均每年递增速度为4.5%。

累计法查对表并不难理解，例如上述平均发展速度104%的年份平均增长速度是这样计算的：

$$\frac{\sum_{i=1}^{n} a_i}{a_0} = 1.04 + 1.04^2 + 1.04^3 + 1.04^4 + 1.04^5 = \frac{1.04(1.04^5 - 1)}{1.04 - 1}$$

$$= 5.6331 = 563.31\%$$

表 4－11　平均发展速度累计法查对简表　　单位：%

平均年发展速度($\bar{x}$)	五年发展水平总和为基数 $\frac{\sum_{i=1}^{n} a_i}{a_0}$	平均年发展速度($\bar{x}$)	五年发展水平总和为基数 $\frac{\sum_{i=1}^{n} a_i}{a_0}$	平均年发展速度($\bar{x}$)	五年发展水平总和为基数 $\frac{\sum_{i=1}^{n} a_i}{a_0}$
101	515.20	108	633.59	115	775.38
102	530.80	109	652.33	116	797.74
103	546.84	110	671.56	117	820.69
104	563.31	111	691.27	118	844.18
105	580.19	112	711.51	119	868.32
106	597.54	113	732.28	120	892.99
107	615.33	114	753.53	121	910.31

任务三　动态数列影响因素分析

编制动态数列的目的是进行动态分析，分析现象之间是否存在某种规律性，根据现象的变动规律预测未来。

【关联性知识】影响动态数列的主要因素

事物的发展变化同时受多种因素的影响，在诸多影响因素中，有些对事物的发展起着

长期的、决定性的作用，致使事物的发展呈现出某些趋势和一定的规律性，各类事物普遍存在的影响因素，构成动态数列的共有因素，按它们的性质和作用，可以归纳为长期趋势、季节变动、循环变动和随机变动四种。每一动态数列都是由这些因素的全部或部分构成的。动态数列的因素分析任务就是要正确确定动态数列性质，对构成动态数列各种因素加以分解，再分别测定其对动态数列变动的影响。

（一）长期趋势（以T表示）

长期趋势是指由于某种本质因素的影响，某个现象在相当长的时间内，呈现持续上升或下降的发展势态。它是现象在一段时间内发展变化的规律性表现，是动态数列分析的重点。

例如，由于生产力水平的提高，世界各国的国民收入和人均所得有逐年上升的趋势。若用图形表现，可得一趋势线。若趋势线为直线，则称为直线趋势；若趋势线为曲线，则根据其曲线形式称为某种曲线趋势，如二次曲线趋势，指数曲线趋势等。

（二）季节变动（以S表示）

季节变动是指动态数列受自然因素和社会因素影响而发生的有规律的周期性波动。季节变动的周期通常为一年。

如在商业活动中，我们经常听到“销售旺季”或“销售淡季”，在旅游业中，我们也常常使用“旅游旺季”或“旅游淡季”这类述语，等等。这些述语表明，这些活动因季节的不同而发生着变化。

（三）循环变动（以C表示）

循环变动是指现象以若干年为一周期，近乎规律地从低至高再从高至低的周而复始变动。循环波动不同于趋势变动，它不是朝着单一方向的持续运动。而是涨落相间的交替波动。如经济危机就是循环变动，每一循环周期都要经历危机、萧条、复苏和高涨四个阶段。

（四）随机变动（以I表示）

随机变动亦称不规则变动或剩余变动，是动态数列除了上述三种变动之外剩余的一种变动，是偶然因素引起的一种随机波动。

如自然灾害、战争等无法预见的因素引起的波动。随机变动与时间无关，是一种无规律的变动，难以测定，一般作为误差项处理。

一、选择动态数列因素分析的基本模型

按上述四种变动因素对动态数列的影响方式不同，动态数列可以形成多种模型，称为动态数列因素构成模型。按对四种变动因素相互关系的不同假设，可形成乘法模型、加法模型和乘加模型等。

乘法模型：$Y_t = T_t \times S_t \times C_t \times I_t$

加法模型：$Y_t = T_t + S_t + C_t + I_t$

乘加模型：$Y_t = T_t \times S_t + C_t \times I_t$

式中 Y_t 为动态数列在 t 期的发展水平，T_t，S_t，C_t，I_t 分别表示 t 期的趋势值、季节变差、循环变差、不规则变差。

需要注意的是，如果四种变动因素之间存在着相互交错的影响关系，宜选用乘法模型；如果四种变动因素是相互独立的，各构成因素的数量值可以相加，宜选用加法模型；如果存在其他情况，则需具体分析。在现实中普遍运用的是乘法模型，所以在这一部分主要讲解乘法模型。

二、分析和测定长期性趋势

许多现象的动态变动从短期看往往具有随机性，所描绘出来的动态曲线图会呈现出无规律的随机波动。比较典型有股票市场价格的动态变动。但从长期来看，现象的动态变动往往会有某种动态总趋势，即现象朝着某一个确定方向发展。长期趋势分析的任务是要找出这种趋势的具体表现，并将其描述出来。找这种长期趋势的方法有两种：一种是对现象的随机波动性进行修匀，从而可以使现象的总变动趋势变得明显。对这种随机波动修匀的方法很多，如序时平均法，移动平均法，时距扩大法等。另一种是设法将现象的随机波动消除掉，从而完全以一根确定的直线或曲线形式来反映现象的总变动趋势。消除这种随机波动的方法也有很多种，如目测画线法、半数平均法、最小平方法等。本节仅介绍几种常用的方法：时距扩大法，移动平均法和最小平方法。

方法一：时距扩大法。

时距扩大法是将原时间数列中各期指标数值加以合并，得出一个扩大了时距的新时间数列，这是测定长期趋势的最简单最原始的方法。具体步骤如下。

第一，将原始数据资料编成动态数列。

第二，将变动数列等距地分成若干段：以多长为一段根据实际情况定，一般以一个小周期为一段，如一周，十天，一个月等。

第三，对每一小段的数值进行算术平均。

【例 4－10】仍以表 4－1 的资料为例，分析如表 4－12 所示。

表 4－12　该地区 2004～2012 年的粮食产量　　单位：万吨

年份	粮食产量	三年产量之和	三年产量的平均数
甲	(1)	(2)	(3)
2004	217		
2005	230	672	224.00
2006	225		
2007	248		
2008	242	743	247.67
2009	253		
2010	280		
2011	309	932	310.67
2012	343		

使用时距扩大法应注意：这一方法只适用于时期数列；时距扩大程度不是随意的，而应该遵循事物发展的客观规律；扩大后的时距要一致，相应的发展水平才具有可比性。

从表 4－12 中的第（2）栏和第（3）栏可以看出，该地区的粮食产量呈明显的上升趋势。尽管从表 4－12 中的第（1）栏也能看出该地区的粮食产量总的趋势是上升的，但经过时距扩大法处理后的资料能更明显地显示出这种趋势和走势。

时距扩大法的优点是简便直观。但它的缺点也很突出，表现在时距扩大之后，所形成的新数列包含的数据减少，信息大大流失，不便于做进一步的分析。用移动平均法可以克服这一缺点。

方法二：简单移动平均法。

简单移动平均法是对原动态数列逐项求序时平均数，平均的项数固定，并逐项移动得出由这些平均数构成的新数列，它可以消除某些周期因素及随机因素的影响，显示出现象的长期趋势。具体步骤如下。

首先，选定移动项。如用奇数项平均，计算一次即可求得趋势值；如用偶数项平均，则要进行两次移动，才能求得趋势值。

其次，从时间数列的第一项数值开始，求移动项数内的序时平均数，将平均数对准中间时间项。

最后，逐项移动，边移动边平均，直到最终完成为止。

【例 4－11】仍以表 4－1 的资料为例，介绍移动平均法的应用，分析如表 4－13 所示。

表 4－13　某地区 2004～2012 年的粮食产量　　单位：万吨

年份	粮食产量	三年移动平均	四年移动平均
甲	(1)	(2)	(3)
2004	217		
2005	230	224.00	
2006	225	234.33	233.125
2007	248	238.33	239.125
2008	242	247.67	248.875
2009	253	258.33	263.375
2010	280	280.67	283.625
2011	309	310.67	
2012	343		

可以看出，三项移动平均数在很大程度上消除了各项偶然因素对粮食产量的影响，但四项移动平均数能更明显地揭示粮食产量的增长趋势。

使用移动平均法应注意下列问题：

（1）新的观察点对应在确定的日期上；

（2）如果是偶数项移动平均，还需要进行移正平均；

(3) 移动平均项数N多少的确定。平均的项数(时间跨度)应以现象发展变化的周期长度或周期长度的倍数为准,以消除周期因素的影响。时间跨度一般选为奇数。采用奇数平均,一次就能得到移动平均趋势值。如需要移动两次才能得到移动平均趋势值,这时移动平均显现长期趋势的效果较好。但时间跨度较小,修匀效果较差。

(4) 修匀(移动平均)后的动态数列会损失一部分信息。修匀后的动态数列的项数减少了,并且所选时间跨度越大,减少项数越多。具体减少多少项,取决于N的奇偶性。当N为奇数时,减少项数为$N-1$项,首尾各减少$(N-1)/2$项;当N为偶数时,减少项数为N项,首尾各减少$N/2$项。如用三项移动平均,首尾各少一项;四项移动平均,首尾各少两项。

(5) 简单移动平均法适用于线性趋势的测定,如果社会经济现象的发展呈现非线性趋势变动,将要考虑用加权移动平均法进行修匀。

方法三:加权移动平均法。

加权移动平均法是对各期指标值进行加权后再进行移动平均。依照在简单移动平均中,移动平均数代表移动平均中项时期的长期趋势值的做法,在加权移动平均法中一般也采用奇数项加权移动平均,各期权数以二项展开式的系数为计算基础,使中项时期指标值的权数最大,两边对称,逐期减小。

设奇数项加权移动平均的项数为N,则取$N-1$次二项展开式的系数作为权数,计算时间数列中对应指标值的加权平均数。例如,对于$N=3$,应以$(a+b)^2=a^2+2ab+b^2$的系数1,2,1进行加权:

所以有:$\overline{y}_{t-1}=\dfrac{y_{t-2}+2y_{t-1}+y_t}{4}t=2,3,\cdots,n-1$

上述方法,可以将现象的随机变动修匀,使现象的规律明显体现出来。除此以外,还有其他方法可以将随机波动消除掉。如何消除呢?可以使用最小平方法。

方法四:最小平方法。

对动态数列采用最小平方法配合趋势直线,是趋势测定最常用的方法。它不但可以消除现象的随机性,还可以用一个数学模型来反映现象变动的总趋势。

具体分三步。

(1) 画动态曲线图,以判断现象的发展趋势类型。

(2) 根据发展趋势类型配给相应的数学模型,即选择趋势方程。在选择趋势方程时,要考虑到动态数列的实际值的增减变动范围,如果实际值的增减量大致相等,一般宜选择直线趋势方程$y_c=a+b\cdot x$;如果实际值的环比增长速度大致相等,一般宜选择指数曲线方程$y_c=a\cdot b^x$;如果实际值出现先逐渐增长又逐渐下降,或先逐渐下降又逐渐增长的情况,大致呈抛物线变动轨迹,此时,宜选择二次曲线方程$y_c=a+bx+cx^2$。本任务只介绍直线型。

(3) 用最小平方法求参数。

最小平方法要求满足以下两个条件:

$$\sum(y-y_c)=0;$$

$$\sum (y - y_c)^2 \text{为最小。}$$

根据数学分析中的极值原理，用偏微分的方法可以得出趋势方程中 $y_c = a + b \cdot x$ 中的 a、b 两个参数所需的两个标准方程：

$$\sum y = na + b\sum x$$

$$\sum xy = a\sum x + b\sum x^2$$

根据方程可以求得 a、b 为

$$b = \frac{n\sum xy - \sum x\sum y}{n\sum x^2 - (\sum x)^2}$$

$$a = \frac{\sum y}{n} - b\frac{\sum x}{n} = \bar{y} - b\bar{x}$$

式中 y 为原数列的实际值；y_c 为趋势值；x 为时间序数值；a 为直线方程的截距；b 为趋势直线的斜率，即 x 每变动一个单位，趋势值增加或减少的数量。

【例 4－12】 对我国某地区 2004～2012 年的粮食产量资料，现用最小平方方法分析其长期性变化趋势。

表 4－14　我国某地区 2004～2012 年的粮食产量　　单位：万吨

年份	x	粮食产量 y	x^2	xy
2004	1	217	1	217
2005	2	230	4	460
2006	3	225	9	675
2007	4	248	16	992
2008	5	242	25	1210
2009	6	253	36	1518
2010	7	280	49	1960
2011	8	309	64	2472
2012	9	343	81	3087
合计	45	2347	285	12591

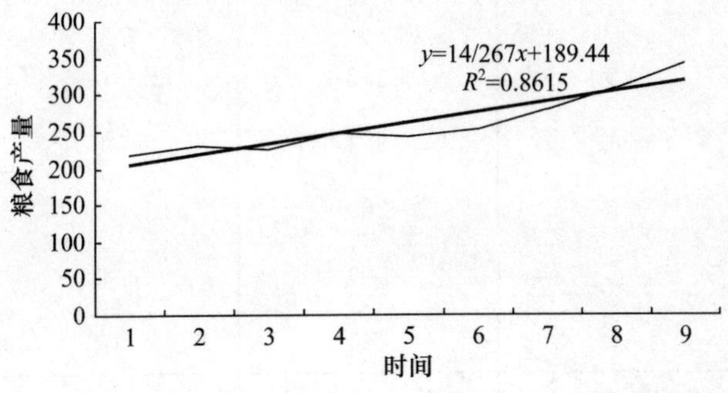

图 4－4　我国某地区 2004～2012 年的粮食产量动态趋势图

根据动态趋势图建立直线方程，设直线方程为 $y_c=a+bx$

在粮食产量例中，用 x 表示年份，并分别赋值 1、2、3、4、5、6、7、8 和 9。

用计算器可以算得：

$$n=9,\sum x=45,\sum x^2=285,\bar{x}=5,\sum y=2347,\sum xy=12591,\bar{y}=260.78$$

$$b=\frac{n\sum xy-\sum x\sum y}{n\sum x^2-(\sum x)^2}=\frac{9\times 12591-45\times 2347}{9\times 285-45^2}=\frac{7704}{540}=14.267$$

$$a=\frac{\sum y}{n}-b\frac{\sum x}{n}=\bar{y}-b\cdot\bar{x}=260.78-14.267\times 5=189.45$$

故直线方程为 $y_c=189.45+14.267x$

若预测 2013 年的粮食产量，取 $x=10$

$$y_c=189.45+14.267\times 10=332.12\text{（万吨）}$$

参数求解还可以通过坐标平移到中间年份，使 $\sum x=0$，用简捷法求得 a、b 为：

$$b=\frac{\sum xy}{\sum x^2}$$

$$a=\frac{\sum y}{n}$$

其预测结果与一般方法相同。

用 x 表示年份，并分别赋值－4、－3、－2、－1、0、1、2、3 和 4。具体计算步骤如下。

表 4－15　我国某地区 2004 年到 2012 年的粮食产量　　单位：万吨

年份	x	粮食产量 y	x^2	xy
2004	－4	217	16	－868
2005	－3	230	9	－690
2006	－2	225	4	－450
2007	－1	248	1	－248
2008	0	242	0	0
2009	1	253	1	253
2010	2	280	4	560
2011	3	309	9	927
2012	4	343	16	1372
合计	0	2347	60	856

$$b = \frac{\sum xy}{\sum x^2} = \frac{856}{60} = 14.267$$

$$a = \frac{\sum y}{n} = \frac{2347}{9} = 260.78$$

故直线方程为 $y_c = a + b \cdot x = 260.78 + 14.267x$

若预测 2013 年的粮食产量，$x=5$

$$y_c = 260.78 + 14.267 \times 5 = 332.12 \text{（万吨）}$$

三、分析和测定季节变动

季节变动有三个特点：一是有规律的变动；二是每年重现的变动；三是各年的变动方向与程度大体相同。因此，季节变动以“年”为变动周期。年度资料不含季节变动，只有季度资料和月份资料含有季节变动。

分析季节变动，就是测定各月（季）的季节比率，说明季节变动的一般规律。

比如，对一个公司销售活动的研究，需要确定其销售额的变动是季节因素的影响所致，还是经营手段或其他偶然因素的影响所致，从而制定出有效的经营策略。

测定季节变动的方法有直接季节比率测算法和移动平均趋势剔除法。前者不考虑长期趋势等因素对季节的影响；后者则考虑长期趋势等因素的影响，且先剔除长期趋势等因素的影响，再求季节变动的比率。

方法一：直接季节比率测算法。

直接季节比率测算法的基本思想是先计算出各年同月（季）的平均数，以消除随机影响，作为该月（季）的代表值；然后计算出总月（季）的平均数，作为全年的代表值；再将同月（季）平均数与总月（季）平均数进行对比，即为季节指数。具体来说，直接季节比率测算法的步骤如下。

(1) 先将各年同月（季）数值列在同一栏内；

(2) 求各年同月（季）的平均数；

(3) 求各年同月（季）平均数对全期各月（季）总平均数的比率，即季节比率。

季节比率=（各月（季）平均数/全期各月（季）总平均数）×100%

四个季节比率之和应等于 400%（使用月份资料时，十二个季节比率之和应等于 1200%）。有时，因舍入误差使季节比率之和不等于 400%（1200%），就需要把差额分摊到各季（月）的季节比率上。

调整季节指数的算法如下。

(1) 计算各季节指数的平均数；

(2) 用各季节指数除以季节指数的平均数，即为调整后的相应各期季节指数。

【例 4-13】某公司 2010～2012 年各月销售额资料如表 4-16 所示。

表 4－16　某公司 2010～2012 年各月销售额资料

月份	商品销售额（万元）			三年同月销售额合计（万元）	三年同月销售额合计（万元）	季节比率（%）
	2010 年	2011 年	2012 年			
1	39.2	39.4	46.7	125.3	41.8	128.6
2	34.2	42.7	42.3	119.2	39.7	122.2
3	29.3	35.3	39.6	104.2	34.7	106.8
4	30.4	37.8	30.2	98.4	32.8	100.9
5	31.2	28.7	32.4	92.3	30.8	94.8
6	25.6	31.6	27.9	85.1	28.4	87.4
7	16.8	28.3	21.6	66.7	22.2	68.3
8	21.3	20.9	30.3	72.5	24.2	74.5
9	26.4	29.6	28.8	84.8	28.3	87.1
10	24.6	34.8	34.6	94.0	31.3	96.3
11	32.2	34.6	40.8	107.6	35.9	110.5
12	33.2	38.7	48.9	120.8	40.3	124.0
全年	344.4	402.4	424.1	1170.9	32.5	100.0

（1）求三年同月平均销售额。如 1 月份的平均销售额为 41.8 万元，计算公式为：$\frac{39.2+39.4+46.7}{3}$。

（2）求三年的总平均数：$\frac{41.8+39.7+\cdots+40.3}{12}=32.5$（万元）。

（3）求季节比率。

1 月份的季节比率$=\frac{\text{月平均数}}{\text{总平均数}}=\frac{41.8}{32.5}=128.6\%$

（4）把计算得出季节比率绘制在直角坐标系里。通常以时间为横坐标，季节比率为纵坐标，把各期季节比率的坐标点连成曲线，如图 4－5 所示，能更直观地反映季节变动的周期变化规律。

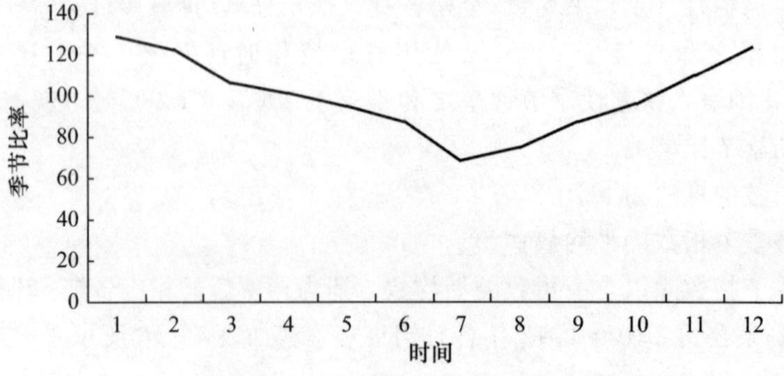

图 4－5　某公司 2010～2012 年各月销售额季节比率

（5）通过季节比率进行预测，即通过一个变动周期的前期数字预测后期数字。

该公司 2013 年 1、2、3 月的销售额分别为 44 万元、42 万元、36 万元，预测 2013 年 7 月和 12 月的销售额方法如下。

$$7\text{月的销售额}=\frac{44+42+36}{128.6\%+122.2\%+106.8\%}\times 68.3\%=34.12\times 68.3\%=23.3\text{（万元）}$$

$$12\text{月的销售额}=\frac{44+42+36}{128.6\%+122.2\%+106.8\%}\times 124\%=34.12\times 124\%=42.3\text{（万元）}$$

方法二：移动平均趋势剔除法。

由于长期趋势等非季节性因素的存在，因此，需要把测定好的非季节性因素值从原数列中剔除，然后再求季节变动，以得到没有长期趋势等因素影响的季节比率。

趋势剔除法解决问题的具体步骤如下。

第一，用移动平均法，求出时间序列各期的趋势值 V_t；

第二，从原数列中剔除长期趋势。剔除的方法可用减法，即实际值减去趋势值；也可用除法，即实际值除以趋势值两种；

第三，根据趋势值剔除后的结果，计算季节比率。

【例 4-15】现以表 4-16 为例，用移动平均趋势剔除法来对该公司的销售额资料进行季节变动分析。

首先，采用十二项移动平均法，求出趋势值，如表 4-17 中的第（4）纵栏所示。由于采用偶数移动平均，必须两次移动平均，方能得到趋势值。

例如表 4-17 中第（3）纵栏为第一次移动平均值。第一个平均数为：

（39.2＋34.2＋29.3＋30.4＋31.2＋25.6＋16.8＋21.3＋26.4＋24.6＋32.2＋33.2）÷12＝28.7，将其作为 2010 年第 6 月和第 7 月之间的移动平均值；

第二个平均数为：

（34.2＋29.3＋30.4＋31.2＋25.6＋16.8＋21.3＋26.4＋24.6＋32.2＋33.2＋39.4）÷12＝28.71，将其作为 2006 年第 7 月和第 8 月之间的移动平均值，以此类推。表 4-17 中第（4）纵栏位第二次移动平均所得到的趋势值，第一个趋势值为（28.7＋28.71）÷2＝28.7，第二个趋势值为（28.71＋29.43）÷2＝29.1，将它们分别作为 2010 年第 7 月和第 8 月的趋势值，以此类推。这样，趋势值与相应时期的实际值便于直接比较。

其次，从原数列中剔除长期趋势。用除法剔除长期趋势，数据如表 4-17 中的第（5）纵栏所示。

最后，计算季节比率（SI）。季节比率的计算是依据动态数列乘法模式思想，将各年各月的修匀比率$\frac{y_t}{v_t}$按顺序排列，然后分别求出各月的平均数，如表 4-17 中的第（6）纵栏所示。表 4-17 中的第（7）纵栏就是各月的季节比率，各月份的平均数之和应等于 1200%，如果是季度资料应等于 400%。但在实际工作中，往往不能正好相等。本例中，十二个月份平均数之和为 1150.0%。略作校正，校正比率系数为 1200÷1150＝1.0434，用此校正比率分别乘以各月份平均数，即可得季节比率，其结果使十二月的季节比率之和为 1200%。

表 4－17　某公司 2010～2012 年各月销售额

年月	商品销售额 y_t（万元）	十二项移动平均	两项移动平均得趋势值 V_t	剔除趋势值 $\frac{y_t}{v_t}$	剔除趋势值的平均数	季节比率
(1)	(2)	(3)	(4)	(5)＝(2)/(4)	(6)	(7)
2010.01	39.2					
2010.02	34.2					
2010.03	29.3					
2010.04	30.4					
2010.05	31.2					
2010.06	25.6	28.7				
2010.07	16.8	28.71	28.7	0.585	0.711	0.742
2010.08	21.3	29.43	29.1	0.732	0.673	0.702
2010.09	26.4	29.93	29.7	0.889	0.876	0.915
2010.10	24.6	30.54	30.2	0.813	0.916	0.956
2010.11	32.2	30.33	30.4	1.058	1.038	1.083
2010.12	33.2	30.83	30.6	1.086	1.112	1.161
2011.01	39.4	31.79	31.3	1.258	1.325	1.383
2011.02	42.7	31.76	31.8	1.344	1.300	1.357
2011.03	35.3	32.03	31.9	1.107	1.135	1.185
2011.04	37.8	32.88	32.5	1.165	1.027	1.072
2011.05	28.7	33.08	33	0.87	0.908	0.948
2011.06	31.6	33.53	33.3	0.949	0.474	0.495
2011.07	28.3	34.14	33.8	0.836	合计为 11.500	合计为 12
2011.08	20.9	34.11	34.1	0.612		
2011.09	29.6	34.47	34.3	0.863		
2011.10	34.8	33.83	34.2	1.019		
2011.11	34.6	34.14	34	1.018		
2011.12	38.7	33.83	34	1.138		
2012.1	46.7	33.28	33.6	1.392		
2012.2	42.3	34.06	33.7	1.256		
2012.3	39.6	33.99	34	1.164		
2012.4	30.2	33.98	34	0.889		
2012.5	32.4	34.49	34.2	0.946		
2012.6	27.9	35.34	34.9	0.799		
2012.7	21.6					

续表

年月	商品销售额 y_t（万元）	十二项移动平均	两项移动平均得趋势值 V_t	剔除趋势值 $\frac{y_t}{v_t}$	剔除趋势值的平均数	季节比率
(1)	(2)	(3)	(4)	(5)=(2)/(4)	(6)	(7)
2012.8	30.3					
2012.9	28.8					
2012.10	34.6					
2012.11	40.8					
2012.12	48.9					

四、分析和测定循环变动

分析循环波动的主要目的是探索现象活动的规律性，研究不同现象之间循环波动的内存联系，为经营管理的预测和决策提供客观依据。

测定循环变动有两种方法，即剩余法和直接法。

方法一：直接法。

直接法的基本思路为通过计算动态数列的年距发展速度，来消除长期趋势和季节变动；再采用移动平均法，消除年距发展速度中的不规则变动因素，最后得出循环变动。

若时间数列为年度资料，可将“直接法”变通为“环比法”，即计算环比发展速度。而后采用移动平均法消除环比发展速度中的不规则变动因素，得到循环变动。

具体做法为用每年各月数值与上年同月数值之比，求得循环和不规则变动相对数，来反映现象循环波动的方法。其计算公式为：

$$C \times I = \frac{Y_{t,i}}{Y_{t-1,i}}$$

其中$i=1$，2……12 或 1，2，3，4；

$C \times I$ 为第 t 年第 i 月的循环和不规则变动相对数；

$Y_{t,i}$ 为第 t 年第 i 月的时间数列数值。

方法二：剩余法。

剩余法是从动态数列中分别消除长期趋势、季节变动和不规则变动，其剩余的结果便是循环变动。其计算公式为：

$$Y = T \times S \times C \times I$$

分别求得季节变动和长期趋势值，并把两者消除。即：

$$\frac{Y}{T \times S} = \frac{T \times S \times C \times I}{T \times S} = C \times I$$

将 CI 数列进行移动平均修匀，得到各期循环变动系数，就达到测定循环变动的目的。先对 Y 采用季节长度进行移动平均，以消除季节变动和不规则变动，移动平均的结果便形成了长期趋势与循环波动共存的 TC 数列，然后再从 TC 中剔除最小平方趋势值，就可以求得循环波动值$\frac{T\times C}{T}=C$。

任务四　应用 Excel 进行动态分析

一、测定增长量、平均增长量、发展速度、平均发展速度

打开 Excel 软件，从 A1 单元格开始将背景资料 2 中的某公司各年度的工业总产值等相关文字和数据输入到相应单元格中，年份和工业总产值各为一列，如图 4－6 所示：

	A	B	C	D	E
1	年份	工业总产值（万元）			
2	2001年	438			
3	2002年	520			
4	2003年	605			
5	2004年	815			
6	2005年	910			
7	2006年	928			
8	2007年	1010			
9	2008年	1210			
10	2009年	1518			
11	2010年	1620			
12	2011年	1745			
13	2012年	1923			
14					

图 4－6　某公司历年工业总产值

第一步：计算逐期增长量。在 C1 单元格中输入“逐期增长量”，在 C3 单元格中输入“＝B3－B2”，并用鼠标拖曳将公式复制到 C4：C13 区域，结果如图 4－7 所示：

	A	B	C	D	E	F
1	年份	工业总产值（万元）	逐期增长量			
2	2001年	438	-			
3	2002年	520	82			
4	2003年	605	85			
5	2004年	815	210			
6	2005年	910	95			
7	2006年	928	18			
8	2007年	1010	82			
9	2008年	1210	200			
10	2009年	1518	308			
11	2010年	1620	102			
12	2011年	1745	125			
13	2012年	1923	178			

图 4－7　逐期增长量

第二步：计算累计增长量。在 D1 单元格中输入“累计增长量”，在 D3 中输入公式“＝B3－＄B＄2”，并用鼠标拖曳公式复制到 D4：D13 区域。结果如图 4－8 所示：

	A	B	C	D	E
1	年份	工业总产值（万元）	逐期增长量	累计增长量	
2	2001年	438	-	-	
3	2002年	520	82	82	
4	2003年	605	85	167	
5	2004年	815	210	377	
6	2005年	910	95	472	
7	2006年	928	18	490	
8	2007年	1010	82	572	
9	2008年	1210	200	772	
10	2009年	1518	308	1080	
11	2010年	1620	102	1182	
12	2011年	1745	125	1307	
13	2012年	1923	178	1485	

图 4－8　累计增长量

第三步：计算平均增长量。在 A15 单元格中输入“平均增长量”，在 C15 单元格中输入公式“＝D13/11”，按回车键即可得到平均增长量。结果如图 4－9 所示：

	A	B	C	D	E
1	年份	工业总产值（万元）	逐期增长量	累计增长量	
2	2001年	438	-	-	
3	2002年	520	82	82	
4	2003年	605	85	167	
5	2004年	815	210	377	
6	2005年	910	95	472	
7	2006年	928	18	490	
8	2007年	1010	82	572	
9	2008年	1210	200	772	
10	2009年	1518	308	1080	
11	2010年	1620	102	1182	
12	2011年	1745	125	1307	
13	2012年	1923	178	1485	
14					
15	平均增长量		135		

图 4－9　平均增长量

第四步：计算定基发展速度。在 E1 单元格中输入“定基发展速度”，在 E3 单元格中输入公式“＝B3/＄B＄2”，并用鼠标拖曳将公式复制到 E4：E13 区域。结果如图 4－10 所示：

	A	B	C	D	E	F
1	年份	工业总产值（万元）	逐期增长量	累计增长量	定基发展速度	
2	2001年	438	-	-	-	
3	2002年	520	82	82	1.187214612	
4	2003年	605	85	167	1.381278539	
5	2004年	815	210	377	1.860730594	
6	2005年	910	95	472	2.077625571	
7	2006年	928	18	490	2.118721461	
8	2007年	1010	82	572	2.305936073	
9	2008年	1210	200	772	2.762557078	
10	2009年	1518	308	1080	3.465753425	
11	2010年	1620	102	1182	3.698630137	
12	2011年	1745	125	1307	3.984018265	
13	2012年	1923	178	1485	4.390410959	
14						
15	平均增长量		135			

图 4－10　定基发展速度

第五步：计算环比发展速度。在 F1 单元格中输入“环比发展速度”，在 F3 单元格中输入公式“=B3/B2”，并用鼠标拖曳将公式复制到 F4：F13 区域。结果如图 4-11 所示：

	A	B	C	D	E	F
1	年份	工业总产值（万元）	逐期增长量	累计增长量	定基发展速度	环比发展速度
2	2001年	438	-	-	-	-
3	2002年	520	82	82	1.187214612	1.187214612
4	2003年	605	85	167	1.381278539	1.163461538
5	2004年	815	210	377	1.860730594	1.347107438
6	2005年	910	95	472	2.077625571	1.116564417
7	2006年	928	18	490	2.118721461	1.01978022
8	2007年	1010	82	572	2.305936073	1.088362069
9	2008年	1210	200	772	2.762557078	1.198019802
10	2009年	1518	308	1080	3.465753425	1.254545455
11	2010年	1620	102	1182	3.698630137	1.067193676
12	2011年	1745	125	1307	3.984018265	1.077160494
13	2012年	1923	178	1485	4.390410959	1.102005731
14						
15	平均增长量		135			

图 4-11 环比发展速度

第六步：计算平均发展速度。在 A16 单元格中输入“平均发展速度”，在 F16 单元格中输入公式“=GEOMEAN（F3：F13)”，按回车键即可得到平均发展速度。结果如图 4-12 所示：

	A	B	C	D	E	F	G
1	年份	工业总产值（万元）	逐期增长量	累计增长量	定基发展速度	环比发展速度	
2	2001年	438	-	-	-	-	
3	2002年	520	82	82	1.187214612	1.187214612	
4	2003年	605	85	167	1.381278539	1.163461538	
5	2004年	815	210	377	1.860730594	1.347107438	
6	2005年	910	95	472	2.077625571	1.116564417	
7	2006年	928	18	490	2.118721461	1.01978022	
8	2007年	1010	82	572	2.305936073	1.088362069	
9	2008年	1210	200	772	2.762557078	1.198019802	
10	2009年	1518	308	1080	3.465753425	1.254545455	
11	2010年	1620	102	1182	3.698630137	1.067193676	
12	2011年	1745	125	1307	3.984018265	1.077160494	
13	2012年	1923	178	1485	4.390410959	1.102005731	
14							
15	平均增长量		135				
16	平均发展速度					1.143956634	

图 4-12 平均发展速度

二、移动平均法计算长期趋势

输入数据资料如图 4-13 所示：

	A	B	C	D	E	F
1	年份	工业总产值（万元）	三项移动平均	五项移动平均	过渡数据	四项移动平均
2	2001年	438				
3	2002年	520	521		594.5	
4	2003年	605	646.6666667	657.6	712.5	653.5
5	2004年	815	776.6666667	755.6	814.5	763.5
6	2005年	910	884.3333333	853.6	915.75	865.125
7	2006年	928	949.3333333	974.6	1014.5	965.125
8	2007年	1010	1049.333333	1115.2	1166.5	1090.5
9	2008年	1210	1246	1257.2	1339.5	1253
10	2009年	1518	1449.333333	1420.6	1523.25	1431.375
11	2010年	1620	1627.666667	1603.2	1701.5	1612.375
12	2011年	1745	1762.666667			
13	2012年	1923				
14						

图 4-13 移动平均法

第一步：计算三项移动平均。在C1单元格中输入“三项移动平均”，在C3中输入“=（B2+B3+B4）/3”，并用鼠标拖曳公式复制到C4：C12区域。

第二步：计算五项移动平均。在D1单元格中输入“五项移动平均”，在D4中输入“=（B2+B3+B4+B5+B6）/5”，并用鼠标拖曳公式复制到D4：D11区域。

第三步：计算四项移动平均。在E1单元格中输入“数据过渡”，在E3中输入“=（B2+B3+B4+B5）/4”，并用鼠标拖曳公式复制到E4：E11区域。在F1单元格中输入“四项移动平均”，在F4中输入“=（E3+E4）/2”，并用鼠标拖曳公式复制到F5：F11区域。

三、计算季节变动

第一步：将背景资料3中某公司2008～2012年某产品各季度销售量资料按照图4-14的格式输入到相应单元格中。

	A	B	C	D	E	F
1	年 季	销售量（台）	四项移动平均	趋势值	实际值/趋势值	
2	2008.1	78				
3	2008.2	128	150.5			
4	2008.3	240	154.75	152.625	1.572481572	
5	2008.4	156	157.75	156.25	0.9984	
6	2009.1	95	180.25	169	0.562130178	
7	2009.2	140	177.5	178.875	0.782669462	
8	2009.3	330	186.25	181.875	1.81443299	
9	2009.4	145	200	193.125	0.750809061	
10	2010.1	130	210	205	0.634146341	
11	2010.2	195	213.75	211.875	0.920353982	
12	2010.3	370	221.25	217.5	1.701149425	
13	2010.4	160	225	223.125	0.717086835	
14	2011.1	160	230	227.5	0.703296703	
15	2011.2	210	236	233	0.901287554	
16	2011.3	390	239	237.5	1.642105263	
17	2011.4	184	244	241.5	0.761904762	
18	2012.1	172	252	248	0.693548387	
19	2012.2	230	257.5	254.75	0.902845927	
20	2012.3	422				
21	2012.4	206				

图4-14　销售量资料

第二步：计算四项移动平均。在C1单元格中输入“四项移动平均”，在C3中输入“=（B2+B3+B4+B5）/4”，并用鼠标拖曳公式复制到E4：E19区域。在D1单元格中输入“趋势值”，在D4中输入“=（C3+C4）/2”，并用鼠标拖曳公式复制到D5：D19区域。

第三步：剔除长期趋势。在E1单元格中输入“实际值/趋势值”，在E4中输入“=B4/D4”，并用鼠标拖曳公式复制到E5：E19区域。

第四步：重新排列E4：E19区域的数据，使同季的数据位于一列，并在相应单元格输入年份和季度，如图4-15所示：

24		第一季度	第二季度	第三季度	第四季度
25	2008年			1.572482	0.9984
26	2009年	0.562130178	0.782669462	1.814433	0.750809061
27	2010年	0.634146341	0.920353982	1.701149	0.717086835
28	2011年	0.703296703	0.901287554	1.642105	0.761904762
29	2012年	0.693548387	0.902845927		
30	平均	0.648280402	0.876789231	1.682542	0.807050165
31	调整系数	0.99634786			
32	季节比率	0.645912791	0.873587074	1.676397	0.804102704
33					

图4-15　季节比率计算结果

第五步：计算各年同季平均数。在 A30 单元格中输入“平均”，在 B30 中输入公式“＝Average（B26：B29）”；在 C30 中输入公式“＝Average（C26：C29）”；在 D30 中输入公式“＝Average（D25：D28）”；在 E30 中输入公式“＝Average（E25：E28）”。

第六步：计算调整系数。在 A31 单元格中输入“调整系数”，在 B31 中输入公式“＝4/Sum（B30：E30）”。

第七步：计算季节比率。在 A32 单元格中输入“季节比率”，在 B31 中输入公式“＝B30＊＄B＄31”，并用鼠标拖曳公式复制到 C30：E30 区域，即可得到季节比率的值。

项目小结

社会经济现象总是随着时间的变化而发生变化，呈现动态性。运用现代统计技术对社会经济现象进行研究，不仅要从静态上揭示研究对象在具体的时间、地点、条件下的数量关系，而且要从动态上反映其发展变化过程及规律性。

时间数列是同一现象在不同时间的相继观察值排列而成的序列。根据波动形态，时间序列可以分为平稳序列和非平稳序列两大类。平稳序列也就是基本上不存在趋势的序列；非平稳序列是包含趋势性、季节性、周期性的序列，它可能只含有其中的一种成分，也可能是几种成分的组合。通常我们将时间序列的构成要素分为四种，即长期性趋势（T）、季节性或季节变动（S）、循环变动（C）、随机性或不规则波动（I）。趋势是指序列中呈现出某种持续向上或持续下降的趋势或规律，它是由于某种固定性的因素作用于序列而形成的。其中的趋势可以是线性的，也可以是非线性的。季节性也称季节变动，它是现象由于自然因素和生产、生活条件或习惯的影响，在一年内随着季节的更换而引起的比较有规律的变动。循环变动是近乎规律性地从低到高再从高到低的周而复始的变动。它不同于趋势波动，不是朝着单一方向的持续运动，而是涨落相间的交替波动。除此以外，还有一些偶然因素对时间序列产生影响，致使时间序列呈现出某种随机波动，称为随机性不规则波动。

按照四种因素对时间序列的影响不同，时间序列可以分解为多种模型，如乘法模型、加法模型、混合模型等。其中最常用的模型是乘法模型，其表现形式为：

$$Y=T\times S\times C\times I$$

时间序列的描述性分析目的是要找出时间序列的一些基本特征。对时间序列的趋势特征的描述主要采用图形方法，即动态趋势图。对其变化特征的描述主要通过增长率反映。

在这一项目中，首先是对动态数列的意义、构成要素和种类做了基本介绍，重点介绍了运用动态数列对社会经济现象进行动态分析技术。

动态数列水平指标分析技术。主要讲述四大水平指标即发展水平、增长量、平均发展水平、平均增长量的含义和计算。特别注意一般平均数与序时平均数的区别。

动态数列速度指标分析技术。主要讲述四大速度指标即发展速度、增长速度、平均发展速度、平均增长速度的含义和计算。特别注意两种发展速度、发展速度与增长速度之间的关系。

动态数列影响因素分析技术。应用一系列的指标，以科学的方法对动态数列进行动态分析是该项目的落脚点。主要包括用时距扩大法、移动平均法、最小平方法对长期性趋势进行分析；用简单平均法、趋势剔除法对周期性变动进行分析。另外，介绍了循环变动和不规则变动的分析技术。

最后，介绍了应用 Excel 进行动态分析。

实训操作

实训一：案例分析

2008 年湖南农民人均纯收入增长创历史新高

据国家统计局湖南调查总队抽样调查，2008 年湖南农民人均纯收入为 4512.46 元，比上年的 3904.26 元增加 608.2 元，增长 15.6%，扣除价格因素，实际增长 8%。2008 年湖南省农民人均纯收入增加的绝对值是 1978～2008 年中最多的一年。

一、农民收入增长变化的主要特点

(1) 工资性收入增加 278.21 元。2008 年农民人均获得的工资性收入为 1990.52 元，比上年增加 278.21 元，增长 16.3%，对纯收入增长的贡献率为 45.7%。在工资性收入中，外出从业收入 1262.48 元，增加 197.36 元，增长 18.5%；其中，省外国内收入 887.01 元，增长 17.4%；县外省内收入 237.13 元，增长 15.7%；乡外县内收入 138.34 元，增长 32.1%。在本乡劳务收入为 648.26 元，增加 72.03 元，增长 12.5%；在非企业组织中得到的收入为 79.78 元，增加 8.83 元，增长 12.4%。

(2) 家庭经营纯收入增加 232.7 元。2008 年农民家庭经营的纯收入为人均 2196.61 元，比上年增加 232.7 元，增长 11.9%，对纯收入增长的贡献率为 38.3%。在家庭经营纯收入中，农业纯收入 1195.39 元，增加 123.1 元，增长 11.5%；林业纯收入 57.03 元，增加 0.21 元，增长 0.4%；牧业纯收入 325.39 元，增加 63.4 元，增长 24.2%；渔业纯收入 54.44 元，增加 9.51 元，增长 21.2%。

农民家庭经营的二、三产业纯收入为人均 564.36 元，比上年增加 36.48 元，增长 6.9%。其中，建筑业收入 173.12 元，增长 10.4%；商业、饮食业收入 122.67 元，增长 1.7%；社会服务业收入 67.51 元，增长 4.9%；文教卫生业收入 31.94 元，增长 57.9%；交通运输邮电业收入 81.23 元，增长 12.1%；工业收入 59.07 元，下降 6.4%；其他行业收入 28.82 元，下降 4.9%。

(3) 转移性和财产性纯收入增加 97.28 元。2008 年农民获得的转移性和财产性收入为人均 325.32 元，比上年增加 97.28 元，增长 42.7%，对纯收入增长的贡献率为 16%。农民得到的利息、租金、土地征用补偿等财产性纯收入为人均 57.06 元，比上年增加 17.15 元，增长 43%。农民得到的救济金、补贴等转移性纯收入为人均 268.26 元，比上年增加 80.13 元，增长 42.6%。

二、农民收入增长的主要原因

(1) 各项惠农政策措施力度加大。2008 年湖南省在继续实施粮食最低收购价政策的基础上，提高了粮食补贴标准，加大了支农投入力度，农民获得的实惠进一步增加。据全省农村住户抽样调查，2008 年全省农民得到的政策性补贴收入人均 157.36 元，同比增长 73%。其中，粮食直接补贴收入为人均 32.15 元，增长 39.8%；良种补贴收入为人均 16.68 元，增长 54.2%。农户人均税费支出为 14.92 元，比上年同期减少 3.43 元，下降 18.7%。

(2) 主要农产品生产形势较好。粮食生产平稳较快增长。2008 年湖南省粮食播种面积为 4588.8 千公顷，同比增长 1.3%；单产 6112.7 千克/千公顷，同比增长 2.9%；总产量 2805 万吨，同比增长 4.2%。其中稻谷播种面积为 3932 千公顷，增长 0.9%；单产 6430.1 千克/千公顷，增长 3.3%；总产量 2528.3 万吨，增长 4.2%。生猪生产形势良好。全年生猪出栏 5067 万头，比上年同期增长 5.2%，生猪存栏 3851 万头，比上年同期增长 2.1%。

(3) 农村劳务经济进一步发展。2008 年湖南省农村劳务经济稳定发展，农民外出劳务的收入和工资水平稳定增长。调查资料显示，2008 年全省农村劳动力外出从业收入为人均 1262.48 元，同比增长 18.5%；外出劳务人员平均月工资水平为 817 元，同比增长 24.2%。

(4) 农产品价格大幅提升，农户农产品出售收入增加。2008 年全省农产品价格大幅上升，对农户增收极为有利。据抽样调查，全年全省农产品生产价格上涨 26.7%，其中农业产品价格上涨 13.9%，林业产品价格上涨 18.8%，牧业产品价格上涨 35.9%，渔业产品价格上涨 16.5%。2008 年农户出售农业产品收入人均增加 86.51 元，增长 11.4%；出售牧业产品人均增加 140.22 元，增长 22%；出售渔业产品人均增加 10.59 元，增长 15.7%。

思考与讨论问题：

1. 在该案例中，运用了哪些动态分析指标。

2. 请调查一下当年湖南农民人均纯收入是多少。分析这一年湖南农民人均纯收入是涨还是跌，原因是什么。

实训二：动态分析技术在经济分析中的运用

一、实训主题：动态分析技术在经济分析中的运用

二、实训方案

(一) 实训目的要求

本实训是在学习了动态数列分析理论教学之后进行的，目的是培养学生动态水平指标与速度指标的应用能力和预测经济现象的能力。

(二) 实训形式

单独训练或分组讨论。

(三) 模拟操作过程

1. 由课程主讲教师提供资料实训素材（表 4－17）。

2. 先分小组讨论，对资料进行简单的介绍。

3. 小组派代表发言，进行课堂讨论

（四）模拟操作点评

1. 应该正确区分时期指标与时点指标动态数列的划分标准，注意它们各自不同的特点。

2. 本课题可从湖南省进出口贸易额的发展速度和增长速度两方面进行具体分析。

（五）课后操作实践

利用课下时间搜集相关经济资料，进行简单数据分析。

表 4－17　1981—2010 年中国进出口贸易额　　单位：亿美元

年度	进出口	出口	进口
1981	440.2	220.1	220.2
1982	416.1	223.2	192.9
1983	436.2	222.3	213.9
1984	535.5	261.4	274.1
1985	696	273.5	422.5
1986	738.5	309.4	429.1
1987	826.5	394.4	432.2
1988	1027.8	475.2	552.7
1989	1116.8	525.4	591.4
1990	1154.4	620.9	533.5
1991	1357	719.1	637.9
1992	1655.3	849.4	805.9
1993	1957	917.4	1039.6
1994	2366.2	1210.1	1156.2
1995	2808.6	1487.8	1320.8
1996	2898.8	1510.5	1388.3
1997	3251.6	1827.9	1423.7
1998	3239.5	1837.1	1402.4
1999	3606.3	1949.3	1657
2000	4743	2492	2250.9
2001	5096.5	2661	2435.5
2002	6207.7	3256	2951.7

续表

年度	进出口	出口	进口
2003	8509.9	4382.3	4127.6
2004	11547.4	5933.6	5613.8
2005	14221.17	7619.99	6601.18
2006	17610	9690	7920
2007	21738	12180	9558
2008	25616	14285	11331
2009	22072.2	12016.6	10055.6
2010	29727.6	15779.3	13948.3

资料来源：根据《中国统计年鉴》整理而成

要求：运用该项目学习的分析技术对中国进出口贸易额进行动态分析，包括：

（1）用水平指标分析技术进行水平分析；

（2）用速度指标分析技术进行速度分析；

（3）用动态数列影响因素分析技术对中国进出口贸易的进行长期性趋势分析，并预测2009年中国进出口、进口、出口贸易额。

社会实践题

我国人身保险业的发展情况

保险可以分为财产保险和人身保险两大类。人身意外伤害险是人身保险的一部分。随着我国国民经济的快速发展，我国保险业也呈现出良好的发展态势，由人身意外伤害险保费收入的发展变化可见一斑。

我国2000～2006年各月人身意外伤害险保费收入如表4-18所示，根据这些数据可以分析研究我国人身意外伤害保险的水平、速度和构成因素等各种数量特征，为研究保费收入发展变化的数量规律、分析保费收入变化的影响因素、制定发展计划以及指导保险机构发展相关业务等提供重要的参考信息。

表4-18 全国人身意外伤害险保费收入 单位：万元

月份	2000年	2001年	2002年	2003年	2004年	2005年	2006年
1	28207	31035	37527	40798	50138	95494	114344
2	25581	48579	25415	40327	66856	63462	79800
3	74961	73985	91019	101367	121145	167939	194976
4	53482	54419	66600	73609	99495	111031	128748
5	46950	44944	56739	70000	88080	98876	118299

续表

月份	2000 年	2001 年	2002 年	2003 年	2004 年	2005 年	2006 年
6	84500	78570	84712	130390	136821	158936	174374
7	30205	40663	49799	52849	71845	84648	96152
8	39493	41949	46373	62613	81021	93718	112032
9	137556	123154	133280	145740	169013	218735	247614
10	147299	89232	80659	89508	112378	120409	137511
11	67261	60729	61383	88567	95697	104215	119407
12	72659	61099	53634	100050	78209	91475	101448

数据来源于中国保险监督管理委员会网站的统计信息（网址：www. circ. gov. cn），由编者根据各年各月的《保险业经营状况表》中的数据整理而成。

思考与讨论问题：

1. 汇总出各年度保费收入总额，并根据年度数据计算 2000～2006 年间的：

(1) 年平均发展水平。

(2) 各年的逐期增长量、累计增长量和年平均增长量，验证逐期增长量与累计增长量之间的关系。

(3) 各年的发展速度（定基和环比）、增长速度（定基和环比）、平均发展速度和平均增长速度，并指出增长速度超过一般水平的是哪几年。

(4) 画出年度保费收入总额的动态曲线图，并分析它呈哪种形态的长期趋势。

2. 如果要根据月度数据来测定保费收入的长期趋势，可以采用什么方法。

3. 用 Excel 分析技术完成以上计算和分析。

项目自测

一、单项选择题（每题 2 分）：

1. 一个动态数列的多个环比增长速度分别为 4%、6%、9%，该数列的定基增长速度为（　　）。

A. 4%×6%×9%　　B. 104%×106%×109%

C. （4%×6%×9%）－100%　　D. （104%×106%×109%）－100%

2. 4 月、5 月、6 月、7 月的平均职工人数分别为：290 人、295 人、293 人和 301 人，则该企业二季度的平均职工人数的计算方法为（　　）。

A. $\frac{290+295+293+301}{4}$　　B. $\frac{290+295+293}{3}$

C. $\frac{290+295+293+301/2}{4-1}$　　D. $\frac{290/2+295+293+301/2}{4}$

3. 累计增长量与其相应的各个逐期增长量的关系表现为（　　）。
A. 累计增长量等于其相应的各个逐期增长量之积
B. 累计增长量等于其相应的各个逐期增长量之和
C. 累计增长量等于报告期水平除以欺基期水平
D. 以上都不对

4. 定基发展速度与环比发展速度之间的关系表现为（　　）。
A. 定基发展速度等于其相应的各个环比发展速度的连乘积
B. 定基发展速度等于其相应的各个环比发展速度之和
C. 定基发展速度等于其相应的各个环比发展速度之商
D. 以上都不对

5. 用最小平方法配合直线趋势，如果 $y_c=a+bx$，b 为负数，则这条直线是（　　）。
A. 上升趋势　　B. 下降趋势
C. 不升不降　　D. 上述三种情况都不是

6. 当时间数列环比增长速度大体相同时，应拟合（　　）。
A. 直线　　B. 二次曲线
C. 三次曲线　　D. 指数曲线

7. 时间数列中的平均发展速度是（　　）。
A. 各时期定基发展速度的序时平均数
B. 各时期环比发展速度的算术平均数
C. 各时期环比发展速度的调和平均数
D. 各时期环比发展速度的几何平均数

8. 若无季节变动，则各月（或各季）的季节比率为（　　）。
A. 0　　B. 1
C. 大于 1　　D. 小于 1

9. 根据 2000 ～ 2005 年某工业企业各年产量资料配合趋势直线，已知 $\sum x = 21$(2000 年为原点)，$\sum y = 150$，$\sum x^2 = 91$，$\sum xy = 558$，则直线趋势方程为(　　)。
A. $y_c=18.4+1.8857x$　　B. $y_c=1.8857+18.4x$
C. $y_c=18.4-1.8857x$　　D. $y_c=1.8857-18.4x$

10. 采用几何平均法计算平均发展速度的理由是（　　）。
A. 各年环比发展速度之和等于总速度
B. 各年环比发展速度之积等于总速度
C. 各年环比增减速度之积等于总速度
D. 各年环比增减速度之和等于总速度

11. 对原有时间数列进行修匀，以削弱短期的偶然因素引起的变化，从而呈现出较长时期的基本发展趋势的一种简单方法称为（　　）。
A. 移动平均法　　B. 移动平均趋势剔除法

C. 按月平均法　　D. 按季平均法

12. 用最小平方法配合趋势线的数学依据是（　　）。

A. $\sum(y-y_c)=0$　　B. $\sum(y-y_c)^2=$ 最小值

C. $\sum(y-y_c)<$ 任意值　　D. $\sum(y-y_c)^2=0$

二、多项选择题（每题 4 分）

1. 定基发展速度与环比发展速度之间的关系是（　　）。

A. 定基发展速度等于相应各环比发展速度的连乘积

B. 定基发展速度等于相应各环比发展速度之和

C. 两个相邻时期的定基发展速度之比等于相应的环比发展速度

D. 两个相邻时期的环比发展速度之比等于相应的定基发展速度

E. 定基发展速度等于相应各环比发展速度之商

2. 计算平均发展速度的方法有（　　）。

A. 算术平均法　　B. 几何平均法

C. 方程式法　　D. 序时平均法

E. 加权平均法

3. 某地区"十二五"计划期间有关电视机的统计资料如下，哪些是时期数列（　　）。

A. 各年电视机产量　　B. 各年电视机的销售量

C. 各年年末电视机库存量　　D. 各年年末城乡居民电视机拥有量

E. 各年电视机出口数量

4. 时期数列的特点是（　　）。

A. 各项指标数值可以相加

B. 各项指标数值大小与时期长短有直接关系

C. 各项指标数值大小与时间长短没有直接关系

D. 各项指标数值都是通过连续不断登记而取得的

E. 各项指标数值都是反映现象在某一时点上的状态

5. 编制时间数列应遵循的基本原则是（　　）。

A. 时期长短应该相等

B. 总体范围应该一致

C. 指标的经济内容应该相同

D. 指标的计算方法、计算价格和计量单位应该一致

6. 若最小平方法配合一条理想的趋势线（方程式），则要求满足的条件是（　　）。

A. $\sum(y-y_c)<0$　　B. $\sum(y-y_c)^2=$ 最小值

C. $\sum(y-y_c)^2>0$　　D. $\sum(y-y_c)=$ 最小值

E. $\sum(y-y_c)=0$

7. 定基发展速度和环比发展速度之间的数量关系是（　　）。

A. 定基发展速度等于相应的各个环比发展速度之和

B. 定基发展速度等于各环比发展速度之差

C. 定基发展速度等于相应的各环比发展速度之积

D. 两个相邻定基发展速度之商等于相应的环比发展速度

E. 定基发展速度和环比发展速度的基期是一致的

8. 用于分析现象发展水平的指标有（　　）。

A. 发展速度　　B. 发展水平

C. 平均发展水平　　D. 增减量

E. 平均增减量

9. 下列指标构成的时间数列中属于时点数列的是（　　）

A. 全国每年大专院校毕业生人数　　B. 某企业年末职工人数

C. 某商店各月末商品库存额　　D. 某企业职工工资总额

E. 某农场历年年末生猪存栏数

三、计算题（每题 10 分）

1. 某地区 2008～2012 年粮食资料如表 4－19 所示。

表 4－19　某地区 2008～2012 年粮食产量统计表

年份	2008	2009	2010	2011	2012
粮食产量（万吨）	320	332	340	350	380

试用最小平均法配合直线趋势方程预测 2013 年粮食产量。

2. 某工业企业资料如表 4－20 所示。

表 4－20　某工业企业工业总产值和月初工人数统计表

指标	一月	二月	三月	四月
工业总产值（万元）	180	160	200	190
月初工人数（人）	600	580	620	600

试计算：(1) 一季度月平均劳动生产率；

(2) 一季度平均劳动生产率。

3. 我国 2000 年和“十五”时期社会商品零售总额发展情况如表 4－21 所示。

表 4－21　我国 2000 年和“十五”时期社会商品零售总额统计表

年份	2000	2001	2002	2003	2004	2005
社会商品零售总额（亿元）	8255	9398	10894	12237	16053	20598

计算各种动态分析指标，并说明如下关系：

(1) 逐期增长量与累计增长量；

(2) 发展速度和增长速度；

(3) 定基发展速度和环比发展速度；

(4) 定基增长速度与环比增长速度；

(5) 平均发展速度与平均增长速度。

4. 某百货公司2010～2012年各月的衬衣销售量资料如表4-22所示。

表4-22　某百货公司2010～2012年各月的衬衣销售量　　单位：件

月＼年	2010年	2011年	2012年
1	110	115	147
2	120	158	208
3	192	218	308
4	350	398	516
5	420	647	689
6	1433	1673	1877
7	2427	2807	3128
8	982	1103	1246
9	346	362	414
10	197	199	258
11	115	129	138
12	93	97	108
全年	6785	7906	9037

要求：(1) 用季节指数法对该百货公司的衬衣销售量作周期性变动分析；

(2) 画出季节指数图。

项目五　统计指数分析

学习要点

统计指数分析技术主要是在对狭义的指数即总指数进行编制的基础上，形成指数体系，运用指数体系对总量的变动进行因素分析。

学习目标

【知识目标】

1. 指数的概念、特点及种类；
2. 综合指数的概念、特点、计算及分析；
3. 平均指数的概念和计算；
4. 利用指数体系对总量变化进行因素分析和指数之间的推导。

【能力目标】

1. 理解狭义的指数含义；
2. 掌握总指数的编制技术；
3. 利用指数体系对总量变化进行因素分析和指数之间的推导；
4. 了解几种常用的价格指数的编制和应用；
5. 熟悉运用 Excel 进行指数分析。

项目导入

统计指数从 18 世纪中叶物价指数产生开始，迄今已有 300 多年的历史了。随着历史的推移，统计指数的应用不断推广到经济领域的各个方面，因而统计指数的概念也不断扩大和完善。统计指数是表明社会经济现象数量对比关系的相对数，有广义和狭义之别。从广义来说，凡是用来反映所研究社会经济现象数量变动的相对数都可称为指数，如动态相对数、比较相对数和计划完成情况相对数。而从狭义来说，统计指数则是用来反映复杂社会经济现象总体综合变动的相对数。所谓复杂社会经济现象是指不同度量单位或性质各异的若干事物所组成的、数量不能直接加总或不可以直接加总的总体。例如，市场上多种零售商品销售价格的综合变动情况就是一种狭义上的指数。必须明确的是，统计指数法中的统计指数概念，是指狭义指数，不是指广义指数。

背景资料：小王刚从大学的管理专业毕业，2009 年应聘到某公司从事有关工作。该公司主要生产和销售甲、乙和丙三种产品。公司老总要小王对企业近年来的成本、产值和销售额等进行分析。现公司有如下资料，如表 5-1、表 5-2、表 5-3、表 5-4 和表 5-5 所示。希望小王运用统计分析技术进行统计分析后，向公司汇报。

表 5-1　主要产品单位成本和产量统计表

产品名称	计量单位	单位成本（万元）		产量	
		2007 年	2008 年	2007 年	2008 年
甲	吨	20	25	250	300
乙	台	15	12	200	250
丙	千克	10	8	350	500

表 5-2　该企业产品生产产值和产量个体指数资料

产品名称	计量单位	工业总产值（万元）		产量个体指数（%）
		基期	报告期	
甲	吨	1800	2000	110
乙	台	1500	1800	120
丙	千克	800	1000	90

表 5-3　该公司商品销售额及价格变动资料

产品名称	计量单位	商品销售额（万元）		价格个体指数（%）
		基期	报告期	
甲	吨	500	650	102
乙	台	200	200	95
丙	千克	1000	1200	110

表 5-4　该公司工人工资资料

	工人人数（人）		工资水平（元）	
	基期	报告期	基期	报告期
技术工人	80	120	980	1400
普通工人	320	340	700	1000

表 5-5　该公司三种商品出口资料

产品名称	计量单位	出口量		出口价格（美元）	
		基期	报告期	基期	报告期
甲	吨	80	82	100	150
乙	台	800	1000	80	140
丙	千克	60	65	120	120

【基本知识】统计指数的意义和作用

狭义的指数是用来反映复杂社会经济现象总体综合变动的特殊相对数。复杂社会经济现象是指不同度量单位或性质各异的若干事物所组成的、数量不能直接加总或不可以直接加总的总体。

狭义的指数能综合反映复杂现象变动的方向和程度。这是统计指数最重要的作用。在社会经济现象中，存在着大量不能直接加总或不能直接对比的复杂总体，为了反映和研究它们的变动方向和变动程度，只能通过统计指数法编制统计指数才能得到解决。

表 5－6　指数的种类

分类的标志	种类	内涵	举例
反映现象性质不同	数量指标指数	反映数量指标变动的指数	销售量指数 职工人数指数
	质量指标指数	反映质量指标变动的指数	商品价格指数 单位成本指数
反映对象范围不同	个体指数	反映某一个别事物数量变动的相对数	某商品的价格指数
	总指数	综合反映复杂经济现象总体数量变动的相对数	工业总产量指数
总指数的计算方法	综合指数法	综合指数是由两个总量指标对比而形成的指数	任务一编制的指数
	平均指数法	平均指数是个体指数的平均数	任务二编制的指数
按对比场合不同	动态指数	以某一基期水平作为对比标准计算得到的指数。它是反映现象数量方面在时间上的变动程度，也是应用最广的指数	该项目编制的指数
	静态指数	指在同一时间条件下不同单位，不同地区间同一事物数量进行对比所形成的指数；或同一单位同一地区，计划指标与实际指标进行对比所形成的指数。	项目三中的 比较相对数等

编制总指数，可以对总量的变化进行因素分析。必须明确，某一现象总量是由若干因素的乘积组成的，如销售额等于销售量乘以销售价格，总成本等于产量乘以单位成本，而现象总量的变动是各个因素共同作用的结果，例如销售额的变动是由销售量的变动和销售价格的变动共同影响的结果。利用统计指数可以分析受多因素影响的现象总变动中，各个因素的影响方向和影响的程度。

研究社会经济现象的长期变动趋势，可以利用按照时间顺序连续编制的指数数列，对复杂现象总体长期变化趋势进行分析。

任务一　编制综合指数

综合指数是由两个总量指标对比形成的指数，它的特点是“先综合后对比”。当一个总量指标可以分解为两个或两个以上的因素指标的乘积时，将其中一个或一个以上的因素指标固定下来，仅观察被研究因素指标的变动程度，这样的指数就叫作综合指数。

根据反映现象的性质不同，指数有数量指标指数和质量指标指数。所以，综合指数的

编制也对应着数量指标综合指数的编制和质量指标综合指数的编制。

一、编制数量指标综合指数

【例 5-1】以表 5-1 的资料为例，分析产量总指数如何编制。

（一）计算各产品的个体数量指数，以观察各产品产量的变化

从表 5-1 的资料可以看出，该企业一共生产甲、乙和丙三种产品，根据表中提供的资料，只需将每种产品报告期与基期的产量直接进行对比，就可以计算出两种产品各自的产量变动情况，即产量个体指数。我们以 q_0、q_1 分别代表基期和报告期的产量，以 K_q 代表产量个体指数，则产量个体指数的计算方法如下。

甲产品：$K_q=\frac{q_1}{q_0}=\frac{300}{250}=120\%$

乙产品：$K_q=\frac{q_1}{q_0}=\frac{250}{200}=125\%$

丙产品：$K_q=\frac{q_1}{q_0}=\frac{500}{350}=142.86\%$

但是，如果要综合反映甲、乙、丙三种产品产量的总体变动情况，首先就会遇到三种不同的产品其产量不能直接相加的问题。因为各种商品的性质不同，其计量单位也不同。如电视机的单位是台，大米的单位是千克，也可以是吨，自行车的单位是辆等等。所以简单地将各种商品的数量相加是不合理的。

（二）确定同度量因素

产量虽然不能直接相加，但是产量与单位成本的乘积，即总成本是可以相加的。因此，可以借助单位成本这个媒介因素，将产量乘以各自的单位成本，转化为可以加总的总成本再进行对比就可以了。在这里，我们称起到媒介作用的单位成本为同度量因素。

这个同度量因素必须固定在某个时期。如果同度量因素不固定在某个时期的话，就不能单独反映产量的变动，而是掺入了单位成本的影响，反映产量和单位成本共同变化的结果了。因此必须要将同度量因素单位成本固定在某个时期，这样得到的总指数才是产量总指数。

同度量因素究竟应该固定在什么时期呢？因为同度量因素不仅起到同度量的作用，还起到加权的作用，是固定在基期还是报告期，会得出不同的结果。关于同度量因素固定在什么时期有不同的看法。法国经济学家拉丝贝尔主张将同度量因素固定在基期，这样得出的综合指数就称为拉氏指数。而法国经济学家派许则主张应该将同度量因素固定在报告期，这样得出的综合指数就称为派氏指数。但在我国的指数实践中，从指数计算的现实意义以及指数体系的要求和特点出发，对数量指标指数和质量指标指数有不同的解决方法。一般将数量指标综合指数的同度量因素（质量指标）固定在基期。

（三）确定数量指标综合指数编制公式

以 $\overline{K}_q$ 代表数量指标综合指数，则其具体计算方法如下：

$$\overline{K}_q = \frac{\sum q_1 p_0}{\sum q_0 p_0}$$

（四）数量指标综合指数的计算

根据表 5 - 1 的资料，甲、乙、丙三种产品的产量总指数的计算方法为：

$$\overline{K}_q = \frac{\sum q_1 p_0}{\sum q_0 p_0} = \frac{300 \times 20 + 250 \times 15 + 500 \times 10}{250 \times 20 + 200 \times 15 + 350 \times 10} = \frac{14750}{11500} = 128.26\%$$

$$\sum q_1 p_0 - \sum q_0 p_0 = 14750 - 11500 = 3250(\text{万元})$$

（五）分析数量指标综合指数的经济意义

结果表明，产量总指数为 128.26%，即三种产品的产量增长了 28.26%，由于产量的增长使得总成本增加了 3250 万元。

二、编制质量指标综合指数

【例 5 - 2】 仍以表 5 - 1 的资料为例，分析单位成本总指数如何编制。

（一）计算各产品的个体单位成本指数，以观察每种产品单位成本的变动程度

要计算每种产品各自的单位成本变动程度，只需将每种产品报告期与基期的单位成本直接进行对比即可，即单位成本个体指数。我们以 p_0、p_1 分别代表基期和报告期的单位成本，以 K_p 代表单位成本个体指数，单位成本个体指数的计算方法如下：

甲产品：$K_p = \frac{p_1}{p_0} = \frac{25}{20} = 125\%$

乙产品：$K_p = \frac{p_1}{p_0} = \frac{12}{15} = 80\%$

丙产品：$K_p = \frac{p_1}{p_0} = \frac{8}{10} = 80\%$

但是，如果要综合反映甲、乙、丙三种产品单位成本的总体变动情况，也会遇到三种不同的产品单位成本不能直接相加的问题。这是因为，各种不同产品的单位成本代表着平均耗费在每一件不同产品上的成本价值的多少，简单相加是没有意义的。再者，各种不同产品的计量单位不同，那么单位成本的单位也不同。例如，电视机的单位成本为元/台，大米的单位成本为元/千克，简单地将不同产品的单位成本相加显然是不合理的。

（二）确定同度量因素

因为产量与单位成本的乘积，即总成本是可以相加的，所以可以借助产量这个媒介因素，将单位成本乘以各自的产量，转化为可以加总的总成本再进行对比就可以了。在这里，产量就为同度量因素。同样，这个同度量因素必须固定在某个时期，这样才能单独反映单位成本的变动，得到的总指数才是单位成本总指数。

在我国的指数实践中，一般将质量指标综合指数的同度量因素（数量指标）固定在报告期。

（三）确定数量指标综合指数编制公式

以 $\overline{K}_p$ 代表质量指标综合指数，则其具体计算方法如下：

$$\overline{K}_p = \frac{\sum q_1 p_1}{\sum q_1 p_0}$$

（四）质量指标综合指数的计算

根据表 5－1 的资料，甲、乙两种产品的单位成本总指数的计算为：

$$\overline{K}_p = \frac{\sum q_1 p_1}{\sum q_1 p_0} = \frac{300 \times 25 + 250 \times 12 + 500 \times 8}{300 \times 20 + 250 \times 15 + 500 \times 10} = \frac{14500}{14750} = 98.31\%$$

$$\sum q_1 p_1 - \sum q_1 p_0 = 14500 - 14750 = -250(\text{万元})$$

（五）分析质量指标综合指数的意义

结果表明，三种产品的单位成本总指数为 98.31%，即三种产品的单位成本降低了 1.69%，由于单位成本的增长使得总成本减少了 250 万元。

【关联性知识】 综合指数编制的一般思路是：编制数量指标综合指数时，引入质量指标作为同度量因素，并且将同度量因素固定在基期；编制质量指标综合指数时，引入数量指标作为同度量因素，并且将同度量因素固定在报告期。

任务二　编制平均数指数

综合指数在计算总指数时具有一定的局限性，即在编制综合指数时需要全面的统计资料。以例 5－1 为例，在计算产量总指数时，必须要有各种产品基期和报告期的产量资料和相应的单位成本资料，缺乏其中的任何一个数据都无法计算出产量总指数。而在实践中，往往已知的资料并没有那么全面，那么要计算总指数的话，就要用到计算总指数的另一种形式，即平均数指数。

平均数指数是计算总指数的另一种形式，它是以个体指数为基础，对若干个个体指数进行加权平均而编制的总指数。根据掌握的资料不同，平均数指数有加权算术平均数指数和加权调和平均数指数。

加权算术平均指数是将各种产品或商品的数量指标个体指数进行加权算术平均而得出的总指数。其计算公式为：

$$\overline{K}_q = \frac{\sum K_q q_0 p_0}{\sum q_0 p_0}$$

其中 K_q 为数量指标个体指数；$q_0 p_0$ 为基期总量指标，是权数，以它为权数计算的算术平均指数是比较常用的形式。

加权调和平均指数是将各种产品或商品的质量指标个体指数进行加权调和平均而得出的总指数。其计算公式为：

$$\overline{K}_p = \frac{\sum q_1 p_1}{\sum \frac{1}{K_p} q_1 p_1}$$

其中，K_p 为质量指标个体指数；$q_1 p_1$ 为报告期总量指标，是权数，以它为权数计算的调和平均指数是比较常用的形式。

所以在编制平均数指数时，首先要根据资料选择平均数指数的形式。

下面以表 5－2 的资料编制产量总指数，以表 5－3 的资料编制价格总指数，分析平均数指数的编制技术。

一、编制加权算术平均数指数

（一）确定平均数指数的形式

【例 5－3】 根据表 5－2 中的资料，已知甲、乙、丙三种产品的个体产量指数，要编制产量总指数，我们可以从产量的综合指数编制公式出发来分析。

因为有：
$$\overline{K}_q = \frac{\sum q_1 p_0}{\sum q_0 p_0} = \frac{\sum \frac{q_1}{q_0} q_0 p_0}{\sum q_0 p_0} = \frac{\sum K_q q_0 p_0}{\sum q_0 p_0}$$

所以，选用加权算术平均指数的计算公式

$$\overline{K}_q = \frac{\sum K_q q_0 p_0}{\sum q_0 p_0}$$

（二）运用加权算术平均数指数的形式进行计算

$$\overline{K}_q = \frac{\sum K_q q_0 p_0}{\sum q_0 p_0} = \frac{110\% \times 1800 + 120\% \times 1500 + 90\% \times 800}{1800 + 1500 + 800} = \frac{4500}{4100} = 109.76\%$$

$$\sum K_q q_0 p_0 - \sum q_0 p_0 = 4500 - 4100 = 400(\text{万元})$$

（三）分析指数的经济意义

结果表明，产量总指数为 109.76%，即三种产品的产量增长了 9.76%，由于产量的增长使得总产值增加了 400 万元。

二、编制加权调和平均数指数

（一）确定平均数指数的形式

【例 5－4】 根据表 5－3 中的资料，已知甲、乙、丙三种产品的个体价格指数，要编制价格总指数，我们可以从价格的综合指数编制公式出发来分析。

因为有：
$$\overline{K}_p = \frac{\sum q_1 p_1}{\sum q_1 p_0} = \frac{\sum q_1 p_1}{\sum \frac{p_0}{p_1} q_1 p_1} = \frac{\sum q_1 p_1}{\sum \frac{1}{K_p} q_1 p_1}$$

所以选用加权调和平均数指数的计算公式：

$$\overline{K}_p = \frac{\sum q_1 p_1}{\sum \frac{1}{K_p} q_1 p_1}$$

（二）运用加权调和平均数指数的形式进行计算

$$\overline{K}_p = \frac{\sum q_1 p_1}{\sum \frac{1}{K_p} q_1 p_1} = \frac{650 + 200 + 1200}{\frac{650}{102\%} + \frac{200}{95\%} + \frac{1200}{110\%}} = \frac{2050}{1938.69} = 105.74\%$$

$$\sum q_1 p_1 - \sum \frac{1}{K_p} q_1 p_1 = 2050 - 1938.69 = 111.31(\text{万元})$$

（三）分析指数的经济意义

结果表明，价格总指数为 105.74%，即三种产品的价格增长了 5.74%，由于价格的增长使得销售额增加了 111.31 万元。

【关联性知识】综合指数与平均数指数是计算总指数的两种形式，它们之间既有区别又有联系。区别方面，一是在解决复杂总体不能直接同度量的问题上思路不同。综合指数是通过引进同度量因素，先计算出总体的总量，然后再进行对比，即先综合，后对比；而平均数指数是在个体指数的基础上计算总指数，即先对比，后综合。二是在运用资料条件上不同。综合指数需要研究总体的全面资料，对于综合作用的同度量因素的资料要求也比较严格，一般应采用与指数化指标有明确经济联系的指标，且应有一一对应的全面实施资料；而平均数指数则既适用于全面的资料，也适用于非全面的资料，对资料的要求也比较灵活。从联系上看，在特定的权数条件下，平均数指数是综合指数的变形形式，即加权算术平均指数是数量指标综合指数的变形，加权调和平均指数是质量指标综合指数的变形。下面主要介绍综合指数的变形——平均指数。

任务三　编制平均指标指数

在前面我们了解到指数就是反映所研究社会经济现象数量变动的相对数，一般是总量指标进行对比。平均指标指数则是指同一经济总体内的平均指标数量变动的相对数。以公式表示为：

$$\text{平均指标指数} = \frac{\frac{\sum x_1 f_1}{\sum f_1}}{\frac{\sum x_0 f_0}{\sum f_0}} = \frac{\sum x_1 \frac{f_1}{\sum f_1}}{\sum x_0 \frac{f_0}{\sum f_0}}$$

其中，$\frac{\sum x_1 f_1}{\sum f_1}$ 为报告期的平均指标，$\frac{\sum x_0 f_0}{\sum f_0}$ 为基期的平均指标。

从上式可以看出，平均指标的变动受两个因素的影响：一个是各组变量值 x，另一个是各个组的总体单位占总体单位总量的比重，即总体的结构 $\frac{f}{\sum f}$。因此，根据各个因素对平均指标变动造成的影响，可以将平均指标指数分为三个相互联系的指数：可变构成指数、固定构成指数和结构影响指数。

【例 5－5】 以表 5－4 来说明三种指数的编制技术。一般来讲，平均指标指数的编制分为以下几步。

一、计算可变构成指数

反映总体总平均指标变动的方向和程度的指数称为可变构成指数，计算公式为：

$$\overline{K}_{\text{可变}}=\frac{\overline{x}_1}{\overline{x}_0}=\frac{\dfrac{\sum x_1f_1}{\sum f_1}}{\dfrac{\sum x_0f_0}{\sum f_0}}=\frac{\sum x_1\dfrac{f_1}{\sum f_1}}{\sum x_0\dfrac{f_0}{\sum f_0}}$$

其中，$\overline{x}_1\left(\dfrac{\sum x_1f_1}{\sum f_1}\right)$为报告期的平均指标，$\overline{x}_0\left(\dfrac{\sum x_0f_0}{\sum f_0}\right)$为基期的平均指标。

根据表 5－4 中的资料，可变构成指数具体计算方法为：

$$\overline{K}_{\text{可变}}=\frac{\overline{x}_1}{\overline{x}_0}=\frac{\dfrac{\sum x_1f_1}{\sum f_1}}{\dfrac{\sum x_0f_0}{\sum f_0}}=\frac{\dfrac{1400\times120+1000\times340}{120+340}}{\dfrac{980\times80+700\times320}{80+320}}=\frac{1104.3}{756}=146.1\%$$

$$\frac{\sum x_1f_1}{\sum f_1}-\frac{\sum x_0f_0}{\sum f_0}=1104.3-756=348.3(\text{元})$$

根据结果可知，该厂工人的总平均工资增加了 46.1%，平均每人增加工资额为 348.3 元。

二、计算固定构成指数

反映各组变量值的变动对总平均指标变动影响方向和程度的指数称为固定构成指数，即只是单独反映各组变量值变动对总平均指标的影响，而将总体结构固定下来，所以称为固定构成指数。一般原则是，将总体结构固定在报告期。其计算公式为：

$$\overline{K}_{\text{固定}}=\frac{\overline{x}_1}{\overline{x}_{01}}=\frac{\dfrac{\sum x_1f_1}{\sum f_1}}{\dfrac{\sum x_0f_1}{\sum f_1}}=\frac{\sum x_1\dfrac{f_1}{\sum f_1}}{\sum x_0\dfrac{f_1}{\sum f_1}}$$

根据表 5－4 中的资料，固定构成指数具体计算方法为：

$$\overline{K}_{\text{可变}}=\frac{\overline{x}_1}{\overline{x}_{01}}=\frac{\dfrac{\sum x_1 f_1}{\sum f_1}}{\dfrac{\sum x_0 f_1}{\sum f_1}}=\frac{\dfrac{1400\times 120+1000\times 340}{120+340}}{\dfrac{980\times 120+700\times 340}{120+340}}=\frac{1104.3}{773}=142.9\%$$

$$\frac{\sum x_1 f_1}{\sum f_1}-\frac{\sum x_0 f_1}{\sum f_1}=1104.3-773=331.3(\text{元})$$

根据结果可知，由于各组工人的工资水平的变动，使得该厂工人总平均工资增加了42.9%，平均每人增加工资额为331.3元。

三、计算结构影响指数

反映总体结构变动对总平均指标变动影响方向和程度的指数称为结构影响指数，即只是单独反映总体结构变动对总平均指标的影响，而将各组变量值固定下来，所以称为结构影响指数。一般原则是，将各组变量值固定在基期。其计算公式为：

$$\overline{K}_{\text{结构}}=\frac{\overline{x}_{01}}{\overline{x}_0}=\frac{\dfrac{\sum x_0 f_1}{\sum f_1}}{\dfrac{\sum x_0 f_0}{\sum f_0}}=\frac{\sum x_0\dfrac{f_1}{\sum f_1}}{\sum x_0\dfrac{f_0}{\sum f_0}}$$

根据表5-4中的资料，结构影响指数具体计算公式为：

$$\overline{K}_{\text{结构}}=\frac{\overline{x}_{01}}{\overline{x}_0}=\frac{\dfrac{\sum x_0 f_1}{\sum f_1}}{\dfrac{\sum x_0 f_0}{\sum f_0}}=\frac{\dfrac{980\times 120+700\times 340}{120+340}}{\dfrac{980\times 80+700\times 320}{80+320}}=\frac{773}{756}=102.2\%$$

$$\frac{\sum x_0 f_1}{\sum f_1}-\frac{\sum x_0 f_0}{\sum f_0}=773-756=17(\text{元})$$

根据结果可知，由于各组工人人数的变动，使得该厂工人总平均工资增加了2.2%，平均每人增加工资额为17元。

任务四　运用指数体系对总量变动进行因素分析

我们都知道，很多现象之间客观上存在着一定的经济联系。例如：

销售额＝销售量×销售价格

总成本＝产量×单位成本

总产值＝产量×产品价格

而这种联系也相应地反映在指数体系上，即一个总量指数等于各个因素指数的乘积。上述指标之间的关系也对应着下面的指数体系：

销售额指数=销售量指数×销售价格指数
总成本指数=产量指数×单位成本指数
总产值指数=产量指数×产品价格指数

即由销售额指数、销售量指数和销售价格指数组成了一个指数体系。同样地，总成本指数、产量指数和单位成本指数，总产值指数、产量指数和产品价格指数也分别构成了各自的指数体系。可以发现，至少要有三个指数才能构成具有数量对等关系的指数体系。

所以，指数体系不仅指经济上具有一定联系的整体，而且指具有某种数量上的对等关系的三个或三个以上的指数所构成的整体。

利用指数体系可以对现象进行因素分析。即分析现象总变动中，各个因素的变动对总变动影响的方向和程度。利用指数体系可以进行指数间的推算。因为指数间具有数量对等关系，已知其中的其他指数，就可以推算出未知的那个指数。例如，已知销售额指数和销售量指数，就可以计算出销售价格指数

【关联性知识】因素分析就是利用指数体系来分析社会经济现象总变动中各个因素变动发生作用的影响方向和程度。

因素分析包括两个方面的内容。一是相对数分析，是指数计算结果本身指出现象总体总量指标或平均指标的变动是由哪些因素变动作用产生的结果；二是绝对数分析，是分析各个因素对总体总变动产生的绝对数上的变动影响。例如，销售额发生了变动，其中由于销售量的变动使得销售额变动了多少相对数和绝对数，另外由于销售价格的变动使得销售额发生了多少变动，这些都可以通过因素分析得出。

利用指数体系进行因素分析可以用于总量指标的因素分析，也可以用于平均指标变动的因素分析；可以用于两因素分析，也可以用于多因素分析。本任务主要介绍两因素分析。

一、运用指数体系对简单现象总量指标变动进行两因素分析

简单现象指的是单个事物或单个产品或商品，那么分析简单现象总体的总量变化，就利用个体指数进行计算。例如要对某种商品的销售额变动进行因素分析，已知报告期和基期的销售量和价格，可以得到如下关系式：

$$K_{qp} = K_q \times K_p$$

$$\frac{q_1 p_1}{q_0 p_0} = \frac{q_1}{q_0} \times \frac{p_1}{p_0}$$

以上是指数体系关系中的相对数关系，指数体系还存在绝对数关系。但在绝对数分析中，必须要引入同度量因素，否则数量不对等关系就不能成立。绝对数关系式如下：

$$\begin{aligned} & q_1 p_1 - q_0 p_0 \\ & = (q_1 p_0 - q_0 p_0) + (p_1 q_1 - p_0 q_1) \\ & = (q_1 - q_0) p_0 + (p_1 - p_0) q_1 \end{aligned}$$

【例 5-6】某厂生产某电器，报告期和基期的销售量分别为 600 和 400 台，报告期和基期的销售价格分别是 280 和 200 元。要求对该商品销售额的变动进行因素分析。

（一）分析销售额的变化

要分析销售额的变化，只需编制销售额指数。

$$K_{qp}=\frac{q_1p_1}{q_0p_0}=\frac{600\times 280}{400\times 200}=210\%$$

$$q_1p_1-q_0p_0=600\times 280-400\times 200=88000(\text{元})$$

可知，该商品销售额报告期比基期增长了110%，销售额增加的绝对值为88000元。

（二）分析销售量的变化对销售额的影响

要分析销售量的变化对销售额的影响，只需编制销售量指数。

$$K_q=\frac{q_1}{q_0}=\frac{600}{400}=150\%$$

$$(q_1-q_0)p_0=(600-400)\times 200=40000(\text{元})$$

可知，该商品销售量增加了50%，由于销售量的增加使得销售总额增加了40000元。

（三）分析销售价格的变化对销售额的影响

要分析销售价格的变化对销售额的影响，只需编制销售价格指数。

$$K_p=\frac{p_1}{p_0}=\frac{280}{200}=140\%$$

$$(p_1-p_0)q_1=(280-200)\times 600=48000(\text{元})$$

可知，该商品销售价格上涨了40%，由于销售价格的上涨使得销售总额增加了48000元。

（四）综合分析

因为有：

$$210\%=150\%\times 140\%$$

$$88000=40000+48000$$

所以，销售总额的变动是销售量和价格共同影响的结果。

二、运用指数体系对复杂现象的总量指标变动进行两因素分析

复杂现象是指不能直接相加的多个事物的总体。那么在进行相对数和绝对数因素分析时都要引入同度量因素。其关系式如下：

$$\frac{\sum q_1p_1}{\sum q_0p_0}=\frac{\sum q_1p_0}{\sum q_0p_0}\times\frac{\sum p_1q_1}{\sum p_0q_1}$$

$$\sum q_1p_1-\sum q_0p_0=(\sum q_1p_0-\sum q_0p_0)+(\sum q_1p_1-\sum q_1p_0)$$

【例5-7】以表5-5中三种商品的出口价格及其出口量资料为例，从相对数和绝对数两方面分析出口价和出口量的变动对出口额的影响。

（一）分析出口额总量的变化

要分析出口额总量的变化，只需编制出口额总指数。

$$K_{qp}=\frac{\sum q_1p_1}{\sum q_0p_0}=\frac{160100}{79200}=202.15\%$$

$$\sum q_1 p_1 - \sum q_0 p_0 = 160100 - 79200 = 80900(\text{元})$$

可知，三种商品都是报告期比基期出口总额增加了 2.15%，增加的绝对值为 80900 元。

（二）分析出口量的变化对出口额的影响

要分析出口量的变化对出口额的影响，只需编制出口量总指数。

$$K_q = \frac{\sum q_1 p_0}{\sum q_0 p_0} = \frac{96000}{79200} = 121.21\%$$

$$\sum q_1 p_0 - \sum q_0 p_0 = 96000 - 79200 = 16800(\text{元})$$

可知，三种商品出口量增加了 21.21%，由于出口量的增加使得出口总额增加了 16800 元。

（三）分析出口价格的变化对出口额的影响

要分析出口价格的变化对出口额的影响，只需编制出口价格总指数。

$$K_p = \frac{\sum p_1 q_1}{\sum p_0 q_1} = \frac{160100}{96000} = 166.77\%$$

$$\sum p_1 q_1 - \sum p_0 q_1 = 160100 - 96000 = 64100(\text{元})$$

可知，三种商品出口价上涨了 66.77%，由于出口价的上涨使得出口总额增加了 64100 元。

（四）综合分析

因为从相对数方面来看，出口总额指数＝出口量总指数×出口价总指数

$$\frac{\sum q_1 p_1}{\sum q_0 p_0} = \frac{\sum q_1 p_0}{\sum q_0 p_0} \cdot \frac{\sum q_1 p_1}{\sum q_1 p_0}$$

$$\frac{160100}{79200} = \frac{96000}{79200} \times \frac{160100}{96000}$$

$$202.15\% = 121.21\% \times 166.77\%$$

从绝对数方面来看：160100－79200＝（96000－79200）＋（160100－96000）

80900＝16800＋64100

所以，出口总额的变动是出口量和出口价格两个因素共同作用的结果。出口量上升 21.21%，影响出口总额增加 16800 元；出口价格上升 66.77%，影响出口总额增加 64100 元。两者共同影响，使出口总额上升 102.15%，增加 80900 元。

三、运用指数体系对平均指标变动进行因素分析

前面我们已经学习了平均指标指数，平均指标指数分为三个相互联系的指数：可变构成指数、固定构成指数和结构影响指数。其计算公式分别为：

可变构成指数：$\overline{K}_{可变}=\frac{\overline{x}_1}{\overline{x}_0}=\frac{\frac{\sum x_1 f_1}{\sum f_1}}{\frac{\sum x_0 f_0}{\sum f_0}}=\frac{\sum x_1 \frac{f_1}{\sum f_1}}{\sum x_0 \frac{f_0}{\sum f_0}}$，

固定构成指数：$\overline{K}_{固定}=\frac{\overline{x}_1}{\overline{x}_{01}}=\frac{\frac{\sum x_1 f_1}{\sum f_1}}{\frac{\sum x_0 f_1}{\sum f_1}}=\frac{\sum x_1 \frac{f_1}{\sum f_1}}{\sum x_0 \frac{f_1}{\sum f_1}}$

结构影响指数：$\overline{K}_{结构}=\frac{\overline{x}_{01}}{\overline{x}_0}=\frac{\frac{\sum x_0 f_1}{\sum f_1}}{\frac{\sum x_0 f_0}{\sum f_0}}=\frac{\sum x_0 \frac{f_1}{\sum f_1}}{\sum x_0 \frac{f_0}{\sum f_0}}$

各指数之间的关系可以表述为：可变构成指数＝固定构成指数×结构影响指数

即
$$\frac{\frac{\sum x_1 f_1}{\sum f_1}}{\frac{\sum x_0 f_0}{\sum f_0}}=\frac{\frac{\sum x_1 f_1}{\sum f_1}}{\frac{\sum x_0 f_1}{\sum f_1}}\times\frac{\frac{\sum x_0 f_1}{\sum f_1}}{\frac{\sum x_0 f_0}{\sum f_0}}$$

以上的指数关系式是指数间相对数关系式，同样，对总平均指标进行因素分析也可以从绝对数方面来进行，其关系式可以表示为：

$$\frac{\sum x_1 f_1}{\sum f_1}-\frac{\sum x_0 f_0}{\sum f_0}=\left(\frac{\sum x_1 f_1}{\sum f_1}-\frac{\sum x_0 f_1}{\sum f_1}\right)+\left(\frac{\sum x_0 f_1}{\sum f_1}-\frac{\sum x_0 f_0}{\sum f_0}\right)$$

现以例 5－8 来说明平均指标变动的因素分析。

【例 5－8】 以表 5－4 的资料为例，试对全厂总平均工资的变动进行因素分析。

(一) 分析全厂总平均工资的变化

要分析全厂总平均工资的变化，只需编制可变构成指数。

$$\overline{K}_{可变}=\frac{\overline{x}_1}{\overline{x}_0}=\frac{\frac{\sum x_1 f_1}{\sum f_1}}{\frac{\sum x_0 f_0}{\sum f_0}}=\frac{\frac{1400\times 120+1000\times 340}{120+340}}{\frac{980\times 80+700\times 320}{80+320}}=\frac{1104.3}{756}=146.1\%$$

$$\frac{\sum x_1 f_1}{\sum f_1}-\frac{\sum x_0 f_0}{\sum f_0}=1104.3-756=348.3(元)$$

计算表明，全厂工人总平均工资增长了 46.1%，总平均工资增加的绝对数为 348.3 元。

（二）分析不同工人的工资水平变化对全厂总平均工资的影响

要分析该厂不同工人的工资水平变化对全厂总平均工资的影响，只需编制固定构成指数。

$$\overline{K}_{可变}=\frac{\overline{x}_1}{\overline{x}_{01}}=\frac{\dfrac{\sum x_1 f_1}{\sum f_1}}{\dfrac{\sum x_0 f_1}{\sum f_1}}=\frac{\dfrac{1400\times 120+1000\times 340}{120+340}}{\dfrac{980\times 120+700\times 340}{120+340}}=\frac{1104.3}{773}=142.9\%$$

$$\frac{\sum x_1 f_1}{\sum f_1}-\frac{\sum x_0 f_1}{\sum f_1}=1104.3-773=331.3(元)$$

计算表明，该厂工人的平均工资上涨了 42.9%，由于平均工资的上涨使总平均工资增加，增加的绝对数为 331.3 元。

（三）分析全厂工人结构变化对全厂总平均工资的影响

要分析该厂工人的结构变化对全厂总平均工资的影响，只需编制结构影响指数。

$$\overline{K}_{结构}=\frac{\overline{x}_1}{\overline{x}_0}=\frac{\dfrac{\sum x_0 f_1}{\sum f_1}}{\dfrac{\sum x_0 f_0}{\sum f_0}}=\frac{\dfrac{980\times 120+700\times 340}{120+340}}{\dfrac{980\times 80+700\times 320}{80+320}}=\frac{773}{756}=102.2\%$$

$$\frac{\sum x_0 f_1}{\sum f_1}-\frac{\sum x_0 f_0}{\sum f_0}=773-756=17(元)$$

计算表明，全厂工人的结构发生了变化，报告期的技术工人所占的比重比基期上涨了 2.2%，由于技术工人所占的比重上升使总平均工资增加，增加的绝对数为 17 元。

（四）综合分析

因为有

$$146.1\%=142.9\%\times 102.2\%$$

$$348.3=331.3+17\ (元)$$

所以，该厂工人的总平均工资增长了 46.1%，增加了 348.3 元。这是由于一方面各组工人工资的变动使得总平均工资增长了 42.9%，增加了 331.3 元；另一方面各组工人结构的变化使得总平均工资增长了 2.2%，增加了 17 元。总平均工资的变化是两个因素共同作用的结果。

任务五　编制几种常用的价格指数

一、编制居民消费价格指数

居民消费价格指数（Consumer Price Index，CPI）也称消费者价格指数，它是反映一

定时期内城乡居民所购买的生活消费品价格和服务项目价格变动程度和趋势的综合价格指数。居民消费价格指数可以按照城市和农村分别编制，城市居民消费价格指数是反映城市居民所购买的生活消费品和服务项目价格变动趋势和程度的相对数，农村居民消费价格指数是反映农村居民所购买的生活消费品和服务项目价格变动趋势和程度的相对数。全国居民消费价格指数是对城市居民消费价格指数和农村居民消费价格指数进行综合汇总计算的结果。目前，全国、省、自治区、直辖市和550多个市县按月度和年度编制，由国家统计局定期发布居民消费价格指数数据。

居民消费价格指数是宏观经济分析和决策、价格总水平监测和调控以及国民经济核算的重要指标。其按年度计算的变动率通常被用来作为反映通货膨胀（或紧缩）程度的指标。

居民消费价格指数是用固定加权算术平均数的方法进行的。其编制程序如下。

（1）对生活消费品和服务项目进行分类。我国现行的居民消费价格指数编制中是将生活消费品和服务项目分为食品、烟酒及用品、衣着、家庭设备用品及服务、医疗保健及个人用品、交通和通信、娱乐教育文化用品及服务和居住八大类；在八大类中划分中类，如食品又分为粮食、油脂等类别；再在中类中划分小类，如油脂又可以划分为鲜蛋、鲜菜和鲜果等类别。即形成了价格指数中的总指数、类指数和个体指数。

（2）选择代表商品和代表规格品及服务项目。居民生活消费品和服务项目种类繁多，国家统计局在各类商品中选择了300多种必报商品和服务项目来编制居民消费价格指数。而各种商品又存在不同规格，其差价也比较大，因此需要从中选择若干规格品作为该商品的代表，通过调查其价格，计算其个体价格指数，以反映该商品的价格变动情况。

（3）确定居民消费价格指数计算公式。居民消费价格指数采用加权算术平均数公式：

$$\text{单项商品或服务的价格指数} = \frac{\overline{p_1}}{p_0}$$

式中 P_1 代表报告期平均价格，P_0 代表基期平均价格。

$$\text{类指数} = \sum k_i \frac{w_i}{\sum w_i}$$

在计算小类指数时，式中 k_i 为个体指数，w_i 为各项商品或服务项目的权数；在计算中类指数时，式中 k_i 为小类指数，w_i 为各小类商品或服务项目的权数；在计算大类指数时，式中 k_i 为中类指数，w_i 为各中类商品或服务项目的权数；在计算居民消费价格指数时，式中 k_i 为大类指数，w_i 为大类商品或服务项目的权数。

居民消费价格指数中的权数是指居民用于各类商品或服务项目的支出额在消费总支出中所占的比重。在权数选择方面，我国居民消费价格指数中的权数主要以全国城乡家庭消费调查资料为依据来确定。权数一般用千分数来表示，各类商品和服务项目的权数之和应等于1000。我国的CPI权数每年都会根据近期资料进行部分调整，五年做一次大调整，确保价格指数计算的准确性。

【例5－9】已知某地区2011年有关居民各类消费价格指数及权数资料如表5－7所示，试计算该地区居民消费价格指数。

表 5-7 某地区居民消费价格指数（2010 年=100）

序号	项目	指数 k_i/%	权数 w_i/‰	指数×权数 $k_i \times w_i$
1	食品	121.0	460	55660
2	烟酒及用品	115.3	150	17295
3	衣着	106.0	90	9540
4	家庭设备用品及服务	115.2	30	3456
5	医疗保健及个人用品	101.3	20	2026
6	交通和通信	108.2	60	6492
7	娱乐教育文化用品及服务	130.1	150	19515
8	居住	137.0	40	5480
合计		—	1000	119464

$$\text{居民消费价格指数} = \frac{\sum k_i w_i}{\sum w_i} = \frac{119464}{1000} = 119.46\%$$

二、编制商品零售价格指数

商品零售价格指数（Retail Price Index）是反映城乡商品零售价格变动趋势的一种经济指数。商品零售价格的变动直接影响城乡居民的生活支出和购买力的水平，也对市场的供求关系有着非常重要的影响。

一般情况下，商品零售价格指数是先从各类零售商品中选择具有代表性的商品计算出个体指数 $k_p = \frac{p_1}{p_0}$，然后以 W 为加权计算的加权算术平均数。其计算公式为：

$$\overline{k_p} = \frac{\sum k_p w}{\sum w} = \frac{\sum \frac{p_1}{p_0} w}{\sum w}$$

从上面公式可知，我国商品零售价格指数的编制采用加权算术平均指数的形式。具体操作时采用抽样调查方法，从全国成千上万的商品中选择部分均有代表性的商品进行定时定点采价，经过加权逐级计算，计算中的权数是根据社会商品零售额统计确定的。

商品零售价格指数与居民消费价格指数的编制方法和计算步骤基本相同，只是两者所包括的内容不同。居民消费价格指数是反映城乡居民支付生活消费品和服务项目消费价格的综合变动情况；而商品零售价格指数反映的是工业、商业、餐饮业和其他零售业向城乡居民、机关团体出售生活消费品和办公用品价格综合变动情况。计算商品零售价格指数，可以从一个侧面对社会经济活动进行观察和分析。

三、编制工业品出厂价格指数

工业品出厂价格指数是反映一定时期内全部工业产品出厂价格总水平变动趋势和程度

的相对数。它可以反映出出厂价格变动情况及其对工业总产值及增加值的影响，从而为研究国民经济运行情况，为指定价格政策、改革价格体系提供依据。

编制工业品出厂价格指数，首先要将工业品划分为生产资料和生活资料两大类，然后在此基础上细分为采掘工业、原材料工业、加工工业、食品工业、衣着工业、一般日用品工业和耐用消费品工业7类。按工业部门分为冶金工业、电力工业、煤炭工业、石油工业等15类。从划分的各类别中选出近800种代表产品，5000多种代表规格品，以其价格的变动来反映全部工业产品价格的变动趋势。对于每种代表产品和规格品，一般应选择两个以上企业调查其价格，代表企业一般在重点城市中选择。

工业品出厂价格指数一般采用加权算术平均数公式计算，具体程序是：

(1) 计算平均价格。用简单算术平均法计算各代表产品或代表规格品的基期和报告期平均价格 P_0 和 P_1。

(2) 用单项商品或服务的价格指数编制公式，即单项商品或服务的价格指数 $=\frac{\overline{p_1}}{p_0}$ 计算各代表产品或代表规格品的出厂价格指数。

(3) 用类指数编制公式，即类指数 $=\sum k_i \frac{w_i}{\sum w_i}$ 计算工业品出厂价格类指数和总指数。式中 k_i 为各代表产品或代表规格品的出厂价格指数或类指数，w_i 为工业产品的权数。

四、编制股票价格指数

股票价格指数是反映某一股票市场上多种股票价格综合变动程度的相对数，是由证券交易所或金融服务机构编制的表明股票行市变动的一种可参考的指示数字。投资者据此可以检验自己投资的效果，并用以预测股票市场动向。同时，社会各界也以此为参考指标，来观察、预测政治、经济发展形势。

股票价格指数的计算方法有多种，一般采用的是综合指数法，以发行量（或流通量）为权数来计算。股票指数通常以“点”为单位，将基期水平固定为100或1000，股价比基期每变动1%或0.1%，称作变动了一点（一个百分点或一个千分点）。

世界各地的股票市场都有自己的股票指数，期中比较著名并有一定代表性的有以下几个指数。

1. 道琼斯股票指数

道琼斯股票指数是在1884年由道琼斯公司的创始人查理斯道开始编制的。其最初的股票价格平均指数是根据11种具有代表性的铁路公司的股票，采用简单算术平均法进行计算编制而成的。

现在的道琼斯股票价格平均指数是以1928年10月1日为基数，因为这一天收盘时的道琼斯股票价格平均指数恰好约为100美元，所以就将其定为基准日。而以后股票价格同基期相比计算出的百分数，就成为各期的股票价格指数，所以现在的股票指数普遍用点作为单位，而股票指数每一点的涨跌就是相对于基数日的涨跌百分数。

道琼斯股票价格平均指数最初的计算方法是简单算术平均法，当遇到股票的除权除息时，股票指数将发生不连续的现象。1928年后，道琼斯股票价格平均指数采用了新的计算方法，即在计点的股票除权或除息时采用连接技术，以保证股票指数的连续，从而使股票指数计算方法得到了完善，并逐渐推广到全世界。

2. 标准普尔股票价格指数

除了道琼斯股票价格指数外，标准普尔股票价格指数在美国也很有影响力，它是由美国最大的证券研究机构——标准普尔公司编制的股票价格指数。该公司于1923年开始编制发表股票价格指数，最初采选了230种股票，编制两种股票价格指数。到1957年，这一股票价格指数的范围扩大到500种股票，分成95种组合，其中最重要的四种组合是工业股票组、铁路股票组、公用事业股票组和500种股票混合组。从1976年7月1日开始，改为40种工业股票，20种运输业股票，40种工业事业类股票和40种金融业股票。几十年来，虽然有股票更迭，但始终保持为500种。标准普尔公司股票价格指数以1941～1993年抽样股票的平均市价为基期，以上市股票数为权数，按基期进行加权计算，其基点数为10。以目前的股票市场价格乘以基期股票数为分母，相除之数再乘以10就是股票价格指数。

3. 纽约证券交易所股票价格指数

纽约证券交易所股票价格指数是由纽约交易所编制的股票价格指数。它自1996年6月起，先是普通股股票价格指数，后来改为混合指数，包括在纽约证券交易所上市的1500家公司的1570种股票。具体计算方法是将这些股票按价格高低分开排列，分别计算工业股票、金融业股票、公用事业股票、运输业股票的价格指数，最大和最广泛的是工业股票价格指数，由1093种股票组成；金融业股票价格指数包括投资公司、储蓄贷款协会、分期付款融资公司、商业银行、保险公司和不动产公司的223种股票；运输业股票价格指数包括铁路、航空、轮船、汽车等公司的65种股票；公用事业股票价格指数则有电话电报公司、煤气公司、电力公司和邮电公司的189种股票。

纽约股票价格指数是以1965年12月31日确定的50点为基数，采用的是综合指数形式。纽约证券交易所每半个小时公布一次指数的变动情况，虽然纽约证券交易所编制股票价格指数的时间不长，但它可以全面及时地反映其股票市场活动的综合状况，因而较受投资者欢迎。

4. 香港恒生指数

香港恒生指数是香港股票市场上历史最悠久、影响最大的股票价格指数，由香港恒生银行于1969年11月24日开始发表。恒生股票价格指数把从香港500多家上市公司中挑选出来的33家有代表性且经济实力雄厚的大公司股票作为成分股，分为四大类，包括4种金融股票、6种公用事业股票、9种房地产业股票和14种其他工商业（包括航空和酒店）股票。这些股票涉及香港的各个行业，并占香港股票市值的68.8%，具有较强的代表性。

恒生股票价格指数的编制是以1964年7月31日为基期，因为这一天香港股市运行正常，成交值均匀，可反映整个香港股市的基本情况，基点为100点。其计算方法是将33种股票按每天的收盘价乘以各自的发行股数为计算日的市值，再与基数的市值相比较，乘以100就得出当天的股票价格指数。由于恒生股票价格指数所选择的基期适当，因此，不

论股票市场狂升或猛跌，还是处于正常交易水平，恒生股票价格指数基本上都能反映整个股市的活动情况。

除香港恒生指数之外，我国主要的股票价格指数有上证综合指数、深证综合指数、上证 30 指数、深证成份股指数等。

任务六　用 Excel 进行指数分析

一、计算综合指数

第一步：将该公司甲、乙、丙三种主要产品 2007 年和 2008 年单位成本和产量数据输入到工作表中。

第二步：在 G2 单元格中输入“＝C2＊E2”，并用鼠标拖曳公式复制到 G3：G4 区域；在 H2 单元格中输入“＝D2＊F2”，并用鼠标拖曳公式复制到 H3：H4 区域；在 I2 单元格中输入“＝C2＊F2”，并用鼠标拖曳公式复制到 I3：I4 区域。结果如图 5－1 所示：

Microsoft Excel － 统计指数.xls

	A	B	C	D	E	F	G	H	I
1	产品名称	计量单位	单位成本基期Z0	单位成本报告期Z1	产量基期Q0	产量报告期Q_1	Z_0*Q_0	Z_1*Q_1	Z_0*Q_1
2	甲	台	20	25	250	300	5000	7500	6000
3	乙	吨	15	12	200	250	3000	3000	3750
4	丙	件	10	8	350	500	3500	4000	5000
5									
6									

图 5－1　产量成本资料

第三步：计算 ∑Z0Q0、∑Z1Q1 和 ∑Z0Q1。选择 G2：G4 区域，单击工具栏上的“∑”按钮，在 G5 单元格出现该列的和，并用鼠标拖曳复制到 H5：I5 区域，得出相应列的和。

第四步：计算综合指数。在 C6 单元格输入“产量总指数”，在 D6 中输入“＝I5/G5”，得出产量总指数；在 C7 单元格输入“单位成本总指数”，在 D6 中输入“＝H5/I5”，得出单位成本总指数。结果如图 5－2 所示：

Microsoft Excel － 统计指数.xls

D7　=H5/I5

	A	B	C	D	E	F	G	H	I
1	产品名称	计量单位	单位成本基期Z0	单位成本报告期Z1	产量基期Q0	产量报告期Q_1	Z_0*Q_0	Z_1*Q_1	Z_0*Q_1
2	甲	台	20	25	250	300	5000	7500	6000
3	乙	吨	15	12	200	250	3000	3000	3750
4	丙	件	10	8	350	500	3500	4000	5000
5							11500	14500	14750
6			产量总指数	1.282608696					
7			单位成本总指数	0.983050847					
8									
9									

图 5－2　综合指数计算结果

二、计算平均指数

我们将该公司甲、乙、丙三种主要产品 2007 年和 2008 年单位成本和产量数据资料做一下调整，来说明平均指数的计算，如图 5－3 所示：

Microsoft Excel - 统计指数.xls

F12

	A	B	C	D	E	F	G	H	I	J
1	产品名称	计量单位	产量基期Q0	产量报告期Q_1	基期总成本$Z_0 * Q_0$	K=Q1/Q0	K*Z0*Q0			
2	甲	台	250	300	5000	1.2	6000			
3	乙	吨	200	250	3000	1.25	3750			
4	丙	件	350	500	3500	1.4285714	5000			
5					11500		14750			
6			产量平均指数	1.282608696						
7										
8										
9										
10										

图 5－3　平均指数的计算

第一步：在工作表中输入基期产量、报告期产量和基期总成本等相关资料。

第二步：计算个体指数。在 F1 单元格输入“K＝Q1/Q0”，在 F2 中输入“＝D2/C2”，得出产量个体指数；并用鼠标拖曳复制到 F3：F4 区域。

第三步：计算 K＊Z0＊Q0 并求该列的和。在 G1 单元格输入“K＊Z0＊Q0”，在 G2 中输入“＝E2＊F2”，并用鼠标拖曳复制到 G3：G4 区域。选择 G2：G4 区域，单击工具栏上的“∑”按钮，在 G5 单元格出现该列的和。

第四步：计算产量平均指数。在 C6 单元格输入“产量平均指数”，在 D6 中输入“＝G5/E5”，得出产量平均指数。

三、指数因素分析

指数因素分析是指利用指标间相互关系形成的指标体系，在编制指数的基础上进行的因素分析。分析研究对象的数量变动，可从各因素变动的方向、程度和绝对数量三个方面入手。

利用综合指数计算的结果进行指数因素分析，如图 5－4 所示：

Microsoft Excel - 统计指数.xls

D7　=H5/I5

	A	B	C	D	E	F	G	H	I	J	K
1	产品名称	计量单位	单位成本基期Z0	单位成本报告期Z1	产量基期Q0	产量报告期Q_1	$Z_0 * Q_0$	$Z_1 * Q_1$	$Z_0 * Q_1$		
2	甲	台	20	25	250	300	5000	7500	6000		
3	乙	吨	15	12	200	250	3000	3000	3750		
4	丙	件	10	8	350	500	3500	4000	5000		
5							11500	14500	14750		
6			产量总指数	1.282608696							
7			单位成本总指数	0.983050847							
8											
9											

图 5－4　综合指数计算结果

第一步：计算成本总指数。在 C8 单元格输入“成本总指数”，在 D8 中输入“＝H5/G5”，得出成本总指数为 126.1%。在 G8 中输入“＝I5－G5”，得出结果 3000 万元。说明该公司总成本报告期比基期上升了 26.1%，绝对额增长了 3000 万元。

第二步：产量总指数为 128.3%，在 G6 中输入“＝I5－G5”，得出结果 3250 万元。说明该公司由于产量增加了 28.3%，使得总成本增加了 3250 万元。

第三步：单位成本总指数为 98.3%，在 G7 中输入“＝H5－I5”，得出结果为－250 万元。说明该公司由于单位成本水平下降了 1.7%，使得总成本下降了 250 万元。计算过程如图 5－5 所示：

Microsoft Excel - 统计指数.xls

G8 =H5-G5

	A	B	C	D	E	F	G	H	I	J	K
1	产品名称	计量单位	单位成本基期Z0	单位成本报告期Z1	产量基期Q0	产量报告期Q_1	Z_0*Q_0	Z_1*Q_1	Z_0*Q_1		
2	甲	台	20	25	250	300	5000	7500	6000		
3	乙	吨	15	12	200	250	3000	3000	3750		
4	丙	件	10	8	350	500	3500	4000	5000		
5							11500	14500	14750		
6			产量总指数	1.282608696			3250				
7			单位成本总指数	0.983050847			-250				
8			成本总指数	1.260869565			3000				
9											

图 5－5 因素分析

其余指数因素分析可根据上述过程参考进行。

项目小结

统计指数分析技术是统计分析中广为采用的一种重要的统计方法，主要用以综合反映复杂现象总体的变动状况，在实践中有重要的应用价值。通过本项目的学习，要明确统计指数的概念、作用和种类；掌握综合指数、平均指数、平均指标指数的编制原则和方法；掌握指数体系及因素分析方法和运用。

广义的指数就是泛指经济现象数量变动的相对数。狭义的指数是指反映不能相加的复杂总体在数量上综合变动的相对数。

统计指数的作用主要有三方面。第一，综合反映复杂现象变动的方向和程度，这是统计指数的最重要的作用。第二，可以根据指数间的社会经济联系，进行因素分析。第三，研究社会经济现象在长期内的变动趋势。

统计指数可以从不同的角度进行分类。按所反映现象性质不同，分为数量指标指数和质量指标指数；按所反映对象范围不同，分为个体指数和总指数；按对比场合不同，分为动态指数和静态指数。

总指数的编制方法有两种，综合指数和平均数指数。综合指数是由两个总量指标对比形成的指数。它的特点是先综合后对比。当一个总量指标可以分解为两个或两个以上的因素指标的乘积时，将其中一个或一个以上的因素指标固定下来，仅观察被研究因素指标的变动程度，这样的指数就叫作综合指数。综合指数编制的一般思路是：编制数量指标综合指数时，引入质量指标作为同度量因素，并且将同度量因素固定在基期；编制质量指标综合指数时，引入数量指标作为同度量因素，并且将同度量因素固定在报告期。其计算公式为如下。

数量指标综合指数：

$$\overline{K}_q = \frac{\sum q_1 p_0}{\sum q_0 p_0}$$

质量指标综合指数：

$$\overline{K}_p = \frac{\sum q_1 p_1}{\sum q_1 p_0}$$

综合指数需要研究总体的全面资料，对于综合作用的同度量因素的资料要求也比较严格。有些研究对象难以取得全面资料时，可采用平均指数法来计算总指数。平均指数法是以个体指数为变量值，以一定时期的总值指标为权数。

以加权算术平均数形式编制的指数叫加权算术平均指数。其公式为：

$$\overline{K}_q = \frac{\sum K_q q_0 p_0}{\sum q_0 p_0}$$

其中，K_q 为数量指标个体指数，$q_0 p_0$ 为基期总量指标，是权数。

该公式为数量综合指数的变形公式，一般用来计算数量指标指数。

以加权调和平均数形式编制的指数叫加权调和平均指数。其公式为：

$$\overline{K}_p = \frac{\sum q_1 p_1}{\sum \frac{1}{K_p} q_1 p_1}$$

其中，K_p 为质量指标个体指数，$q_1 p_1$ 为报告期总量指标，是权数。

该公式为质量综合指数的变形公式，一般用来计算质量指标指数。

反映总体总平均指标变动的方向和程度的指数称为可变构成指数，计算公式为：

$$\overline{K}_{可变} = \frac{\overline{x}_1}{\overline{x}_0} = \frac{\dfrac{\sum x_1 f_1}{\sum f_1}}{\dfrac{\sum x_0 f_0}{\sum f_0}} = \frac{\sum x_1 \dfrac{f_1}{\sum f_1}}{\sum x_0 \dfrac{f_0}{\sum f_0}}$$

反映各组变量值的变动对总平均指标变动影响方向和程度的指数称为固定构成指数，计算公式为：

$$\overline{K}_{固定} = \frac{\overline{x}_1}{\overline{x}_{01}} = \frac{\dfrac{\sum x_1 f_1}{\sum f_1}}{\dfrac{\sum x_0 f_1}{\sum f_1}} = \frac{\sum x_1 \dfrac{f_1}{\sum f_1}}{\sum x_0 \dfrac{f_1}{\sum f_1}}$$

反映总体结构变动对总平均指标变动影响方向和程度的指数称为结构影响指数，计算公式为：

$$\overline{K}_{结构}=\frac{\overline{x}_{01}}{\overline{x}_0}=\frac{\dfrac{\sum x_0 f_1}{\sum f_1}}{\dfrac{\sum x_0 f_0}{\sum f_0}}=\frac{\sum x_0 \dfrac{f_1}{\sum f_1}}{\sum x_0 \dfrac{f_0}{\sum f_0}}$$

在统计分析中，将三个或三个以上具有一定联系，而且具有数量上的某种对等关系的指数所构成的整体叫指数体系。利用指数体系可以对现象进行因素分析，即分析现象总变动中，各个因素的变动对总变动影响的方向和程度。利用指数体系可以进行指数间的推算。因为指数间具有数量对等关系，已知其中的其他指数，就可以推算出未知的那个指数。例如，已知销售额指数和销售量指数，就可以计算出销售价格指数。

总量指数的两因素分析，其指数体系为：

$$\frac{\sum q_1 p_1}{\sum q_0 p_0}=\frac{\sum q_1 p_0}{\sum q_0 p_0}\times\frac{\sum q_1 p_1}{\sum q_1 p_0}$$

$$\sum q_1 p_1-\sum q_0 p_0=\left(\sum q_1 p_0-\sum q_0 p_0\right)+\left(\sum q_1 p_1-\sum q_1 p_0\right)$$

平均指标指数的两因素分析，其指数体系为：

$$\frac{\dfrac{\sum x_1 f_1}{\sum f_1}}{\dfrac{\sum x_0 f_0}{\sum f_0}}=\frac{\dfrac{\sum x_1 f_1}{\sum f_1}}{\dfrac{\sum x_0 f_1}{\sum f_1}}\times\frac{\dfrac{\sum x_0 f_1}{\sum f_1}}{\dfrac{\sum x_0 f_0}{\sum f_0}}$$

$$\frac{\sum x_1 f_1}{\sum f_1}-\frac{\sum x_0 f_0}{\sum f_0}=\left(\frac{\sum x_1 f_1}{\sum f_1}-\frac{\sum x_0 f_1}{\sum f_1}\right)+\left(\frac{\sum x_0 f_1}{\sum f_1}-\frac{\sum x_0 f_0}{\sum f_0}\right)$$

最后，简单介绍了居民消费价格指数、商品零售价格指数、工业品出厂价格指数和股票价格指数等几种常用的价格指数的编制和应用。

实训操作

实训一：案例分析

解读 2005 年的价格水平

2005 年，全国居民消费价格总水平比上年上涨 1.8%。如表 5－8 所示，其中服务价格上涨 3.3%，商品零售价格上涨 0.8%。工业品出厂价格上涨 4.9%。原材料、燃料、动力购进价格上涨 8.3%。固定资产投资价格上涨 1.6%。农产品生产价格上涨 1.4%。70 个大中城市房屋销售价格上涨 7.6%。

表 5-8　2005 年居民消费价格比上年上涨情况

指标	全面	城市	农村
全国居民消费价格水平	1.8	1.6	2.2
食品	2.9	3.1	2.5
其中：粮食	1.4	1.5	1.3
烟酒及用品	0.4	0.3	0.5
衣着	−1.7	−2.0	−0.9
家庭设备用品及服务	−0.1	−0.3	0.3
医疗保健及个人用品	−0.1	−0.4	0.5
交通和通信	−1.0	−1.6	0.3
娱乐教育文化用品及服务	2.2	1.3	3.8
居住	5.4	5.6	5.2

全年社会消费品零售总额达到 67.177 亿元，比上年增长 12.9%，扣除价格上涨因素，实际增长 12.0%。分城乡看，城市消费品零售额 45095 亿元，增长 13.6%；县及县以下消费品零售额 22082 亿元，增长 11.5%。分行业看，批发零售业零售额 56589 亿元，增长 12.6%；餐饮业零售额 8887 亿元，增长 17.7%；其他行业零售额 1701 亿元，增长 0.4%。全年粮食产量 48401 万吨，比上年增长 1454 万吨，增产 3.1%；棉花产量 570 万吨，减产 9.8%；油料产量 3078 万吨，增产 0.4%；糖料产量 9551 万吨，减产 0.2%。

思考与讨论问题：

1. “指数”与“增减率”有何关系？2005 年全国居民消费价格指数是多少？

2. 2005 年价格上升最快的是哪一个大类？全国居民消费价格指数与各个大类消费价格指数应该存在什么样的数量关系？

3. 全国居民消费价格指数与商品零售价格指数包括的范围有什么区别？为什么我国要分城乡计算居民消费价格指数？

4. 上述分析中提到：“全年社会消费品零售总额达到 67177 亿元，比上年增长 12.9%，扣除价格上涨因素，实际增长 12.0%。”如何理解这段话中两个增长率的关系？“实际增长”到底反映的是什么因素的增长？对研究居民生活水平变化有何意义？

实训二：统计指数分析技术在经济分析中的运用

一、实训主题：统计指数分析技术在经济分析中的运用

二、实训方案

（一）实训目的要求

本实训是在学习统计指数分析理论之后进行的，目的是培养学生统计指数的编制技术和统计指数在经济分析中的应用能力。

（二）实训形式

单独训练或分组讨论。

（三）模拟操作过程

1. 由课程主讲教师提供资料实训素材，素材如表 5－9 所示。资料包括各大类、交通工具和通信工具中类及其代表商品（代表规格品）的有关信息。

2. 先分小组讨论：对资料进行简单的介绍。

3. 小组派代表发言，进行课堂讨论。

（四）模拟操作点评

应该正确理解居民消费价格指数的含义，在此基础上准确编制居民消费价格指数。

（五）课后操作实践

利用课后时间搜集相关经济指数，进行简单数据分析。

表 5－9　某市居民消费价格指数有如下资料（2008 年＝100）

类别及品名	规格等级	计量单位	平均价格（元）		指数（%）	权数	指数×权数
			基期	报告期			
总指数	—	—	—	—	?	100	—
一、食品类	—	—	—	—	104.15	42	43.743
二、衣着类	—	—	—	—	95.46	15	14.319
三、家庭设备及用品	—	—	—	—	102.70	11	11.297
四、医疗保健	—	—	—	—	110.43	3	3.313
五、交通和通信	—	—	—	—	96.91	4	3.941
1. 交通工具	—	—	—	—	?	(60)	?
摩托车	100 型	辆	8450	8580	101.54	<45>	45.693
自行车	660M	辆	336	360	101.74	<50>	50.870
三轮车	普通	辆	540	552	102.22	<5>	5.111
2. 通信工具	—	—	—	—	?	(40)	?
固定电话机	中档	部	198	176	88.88	<80>	71.104
移动电话机	中档	部	900	840	93.33	<20>	18.666
六、文化娱乐用品	—	—	—	—	101.26	5	5.063
七、居住项目	—	—	—	—	103.50	14	14.490
八、服务项目	—	—	—	—	108.74	6	6.524

运用该章学习的指数编制技术对该市居民消费价格指数进行编制，并且分析其意义。

社会实践题

全国农村居民人均纯收入变动的因素分析

全国农村居民人均纯收入反映的是各地区农村居民人均纯收入的一般水平或平均水平，但它不是简单的算术平均数，而是加权算术平均数。因此，从动态方面来看，全国农村居民人均纯收入的变动不仅要受到各地区农村居民人均纯收入变动的影响，还要受全国农村人口数的地区构成（即各地区农村人口数占全国的比重）变动的影响。但是这两个因素到底各有多大的影响力呢？可以利用指数的理论和方法来分析和研究类似的问题。

数据资料如表 5－10 所示。

表 5－10　我国农村居民的人口数与人均纯收入表

地区	乡村人数（万人）		人均纯收入（元）	
	2000 年	2006 年	2000 年	2006 年
北京	310	248	4605	8275
天津	280	261	3622	6228
河北	4985	4246	2479	3802
山西	2146	1923	1906	3181
内蒙古	1362	1231	2038	3342
辽宁	1939	1752	2356	4090
吉林	1373	1281	2023	3641
黑龙江	1788	1778	2148	3552
上海	196	205	5596	9139
江苏	4352	3632	3595	5813
浙江	2400	2166	4254	7335
安徽	4321	3843	1935	2969
福建	2028	1850	3230	4835
江西	2994	2661	2135	3460
山东	5629	5018	2659	4368
河南	7109	6342	1986	3261
湖北	3604	3199	2269	3419
湖南	4524	3887	2197	3390
广东	3889	3442	3654	5080
广西	3225	3084	1865	2770

续表

地区	乡村人数（万人）		人均纯收入（元）	
	2000 年	2006 年	2000 年	2006 年
海南	471	451	2182	3256
重庆	2067	1497	1892	2874
四川	6106	5367	1904	3002
贵州	2684	2725	1374	1985
云南	3286	3116	1479	2250
西藏	212	202	1331	2435
陕西	2442	2274	1444	2260
甘肃	1947	1796	1429	2134
青海	338	333	1490	2358
宁夏	380	344	1724	2760
新疆	1274	1272	1618	2737

数据来源：《中国统计年鉴 2001》《中国统计年鉴 2007》

思考与讨论问题：

1. 与 2000 年相比，2006 年全国农村居民人均纯收入的变动程度和变动幅度是多少（分别用相对数和绝对数表示）？

2. 全国农村人口数的地区构成变动对全国农村居民人均纯收入变动的影响是多大（分别用相对数和绝对数表示）？

3. 各地区农村居民人均纯收入的提高对全国农村居民人均纯收入变动的影响是多大（分别用相对数和绝对数表示）？

4. 以上三个问题的计算结果之间存在什么样的数量关系？对上述计算结果及它们之间的关系做简要的文字说明。

5. 由于计算量大，利用 Excel 实现上述计算。

一、单选题（每题 3 分）

1. 统计指数按其反映的对象范围不同分为（　　）。

　A. 简单指数和加权指数　　B. 综合指数和平均指数

　C. 个体指数和总指数　　D. 数量指标指数和质量指标指数

2. 总指数编制的两种形式是（　　）。

　A. 算术平均指数和调和平均指数　　B. 个体指数和综合指数

　C. 综合指数和平均指数　　D. 定基指数和环比指数

3. 综合指数是一种（　　）。

A. 简单指数　　B. 加权指数

C. 个体指数　　D. 平均指数

4. 某市居民以相同的人民币在物价上涨后所购商品减少 15%，则物价指数为（　　）。

A. 17.6%　　B. 85%

C. 115%　　D. 117.6%

5. 在掌握基期产值和各种产品产量个体指数资料的条件下，计算产量总指数要采用（　　）。

A. 综合指数　　B. 可变构成指数

C. 加权算术平均数指数　　D. 加权调和平均数指数

6. 在由三个指数组成的指数体系中，两个因素指数的同度量因素通常（　　）。

A. 都固定在基期

B. 都固定在报告期

C. 一个固定在基期，另一个固定在报告期

D. 采用基期和报告期的平均数

7. 某商店报告期与基期相比，商品销售额增长 6.5%，商品销售量增长 6.5%，则商品价格（　　）。

A. 增长 13%　　B. 增长 6.5%　　C. 增长 1%　　D. 不增不减

8. 单位产品成本报告期比基期下降 6%，产量增长 6%，则生产总费用（　　）。

A. 增加　　B. 减少　　C. 没有变化　　D. 无法判断

9. 某公司三个企业生产同一种产品，由于各企业成本降低使公司平均成本降低 15%，由于各种产品产量的比重变化使公司平均成本提高 10%，则该公司平均成本报告期比基期降低（　　）。

A. 5.0%　　B. 6.5%　　C. 22.7%　　D. 33.3%

10. 某商店 2001 年 1 月份微波炉的销售价格是 350 元，6 月份的价格是 342 元，指数为 97.71%，该指数是（　　）。

A. 综合指数　　B. 平均指数　　C. 总指数　　D. 个体指数

11. 编制数量指标指数一般是采用（　　）作为同度量因素。

A. 基期质量指标　　B. 报告期质量指标

C. 基期数量指标　　D. 报告期数量指标

12. 编制质量指标指数一般是采用（　　）作为同度量因素。

A. 基期质量指标　　B. 报告期质量指标

C. 基期数量指标　　D. 报告期数量指标

二、多选题（每题 3 分）

1. 指数的作用包括（　　）。

A. 综合反映事物的变动方向　　B. 综合反映事物的变动程度

C. 利用指数可以进行因素分析　　D. 研究事物在长时间内的变动趋势

E. 反映社会经济现象的一般水平

2. 某企业为了分析本厂生产的两种产品产量的变动情况，已计算出产量指数为 112.5%，这一指数是（　　）。

A. 综合指数　　B. 总指数
C. 个体指数　　D. 数量指标指数
E. 质量指标指数

3. 平均数变动因素分析的指数体系中包括的指数有（　　）。

A. 可变组成指数　　B. 固定构成指数
C. 结构影响　　D. 算术平均指数
E. 调和平均指数

4. 同度量因素的作用有（　　）。

A. 平衡作用　　B. 权数作用
C. 稳定作用　　D. 同度量作用
E. 调和作用

5. 若 p 表示商品价格，q 表示商品销售量，则公式 $\sum p_1q_1 - \sum p_0q_0$ 表示的意义是（　　）。

A. 综合反映销售额变动的绝对额
B. 综合反映价格变动和销售量变动的绝对额
C. 综合反映多种商品价格变动而增减的销售额
D. 综合反映由于价格变动而使消费者增减的货币支出额
E. 综合反映多种商品销售量变动的绝对额

6. 指数按计算形式不同可分为（　　）。

A. 简单指数
B. 总指数
C. 数量指标指数
D. 质量指标指数
E. 加权指数

7. 当权数为 P_0Q_0 时，以下哪些说法是正确的（　　）。

A. 数量指标综合指数可变形为加权算术平均指数
B. 数量指标综合指数可变形为加权调和平均指数
C. 质量指标指数可变形为加权算术平均指数
D. 质量指标指数可变形为加权调和平均指数
E. 综合指数与平均指数没有变形关系

8. 指数体系中（　　）。

A. 一个总值指数等于两个（或两个以上）因素指数的代数和
B. 一个总值指数等于两个（或两个以上）因素指数的乘积
C. 存在相对数之间的数量对等关系
D. 存在绝对变动额之间的数量对等关系
E. 各指数都是综合指数

三、计算题（每题 10 分）

1. 某厂三种产品的产量情况如下：

产品	计量单位	出厂价格（元）		产量	
		基期	报告期	基期	报告期
A	件	8	8.5	13500	15000
B	个	10	11	11000	10200
C	千克	6	5	4000	4800

试分析出厂价格和产量的变动对总产值的影响。

2. 某厂生产的三种产品的有关资料如下：

产品名称	产量			单位成本（元）		
	计量单位	基期	报告期	计量单位	基期	报告期
甲	万件	100	120	元/件	15	10
乙	万只	500	500	元/只	45	55
丙	万个	150	200	元/个	9	7

（1）计算三种产品的单位成本指数以及由于单位成本变动使总成本变动的绝对额；

（2）计算三种产品产量总指数以及由于产量变动而使总成本变动的绝对额；

（3）利用指数体系分析说明总成本（相对程度和绝对额）变动的情况。

3. 某地区三种水果的销售情况如下：

水果品种	本月销售额（万元）	本月比上月价格增减（%）
苹果	68	−10
草莓	12	12
橘子	50	2

试计算该地区三种水果的价格指数及由于价格变动对居民开支的影响。

4. 某厂生产情况如下：

产品	计量单位	产量		基期产值（万元）
		基期	报告期	
甲	台	1000	920	650
乙	双	320	335	290

请根据资料计算该厂的产量总指数和因产量变动而增减的产值。

5. 某公司下属三个厂生产某种产品的情况如下：

	单位产品成本（元）		产量（吨）	
	上月	本月	上月	本月
一厂	960	952	4650	4930
二厂	1010	1015	3000	3200
三厂	1120	1080	1650	2000

根据上表资料计算可变组成指数、固定组成指数和结构影响指数，并分析单位成本水平和产量结构变动对总成本的影响。

项目六　抽样推断

学习要点

本项目的主要内容包括五个方面：一是了解抽样推断的意义和相关概念；二是对抽样误差进行分析；三是进行抽样推断，即用样本均值推断总体均值和用样本成数推断总体成数；四是根据抽样推断目的和要求确定必要的样本容量；五是抽样设计技术。

学习目标

【知识目标】

1. 理解抽样推断的概念及特点；
2. 深刻理解抽样误差产生的原因；
3. 对抽样误差、抽样平均误差、抽样极限误差加以区别；
4. 重点掌握简单随机抽样组织形式的区间估计方法；
5. 掌握必要样本单位数的确定方法。

【能力目标】

1. 培养应用抽样推断基本理论分析实际工作的能力；
2. 具有掌握抽样估计方法的能力；
3. 掌握必要样本单位数的确定方法；
4. 熟悉 Excel 在抽样估计中的运用。

项目导入

在统计调查技术项目中，我们认识到抽样调查是一种运用非常广泛的统计调查方法。如何进行抽样调查，对调查的数据如何分析，等等，是本项目的内容。

为了解某地区经济发展情况，统计员小张对该地区进行了抽样调查，得到了如下资料。

背景资料一：该地区有一民营企业，其中一个生产车间共有 4 名工人，测得他们的日工资分别为 70、90、130、150。

背景资料二：该地区有 10000 名适龄儿童，现随机抽取 400 名儿童，发现有 320 名儿

童入学，又从这320名入学儿童中按简单随机抽样方法抽取40名儿童进行了全面体检，发现他们的身高标准差为10厘米。

背景资料三：该地区有粮食种植面积为8000亩，随机抽取400亩做样本，测得秧苗成活率为92%，样本粮食平均亩产量 $\bar{x}$ 为350千克，粮食亩产的标准差为 $\sigma=82$ 千克。

背景资料四：该地区有一家电子元件生产工厂，为检查该工厂产品质量。现对某型号的电子元件进行耐用性能检查，抽查的资料分组列表如表6-1所示。

表6-1　某型号电子元件耐用时数资料

耐用时数（时）	组中值（x）	元件数（f）
900以下	875	1
900～950	925	2
950～1000	975	6
1000～1050	1025	35
1050～1100	1075	43
1100～1150	1125	9
1150～1200	1175	3
1200以上	1225	1
合计	—	100

该厂的产品质量检验标准规定：元件耐用时数达到1000小时以上为合格品，现随机抽取100件元件，发现有9件不合格。

背景资料五：对该地区居民进行调查，随机抽取400户居民，调查得每户耐用品消费年平均支出为850元，标准差为200元。

背景资料六：为了研究新式时装的销路，在市场上随机对900名成年人进行调查，结果有540名喜欢该新式时装。

背景资料七：该地区共有农户4000户，分粮食作物区与技术作物区。现在用等比例类型抽样方法分别抽取10%的农户调查收入情况，结果如表6-2所示。

表6-2　全乡抽样平均数和标准差计算表

	农户总数	样本户数	抽样平均每户收入（元）	抽样标准差（元）
	N_i	n_i	$\bar{x}_i$	S_i
粮食作物区	2500	250	3600	63
技术作物区	1500	150	5400	75
合计	4000	400		—

背景资料八：为了推断今年15个地块的小麦平均亩产，按去年亩产排队，如表6-3所示。

表 6-3　某地区小麦地块亩产排序表

地块序号	1	2	3	4	5	6	7	8	9	10	11	12	13	14	15
去年亩产（千克）	340	350	355	360	375	385	395	400	410	420	430	440	460	465	480
平均亩产（千克）	356					402					455				

背景资料九：某工厂生产某种灯泡，在连续生产的720小时中，每隔24小时抽取1小时的全部产品加以检查，根据抽样资料计算，灯泡平均使用寿命1200小时，群间方差为60小时。

背景资料十：该地区共有30000户居民，将其分成100群，每群包括300户，现欲调查居民的收入水平。如果用两阶段抽样，先以群为第一阶段的抽取单位，从100群中抽6群；然后以住户为第二阶段的抽取单位，从抽中的群体中每群抽3户，调查其平均收入。

【基本知识】抽样推断的意义及基本概念

一、抽样推断的意义

抽样推断是在抽样调查的基础上，利用样本的实际资料计算样本指标，并据以推算总体相应数量特征的一种统计分析方法。

抽样推断有以下特点。

（1）抽样推断是由部分资料推算总体特征的一种认识方法。抽样调查是一种非全面调查，但调查的目的却不在于了解部分单位的情况，它只是作为进一步推断的手段，目的在于要认识总体的数量特征。抽样推断科学地论证了样本指标与相应的总体参数之间存在着内在的联系，两者的误差分布也是有规律可循的，并提供了一套利用抽样调查的部分信息来推断总体数量特征的方法，这就大大提高了统计分析的认识能力，为信息采集和开发开辟了一条崭新的途径。

（2）抽样推断建立在随机取样的基础上。按随机原则抽取样本单位，是抽样推断的前提。随机原则就是总体中样本单位的中选或不中选，不受主观因素的影响，保证每一单位都有相等的中选可能性。把抽样推断建立在随机样本的基础上，才可能事先掌握各种样本出现的可能性大小，提供样本指标数值的分布情况，计算样本指标的抽样平均误差，同时保证样本指标与总体指标的抽样误差被控制在一定范围内。

（3）抽样推断运用了概率估计的方法。利用样本指标来估计总体参数，在数学上运用了不确定的概率估计法，而不是确定的数学分析法。因为样本数据和总体参数之间并不存在严格对应的自变量和因变量的关系，它不能利用一定的函数关系来推算总体参数。抽样推断原则上把由样本观察值所决定的样本指标看作随机变量。在实践中抽取一个样本，并计算样本指标值作为相应总体指标的估计值，本任务中需要研究的问题便是用这样的样本指标值来代表相应的总体指标值。其准确性就是概率估计所要解决的问题。

（4）抽样推断的误差可以事先计算并加以控制。以样本指标估计相应的总体指标虽然也存在一定的误差，但它与其他统计估算不同，抽样误差范围可以事先通过有关资料加以计算，并且可以采取必要的组织措施来控制这个误差范围，保证抽样推断的结果达到一定的准确度。可以说，抽样调查就是根据事先给定的误差允许范围进行设计的，而抽样推断则是具有一定可靠程度的估计和判断，这些都是其他估计方法所办不到的。

抽样推断的前提是我们对总体的数量特征不了解或了解很少，利用抽样推断去解决这类问题，可以有两种途径：参数估计和假设检验，这也是抽样推断的主要内容。这两方面内容虽然都是利用样本观察值对总体做出估计或推断，但它们解决问题的着重点是不同的。

1. 参数估计

由于不知道总体的数量特征，可以依据样本观察资料对总体的水平、结构、规模等数量特征进行估计，这种推断方法称为总体参数的估计。例如，粮食产量抽样调查、居民家计抽样调查、产品质量抽样调查、民意抽样测验等，都属于参数估计的推断方法。参数估计包括许多内容，如确定估计值，确定估计的优良标准并加以判别，求估计值和被估计参数之间的误差范围，计算在一定误差范围内所作推断的可靠程度等。

2. 假设检验

如果我们对总体的变化情况不了解，不妨先对总体的状况作某种假设，然后再根据抽样推断的原理和样本观察资料对所作假设进行检验，来判断这种假设的真伪，这种推断方法称为总体参数的假设检验。

二、有关抽样的基本概念

1. 总体和样本

总体也称全及总体，指所要认识的研究对象全体，它是由所研究范围内具有某种共同性质的全体单位所组成的集合。总体的单位数通常都是很大的，甚至是无限的，这样才有必要组织抽样调查。一般用英文字母 N 来表示总体的单位数。

样本又称子样，它是从全及总体中随机抽取出来，作为代表这一总体的那部分单位组成的集合体。样本的单位数总是有限的，相对来说，它的数目比较小，一般用英文字母 n 来表示样本的单位数。

作为推断对象的总体是确定的，而且是唯一的。但作为观察对象的样本没有这种特征。从一个总体可以抽取很多个样本，每次可能抽到的样本不是确定的，也不是唯一的，而是可变的。

2. 参数和统计量

根据总体各单位的标志值或标志属性计算的，反映总体数量特征的综合指标称为全及指标。全及指标是总体变量的函数，其数值是由总体各单位的标志值或标志属性决定的，一个全及指标的指标值是确定的、唯一的，所以称为参数。常用的总体参数有总体平均数 $\overline{X}$、总体方差 σ^2（或总体标准差 σ）和总体成数 P。

设总体变量值 X 为：X_1，$X_2 \cdots X_N$，则有：

$$\overline{X} = \frac{\sum X}{N} \text{或} \frac{\sum XF}{\sum F} \tag{6.1}$$

$$\sigma^2 = \frac{\sum (X - \overline{X})^2}{N} \text{或} \frac{\sum (X - \overline{X})^2 F}{\sum F} \tag{6.2}$$

对于总体单位的品质标志来说，由于各单位标志表现不能用数字来表示，因此总体参数常以成数指标 P 来表示总体中具有某种性质的单位数在总体全部单位数中所占的比重，以 Q 表示总体中不具有某种性质的单位数在总体全部单位数中所占的比重。

设总体 N 个单位中，有 N_1 个单位具有某种性质，N_0 个单位不具有某种性质，$N_1 + N_0 = N$，则有：

$$P = \frac{N_1}{N}, Q = \frac{N_0}{N} = \frac{N - N_1}{N} = 1 - P \tag{6.3}$$

如果品质标志表现只有是非两种，例如产品质量标志表现为合格和不合格，性别标志表现为男性和女性，则可以把“是”的标志表示为 1，而“非”的标志表示为 0，那么成数 P 就可以视为（0，1）分布的平均数，并可以求出相应的方差和标准差。

$$\overline{X}_P = \frac{0 \times N_0 + 1 \times N_1}{N} = \frac{N_1}{N} = P \tag{6.4}$$

$$\begin{aligned} \sigma_p^2 &= \frac{(0 - P)^2 N_0 + (1 - P)^2 N_1}{N} = \frac{P^2 N_0 + Q^2 N_1}{N} = P^2 Q + Q^2 P \\ &= PQ(P + Q) = PQ \end{aligned} \tag{6.5}$$

例如，某批零件的合格品率 $P=80\%$，则有：

$$\overline{X}_P = 80\%$$

$$\sigma_P^2 = 80\% \times 20\% = 16\%$$

在抽样调查中，总体参数意义和计算方法是明确的，但参数的具体值事先是未知的，需要通过抽样来估计。

根据样本各单位标志值或标志属性计算的综合指标称为统计量。统计量是样本变量的函数，是用来估计总体参数的，因此和常用的总体参数相对应，有样本平均数 $\overline{x}$、样本方差 s^2 和样本成数 p 等。

设样本变量 x 为：x_1，$x_2 \cdots x_n$，则有：

$$\overline{x} = \frac{\sum x}{n} \text{或} \frac{\sum xf}{\sum f} \tag{6.6}$$

$$s^2 = \frac{\sum (x - \overline{x})^2}{n} \text{或} \frac{\sum (x - \overline{x})^2 f}{\sum f} \tag{6.7}$$

$$\overline{x}_p = \frac{n_1}{n} = p \tag{6.8}$$

$$s_p^2 = p(1 - p) \tag{6.9}$$

样本统计量的计算方法是确定的，但它的取值随着不同的样本、不同样本变量而发生

变化。所以统计量本身也是随机变量，用来作为参数的估计值。有的误差大些，有的误差小些，有的发生正误差，有的发生负误差，情况各不相同。

3. 样本容量和样本个数

样本容量是指一个样本所包含的样本单位个数。通常将样本单位数不少于 30 个的样本称为大样本，单位数不及 30 个的样本称为小样本。

样本个数又称样本可能数目，是指从一个总体中可能抽取的样本个数。一个总体可能抽取多少个样本，和样本容量以及抽样方法等因素都有关系。

4. 重复抽样和不重复抽样

从抽样的方法来看，抽样可以有重复抽样和不重复抽样两种。

重复抽样也称重置抽样。需要从总体 N 个单位中随机抽取一个容量为 n 的样本，每次从总体中抽取一个单位，把结果登记下来，又重新放回，参加下一次抽选。因而重复抽样的样本是由 n 次相互独立的连续实验构成的，每次实验是在完全相同的条件下进行，每个单位中选的机会在各次都完全相等。

从总体 N 个单位中，用重复抽样的方法，随机抽取 n 个单位构成一个样本，则一共可以抽取 N^n 个样本。

例如，总体中有 A、B、C、D 四个单位，要从中以重复抽样的方法抽取 2 个单位构成样本，则样本容量为 2，样本数目为 16。可能的样本分别为：AA，AB，AC，AD，BA，BB，BC，BD，CA，CB，CC，CD，DA，DB，DC，DD。

不重复抽样也称为不重置抽样。从总体 N 个单位中抽取一个容量为 n 的样本，每次从总体中抽取一个单位，被抽中的单位不能再放回参加下一次的抽选。因而不重复抽样有这样的特点：样本由 n 次连续抽样的结果构成，实质上等于一次同时从总体中抽 n 个样本单位，连续 n 次抽样的结果不是相互独立的，每次抽取的结果都影响到下一次抽取，每抽取一次总体单位数就少一个，因而每个单位的中选机会在各次是不相同的。

从总体 N 个单位中，用不重复抽样的方法，抽取 n 个单位样本，全部可能抽取的样本数目为 $N(N-1)(N-2)\cdots[N-(n-1)]=(N-n+1)!$ 个。

例如有 A、B、C、D 四个单位，用不重复的方法从中抽取两个单位构成样本。先从 4 个单位中取 1 个，共有 4 种取法；第二次再从留下的 3 个中取 1 个，共有 3 种取法。前后两次构成一个样本，全部可能抽取的样本数目为 $4\times3=12$ 个，它们是：AB，AC，AD，BA，BC，BD，CA，CB，CD，DA，DB，DC。

由此可见，在相同的样本容量的要求下，重复抽样的样本个数总是大于不重复抽样的样本个数。

任务一　计算抽样误差

抽样误差是指由于随机抽样的偶然因素使样本的结构不足以代表总体的结构，而引起抽样指标和全及指标之间的绝对离差。如抽样平均数与总体平均数的绝对离差、抽样成数与总体成数之间的绝对离差等。例如，某班 100 个同学中有 60 个男同学和 40 个女同学，现在随机抽取 10 个同学为样本，由于随机的原因未必每次都能抽到 6 个男同学和 4 个女同学，这使得利用样本计算的性别比例指标不能代表该班同学的性别比例指标，而使得样本指标与总指标之间存在绝对离差，这就是抽样误差。

这里的抽样误差就是指由偶然因素引起的代表性误差。即按随机原则抽样时，在没有登记性误差和系统性误差的条件下，单纯由于不同的随机样本得出不同的估计量而产生的误差。抽样误差是抽样调查所固有的，是无法避免与消除的，但可以运用数学方法计算其数量界限，并通过抽样设计程序控制其范围。当然，抽样误差不是一个固定的数，它的数值是随样本的不同而变化的，所以它也是随机变量。

在进行抽样推断分析过程中，我们需要计算抽样平均误差和极限抽样误差。

一、计算抽样平均误差

（一）明确抽样平均误差的含义

抽样误差有抽样实际误差和抽样平均误差两种。抽样实际误差是指某一次抽样结果所得到的样本指标与总体指标数值之差。由于总体指标数值的取得是抽样推断的目的，往往是未知的，因而抽样实际误差也是很难确知的。因此为了用样本指标去推算总体指标，就需要计算这些误差的平均数，即抽样平均误差。抽样平均误差是反映抽样误差一般水平的指标，一般用希腊字母 μ 来表示。

通常用抽样平均数的标准差或抽样成数的标准差来作为衡量其抽样误差一般水平的尺度。按照标准差的一般意义，抽样平均数（或成数）的标准差是按抽样平均数（或成数）与其平均数的离差平方和计算的，但由于抽样平均数的平均数等于总体平均数，而抽样成数的平均数等于总体成数，抽样指标的标准差恰好反映了抽样指标和总体指标的平均离差程度。

（二）选择抽样平均误差的计算公式

设以 $\mu_{\bar{x}}$ 表示抽样平均数的平均误差，μ_p 表示抽样成数的平均误差，M 表示全部可能的样本数目。则抽样平均误差的定义公式为：

$$\mu_{\bar{x}} = \sqrt{\frac{\sum(\bar{x}-\overline{X})^2}{M}} \tag{6.10}$$

$$\mu_P = \sqrt{\frac{\sum(p-P)^2}{M}} \tag{6.11}$$

这些公式表明了抽样平均误差的关系。但是由于总体平均数和总体成数我们并不知道，而且也无法计算全部样本的抽样指标值，所以利用上述公式计算抽样平均误差实际上是不可能的。在实际应用中可以通过其他方法加以推算。

以简单随机抽样为例，分别对抽样平均数和抽样成数的抽样平均误差的计算问题加以讨论。

1. 抽样平均数的抽样平均误差

(1) 重复抽样的抽样平均误差为：

$$\mu_{\bar{x}} = \frac{\sigma}{\sqrt{n}} \tag{6.12}$$

（2）不重复抽样的抽样平均误差为：

$$\mu_{\bar{x}} = \sqrt{\frac{\sigma^2}{n}\left(\frac{N-n}{N-1}\right)} \tag{6.13}$$

式中，σ 为总体标准差；N 为单位数；n 为样本容量。

与重复抽样公式对比，可知不重复抽样误差等于重复抽样误差在开平方内乘以修正因子$\frac{N-n}{N-1}$。由于这个因子总是小于 1，因此不重复抽样误差总是小于重复抽样误差。当总体单位数 N 很大的情况下，不重复抽样平均误差公式可以表示为如下近似式：

$$\mu_{\bar{x}} = \sqrt{\frac{\sigma^2}{n}\left(1-\frac{n}{N}\right)} \tag{6.14}$$

2. 抽样成数的抽样平均误差

（1）重复抽样的抽样平均误差：

$$\mu_p = \sqrt{\frac{P(1-P)}{n}} \tag{6.15}$$

式中，P 为总体成数，n 为样本单位数。

（2）不重复抽样的抽样平均误差：

$$\mu_p = \sqrt{\frac{P(1-P)}{n}\left(\frac{N-n}{N-1}\right)} \tag{6.16}$$

在总体单位数 N 很大的情况下，μ_p 的近似式为：

$$\mu_p = \sqrt{\frac{P(1-P)}{n}\left(1-\frac{n}{N}\right)} \tag{6.17}$$

从以上公式可以看出，影响抽样平均误差的因素有：①总体各单位标志值的差异程度，差异程度越大则抽样误差也越大，反之则小；②样本的单位数，在其他条件相同的情况下，样本的单位数越多，则抽样误差越小；③抽样方法，一般地说，重复抽样的抽样平均误差比不重复抽样的抽样平均误差要大些；④抽样调查的组织形式，不同的组织形式有不同的抽样误差。上述计算抽样平均误差的公式是针对简单随机抽样而言的。

（三）抽样平均误差的计算应用

【例 6－1】 利用背景资料 1 的数据。将 4 名工人看作一个全及总体，他们的日工资分别为 70、90、130、150。则这一总体的平均工资 $\overline{X}$ 和工资标准差 σ 为：

$$\overline{X} = \frac{\sum X}{N} = \frac{70+80+130+150}{4} = 110(\text{元})$$

$$\sigma = \sqrt{\frac{(X-\overline{X})^2}{N}} = \sqrt{\frac{(70-110)^2+(90-110)^2+(130-110)^2+(150-110)^2}{4}} = 31.62(\text{元})$$

现在用重复抽样的方法，从 4 个工人中抽 2 人构成样本，并求样本的平均工资。所有可能的样本以及各样本的平均工资如表 6－4 所示。

表 6-4 重置抽样平均误差计算表

序号	样本单位标志值（x）	样本平均数 $\bar{x}$	平均数离差（$\bar{x}-\bar{X}$）	离差平方$(\bar{x}-\bar{X})^2$
1	70，70	70	−40	1600
2	70，90	80	−30	900
3	70，130	100	−10	100
4	70，150	110	0	0
5	90，70	80	−30	900
6	90，90	90	−20	400
7	90，130	110	0	0
8	90，150	120	10	100
9	130，70	100	−10	100
10	130，90	110	0	0
11	130，130	130	20	400
12	130，150	140	30	900
13	150，70	110	0	0
14	150，90	120	10	100
15	150，130	140	30	900
16	150，150	150	40	1600
合计	—	1760	0	8000

样本平均数的平均数：

$$E(\bar{x})=\frac{\sum \bar{x}}{M}=110(\text{元})=\bar{X}$$

抽样平均误差：

$$\mu_{\bar{x}}=\sqrt{\frac{\sum(\bar{x}-\bar{X})^2}{M}}=\sqrt{\frac{8000}{16}}=22.36(\text{元})$$

现在直接按重复抽样误差公式计算抽样平均误差 μ_x：

$$\mu_{\bar{x}}=\frac{\sigma}{\sqrt{n}}=\frac{31.62}{\sqrt{2}}=22.36(\text{元})$$

所得结果与由定义计算的抽样平均误差完全相同。

从以上计算过程中，我们可以看出几个基本关系。

第一，样本平均数的平均数 $E(\bar{x})$ 等于总体平均数 $\bar{X}$，因而抽样平均误差实质上就是抽样平均数的标准差，所以也称为抽样标准误差。

第二，抽样平均数的标准差（即抽样平均误差）比总体标准差小得多，仅为总体标准差的$\frac{1}{\sqrt{n}}$。

第三，可以通过调整样本单位数 n 来控制抽样平均误差。例如，将样本单位数扩大到原来的 4 倍，则平均误差缩小一半；若抽样平均误差增加一倍，则样本单位数只需要原来的 1/4。

现在仍以上述 4 个工人工资的例子，假设用不重复抽样的方法从总体中抽取 2 人求平均工资，加以验证。

表 6－5　不重置抽样平均误差计算表

序号	样本单位标志值 (x)	样本平均数 $\bar{x}$	平均数离差 $(\bar{x}-\bar{X})$	离差平方 $(\bar{x}-\bar{X})^2$
1	70，90	80	−30	900
2	70，130	100	−10	100
3	70，150	110	0	0
4	90，70	80	−30	900
5	90，130	110	0	0
6	90，150	120	10	100
7	130，70	100	−10	100
8	130，90	110	0	0
9	130，150	140	30	900
10	150，70	110	0	0
11	150，90	120	10	100
12	150，130	140	30	900
合计	—	1320	0	4000

样品平均数的平均数：

$$E(\bar{x})=\frac{\sum\bar{x}}{M}=\frac{1320}{12}=110(\text{元})=\bar{X}。$$

抽样平均误差：

$$\mu_{\bar{x}}=\sqrt{\frac{\sum(\bar{x}-\bar{X})^2}{M}}=\sqrt{\frac{4000}{16}}=18.26(\text{元})。$$

根据已经计算的总体平均数 $\bar{X}=110$ 元，总体标准差 $\sigma=31.62$ 元，按不重复抽样误差公式计算：

$$\mu_{\bar{x}}=\sqrt{\frac{\sigma^2}{n}\left(\frac{N-n}{N-1}\right)}=\sqrt{\frac{1000}{2}\left(\frac{4-2}{4-1}\right)}=18.26(\text{元})$$

两者计算结果完全相同。由此可见，在不重复抽样的条件下，抽样平均数的平均数 $E(\bar{x})$ 仍然等于总体平均数 $\bar{X}$，而它的抽样平均误差 18.26 元小于重复抽样的平均误差 22.36 元。

在计算抽样平均误差时，通常得不到总体方差的数值。为此，我们在实际操作中通常用以下几种方法解决。

第一，用历史资料代替。如果历史上做过同类型的全面调查或抽样调查，就用过去所掌握的总体方差或样本方差。倘若有多个方差可供选择，通常选用其中最大的方差。

第二，用本次抽样的样本方差代替。即用 s^2 代替 σ^2，用 p（$1-p$）代替 P（$1-P$）。

第三，进行实验性抽样取得估计资料。如果既没有历史资料，又需要在调查之前就计算抽样平均误差，则可组织一次小规模的试验性抽样调查，计算出抽样方差作为总体方差的估计值。

【例 6－2】 在背景资料 2 中，在 320 名入学儿童中按简单随机抽样方法抽取 40 名儿童进行全面体检，发现他们的身高标准差为 10 厘米。试计算平均身高的抽样平均误差。

根据已知条件，用样本标准差来代替总体标准差。平均身高的抽样平均误差如下。

重复抽样：

$$\mu_{\bar{x}} = \frac{\sigma}{\sqrt{n}} \approx \frac{s}{\sqrt{n}} = \frac{10}{\sqrt{40}} = 1.581(\text{厘米})$$

不重复抽样：

$$\mu_{\bar{x}} = \sqrt{\frac{\sigma^2}{n}\left(1-\frac{n}{N}\right)} \approx \sqrt{\frac{s^2}{n}\left(1-\frac{n}{N}\right)} = \sqrt{\frac{10^2}{40}\left(1-\frac{40}{320}\right)} = 1.48(\text{厘米})$$

【例 6－3】 背景资料 2 中，从该地区 10000 名适龄儿童中随机抽取 400 名儿童，发现有 320 名儿童入学，试计算抽样入学率的平均误差。

根据已知条件：

$$p=\frac{320}{400}=80\%$$

入学率的抽样平均误差如下。

重复抽样：

$$\mu_p = \sqrt{\frac{P(1-P)}{n}} = \sqrt{\frac{0.16}{400}} = 2\%$$

不重复抽样：

$$\mu_p = \sqrt{\frac{P(1-P)}{n}\left(1-\frac{n}{N}\right)} = \sqrt{\frac{0.16}{400}\left(1-\frac{400}{10000}\right)} = 1.96\%$$

计算结果表明，用样本的入学率来估计总体的入学率，其误差的绝对值在 2%左右。

二、计算抽样极限误差

（一）明确抽样极限误差的含义

在抽样推断中，以抽样指标来估计总体指标，要达到完全准确毫无误差，这几乎是不可能的事情，所以在估计总体指标的同时就必须考虑估计误差的大小。我们不希望误差太大，误差越大样本的价值便越小。但也不是误差越小越好，因为在一定限度之后减少抽样误差势必增加很多费用。所以在做抽样估计时，应该根据所研究对象的变异程度和分析任务的要求确定可允许的误差范围，我们把这种可允许的误差范围称为抽样极限误差。它等于样本指标可允许变动的上限或下限与总体指标之差的绝对值。

（二）把握抽样极限误差的计算

设 $\Delta_{\bar{x}}$、Δ_p 分别表示抽样平均数的极限误差和抽样成数的极限误差，则有：

$$\Delta_{\bar{x}} = |\bar{x} - \bar{X}| \quad (6.18)$$

$$\Delta_p = |p - P| \quad (6.19)$$

上式 $\bar{x}$ 和 p 分别表示样本平均数和样本成数，$\bar{X}$ 与 P 分别表示总体平均数和总体成数，去掉绝对值符号后变为：

$$\bar{X} - \Delta_{\bar{x}} \leqslant \bar{x} \leqslant \bar{X} + \Delta_{\bar{x}} \quad (6.20)$$

$$P - \Delta_p \leqslant p \leqslant P + \Delta_p \quad (6.21)$$

（6.20）式表明抽样平均数 $\bar{x}$ 是以总体平均数 $\bar{X}$ 为中心，在（$\bar{X}-\Delta_{\bar{x}}$）至（$\bar{X}+\Delta_{\bar{x}}$）之间变动，区间$\{\bar{X}-\Delta_{\bar{x}}, \bar{X}+\Delta_{\bar{x}}\}$的总长度为 $2\Delta_{\bar{x}}$，在这个区间内样本平均数和总体平均数之间的绝对离差不超过 $\Delta_{\bar{x}}$。同样，（6.21）式表明，抽样成数 p 是以总体成数 P 为中心，在（$P-\Delta_p$）至（$P+\Delta_p$）之间变动，在这个区间内样本成数和总体成数之间的绝对离差不超过 Δ_p。

由于总体平均数和成数是未知的，它要求依据已经计算出来的抽样平均数和抽样成数来估计。因而抽样极限误差的实际意义是希望总体平均数 $\bar{X}$ 落在样本平均数（$\bar{x}\pm\Delta_{\bar{x}}$）的范围内，总体成数 P 落在抽样成数（$p\pm\Delta_p$）的范围内，所以上面的不等式应该变换为：

$$\bar{x} - \Delta_{\bar{x}} \leqslant \bar{X} \leqslant \bar{x} + \Delta_{\bar{x}} \quad (6.22)$$

$$p - \Delta_p \leqslant P \leqslant p + \Delta_p \quad (6.23)$$

可以看出，（6.22）式和（6.23）式分别由（6.20）式和（6.21）式变换而来，它们是等价的。

基于概率估计的要求，抽样极限误差通常需要以抽样平均误差 $\mu_{\bar{x}}$ 或 μ_p 为标准单位来衡量。把极限误差 $\Delta_{\bar{x}}$ 或 Δ_p 分别除以 $\mu_{\bar{x}}$ 或 μ_p 得相对数 t，表示误差范围为抽样平均误差的 t 倍。t 是测量估计可靠程度的一个参数，称为抽样误差的概率度。

$$t = \frac{\Delta_{\bar{x}}}{\mu_{\bar{x}}} = \frac{|\bar{x} - \bar{X}|}{\mu_{\bar{x}}}; \Delta_{\bar{x}} = t\mu_{\bar{x}}$$

$$t = \frac{\Delta_p}{\mu_p} = \frac{|p - P|}{\mu_p}; \Delta_p = t\mu_p$$

（三）抽样极限误差计算应用

【例 6 - 4】 在背景资料 3 中，已知某乡粮食亩产的标准差为 $\sigma=82$ 千克，总体单位数 $N=8000$ 亩，样本单位数 $n=400$ 亩，则可求得抽样平均误差：

$$\mu_{\bar{x}} = \sqrt{\frac{\sigma^2}{n}\left(1 - \frac{n}{N}\right)} = \sqrt{\frac{82^2}{400}\left(1 - \frac{400}{8000}\right)} = 4 \text{ 千克}$$

我们就可以用概率度 $t=\frac{\Delta_{\bar{x}}}{\mu_{\bar{x}}}=\frac{5}{4}=1.25$ 来表示极限误差的范围，即以 $1.25\mu_{\bar{x}}$ 来规定误差范围的大小。这时就要求某乡的粮食平均亩产在 $450\pm1.25\mu_{\bar{x}}$ 千克之间。

【例 6 - 5】 在背景资料 3 中，已知秧苗成活率为 92%，则可以求得成活率抽样平均误差为：

$$\mu_p=\sqrt{\frac{P(1-P)}{n}}=\sqrt{\frac{92\%\times 8\%}{1000}}=0.86\%$$

我们就可以用概率度 $t=\frac{\Delta_p}{\mu_p}=\frac{2\%}{0.86\%}=2.33$ 来表示极限误差范围的大小，这时要求该农作物秧苗成活率 P 落在 $92\%\pm 2.33\%\mu_p$ 之间。

任务二　估计总体参数

抽样估计就是指利用实际调查计算的样本指标来估计相应的总体指标。由于总体指标是表明总体数量特征的参数，所以也称为总体参数估计。总体参数估计有点估计和区间估计两种。

一、对总体参数进行点估计

总体参数点估计是根据总体指标的结构形式设计统计量作为总体参数的估计量，并以样本指标的实际值直接作为相应总体参数的估计值。如用样本平均数的实际值作为总体平均数的估计量；用样本成数的实际值作为总体成数的估计值。例如我们以样本平均亩产 350 千克作为全乡粮食亩产的估计值，以样本秧苗成活率 92%作为全地区秧苗成活率的估计值等。

对总体参数估计的时候，总是希望估计是合理的或优良的。那么什么是优良估计的标准呢?

所谓优良估计总是从总体上来评价的，其标准有三个方面。

(1) 无偏性。即以抽样指标估计总体指标时要求抽样指标的平均数等于被估计的总体指标本身。就是说，虽然每一次抽样的抽样指标和总体指标之间都可能有误差，但在多次反复的估计中，各个抽样指标的平均数应该等于所估计的总体指标本身，即抽样指标的估计，平均说来是没有偏误的。

从任务一中可知，抽样平均数的平均数等于总体平均数，抽样成数的平均数等于总体成数，即

$$E(\bar{x})=\bar{X} \qquad E(p)=P$$

这就说明以抽样平均数作为总体平均数的估计量，以抽样成数作为总体成数的估计量，是符合无偏性原则的。

(2) 一致性。以抽样指标估计总体指标并要求样本的单位数充分大时，抽样指标也充分地靠近总体指标。就是说，随着样本单位数 n 的无限增加，抽样指标和未知的总体指标之差的绝对值小于任意小的正数，它的可能性也趋近于必然性，实际上是几乎肯定的。

我们知道，抽样平均数和抽样成数的抽样平均误差和样本单位数的平方根成反比例变化，样本单位数越多则平均误差越小，当样本单位数接近于总体单位数时，平均误差也就接近于零。也就是说，抽样平均数和抽样成数分别作为总体平均数和总体成数的估计量是符合一致性原则的。

(3) 有效性。以抽样指标估计总体指标时，要求作为优良估计量的方差应该比其他估

计量的方差小。例如，我们计算出样本平均数的标准差是1.05，然后又计算出样本中位数的标准差是1.6，这样就可以说样本平均数是总体平均数更有效的估计量，因为它的标准差小一些。

总体参数点估计的方法，其优点是简便、易行，原理直观，常为实际工作所采用。但也有不足之处，即这种估计没有表明抽样估计的误差，更没有指出误差在一定范围内的概率保证程度有多大。要解决这个问题，必须采用总体参数的区间估计方法。

二、对总体参数进行区间估计

(一) 确定抽样估计的精度

根据实际调查的样本指标来估计相应的总体指标，想要完全没有误差是难以达到的，因此在进行抽样估计时总要提出估计精度的要求，以便作为评价估计好坏的标准。在任务一中讨论的抽样极限误差，即允许的抽样误差范围 Δ，实际上就是给定了评价的标准。但是应该指出，允许的抽样误差范围 Δ 是指抽样指标与总体指标离差的绝对值，同一数值对于不同的现象可能具有完全不同的意义。例如，在粮食亩产量抽样调查中，规定允许误差范围 $\Delta_{\bar{x}}=10$ 千克，这对于亩产量水平超过 500 千克以上的高产地区可能是适合的，而对于亩产水平仅为 100 至 200 千克的低产地区，10 千克的误差意味着占产量水平的 5%至10%，无论如何都是超过了可接受的范围，因为在农业生产中粮食增产 5%已属于难得的丰收年景，现在估计的误差就在 5%以上，显然这种估计就没有意义了。

现在我们来考虑可允许的相对误差范围，即以样本平均数为基数的误差率为：

$$\frac{\Delta_{\bar{x}}}{\bar{x}}=\frac{|\bar{x}-\bar{X}|}{\bar{x}}$$

并根据误差率再计算估计精度：

$$1-\text{误差率}=1-\frac{\Delta_{\bar{x}}}{\bar{x}}=1-\frac{|\bar{x}-\bar{X}|}{}$$

例如，给定估计精度不小于 90%，从以下推算中可知，这意味着相对误差率不大于10%，或总体平均数与样本平均数的比率应该保持在 90%至 110%之间。即

$$1-\frac{|\bar{x}-\bar{X}|}{}\geqslant 90\%$$

$$-10\%\leqslant\frac{\bar{x}-\bar{X}}{}\leqslant 10\%$$

$$90\%\leqslant - \leqslant 110\%$$

同时，我们可以根据样本平均数 $\bar{x}$，对任何给定的精度要求，推算出可允许的抽样误差范围。例如已知样本平均数为 500 千克，根据估计精度 90%的要求，即可推算出允许的抽样误差范围为：

$$\Delta_{\bar{x}}=|\bar{x}-\bar{X}|=10\%\bar{x}=10\%\times 500=50(\text{千克})$$

(二) 确定抽样估计的置信度

我们已经学习了确定允许的抽样误差范围，从主观愿望说，当然希望样本指标的估计值都能够落在允许的误差范围内，但这并非都能实现的事情。由于抽样指标随新旧样本的

变动而变动，它本身是个随机变量，因而抽样指标和总体指标的误差仍然是个随机变量，并不能保证误差不超过一定范围的这件事是必然的，而只能给予一定程度的概率保证。抽样估计置信度就是表明抽样指标和总体指标的误差不超过一定范围的概率保证程度。

所谓概率就是指在随机事件进行大量实验中，某种事件出现的可能性大小，它通常可以用某种事件出现的频率来表示。抽样估计的概率保证程度就是指抽样误差不超过一定范围的概率大小。可以用以下形式表示：

$$P(|\bar{x}-\bar{X}|\leqslant\Delta_{\bar{x}})=p_1+p_2+\cdots+p_k$$

等式左边括号内 $|\bar{x}-\bar{X}|\leqslant\Delta_{\bar{x}}$，表示样本平均数与总体平均数的误差范围不超过 $\Delta_{\bar{x}}$。$P(|\bar{x}-\bar{X}|\leqslant\Delta_{\bar{x}})$ 则表示误差不超过这一范围的概率。等式右边表示属于这一区间范围内各种样本平均值出现的概率之和。

现在仍以背景资料 1 中工人平均工资的例子来说明抽样估计置信度的概念。已知 4 个工人的日工资分别为 70、90、130、150，总平均工资为 110 元，总体标准差为 31.62 元。用重复抽样的方法从中取 2 人为样本，计算样本平均工资，加以整理后平均工资的分布情况如表 6-6 所示。

表 6-6　样本平均工资分布表

样本平均数（$\bar{x}$）	70	80	90	100	110	120	130	140	150
频数（f）	1	2	1	2	4	2	1	2	1
频率（概率）$\left(\frac{f}{\sum f}\right)$	$\frac{1}{16}$	$\frac{2}{16}$	$\frac{1}{16}$	$\frac{2}{16}$	$\frac{4}{16}$	$\frac{2}{16}$	$\frac{1}{16}$	$\frac{2}{16}$	$\frac{1}{16}$

我们可以根据以上分布写出平均工资落在各种区间范围内的概率 P，例如：

$$P(100\leqslant\bar{x}\leqslant120)=\frac{2}{16}+\frac{4}{16}+\frac{2}{16}=\frac{1}{2}$$

$$P(90\leqslant\bar{x}\leqslant130)=\frac{1}{16}+\frac{2}{16}+\frac{4}{16}+\frac{2}{16}+\frac{1}{16}=\frac{5}{8}$$

$$P(80\leqslant\bar{x}\leqslant140)=\frac{2}{16}+\frac{1}{16}+\frac{2}{16}+\frac{4}{16}+\frac{2}{16}+\frac{1}{16}+\frac{2}{16}=\frac{7}{8}$$

将上述概率形式变换为抽样误差的形式，即求得样本平均数与总体平均数误差绝对值不超过一定范围的概率。例如：

$$P(|\bar{x}-\bar{X}|\leqslant10)=\frac{1}{2}$$

$$P(|\bar{x}-\bar{X}|\leqslant20)=\frac{5}{8}$$

$$P(|\bar{x}-\bar{X}|\leqslant30)=\frac{7}{8}$$

这说明在重复抽样中，抽样平均工资与总体平均工资绝对误差不超过 10 元的概率为 1/2，即有 50%的概率保证在一次抽样中使上述误差得以实现。同理，抽样误差不超过 20 元的概率为 5/8，抽样误差不超过 30 元的概率为 7/8 等。由此可见，抽样误差范围和估计置信度是密不可分的，而且抽样误差范围越小，则估计的置信度也越小。

当总体很大时，要依靠列表来求抽样误差的置信度几乎是难以做到的。从理论上已经证明，在样本单位数足够多（$n \geqslant 30$）的条件下，抽样平均数的分布接近于正态分布。这一分布的特点是，抽样平均数是以总体平均数为中心，两边完全对称分布，就是说，抽样平均数的正误差和负误差的可能性是完全相等的。而且抽样平均数越接近总体平均数，误差出现的可能性越大，概率越大。反之，抽样平均数离总体平均数越远，误差出现的可能性越小，概率越小，接近于0。正态概率分布的图形如图6-1所示。

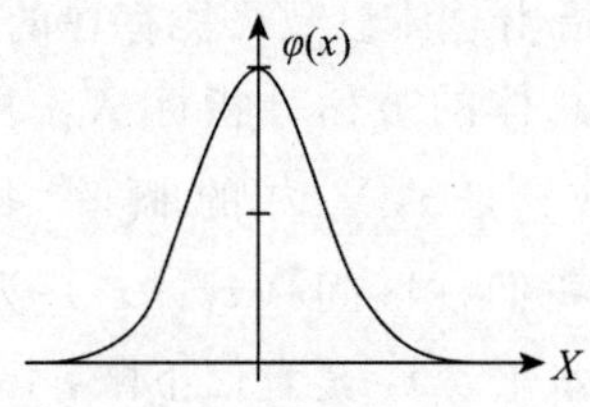

图6-1　正态概率分布图

该曲线和 $\bar{x}$ 轴所包围的面积等于1，则抽样平均数 $\bar{x}$ 落在某一区间的概率 P 就可以用曲线在这一区间所包围的面积来表示。经计算，结果如下：

$$P\ (\bar{X}-\mu \leqslant \bar{x} \leqslant \bar{X}+\mu)\ = P\ (|\bar{x}-\bar{X}|)\ \leqslant \mu = 68.27\%$$

$$P\ (\bar{X}-2\mu \leqslant \bar{x} \leqslant \bar{X}+2\mu)\ = P\ (|\bar{x}-\bar{X}|)\ \leqslant 2\mu = 95.45\%$$

$$P\ (\bar{X}-3\mu \leqslant \bar{x} \leqslant \bar{X}+3\mu)\ = P\ (|\bar{x}-\bar{X}|)\ \leqslant 3\mu = 99.73\%$$

这表明抽样平均数与总体平均数的抽样误差不超过 μ 的概率为68.27%，不超过 2μ 的概率为95.45%，不超过 3μ 的概率为99.73%。

由于概率度 $t=\dfrac{|\bar{x}-\bar{X}|}{\mu_{\bar{x}}}$，所以抽样误差的概率就是概率度 t 的函数，即 $P\ (|\bar{x}-\bar{X}| \leqslant t\mu)\ = F\ (t)$。上式关系式便可以表达为：

当　　$t=1$ 时，$F(t)=68.27\%$

　　　$t=2$ 时，$F(t)=95.45\%$

　　　$t=3$ 时，$F(t)=99.73\%$

将这种对应函数关系编成正态分布概率表，见附录 B。给定 t 值，便可以直接从表中查找抽样误差的概率，即估计置信度。

现在举实例来说明估计置信度的求法。

【例6-6】 在背景资料3中，样本粮食平均亩产量 $\bar{x}$ 为350千克，通过例6-4的计算，又知抽样平均误差 $\mu_{\bar{x}}=4$ 千克，求总体粮食平均亩产量 $\bar{X}$ 在345～355千克之间的估计置信度。

根据公式：

$$t=\frac{\Delta_{\bar{x}}}{\mu_{\bar{x}}}=\frac{|\bar{x}-\bar{X}|}{\mu_{\bar{x}}}=\frac{5}{4}=1.25$$

查正态分布概率表，当 $t=1.25$ 时，估计置信度 $F(t)=0.7887$，即总体平均亩产在345～355千克之间的概率保证程度为78.87%。现在如果允许误差范围扩大至10千克，即总体平均亩产在340～360千克之间，则概率度 t 为：

$$t=\frac{\Delta_{\bar{x}}}{\mu_m x}=\frac{|\bar{x}-\overline{X}|}{\mu_{\bar{x}}}=\frac{10}{4}=2.5$$

查正态分布概率表，当 $t=2.5$ 时，$F(t)=0.9876$，这时概率保证程度提高到 98.76%。

（三）进行区间估计

总体参数区间估计的基本特点是根据给定的概率保证程度，利用实际抽样资料，指出总体被估计值的上限和下限，即指出总体参数可能存在的区间范围，而不是直接给出总体参数的估计值。换句话说，对于总体的被估计指标 $\overline{X}$，找出样本的两个估计量 x_1 和 x_2，使被估计指标 $\overline{X}$ 落在区间（x_1，x_2）内的概率 $1-\alpha$ $(0<\alpha<1)$ 为已知，即 $P(x_1\leqslant\overline{X}\leqslant x_2)=1-\alpha$ 是给定的。我们称区间（x_1，x_2）为总体指标 $\overline{X}$ 的置信区间，其估计置信度为 $1-\alpha$，称 α 为显著性水平，x_1 是置信下限，x_2 是置信上限。

如上例粮食平均亩产，也可以作如下的区间估计，即以 98.76% 的概率保证，总体平均亩产 $\overline{X}$ 在 340～360 千克之间。估计置信度 $1-\alpha=98.76\%$，显著性水平 $\alpha=1-98.76\%=1.24\%$。显著性水平正是判别估计可信不可信的一个标准。当你不愿意承担这样大的风险时，可以缩小显著性水平，则置信区间就要扩大，估计的准确性便要降低了。就如上例，当以 78.87%的概率保证总体平均亩产落在 345～355 千克之间时，显著性水平为 1－78.87%＝21.13%，这就存在 21.13%的失败风险。如果要降低风险，显著性水平降为 1.24%，则置信区间便要扩大到 340～360 千克之间。

由此可见，总体参数的区间估计必须同时具备估计值、抽样误差范围和概率保证程度三个要素，抽样误差范围决定估计的准确性，而概率保证程度则决定估计的可靠性。在抽样估计的时候自然希望估计的准确性要尽量高些，而估计的可靠性也要尽量大些。但是这两个愿望是矛盾的，对于一个样本，提高了估计可靠性的要求，就必然降低了估计的准确性。因此在抽样估计的时候，只能对其中的一个要素提出要求，而推算另一个要素的变动情况。例如对估计的准确性提出要求，即要求误差范围不超过给定的标准，来推算估计的可靠性，或者根据概率保证程度，来推算可能的误差范围。如果所推算的另一要素（不论是准确性或可靠性）不能满足实际工作的要求，就应该增加样本单位，改善抽样组织，重新进行抽样，直到符合要求为止。

所以总体参数的区间估计根据所给定的条件不同，有两种估计方法。

第一种是根据已经给定的抽样误差范围，求概率保证程度。具体步骤是如下。

（1）抽取样本，计算抽样指标，如计算抽样平均数或抽样成数，作为相应总体指标的估计量，并计算样本标准差以推算抽样平均误差。

（2）根据给定的抽样极限误差范围，估计总体指标的下限和上限。

（3）将抽样误差除以抽样平均误差求出概率度 t 值，再根据 t 值查正态分布概率表，求出相应的置信度 $F(t)$，并对总体参数做区间估计。

【例 6－7】 在背景资料 4 中，对某型号的电子元件进行耐用性能检查，抽查的资料分组列表如表 6－7 所示，要求耐用时数的允许误差范围 $\Delta_{\bar{x}}=10.5$ 小时，试估计该批电子元件的平均耐用时数。

表 6－7　某型号电子元件耐用时数分析表

耐用时数	组中值（x）	元件数（f）
900 以下	875	1
900～950	925	2
950～1000	975	6
1000～1050	1025	35
1050～1100	1075	43
1100～1150	1125	9
1150～1200	1175	3
1200 以上	1225	1
合计	—	100

（1）计算抽样平均数和标准差：

$$\bar{x}=\frac{\sum xf}{\sum f}=\frac{105550}{100}=1055.5(\text{小时})$$

$$s=\sqrt{\frac{\sum(x-\bar{x})^2 f}{\sum f}}=51.91(\text{小时})$$

$$\mu_{\bar{x}}=\frac{\sigma}{\sqrt{n}}=\frac{51.91}{\sqrt{100}}=5.191(\text{小时})$$

（2）根据给定的 $\Delta_{\bar{x}}=10.5$ 小时，计算总体平均数的上下限：

$$\text{下限}=\bar{x}-\Delta_{\bar{x}}=1055.5-10.5=1045\text{（小时）}$$

$$\text{上限}=\bar{x}+\Delta_{\bar{x}}=1055.5+10.5=1066\text{（小时）}$$

（3）根据 $t=\frac{\Delta_{\bar{x}}}{\mu_{\bar{x}}}=\frac{10.5}{5.191}=2$，查正态分布概率表得出置信度：

$$F(t)=0.9545$$

我们可以作如下估计，即可以以概率 95.45%的保证程度，估计该批电子元件的耐用时数在 1045～1066 小时之间。

【例 6－8】在背景资料 4 中，某厂的产品质量检验标准规定，元件耐用时数达到 1000 小时以上为合格品，现随机抽取 100 件元件，发现有 9 件不合格，要求合格率估计的误差范围不超过 5%，试估计该批电子元件的合格率。

（1）计算样本合格率和方差：

$$p=\frac{n_1}{n}=1-\frac{n_0}{n}=1-\frac{9}{100}=91\%$$

$$s^2=p(1-p)=0.91\times0.09=0.0819$$

$$\mu_p=\sqrt{\frac{0.0819}{100}}=2.86\%$$

（2）根据给定极限误差 $\Delta_p=5\%$，求总体合格率上下限：

$$下限=p-\Delta_p=91\%-5\%=86\%$$

$$上限=p-\Delta_p=91\%+5\%=96\%$$

（3）根据 $t=\frac{\Delta_p}{\mu_p}=\frac{5\%}{2.86\%}=1.76$，查正态分布概率表，得出置信度：

$$F(t)=0.92$$

我们可以作如下估计，即可以以概率 92%的保证程度，估计该批电子元件的合格率在 86%～96%之间。

第二种是根据给定的置信度要求，来推算抽样极限误差的可能范围。具体步骤是如下。

（1）抽取样本，计算抽样指标，如计算抽样平均数或抽样成数作为总体指标的估计值，并计算样本标准差以推算抽样平均误差。

（2）根据给定的置信度 $F(t)$，查正态分布概率表求得概率度 t 值。

（3）根据概率度 t 和抽样平均误差推算抽样极限误差的可能范围，再根据抽样极限误差求出被估计总体指标的上下限，对总体参数作区间估计。

【例 6-9】在背景资料 5 中，对该地区居民进行调查，随机抽取 400 户居民，调查得每户耐用品消费年平均支出为 850 元，标准差为 200 元，要求以 95%的概率保证程度，估计该市居民每户年平均耐用消费品支出的可能范围。

（1）根据抽样资料已求得：

样本每户平均开支 $\overline{x}=850$（元）

样本标准差 $s=200$（元）

则
$$\mu_{\overline{x}}=\frac{\sigma}{\sqrt{n}}=\frac{200}{\sqrt{400}}=10\text{（元）}$$

（2）根据给定的概率置信度 $F(t)=0.95$，查正态分布概率表得 $t=1.96$。

（3）计算 $\Delta_{\overline{x}}=t\mu_{\overline{x}}=1.96\times10=19.6$(元)，则该市居民每户平均耐用消费品支出的上下限为：

$$下限=\overline{x}-\Delta_{\overline{x}}=850-19.6=830.4\text{(元)}$$

$$上限=\overline{x}+\Delta_{\overline{x}}=850+19.6=869.6\text{(元)}$$

我们可以 95%的概率保证程度，估计该市居民每户家庭年平均耐用消费品支出在 830.4～869.6 元之间。

【例 6-10】在背景资料 6 中，为了研究新式时装的销路，在市场上随机对 900 名成年人进行调查，结果有 540 名喜欢该新式时装，要求以 90%的概率保证程度，估计该市成年人喜欢该新式时装的比率。

（1）根据抽样资料计算：

$$样本喜爱人数比率\ p=\frac{n_1}{n}=\frac{540}{900}=60\%$$

$$样本方差\ s^2=p(1-p)=0.6\times0.4=0.24$$

$$\mu_p=\sqrt{\frac{p(1-p)}{n}}=\sqrt{\frac{0.24}{900}}=1.63\%$$

（2）根据给定的置信度 $F(t)=0.9$，查正态分布概率表求得概率度 $t=1.64$。

（3）计算 $\Delta_p=t\mu_p=1.64\times1.63\%=2.67\%$，则总体比率上下限为

$$上限：p+\Delta_p=60\%+2.67\%=62.67\%$$

$$下限：p-\Delta_p=60\%-2.67\%=57.33\%$$

我们可以概率 90%的保证程度，估计该市成年人对此时装喜爱比率在 57.33%～62.67%之间。

任务三　设计抽样方案

一、明确抽样方案设计的基本原则

如何科学地组织抽样调查是抽样推断中一个重要的问题，在抽样调查之前首先要有一个抽样方案的设计。它应包括如何从总体中抽取样本，说明调查要取得哪些项目的资料，用什么方法取得这些资料，要求资料的精确程度和确定必要的样本单位数目，等等。总的来说，搞好抽样设计必须掌握两个基本原则。

1. 保证实现抽样随机性的原则

抽样调查的基本特征是按照随机原则抽选样本，必须保证总体中每一个单位都有同等被选中的机会。这是进行抽样设计首先要考虑的问题。

2. 保证实现最大的抽样效果原则

最大的抽样效果就是以较小的费用支出取得一定准确程度的数据。因为任何一项抽样调查都是在一定费用的限制条件下进行的，抽样方案设计应该力求调查费用最省。在通常情况下，提高精度的要求和节省费用的要求往往有矛盾，因为要求抽样误差越小，就要增加抽样单位数目，相应地要增加调查费用。但实际工作中并非抽样误差最小的方案就是最好的方案，因为不同的调查项目对于精度的要求往往是不同的，而且调查费用和精度之间往往并不是线性关系。若用 100%的费用可以达到 100%的精度，而用 75%的费用就可以达到 98%的精度，若 98%的精度可满足需要时，就没有必要再花 25%的费用来获取余下的 2%的精度。

抽样设计的原则应是在一定的误差和可靠性的要求下选择费用最少的样本设计。但如何达到这一要求又与抽样调查的组织方式有关。

二、正确选择抽样调查的组织方式

简单随机抽样又称纯随机抽样，它是对总体不作任何处理直接从总体的全部单位中随机抽选样本单位的一种抽样组织方式。

1. 简单随机抽样

简单随机抽样适用的条件：

（1）对调查对象的情况很少了解；

（2）总体单位的排列没有秩序；

（3）抽到的单位比较分散时也不影响调查工作。

前面所讨论的抽样误差计算方法，就是针对简单随机抽样而言的，即简单随机抽样的抽样平均误差。

在重复抽样条件下：

$$\mu_{\bar{x}}=\sqrt{\frac{\sigma^2}{n}}$$

$$\mu_p=\sqrt{\frac{P(1-P)}{n}}$$

不重复抽样条件下：

$$\mu_{\bar{x}}=\sqrt{\frac{\sigma^2}{n}\left(1-\frac{n}{N}\right)}$$

$$\mu_p=\sqrt{\frac{P(1-P)}{n}\left(1-\frac{n}{N}\right)}$$

2. 类型抽样

类型抽样又称分层抽样，它的特点是先对总体各单位按一定标志加以分类，然后再从各类中按随机原则抽取样本单位，由各类之中的样本单位组成一个总的样本。由于分类后抽取的样本单位在总体中分布得更均匀，大大地降低了出现极端数值的风险，所以，这样构成的样本对总体也有较高的代表性。

对总体划分各个类型组之后，如何确定各组的抽样单位数，一般可有两种方法：一是根据抽样误差大小与标志变异程度、抽样单位数等的关系来确定，凡是标志变异大的组多抽一些，标志变异小的组可以少抽一些。这样确定各组应抽取的样本单位数，可以缩小抽样误差。这种方法称为类型适宜抽样。二是不考虑各组标志变异程度，而是根据统一的比例来确定各组要抽取的单位数，这种方法称为等比例类型抽样。

这里只介绍等比例类型抽样单位数的确定。由于等比例类型抽样通常用各类型组的单位数占全及总体单位数的比例来确定各组应抽取的样本单位数，因此有

$$\frac{n_1}{N_1}=\frac{n_2}{N_2}=\frac{n_3}{N_3}=\frac{n_4}{N_4}=\frac{n_5}{N_5}=\cdots=\frac{n_i}{N_i}=\frac{n}{N} \tag{6.24}$$

式中n_i——各组抽取的样本单位数（$i=1$，2，3，…）；

n——抽样单位总数（即 $n=n_1+n_2+n_3+\cdots$）；

N_i——各组总体单位数；

N——全及总体单位数。

计算各类型组应抽取的样本单位数的公式有：

$$n_i=\frac{N_i}{N}\cdot n \tag{6.25}$$

例如，全及总体单位数 $N=8000$，共要抽取样本单位数 $n=120$，总体分成如下三个类型组：$N_1=4000$，$N_2=2400$，$N_3=1600$。现按等比例类型抽样计算各组需要抽取的样本单位数：

$$n_1 = 4000 \times \frac{120}{8000} = 4000 \times 1.5\% = 60$$

$$n_2 = 2400 \times \frac{120}{8000} = 36$$

$$n_3 = 1600 \times \frac{120}{8000} = 24$$

等比例类型抽样的误差，取决于各组样本单位数的总和与各组组内方差的平均数。因此，当测定平均数指标时，计算抽样误差不是用方差 σ_i，而是用各组组内方差的加权算术平均数$\overline{\sigma_i^2}$。根据同样的道理，在测定成数指标时，计算抽样误差不是用全及总体成数方差 $P(1-P)$，而是用各组成数方差 $P_i(1-P_i)$的平均数$\overline{P(1-P)}$。

因此，类型抽样的抽样误差计算公式如下。

在重复抽样条件下：

$$\mu_{\bar{x}} = \sqrt{\frac{\overline{\sigma_i^2}}{n}} \qquad (6.26)$$

其中 $\overline{\sigma_i^2} = \frac{\sum \sigma_i^2 N_i}{N}$ 或 $\frac{\sum \sigma_i^2 n_i}{n}$

$$\mu_p = \sqrt{\frac{\overline{P(1-P)}}{N}} \qquad (6.27)$$

其中 $\overline{P(1-P)} = \frac{\sum P_i(1-P_i)N_i}{N}$ 或 $\frac{\sum p_i(1-p_i)n_i}{n}$

不重复抽样条件下：

$$\mu_{\bar{x}} = \sqrt{\frac{\sigma_i^2}{n}\left(1-\frac{n}{N}\right)} \qquad (6.28)$$

$$\mu_p = \sqrt{\frac{p(1-p)}{n}\left(1-\frac{n}{N}\right)} \qquad (6.29)$$

在实际工作中，因为不知道全及总体各类型组内方差，所以各类型组内方差 σ_i^2 用各类型组的样本方差代替。各类型组的成数 P_i 用各类型组的样本成数代替。

【例 6-11】在背景资料 7 中，某乡共有农户 4000 户，分粮食作物区与技术作物区。现在用等比例类型抽样方法分别抽取 10%的农户调查收入情况，如表 6-8 所示。试推断全乡抽样平均每户收入和抽样平均误差。

表 6-8　全乡抽样平均数和标准差计算表

	农户总数	样本户数	抽样平均每户收入（元）	抽样标准差（元）
	N_i	n_i	$\bar{x}_i$	s_i
粮食作物区	2500	250	3600	6375
技术作物区	1500	150	5400	
合计	4000	400		—

根据表 6-8 资料，先求组内方差平均数，即

$$\sigma_i^2=\frac{\sum\sigma_i^2 n_i}{n}=\frac{63^2\times 250+75^2\times 150}{400}=3799.375(\text{元})$$

$$\bar{x}=\frac{\sum\bar{x}_i n_i}{n}=\frac{3600\times 250+5400\times 150}{400}=4275(\text{元})$$

重复抽样：

$$\mu_{\bar{x}}=\sqrt{\frac{\sigma_i{}^2}{n}}=\sqrt{\frac{3799.375}{400}}=3.08(\text{元})$$

不重复抽样：

$$\mu_{\bar{x}}=\sqrt{\frac{\sigma_i{}^2}{n}\left(1-\frac{n}{N}\right)}=\sqrt{\frac{3799.375}{400}\left(1-\frac{400}{4000}\right)}$$
$$=2.92\ (\text{元})$$

3. 机械抽样

机械抽样又称等距抽样或系统抽样，它是对研究的总体按一定的顺序排列，每隔一定的间隔抽取一个或若干个单位，并把这些抽取的单位组成样本进行观察的一种抽样方法。

设总体有 N 个单位，现须抽取一个容量为 n 的样本，其抽选方法是先将 N 个总体单位按一定顺序进行排列，令 $k=\frac{N}{n}$，k 称为抽样间隔或抽样距离，这样实际上把总体分成 n 段，每段中有 k 个单位，然后在 1—k 中随机地抽取一个随机数，设为 i，则第 n 个单位为抽中单位以后每隔 k 个单位为一抽中单位，即第 $i+k$，$i+2k$，…，$i+(n-1)k$，直到抽满 n 个单位为止。

机械抽样按排队所依据的标志不同，分为无关标志排队法和有关标志排队法。

按无关标志排队是指排队的标志与调查的内容无关。例如，调查职工生活水平时，职工按姓氏笔画排队；对产品进行质量检查，按产品入库顺序排队等都是按无关标志排队。按有关标志排队是指排队的标志与调查的内容有关。例如，对耕地的农产量进行调查，把地块按往年平均亩产的高低进行排队；对职工家庭生活水平进行调查，把职工按工资水平的高低进行排队等都是按有关标志排队。

无关标志排队法等距抽样近似于简单随机抽样。因此，一般认为可以按简单随机抽样方法计算抽样误差。即

重复抽样：

$$\mu_{\bar{x}}=\sqrt{\frac{\sigma^2}{n}}$$

$$\mu_p=\sqrt{\frac{P\ (1-P)}{n}}$$

不重复抽样：

$$\mu_{\bar{x}}=\sqrt{\frac{\sigma^2}{n}\left(1-\frac{n}{N}\right)}$$

$$\mu_p=\sqrt{\frac{P(1-P)}{n}\ (1-\frac{n}{N})}$$

有关标志排队法等距抽样实质上可以看作一种特殊的分类抽样，不同的是分类更细致，组数更多，而在每个组之内则只抽选一个样本单位。因此，一般认为可以用类型抽样的抽样误差公式来计算抽样误差。

重复抽样：

$$\mu_{\bar{x}}=\sqrt{\frac{\sigma_i^2}{n}}$$

$$\mu_p=\sqrt{\frac{P\ (1-P)}{n}}$$

不重复抽样：

$$\mu_{\bar{x}}=\sqrt{\frac{\sigma_i^2}{n}\left(\frac{N_i-n_i}{N_i-1}\right)}$$

$$\mu_p=\sqrt{\frac{p\ (1-p)}{n}\left(\frac{N_i-n_i}{N_i-1}\right)}$$

在等距抽样时，每个组内抽取一个单位，因此，$n_i=1$，从而有：

$$\frac{N_i-n_i}{N_i-1}=\frac{N_i-1}{N_i-1}=1$$

所以

$$\mu_{\bar{x}}=\sqrt{\frac{\sigma_i^{\ 2}}{n}}$$

$$\mu_p=\sqrt{\frac{P(1-P)}{n}}$$

也就是说，等距抽样虽然是不重复的抽样，实质上是使用重复抽样公式。

【例 6-12】在背景资料 8 中，为了推断今年 15 个地块的小麦平均亩产，按去年亩产排队，如表 6-9 所示。

表 6-9　某地区小麦地块亩产排序表

地块序号	1	2	3	4	5	6	7	8	9	10	11	12	13	14	15
去年亩产（千克）	340	350	355	360	375	385	395	400	410	420	430	440	460	465	480
平均亩产（千克）			356					402					455		

等距抽样抽选 3 块地，它们的序号为 3，8，13。经过实割实测，各块地平均亩产为 $\bar{x}_3=405$ 千克，$\bar{x}_8=410$ 千克，$\bar{x}_{13}=480$ 千克，试用 80％的概率（$t=1.28$）对这 15 块地的平均亩产进行区间估计。

（1）计算样本平均数：$\bar{x}=\frac{405+410+480}{3}=431.67$（千克）

（2）计算各组组内方差：

$$\sigma_1^2=[(340-356)^2+(350-356)^2+(355-356)^2+(360-356)^2+(375-356)^2]\times\frac{1}{5}=134$$

$$\sigma_2^2=[(385-402)^2+(395-402)^2+(400-402)^2+(410-402)^2+(420-402)^2]\times\frac{1}{5}=146$$

$$\sigma_3^2=[(430-455)^2+(440-455)^2+(460-455)^2+(465-455)^2+(480-455)^2]\times\frac{1}{5}=320$$

(3) 计算平均组内方差：

$$\overline{\sigma_i^2}=\frac{134+146+320}{3}=200$$

(4) 计算抽样平均误差和极限误差：

$$\mu_{\bar{x}}=\sqrt{\frac{\overline{\sigma^2}}{n}}=\sqrt{\frac{200}{3}}=8.16$$

$$\Delta_{\bar{x}}=1.28\times 8.16=10.45$$

$$431.67-10.45\leqslant\overline{X}\leqslant 431.67+10.45$$

即能以 80％的概率推断平均亩产为 421.22 千克～442.12 千克之间。

4. 整群抽样

整群抽样是将总体划分为若干群，然后，以群作为抽样单位，从总体中抽取若干个群作为样本，而对中选群内的所有单位进行全面调查的抽样方式。例如，若欲调查某个大学的学生身高，组成总体的基本单位是每个学生，但抽样单位可以是由学生组成的班或系等，对中选的班或系的全部学生作为样本进行观察。

整群抽样的抽样误差受三个因素影响。

第一，抽出群数多少。设所有的群数为 R，抽出的群数为 r。显然抽出的群数越大，抽样误差越小。

第二，群间方差。群间方差也称组间方差，它说明群和群之间的差异程度。在整群抽样时，群内方差（组内方差）无论多大都不影响抽样误差。因为对中选群来讲，进行的是全面调查，不发生抽样误差问题。群间方差的计算方法如下：

(1) 平均数的群间方差：

$$\delta_x^2=\frac{\sum(\overline{X}_i-\overline{X})^2}{R}\text{ 或者 }\delta_x^2=\frac{\sum(\bar{x}_i-\bar{x})^2}{r}$$

式中$\overline{X}_i$——全及各群的平均数；

$\overline{X}$——全及平均数；

$\bar{x}_i$——抽样各群的平均数；

$\bar{x}$——抽样各群的总平均数；

δ^2——群间方差。

(2) 成数的群间方差：

$$\delta_p^2=\frac{\sum(P_i-P)^2}{R}\text{ 或者 }\delta_p^2=\frac{\sum(p_i-p)^2}{r}$$

式中P_i——全及各群的成数；

P——全及成数；

p_i——抽样各群的成数。

p——抽样各群的总成数。

第三，抽样方法。整群抽样都采用不重复抽样方法。因此，在计算抽样误差时要使用修正系数$\frac{R-r}{R-1}$。

经过上述对抽样误差影响分析，归纳出抽样误差的计算公式：

$$\mu_{\bar{x}}=\sqrt{\frac{\sigma_{\bar{x}}^{2}}{r}\left(\frac{R-r}{R-1}\right)}$$

$$\mu_p=\sqrt{\frac{\delta_p^{2}}{r}\left(\frac{R-r}{R-1}\right)}$$

当式中 R 的数目较大时，两个公式中的$\frac{R-r}{R-1}$可以用$\left(1-\frac{r}{R}\right)$来代替。

【例 6-13】 在背景资料 9 中，某工厂生产某种灯泡，在连续生产的 720 小时中，每隔 24 小时抽取 1 小时的全部产品加以检查，根据抽样资料计算，灯泡平均使用寿命 1200 小时，群间方差为 60 小时，计算样本平均数的抽样误差，并以 95%的可靠程度推断该批灯泡的平均使用寿命。

根据资料：

$$\bar{x}=1200\text{ 小时},$$

$$\delta^2=60\text{ 小时},\ R=720,\ r=720/24=30$$

$$\mu_{\bar{x}}=\sqrt{\frac{\delta_{\bar{x}}^{2}}{r}\left(\frac{R-r}{R-1}\right)}$$

$$=\sqrt{\frac{60}{30}\times\left(\frac{720-30}{720-1}\right)}=1.385\text{（小时）}$$

以 95%的概率估计该批灯泡的平均使用寿命为：

$$1200\pm1.96\times1.385=1200\pm2.715$$

即该批灯泡的平均使用寿命在 1197.29～1202.72 小时之间。

5. 多阶段抽样

多阶段抽样，顾名思义就是在抽样调查抽选样本时，并不是直接一次性从总体中抽取，而是分两个或两个以上的阶段来进行。

以某省粮食产量调查为例。可以按行政区域划分层，以省为总体，以县为抽样单位。步骤如下。

（1）从全省所有县级单位中，抽取部分县作为第一阶段抽取的样本；

（2）从被抽中县的所有乡或村中，抽取部分乡或村作为第二阶段抽取的样本；

（3）从被抽中乡或村的所有农户中，抽取部分农户作为第三阶段抽取的样本；

（4）从被抽中农户的所有播种面积中，抽取部分地块，进行实割实测的调查，作为最基层阶段的样本，计算其样本平均亩产量，然后逐级往上综合估算平均亩产量，并推算总产量。

多阶段抽样所划分的抽样阶段数不宜过多，一般以两三阶段为宜，最多四个阶段。

在多阶段抽样中，前几阶段的抽样都类似整群抽样。每一阶段抽样都会存在抽样误差。为提高抽样指标的代表性，各阶段抽取群数的安排和抽样方式都应注意样本单位的均匀分布。

首先，适当多抽第一阶段的群数，使样本单位在总体中得到均匀分布。但是，样本过于分散则需要更多的人力和经费。

其次，根据方差的大小，来考虑各阶段抽取群数的多少，对于群间方差大的阶段，应当适当多抽一些群；反之，则可少抽一些群。

最后，各阶段抽样时，可以根据条件将各种抽样组织方式灵活运用，而且尽可能利用现成资料。

以两阶段抽样来说，首先将总体划分为 R 组，而每组包含 M_i 个单位。第一步从 R 组中随机抽取 r 组；第二步，再从中选的 r 组中分别随机抽取 m_i 个单位，构成一个样本，这种抽样就是两阶段抽样。这时总体单位数 $N=M_1+M_2+\cdots+M_R$，各组的单位数 M_i 可以是相等的，也可以是不等的。样本单位数 $n=m_1+m_2+\cdots+m_r$，各组抽取的样本单位可以是相等的，也可以是不等的，为简化起见，假定 R 组中各组的单位数相等，都为 M，则有 $N=RM$，而且从各组抽取的单位数也相等，都为 m，则有 $n=rm$。

两阶段抽样和类型抽样、整群抽样同样都须先对总体加以分组，然后再抽取单位，但它们之间却有明显的差别。类型抽样是从全部的分组中每组抽取，它和两阶段抽样的区别在于第一阶段取了全部的组，而两阶段抽样在第一阶段只是随机地抽取部分的组。整群抽样是从全部的分组中随机抽取部分的组，然后对中选组的全部单位进行调查，它和两阶段抽样的区别在第二阶段抽取了中选组的全部单位，而两阶段抽样在第二阶段只是在中选组中随机地抽取部分单位。所以，两阶段抽样在组织上是整群抽样和类型抽样的综合。

现在从总体 R 群中随机抽取 r 群，并且从 r 群中每群随机抽取 m 个单位组成样本。以 x_{ij} 表示第 i 样本群第 j 个样本单位的标志值，第 i 样本群的抽样平均数为 $\bar{x}_i=\frac{\sum_{j=1}^{m}x_{ij}}{m}$，则抽样平均数可由下式计算。

如果估计量的样本平均数为 $\bar{x}$，则第一阶段抽样平均数的方差为：

$$\frac{\delta^2}{r}\left(\frac{R-r}{R-1}\right)$$

式中 δ^2——第一阶段抽样群的群间方差。

第二阶段抽样平均数的方差为：

$$\frac{\overline{\sigma^2}}{rm}\left(\frac{M-m}{M-1}\right)$$

式中 $\overline{\sigma^2}$——是各抽样群群内方差的平均数

以上两个阶段抽样平均误差为：

$$\overline{\sigma^2}=\frac{\sum_{i=1}^{r}\overline{\sigma_i^2}}{r}$$

或
$$\mu_{\bar{x}}=\sqrt{\frac{\delta^2}{r}+\frac{\overline{\sigma^2}}{rm}}$$

两阶段以上的多阶段抽样是两阶段的推广，计算抽样误差的公式亦可同理推出。

【例 6－14】 在背景资料 10 中，某地区共有 30000 户居民，将其分成 100 群，每群包括 300 户，现欲调查居民的收入水平。如果用两阶段抽样，先以群为第一阶段的抽取单位，从 100 群中抽 6 群；然后以住户为第二阶段的抽取单位，从抽中的群体中每群抽 3 户，调查其平均收入。现计算两阶段样本平均数的抽样方差，并以 95%的可靠程度推断该地区居民每户的平均收入。

各项资料如表 6－10 所示。

表 6－10　两阶段抽样误差计算表

群别	每户每人月平均收入（元）x_i	样本平均数 $\bar{x}_i$	离差 $x_i-\bar{x}_i$	离差平方 $(x_i-\bar{x}_i)^2$
1	300 330 350	326.67	－26.67 3.33 23.33	711.29 11.09 544.29
2	330 340 380	350	－20 －10 30	400 100 90
3	370 390 420	393.33	－23.33 －3.33 26.67	544.29 11.09 711.29
4	418 434 450	434	－16 0 16	256 0 256
5	462 482 510	485.33	－23.33 －1.33 24.67	544.29 1.77 608.61
6	507 525 600	544	－37 －19 56	1369 361 3136

其中
$$R=100,\ M=300$$
$$r=6,\ m=3$$

全体样本平均数：
$$\bar{x}=\frac{\sum_{i=1}^{r}\bar{x}_i}{r}$$

$$=\frac{326.67+350+393.33+434+485.33+544}{6}$$

$$=422.22\text{（元）}$$

各群内方差

$$\sigma_1^2=\frac{711.29+11.09+544.29}{3}=422.22\text{（元）}$$

$$\sigma_2^2=\frac{400+100+900}{3}=466.67\text{（元）}$$

$$\sigma_3^2=\frac{544.29+11.09+711.29}{3}=422.22\text{（元）}$$

$$\sigma_4^2=\frac{256+0+256}{3}=170.672\text{（元）}$$

$$\sigma_6^2=\frac{1369+361+3136}{3}=1622\text{（元）}$$

$$\sigma_6^2=\frac{1369+361+3136}{3}=1622\text{（元）}$$

各群群内方差平均数：

$$\overline{\sigma^2}=\frac{\sum_{i=1}^{r}\sigma_i^2}{r}\ \frac{422.22+466.67+422.22+170.67+384.89+1622}{6}$$

$$=581.45(\text{元})$$

各群的群间方差：

$$\delta_i^2=\frac{\sum_{i=1}^{r}(\overline{x_i}-\overline{x})^2}{r}$$

$$=\frac{(326.67-422.22)^2+(350-422.22)^2+\cdots+(544-422.22)^2}{6}$$

$$=5688.70(\text{元})$$

两阶段抽样的样本平均数的抽样误差：

$$\mu_{\bar{x}}=\sqrt{\frac{\delta_i{}^2}{r}\left(\frac{R-r}{R-r}\right)+\frac{\overline{\sigma^2}}{rm}\left(\frac{M-m}{M-1}\right)}$$

$$=\sqrt{\frac{5688.70}{6}\left(\frac{100-6}{100-1}\right)+\frac{581.45}{6\times3}\times\left(\frac{300-3}{300-1}\right)}$$

$$=\sqrt{900.23+32.09}=30.53\text{（元）}$$

现以 95%的可靠程度推断该区居民每户平均收入为：

$$\bar{x}\pm1.96\mu_{\bar{x}}=422.22\pm1.96\times30.53=422.22\pm59.84$$

即每户人均月收入应在 362.38～482.06 元之间。

上述各种组织形式各有其特点，在抽样调查过程中，结合各个阶段抽样的条件，可以把各种抽样组织方式灵活地结合运用。

任务四　确定必要的样本容量

一、明确影响必要样本容量的因素

必要样本容量，即为确保推断的可靠度、精确度和费用等限制条件，所需的最少样本容量。抽样设计时，样本容量的确定是一项重要的内容。若样本容量大，投入的费用就多；若样本容量过小，又会降低估计的精度。因此，样本容量的确定同时要考虑两个方面：一是精度的要求；二是费用的限制。通常是以尽可能小的样本容量同时满足这两方面的要求。

通常情况下，影响必要样本容量的因素主要有以下几点：

(1) 总体的变异程度，即总体方差或标准差的大小。其数值与必要样本容量成正向关系，即总体的标志变异程度越大，必要样本容量就越大；反之，必要样本容量就少。

(2) 可靠程度 $F(t)$。其数值与必要样本容量成正向关系，即推断所要求的可靠程度越高，必要样本容量就越多；反之，必要样本容量就越少。

(3) 精度（或允许误差）。极限误差的数值与必要的样本容量呈反向关系，即所要求的极限误差越小（即所要求的精度越高），必要样本容量就越多；反之，所要求的极限误差越大（即所要求的精度越低），必要样本容量就越少。重复抽样（仅对简单随样抽样）的必要样本容量与允许误差的平方成反比。

(4) 抽样方法。在其他条件不变的情况下，不重复抽样的必要样本容量大于重复抽样的必要样本容量。

(5) 抽样组织形式。在其他条件不变的情况下，整群抽样所需的样本容量较大，分类抽样或等距抽样所需的样本容量较小。

以上这些影响因素，可以从必要样本容量的计算公式中得到验证。

二、掌握必要样本容量的计算公式

这里只介绍简单随机抽样的必要样本容量的计算。

(一) 重复抽样

测定平均数时：
$$n=\frac{t^2\sigma^2}{\Delta_{\bar{x}}^2}$$

测定成数时：
$$n=\frac{t^2P(1-P)}{\Delta_p^2}$$

(二) 不重复抽样

测定平均数时：
$$n=\frac{Nt^2\sigma^2}{N\Delta_{\bar{x}}^2+t^2\sigma^2}$$

测定成数时：
$$n=\frac{Nt^2P(1-P)}{N\Delta_p^2+t^2P(1-P)}$$

需要说明的是，根据上述公式计算的样本容量不一定是整数，通常是将样本容量取成较大的整数，也就是将小数点后面的数值一律进位成整数。

现将以上公式整理成表，如表 6－11 所示。

表 6－11　不同抽样方式下平均数与成数的计算公式

抽样方法	平均数	成数
重复抽样	$n=\frac{t^2\sigma^2}{\Delta_{\bar{x}}^2}$	$n=\frac{t^2 p\ (1-p)}{\Delta_p^2}$
不重复抽样	$n=\frac{Nt^2\sigma^2}{N\Delta_{\bar{x}}^2+t^2\sigma^2}$	$n=\frac{Nt^2 P\ (1-P)}{N\Delta_p^2+t^2 P\ (1-P)}$

【例 6－15】在背景资料 4 中，对 10000 只该型号电子元件进行耐用性能检查。根据以往的抽样测定，求得耐用时数的标准差为 600 小时，概率可靠程度为 68.27%，元件平均耐用时数的误差范围不超过 150 小时，要抽取多少元件做检查？

已知 $t=1$，$s=600$ 小时，$\Delta_{\bar{x}}=150$ 小时，$N=10000$ 只。

（1）在重复抽样条件下必要样本容量为：

$$n=\frac{t^2\sigma^2}{\Delta_{\bar{x}}^2}=\frac{1^2\times(600)^2}{(150)^2}=\frac{360000}{22500}=16\ (\text{只})$$

所以，在重复抽样条件下需抽取 16 只元件检查。

（2）在不重复抽样条件下必要样本容量为：

$$n=\frac{Nt^2\sigma^2}{N\Delta_{\bar{x}}^2+t^2\sigma^2}=\frac{10000\times1^2\times(600)^2}{10000\times(150)^2+1^2\times(600)^2}$$

$$=\frac{3600000000}{225360000}=15.97\approx16\ (\text{只})$$

所以，在不重复条件下应抽取 16 只元件做检查。

【例 6－16】在背景资料 4 中，对 10000 只该型号电子元件进行耐用性能检查。根据以往抽样测定，元件合格率为 95%，合格率的标准差为 21.8%。要求在 99.73%的概率保证下，允许误差不超过 4%，试确定所需抽取的元件数目。

已知 $t=3$，$s=600$ 小时，$P\ (1-P)=(0.128)^2=0.0475$，$\Delta_p=0.04$，$N=10000$ 只。

（1）在重复抽样条件下必要样本容量为：

$$n=\frac{t^2P(1-P)}{\Delta_p^2}=\frac{3^2\times0.0475}{0.04^2}=267.19\approx268(\text{只})$$

所以，在重复抽样条件下需抽取 268 只元件做检查。

（2）在不重复抽样条件下必要样本容量为：

$$n=\frac{Nt^2P\ (1-P)}{N\Delta_p^2+t^2P\ (1-P)}=\frac{10000\times3^3\times0.0475}{10000\times(0.04)^2+3^2\times0.0475}=\frac{4275}{16.4275}=260.23\approx261(\text{只})$$

所以，在不重复条件下需抽取 261 只元件做检查。

任务五　运用 Excel 进行抽样估计

抽样估计的主要内容就是用样本均值推断总体均值，用样本成数推断总体成数。

一、用 Excel 对总体平均数进行区间估计

要估计总体平均数就要先根据样本数据计算出样本平均数、样本标准差，再计算抽样平均误差和抽样极限误差，最后计算出区间的下限和上限。

（一）对于未分组的样本数据资料

由未分组的样本数据即原始调查数据计算总体平均数区间估计所需指标，可以使用 Excel 中的有关函数或输入计算公式计算，但使用“描述统计”分析工具显然要简便得多。因为使用该工具可以直接得到估计总体平均数的区间所需的样本平均数、修正的样本标准差、抽样平均误差和抽样极限误差。

使用“描述统计”分析工具的具体操作方法已经在项目三的任务五中介绍过。只需注意，在“描述统计”对话框中必须选中“汇总统计”和“平均数置信度”复选框，在“平均数置信度”的编辑框中指定置信度（默认值为 95%）。输出表中的“平均”就是样本平均数，“标准误差”就是“抽样平均误差”，“标准差”实际是指修正的样本标准差，“观测数”就是样本量 n，最后一栏的数值就是给定置信度所对应的抽样极限误差 Δ。

例如，根据背景资料 8 中的样本数据对总体进行区间估计，可将样本数据输入工作表（如图 6－2 中的 A 列 A2—A16），若指定输出区域的起点单元格为 C1，则使用“描述统计”分析工具，得到的输出结果显示在 C 列和 D 列，如图 6－2 所示。

Microsoft Excel - 统计分析资料

文件(F)　编辑(E)　视图(V)　插入(I)　格式(O)　工具(T)　数据(D)　FlashP

C1　　f_x 列1

	A	B	C	D	E
1	亩产（KG）		列1		
2	340				
3	350		平均	404.333333	
4	355		标准误差	11.4524552	
5	360		中位数	400	
6	375		众数	#N/A	
7	385		标准差	44.3551683	
8	395		方差	1967.38095	
9	400		峰度	-1.0845421	
10	410		偏度	0.21542472	
11	420		区域	140	
12	430		最小值	340	
13	440		最大值	480	
14	460		求和	6065	
15	465		观测数	15	
16	480		最大(1)	480	
17			最小(1)	340	
18			置信度(95.0%)	24.5630734	

图 6－2　“描述统计”工具用于抽样估计的输出表

本例中不难看出，在95%的置信度下：

总体平均数的置信区间下限为404.33－24.56＝379.77

总体平均数的置信区间上限为404.33＋24.56＝428.89

需要说明的是，Excel的“描述统计”在计算抽样平均误差和极限抽样误差时，是严格按照总体方差未知时的估计方法来计算的（应该说这更符合一般的实际情况），即以修正的样本方差作为总体方差的无偏估计量，且根据由t分布确定的$t_{\frac{\alpha}{2}}$值来计算抽样极限误差。但当样本量n充分大（一般认为$n \geqslant 30$）时，样本标准差S与修正的样本标准差s^*的差别很小，t分布也非常接近标准正态分布（从而使$t_{\frac{\alpha}{2}}$近似$z_{\frac{\alpha}{2}}$），所以，Excel的“描述统计”分析工具也适合于大样本总体标准差未知的情况下对样本平均误差和极限误差的计算。

（二）对于已分组的样本数据资料

由已整理的样本数据估计总体平均数，只能运用Excel的函数或公式功能来实现。

若已经给定分组的样本数据，就要利用加权的方法先计算出样本平均数和样本标准差。其Excel的操作见项目三的任务五中的介绍。

若已经给定或计算出了样本平均数和样本标准差，就可通过输入公式来计算抽样平均误差和极限抽样平均误差。以背景资料4为例来说明其具体使用方法。

第一步：计算抽样平均误差。本例采用的是不重复抽样，考虑到该批电子元件数量非常大，n/N非常小，所以抽样平均误差可以用重复抽样的公式来计算。用项目三的任务五中介绍的方法计算出样本的标准差为51.91（小时），用样本标准差代替总体标准差。选定一个空白单元格（如B1），在其中输入“＝51.91/100∧（1/2）”，或输入“＝51.91/SQRT100”，按回车键即可得出结果5.191（显示在B1中）。

第二步：根据给定的置信度确定对应的$z_{\frac{\alpha}{2}}$值。其方法是使用“标准正态分布累积函数的逆函数”。本例中给定区间估计的置信度（$1-\alpha$）为0.9545，则在选定的一个空白单元格（如B2）中输入函数名及其参数“＝NORMSINV（0.97725）”即可得到对应的$z_{\frac{\alpha}{2}}$为2.00（显示在B2中）。该函数的参数0.97725是这样来确定的：

$(1-\alpha)+[1-(1-\alpha)/2]=0.9545+(1-0.9545/2)=0.97725$

第三步：计算抽样极限误差。在选定的一个空白单元格（如B3）中输入公式“＝B2*B1”，即可得到计算结果10.382（显示在B3中）。

第四步：计算总体平均数的置信区间的下限和上限，分别输入公式“＝1055.5－10.38”“1055.5＋10.38”，计算结果分别为1045.12和1065.88。本例中的1055.5为样本平均数。

我们可以做如下估计，可以以概率95.45%的可靠程度，估计该批电子元件的耐用时数在1045.12～1065.88小时之间。与前面计算有一点差异，这是计算中四舍五入所致。

二、用Excel对总体成数进行区间估计

若样本数据是未分组的调查数据，则可利用函数COUNT或COUNTIF来统计出具有某一属性或水平的观测数，再将具有某一属性的观测数与样本容量n对比得出样本成

数 p。

得到样本成数的值之后，再计算抽样平均误差和极限抽样平均误差，最后计算出估计的总体成数区间的下限和上限。

计算满足允许误差要求所必需的样本量，同样也可以使用 Excel 的公式功能来实现。

项目小结

本项目在介绍抽样推断基本知识的基础上，重点介绍了抽样误差分析技术、总体参数估计技术、抽样方案设计技术、必要样本容量的确定技术和运用 Excel 进行抽样估计技术。

1. 抽样推断的基本知识

抽样推断是在抽样调查的基础上，利用样本的实际资料计算样本指标，并据以推算总体相应数量特征的一种统计分析方法。抽样推断具有以下特点：①抽样推断是由部分资料推算总体特征的一种认识方法。②抽样推断建立在随机取样的基础上。③抽样推断运用了概率估计的方法。④抽样推断的误差可以事先计算并加以控制。

2. 有关抽样的基本概念

(1) 总体和样本。总体也称全及总体，指所要认识的研究对象全体，它是由所研究范围内具有某种共同性质的全体单位所组成的集合。一般用英文字母 N 来表示总体的单位数。

样本又称子样，它是从全及总体中随机抽取出来，作为代表这一总体的那部分单位组成的集合体。一般用英文字母 n 来表示样本的单位数。

(2) 参数和统计量。常用的总体参数有总体平均数 $\overline{X}$、总体方差 σ^2（或总体标准差 σ）和总体成数 P。常用的样本参数对应有样本平均数 $\overline{x}$、样本方差 s^2 和样本成数 p 等。

(3) 样本容量和样本个数。样本容量是指一个样本所包含的总体单位个数。通常将样本单位数不少于 30 个的样本称为大样本，单位数不及 30 个的样本称为小样本。

样本个数又称样本可能数目，是指从一个总体中可能抽取的样本个数。一个总体可能抽取多少个样本，和样本容量以及抽样方法等因素都有关系。

(4) 抽样方法。从抽样的方法来看，抽样可以有重复抽样和不重复抽样两种。

重复抽样也称重置抽样。它是这样安排的，要从总体 N 个单位中随机抽取一个容量为 n 的样本，每次从总体中抽取一个单位，把结果登记下来，又重新放回，参加下一次抽选。因而重复抽样的样本是由 n 次相互独立的连续实验构成的，每次实验是在完全相同的条件下进行，每个单位中选的机会在各次都完全相等。

不重复抽样也称为不重置抽样。它是这样安排的，从总体 N 个单位中抽取一个容量为 n 的样本，每次从总体中抽取一个单位，被抽中的单位不能再放回参加下一次的抽选。因而不重复抽样有这样的特点：样本由 n 次连续抽样的结果构成，实质上等于一次同时从总体中抽 n 个样本单位，连续 n 次抽样的结果不是相互独立的，每次抽取的结果都影响到下一次抽取，每抽取一次总体单位数就少一个，因而每个单位的中选机会在各次是不相同的。

3. 抽样误差分析技术

（1）抽样误差是指由于随机抽样的偶然因素使样本的结构不足以代表总体的结构，而引起抽样指标和全及指标之间的绝对离差。

（2）抽样平均误差是抽样平均数（或抽样成数）的标准差。反映抽样平均数（或抽样成数）与总体平均数（或总体成数）抽样误差程度，一般用希腊字母 μ 来表示。抽样平均误差的理论公式在实际应用中有困难。因而，在实际抽样中通常用数理统计推导应用公式。以简单随机抽样为例，平均误差的计算公式如下表所示：

	重复抽样	不重复抽样
抽样平均数的 抽样平均误差	$\mu_{\bar{x}}=\frac{\sigma}{\sqrt{n}}$	$\mu_{\bar{x}}=\sqrt{\frac{\sigma^2}{n}\left(\frac{N-n}{N-1}\right)}$
抽样成数的 抽样平均误差	$\mu_p=\sqrt{\frac{P(1-P)}{n}}$	$\mu_p=\sqrt{\frac{P(1-P)}{n}\left(\frac{N-n}{N-1}\right)}$

影响抽样平均误差的因素主要有：①总体各单位标志值的差异程度；②样本的单位数；③抽样方法；④抽样调查的组织形式。

（3）抽样极限误差是样本指标与总体指标之间抽样误差的可允许的误差范围。抽样极限误差的实际价值是希望总体平均数 $\overline{X}$ 落在抽样平均数 $\bar{x}\pm\Delta_{\bar{x}}$ 的范围内，总体成数 p 落在抽样平均数 $p\pm\Delta_p$ 的范围内。

极限误差若用平均误差来衡量，即 $\frac{\Delta}{\mu}=t$，t 表示极限误差是平均误差的 t 倍，t 称为概率度。那么 $\frac{\Delta}{\mu}=t$ 可变换为 $\Delta=t\mu$。

4. 总体参数估计

（1）抽样估计的特点：逻辑上运用归纳推理而不是演绎推理；方法上运用不确定的概率估计法而不是运用确定的数学方法；估计的结论存在一定的抽样误差。

（2）抽样估计的理论基础：抽样估计是建立在概率论的大数法则基础上，大数法则的一系列定理为抽样估计提供了数学依据。

（3）抽样估计的优良标准：无偏性、一致性、有效性。

（4）抽样估计的方法：点估计和区间估计。

点估计也称定值估计，它是用样本指标直接估计总体参数。区间估计是根据给定的概率保证程度，利用实际抽样资料，指出总体被估计值的上限和下限，即指出总体参数可能存在的区间范围，而不是直接给出总体参数的估计值。区间估计必须同时具备估计值、抽样误差范围和概率保证程度三个要素。

5. 抽样方案设计

抽样方案设计必须遵循两个基本原则：一是保证实现抽样随机性的原则；二是保证实

现最大的抽样效果原则。

常用的抽样组织形式有：简单随机抽样、类型抽样、机械抽样、整群抽样和多阶段抽样。

6. 必要样本容量的确定

影响必要样本容量的因素主要有：（1）总体的变异程度；（2）可靠程度 $F(t)$；（3）精度（或允许误差）；（4）抽样方法；（5）抽样组织形式。

简单随机抽样的必要样本容量的计算公式如下：

（1）重复抽样：

测定平均数时：
$$n=\frac{t^2\sigma^2}{\Delta_{\bar{x}}^2}$$

测定成数时：
$$n=\frac{t^2P(1-P)}{\Delta_p^2}$$

（2）不重复抽样：

测定平均数时：
$$n=\frac{Nt^2\sigma^2}{N\Delta_{\bar{x}}^2+t^2\sigma^2}$$

测定成数时：
$$n=\frac{Nt^2P(1-P)}{N\Delta_p^2+t^2P(1-P)}$$

最后，简单地介绍了运用 Excel 进行抽样估计方法。

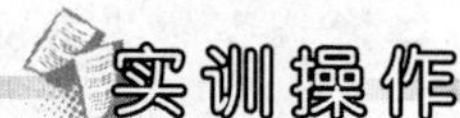

实训操作

实训一：案例分析

现代抽样方法的先驱——盖洛普

“一种客观测量报刊读者阅读兴趣的新方法”是乔治·盖洛普（Georrge Gallup）在艾奥瓦大学写博士论文时使用的题目。通过对“Des Moines Register and Tribune”和瑞士数学家雅克布·贝努里（Jakob Bernonlli）的概率统计理论的研究，盖洛普在抽样技术领域取得了进展。他指出，当抽样计划中的调查对象涵盖广泛，涉及不同领域、不同种族、不同经济层次的各种群体时，你只需随机抽取而无需采访每个人。尽管当时他的方法不能为每个人理解和认同，但是现在，这种随机抽样方法已经被广泛使用。

盖洛普通常引出一些实例来解释他自己在说什么或做什么，例如，假设有 7000 个白豆子和 3000 个黑豆子十分均匀地混在一起，装在一只桶里。当你舀出 100 个时，你大约可以拿到 70 个白的和 30 个黑的，而且你失误的概率可以用数学方法计算出来。只要桶里的豆子多于 100，那么你出错的概率就低于 3%。

20 世纪 30 年代早期，盖洛普在美国很受欢迎。他成为德雷克大学新闻系的系主任，然后转至西北大学任教。在此期间，他从事对美国东北部报刊的读者调查工作。1932 年的夏天，电扬广告公司邀请他去纽约创立一个旨在评估广告效果的调查部门，并制定一套调查方案。同年，他利用他的民意测验法帮助他的岳母竞选艾奥瓦州议员。这使他确信他的抽样调查方法不仅在数豆子和报刊读者调查方面有效，还可以应用在其他领域。只要灵活运用抽样范围具有广泛性这一特点：白人、黑人，男性、女性，富有、贫穷，城市、郊区，共和党、民主党。只要有一部分人代表他们所属的总体，他就可以通过采访相对少的一部分人，来预测选举结果或反映公众对其关心问题的态度。盖洛普证实，通过科学抽样，可以准确地估测出总体的指标。同时，在随机抽样过程中，可节省大量资金。

思考与讨论问题：

你能列举抽样方法在经济分析中的运用吗？

实训二：抽样推断技术在经济分析中的运用

一、实训主题：抽样推断技术在经济分析中的运用

二、实训方案

（一）实训目的要求

本实训是在学习项目六抽样推断之后进行的，目的是培养学生抽样推断分析的能力。

（二）实训形式

分组讨论及分析。

（三）模拟操作过程

1. 由课程主讲教师对项目一实训二所调查的某高校在校大学生日常支出情况的资料做一介绍，并列出抽样推断的项目。

2. 将班级按 3～4 人分为一组，共分成若干小组。

3. 模拟操作讨论。

(1) 各组代表发言；

(2) 同学进行评议；

(3) 指导教师点评。

（四）模拟操作点评

推断的结果与目前在校大学生的实际消费水平是否相吻合。

（五）课后操作实践

学生将推断过程整理出来，并撰写分析总结。

社会实践题

应该抽取多少劳动力进行调查

要进行抽样估计，就要先获取样本数据，为此，应首先在调查方案中设计好样本容量的大小，即必须明确应从总体中抽取多少个体（总体单位）进行调查。抽样推断的理论告

诉我们，如果样本容量太小，抽样误差太大，就不能满足推断精度的要求；如果样本容量过大，虽然足以满足推断精度的要求，但调查的代价（包括人力、物力、财力和时间的花费）很大，造成不必要的浪费，甚至使调查变得无法实施。所以，科学地确定合适的样本容量是抽样调查中很重要的一个环节。

某市劳动就业管理局为了了解该市劳动力的就业和收入状况，准备进行一次抽样调查，调查内容包括性别、年龄、学历、是否在业、在何种类型的单位就业、本月工作天数、本月工资收入、家庭其他成员是否在业等等。在待估计的多项总量指标中，最受关注的是全市劳动力就业率（或失业率）以及月平均收入。该调查规定了这两个指标的估计精度，要求在95%的置信度下，就业率（或失业率）的允许误差不超过一个百分点，月平均收入的允许误差不超过3%。

初步估计，全市劳动力就业率大致为94.8%，失业率大致为5.2%，平均每个劳动力的月收入大约为2050元，标准差为578元。

根据上述推断要求和已知的相关信息，应该抽取多少劳动力构成所要调查的样本呢？

思考与讨论问题：

1. 根据就业率的允许误差要求计算出样本量（提示：就业率的允许误差就是其抽样极限误差，即 $\Delta=1\%$）。

2. 根据失业率的允许误差要求计算出样本量（提示：失业率的允许误差就是其抽样极限误差，同样 $\Delta=1\%$），并注意计算结果与第一个问题的答案有何关系。

3. 根据月平均收入的允许误差要求计算出样本量（提示：要求月平均收入的允许误差不超过3%，这里的3%是误差率或称为相对允许误差，再根据劳动力的月平均收入，就可以将其换算成允许误差的绝对值 Δ）。

4. 为了满足就业率和月平均收入的允许误差要求，应该共用一个样本还是分别抽取各自的调查样本？如果可以共用一个调查样本，那么该样本的样本容量应该取多大？为什么？

5. 如果要求推断的置信度下降到90%，样本容量的计算结果应各为多少？如果要求推断的置信度提高到99.73%，样本容量的计算结果又各为多少？观察计算结果的变化，并说明推断的置信度与样本容量之间存在什么关系？

项目自测

一、单选题（每题2分）

1. 抽样调查必须遵循的基本原则是（　　）。

　　A. 准确性原则　　　　B. 随机性原则

　　C. 可靠性原则　　　　D. 灵活性原则

2. 抽样推断的主要目的是（　　）。

　　A. 用样本来推算总体　　　　B. 对调查单位做深入的研究

C. 计算和控制抽样误差　　D. 广泛应用数学方法

3. 抽样调查中（　　）。

A. 既有登记误差，也有代表性误差　　B. 只有登记误差，没有代表性误差

C. 没有登记误差，只有代表性误差　　D. 既没有登记误差，也没有代表性误差

4. 抽样平均误差是反映样本指标与总体指标的（　　）。

A. 实际误差指标　　B. 实际误差绝对值的指标

C. 抽样误差一般水平的指标　　D. 可能误差范围的指标

5. 反映抽样指标与总体指标之间抽样误差可能范围的指标是（　　）。

A. 抽样平均误差　　B. 极限抽样误差

C. 抽样误差系数　　D. 概率度

6. 用简单随机重复抽样方法选取样本单位，如果要使抽样平均误差降低 50%，则样本容量要扩大到原来的（　　）。

A. 0.5 倍　　B. 1 倍

C. 2 倍　　D. 4 倍

7. 某地有 2 万亩小麦，根据以往资料可知平均亩产量的标准差不超过 10 千克，应抽选多少亩作为样本（　　）

A. 100 亩　　B. 250 亩

C. 500 亩　　D. 1000 亩

8. 实现将全及总体各单位按某一标志排列，然后以固定顺序和距离来抽取调查单位的抽样方式是（　　）。

A. 类型抽样　　B. 等距抽样

C. 简单随机抽样　　D. 整群抽样

9. 按地理区域划分所进行的区域抽样，属于（　　）。

A. 简单随机抽样　　B. 类型抽样

C. 等距抽样　　D. 整群抽样

10. 反映样本指标与总体指标之间在一定概率保证下的最大可能的误差范围的指标是（　　）。

A. 概率　　B. 抽样平均误差

C. 抽样误差　　D. 极限抽样误差

二、多选题（每题 5 分）

1. 抽样误差是（　　）。

A. 样本平均数与总体平均数之差　　B. 登记性误差

C. 代表性误差　　D. 样本成数与总体成数之差

E. 偶然性误差

2. 抽样调查中的抽样误差（　　）

A. 是不可避免要产生的　　B. 是可以改进调查方法而被消除的

C. 是可以事先计算的　　D. 只能在调查结束后计算

E. 其大小是可以控制的

3. 影响抽样误差的因素有（　　）。

A. 总体被研究标志的差异程度　　B. 样本单位数

C. 抽样的组织方式　　D. 抽样方法

E. 概率保证程度

4. 抽样平均误差（　　）。

A. 反映样本指标误差与总体指标的平均误差程度

B. 是样本指标误差的平均数

C. 是样本指标误差绝对值的平均数

D. 是所有可能样本指标的标准差

E. 是误差平均的可能范围

5. 在抽样调查中应用的抽样意味着指标有（　　）。

A. 实际误差　　B. 登记性误差

C. 抽样平均误差　　D. 抽样极限误差

E. 样本指标与总体指标的标准差

6. 确定样本容量时应考虑的因素有（　　）。

A. 极限误差大小　　B. 把握程度大小

C. 抽取方式　　D. 抽样的组织形式

E. 被研究标志变动程度

三、综合应用题（58 分）

1. 对某工厂的 10000 只电子元件进行耐用时数检查，从中随机抽出 100 只进行测试，其结果见下表：

耐用时数（小时）	抽样检查结果（只）
900 以下	1
900～950	2
950～1000	6
1000～1050	35
1050～1100	43
1100～1150	9
1150～1200	3
1200 以上	1
合计	100

计算平均耐用时数的抽样平均误差。

按照规定，该工厂的电子元件耐用时数达不到 1000 小时视作不合格品处理，试计算合格率的抽样平均误差。

2. 在 4000 件成品中按不重复方法抽取 200 件进行检查，结果有 8 件废品，当概率为 95.45%（$t=2$）时，试用统计函数的方法估计这批成品中废品量的范围。

3. 在某乡 2 万亩水稻中按重复抽样方法抽取 400 亩，得知平均亩产量为 609 斤，样本标准差为 80 斤。用统计函数的方法求以 95.45%（$t=2$）的概率可靠程度估计该乡水稻的平均亩产量和总产量的区间范围。

4. 某外贸公司出口的一种茶叶，规定每包合格重量不低于 150 克，现在用不重复抽样的方法抽取其中 1%进行检验，结果如下表：

每包重量（克）	包数
148～150	10
150～152	20
152～154	40
154～156	30
合计	100

（1）试以 95.45%的置信度估计该批茶叶每包的重量范围。

（2）用同样的概率可靠程度估计这批茶叶包装的合格率范围。

5. 从以往的调查中知道，某产品标准差为 4 克，要求极限抽样误差不超过 0.6 克，置信度达到 95.45%。试确定随机重复抽样的必要抽样数目。

6. 设某轴承厂对所生产的轴承进行质量抽查，共抽查 100 只轴承，平均使用寿命 3600 小时，标准差为 48 小时。

试按 90%的概率，推断该批轴承的平均使用寿命。

按照这个误差范围，将概率提高到 95.45%，需要调查多少只轴承？

7. 某单位按简单随机重复抽样方式抽取 40 名职工，对其业务情况进行考核，考核成绩资料如下：

68	89	88	84	86	87	75	73	72	68
75	82	99	58	81	54	79	76	95	76
71	60	91	65	76	72	76	85	89	92
64	57	83	81	78	77	72	61	70	87

（1）根据上述资料按成绩分成以下几组：60 分以下，60～70 分，70～80 分，80～90 分，90～100 分，并根据分组整理成变量分配数列；

（2）根据整理后的变量数列，以 95.45%的概率保证程度推断全体职工业务考试成绩的区间范围。

项目七　相关与回归分析

学习要点

本项目主要是在介绍相关关系概念的基础上，重点介绍相关关系的测定方法。相关关系的测定方法有相关图和相关表等定性方法，计算相关系数等定量分析方法。当两变量存在高度的线性相关时，则对两变量建立一元线性回归方程进行回归分析。

学习目标

【知识目标】

1. 掌握相关关系与函数关系的区别；
2. 能够利用相关系数对相关关系进行测定，并且掌握相关系数的性质；
3. 明确相关分析与回归分析各自的特点以及它们的区别与联系；
4. 掌握建立回归直线方程的方法，计算估计标准误差，理解估计标准误差的意义。

【能力目标】

1. 培养应用相关与回归分析的基本理论和方法的能力；
2. 能对社会经济现象的依存关系进行合理的判断分析及预测；
3. 熟悉运用 Excel 进行相关与回归分析的方法。

项目导入

在自然界和社会经济生活中的许多现象或事物彼此之间相互联系、相互依赖、相互制约，当某些现象发生变化时，另一现象也随之发生变化，这些关系我们称之为依存关系，这些依存关系有些很难用数量来衡量。例如学生的学习积极性和学习成绩，很难用数量关系表示出来。有些依存关系可以用数量表示出来。例如家庭收入和银行存款的关系。通过该项目的学习，我们将运用科学的方法对社会经济现象中的依存关系进行分析。

背景资料：张三刚从学校市场营销专业毕业，2009 年应聘到某电器公司从事销售工作。该公司想了解自己的产品在市场上的销售情况，于是派小张到某中部城市收集相关数据资料，并要求小张将所调查的数据资料进行整理，并进行统计分析后向公司汇报。

小张先后收集、整理了某中部城市 2000～2008 年城市居民人均收入和人均通信费用支出的统计资料，如表 7-1 所示；又对该家电企业的家电销售额、居民人均收入和家电的平均价格做了调查，其资料如表 7－2 所示。

表 7－1　某城市居民人均收入和人均通信费用情况

年份	居民人均收入（千元）	人均通信费用（千元）
2000	7.53	0.45
2001	8.50	0.50
2002	9.56	0.55
2003	9.93	0.60
2004	11.02	0.67
2005	12.43	0.75
2006	13.93	0.80
2007	16.15	0.98
2008	18.28	1.15

表 7－2　商品销售额、居民人均收入和家电的平均价格

年份	家电销售额（百万元）	居民人均收入（千元）	家电平均销售价格（千元）
2000	4	7.53	20
2001	5	8.50	18
2002	5.5	9.56	17
2003	6	9.93	15
2004	8	11.02	13
2005	8.5	12.43	10
2006	9.5	13.93	8.5
2007	11	16.15	7
2008	12	18.28	6

【基本知识】相关分析与回归分析的意义

自然界和社会经济生活中可以用数量表示的依存关系分为两种类型：函数关系与相关关系。

1. 函数关系

函数关系是一种严格的确定性的依存关系，表现在某一现象发生变化，另一现象也随之发生变化，而且有确定的值与之相对应，这种确定性关系可以通过一个数学公式表示出来。例如，银行的存款活期利率是 0.36%，假设存款的本金是 1000 元，存取的时间是 t

天，到期后利息为 y，银行存款的活期利息计算公式为 $y=1000\times\frac{0.36\%}{360}\times t$（银行活期利息是以 360 天为周期计算）。

2. 相关关系

相关关系是现象之间确实存在的，但数量上不是严格对应的依存关系。对于一种现象的某一数值，另一现象有不确定的值，但有确定的概率分布与之对应，我们称之为相关关系。例如家庭收入和家庭食品支出的关系，一般家庭收入越高，家庭食品支出就会越大（但家庭食品支出占家庭收入的比例可能越小）。当然影响家庭食品支出的因素还有很多，如家庭成员的爱好、家庭结构、文化习惯、精神因素等。相关关系的概念可以归纳为以下两点：一是现象之间确实存在数量上的依存关系；二是现象之间的依存关系由于受到随机因素的影响，其具体的数值是不确定的。

相关关系和函数关系的区别主要表现在变量之间的具体数值是否确定，函数关系对应的数值是确定的，相关关系对应的数值是不确定的，但函数关系和相关关系并不存在严格的界限。由于人们的认知局限性和误差的关系，函数关系在实际中往往通过相关关系表现出来；当人们对事物或现象的内部规律和联系更加清楚的时候，相关关系可以通过函数关系表现出来。

本项目的主要目的是对社会经济现象进行相关关系的分析。相关分析的主要目的是对变量之间的联系程度和变化的规律有一个数量上的认识，并找出相关关系的模式，进而进行必要的推测和控制，为决策提供支持。相关关系分析的步骤大致分为以下三步。

第一步：测定相关关系。

依照经验和常识，首先要判断事物或者现象之间是否存在依存关系。只有存在相关关系，才有必要进行相关分析。其次，确定相关关系的表现形式，例如是曲线相关还是直线相关。然后判定相关关系的方向和密切程度。进而为下一步做准备。

第二步：进行回归分析。

判定相关关系后，可以建立相应的数学模型（回归方程），这样可以用数学关系来反映变量之间的变化规律。如果现象之间是线性关系，就采用线性方程拟合。如果是曲线关系，就用曲线方式拟合。

第三步：检验因变量预测值的误差。

用拟合的回归方式来进行预测，实际上是用确定性的函数关系表达不确定的相关关系，因而存在一定的误差。因此要计算其误差和预测值的置信区间，分析预测值的可靠程度。

任务一　测定相关关系

要测定相关关系，首先要了解相关关系的分类。

一般地，我们把影响因素的变量叫作自变量，把对应发生变化的变量叫作因变量，现象之间的相互关系是复杂的，可以从不同的角度，依据不同的标志将相关关系划为若干类型。相关关系的种类如表 7－3 所示。

表 7-3　相关关系的种类

分类的标志	种类	内涵	举例
影响因素的多少	单相关	单相关又称为一元相关、简单相关，指两个变量之间的相关关系	基本不存在，分析时假定其他因素不变
	复相关	复相关又称为多元相关，指的是三个或者三个以上变量之间的关系。在这种关系里，一个因变量的变化由两个或者两个以上自变量引起	居民消费与其收入和偏好的关系
相关的表现形式	线性相关	线性相关也称为直线相关，它是自变量和因变量之间的关系变动，在平面直角坐标体系中可以近似表示为一条直线的关系	家庭消费水平与家庭收入水平的关系
	非线性相关	非线性相关也称为曲线相关，是指自变量和因变量在坐标体系中的坐标点趋于某种曲线。如抛物线，指数曲线，双曲线等	成本与产量之间的关系
相关关系的变化方向	正相关	正相关是指自变量的值增加或减少时，因变量的值也随之增加或者减少。即两者的变动方向是一致的	身高与体重之间的关系
	负相关	负相关是指自变量的值增加或者减少时，因变量的值反而减少或者增加，两者变换的方向是相反的	产品平均固定成本与产品产量的关系
相关关系的密切程度	完全相关	因变量的数量变化完全取决于自变量的数量变化，也就是函数关系	函数关系
	不完全相关	不完全相关是指变量的变化关系介于完全相关和不完全相关之间	大部分情况
	完全不相关	不相关又称为零相关，是指两个变量彼此互不影响，数量的变化各自独立的关系	股票指数走向与天气变化

对于变量之间的相关关系的度量，是进行相关分析和回归分析的基础。对于单相关关系的度量，主要有相关表、相关图和相关系数，等级相关系数等方式。对于复相关关系，可以采用复相关系数，偏相关系数来表示。

一、测定单相关关系

（一）相关表

相关表是一种统计表。它是指将自变量按照大小顺序排列，并将因变量数值一一对应排列在统计表中形成的相关表。相关表是表现相关关系的最基本形式。通过相关表，可以初步判定相关关系的形式，相关方向和相关关系的密切程度。

【例 7-1】小张对某中部城市居民人均收入和人均通信费用情况进行调查形成的表 7-1就是一张相关表。

从表 7-1 中可以看出，随着居民人均收入的增加，人均通信费用也有所增加，两者之间存在一定的正相关关系。

（二）相关图

相关表虽然在一定程度上可以反映出两变量之间是否存在相关关系，但是难以准确判断变量之间的相关形式。相关图能较直观地反映出变量之间的相关形式。

相关图又称散点图，是采用直角坐标体系，以 x 轴为自变量，y 轴为因变量，将两个变量间对应的变量值用坐标点的形式描绘出来，用以反应两者之间的相关形式。根据表 7-1的资料，可以绘制相关图，如图 7-1 所示。

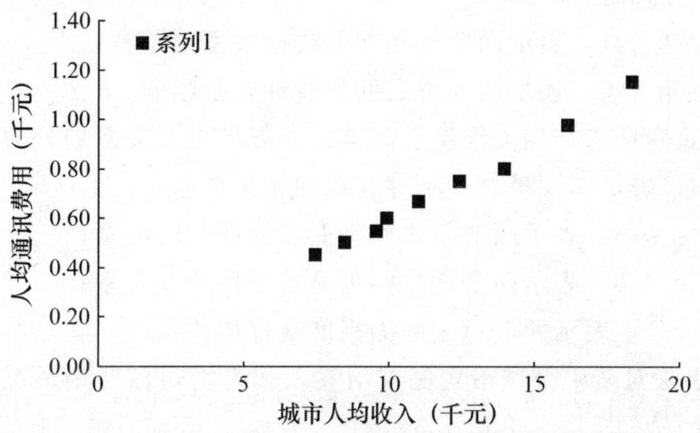

图 7-1　某城市居民人均收入和人均通信费用相关图

从图 7-1 可以看出，某城市居民人均收入和人均通信费用之间的关系密切，且呈较强的线性正相关关系。

（三）线性相关系数的计算

相关表和相关图虽然可以反映出两个变量之间的相互关系及其相关方向，但都不能精确反映出变量之间相关关系的密切程度。线性相关系数是指在直线相关的条件下，说明两个现象之间相关关系密切程度的统计指标。

相关系数的计算中，两个变量是对等关系，因此可以不区分自变量和因变量。计算相关系数的方法有很多，最简单的一种就是积差法，可以直接表示为两变量的协方差与两变量各自标准差乘积之比，一般用 γ 表示。

$$\gamma = \frac{\frac{1}{n}\sum(x-\overline{x})(y-\overline{y})}{\sqrt{\frac{1}{n}\sum(x-\overline{x})^2}\sqrt{\frac{1}{n}\sum(y-\overline{y})^2}} \tag{7.1}$$

其中 n 表示自变量或者因变量的项数。

若以 $\sigma_x = \sqrt{\frac{1}{n}\sum(x-\overline{x})^2}$ 代表变量 x 的标准差；

$\sigma_y = \sqrt{\frac{1}{n}\sum(y-\overline{y})^2}$ 代表变量 y 的标准差；

$\sigma_{xy}^2 = \frac{1}{n}\sum(x-\overline{x})(y-\overline{y})$ 代表两个变量 x 和 y 的协方差；

则公式可以简写为：

$$\gamma = \frac{\sigma_{xy}^2}{\sigma_x \sigma_y} \tag{7.2}$$

【关联性知识】γ 的取值在 $-1\sim+1$ 之间，即 $-1\leqslant\gamma\leqslant+1$，且有以下性质。

第一，若 $\gamma>0$，则表示因变量随自变量的增加而不断增加，即两变量正相关；

若 $\gamma<0$，则表示因变量随自变量的增加而不断减少，即两变量负相关。

第二，若 $\gamma=\pm1$，则表示两变量之间完全线性相关，即两变量是函数关系。

第三，若 $\gamma=0$，并不是一定表示两变量没有相关关系，而是表示两变量之间无线性相关关系，也有可能是曲线相关关系。

γ 的绝对值越接近于 1，表示两变量之间的线性关系越紧密；

γ 的绝对值越接近于 0，表示两变量之间的线性关系越弱。

第四，为了判断变量之间相关程度的高低，一般将相关关系划分为四个等级：

①$|\gamma|<0.3$，表示两变量之间不存在线性相关关系；

②$0.3\leqslant|\gamma|<0.5$，表示两变量之间为低度线性相关关系；

③$0.5\leqslant|\gamma|<0.8$，表示两变量之间为显著线性相关关系；

④$0.8\leqslant|\gamma|<1$，表示两变量之间为高度线性相关关系。

【例 7-2】以小张对某中部城市居民人均收入和人均通信费用情况为例，计算相关系数，如表 7-4 所示。

表 7-4　利用定义公式计算相关系数计算表　　单位：千元

年份（年）	x	y	$x-\bar{x}$	$y-\bar{y}$	$(x-\bar{x})^2$	$(y-\bar{y})^2$	$(x-\bar{x})(y-\bar{y})$
2000	7.53	0.45	−4.3956	−0.2667	19.3213	0.0711	1.1723
2001	8.50	0.50	−3.4256	−0.2167	11.7347	0.0470	0.7423
2002	9.56	0.55	−2.3656	−0.1667	5.5961	0.0278	0.3943
2003	9.93	0.60	−1.9956	−0.1167	3.9824	0.0136	0.2329
2004	11.02	0.67	−0.9056	−0.0467	0.8201	0.0022	0.0423
2005	12.43	0.75	0.5044	0.0333	0.2544	0.0011	0.0168
2006	13.93	0.80	2.0044	0.0833	4.0176	0.0069	0.1670
2007	16.15	0.98	4.2244	0.2633	17.8456	0.0693	1.1123
2008	18.28	1.15	6.3544	0.4333	40.3784	0.1877	2.7534
Σ	107.33	6.45	—	—	103.951	0.4268	6.6336

注：x 表示人均收入；y 表示人均通信费用

根据表 7-4 可知，

$$\bar{x}=\frac{107.33}{9}=11.9256\text{（千元）}$$

$$\bar{y}=\frac{6.45}{9}=0.7167\text{（千元）}$$

再根据表 7－4 的信息，可以计算其他值：

$$\sigma_x=\sqrt{\frac{1}{n}\sum(x-\bar{x})^2}=\sqrt{\frac{1}{9}\times 103.9506}=3.3985$$

$$\sigma_y=\sqrt{\frac{1}{n}\sum(y-\bar{y})^2}=\sqrt{\frac{1}{9}\times 0.4268}=0.2178$$

$$\sigma_{xy}{}^2=\frac{1}{n}\sum(x-\bar{x})(y-\bar{y})=\frac{1}{9}\times 6.6336=0.7371$$

将以上计算结果代入公式（7.2）就可以计算相关系数为：

$$\gamma=\frac{\sigma_{xy}{}^2}{\sigma_x\sigma_y}=0.9958$$

计算结果表明，该城市居民人均收入与人均通信费用之间呈现出高度线性正相关，相关系数达到 99.58%，接近于 1。

在以上计算过程中，中间的变量比较多，对于数值的处理会出现一定的误差，从而影响到相关系数的准确性。经过推导可以采用简捷的计算公式：

$$\gamma=\frac{n\sum xy-\sum x\sum y}{\sqrt{n\sum x^2-(\sum x)^2}\cdot\sqrt{n\sum y^2-(\sum y)^2}} \tag{7.3}$$

根据表 7－1 的资料，采用简捷法计算二者的相关系数，结果如表 7－5 所示。

表 7－5　采用简捷法相关系数计算表　　单位：千元

年份（年）	x	y	x^2	y^2	xy
2000	7.53	0.45	56.7009	0.2025	3.3885
2001	8.50	0.50	72.2500	0.2500	4.2500
2002	9.56	0.55	91.3936	0.3025	5.2580
2003	9.93	0.60	98.6049	0.3600	5.9580
2004	11.02	0.67	121.4404	0.4489	7.3834
2005	12.43	0.75	154.5049	0.5625	9.3225
2006	13.93	0.80	194.0449	0.6400	11.1440
2007	16.15	0.98	260.8225	0.9604	15.8270
2008	18.28	1.15	334.1584	1.3225	21.0220
Σ	107.33	6.45	1383.9205	5.0493	83.5534

注：x 表示人均收入；y 表示人均通信费用

根据表 7-5 和公式（7.3）计算两者的相关系数为：

$$\gamma=\frac{n\sum xy-\sum x\sum y}{\sqrt{n\sum x^2-(\sum x)^2}.\sqrt{n\sum y^2-(\sum y)^2}}$$

$$=\frac{9\times83.5534-107.33\times6.45}{\sqrt{9\times1383.9205-(107.33)^2}\times\sqrt{9\times2.0493-(6.45)^2}}\approx0.9959$$

可以看出，利用定义公式和简捷公式得到的不完全一样，是因为计算中的数值处理存在一定的误差。

二、测定复相关关系

线性相关系数只是计算出自变量和因变量之间的线性相关程度。但是社会经济现象中更多的是多个变量之间存在一定的关系。如企业的利润指标既与企业的销售收入指标有关，也和企业的费用指标存在一定关系。因此，想要了解一个因变量和多个自变量之间存在的相关程度，需要计算复相关系数。

复相关系数是反映一个因变量和多个自变量（2 个或者 2 个以上）之间数量变化关系密切程度的指标。

结合回归分析，复相关系数的计算公式如下：

$$\gamma=\sqrt{\frac{\sum(\hat{y}-\bar{y})^2}{\sum(y-\bar{y})^2}} \tag{7.4}$$

公式中，y 是实际观察值，$\hat{y}$ 是回归拟值。

任务二　进行回归分析

通过相关系数，可以了解两个变量之间的相关方向和密切程度，但是不能根据自变量的变动来推知因变量的变动。因此，要根据自变量的数值来估计因变量的数值，就需要进行回归分析。

回归分析是建立在相关分析的基础上，选择一个合适的数学模型（回归方程式）来近似地表示变量之间的平均变化关系的一种统计分析方法。由于变量之间的变化关系有很多种，有直线或者曲线，因此拟合的方程有线性回归方程或曲线回归方程。对于线性回归方程，因变量可能受一个自变量的影响，也可能受多个自变量的影响，因此线形回归方程可以分为一元线性回归方程和多元线性回归方程。本项目主要研究的是一元线性回归分析技术和多元线性回归分析技术。

一、进行一元线性回归分析

进行一元线性回归分析主要有以下六个步骤，如图 7-2 所示。

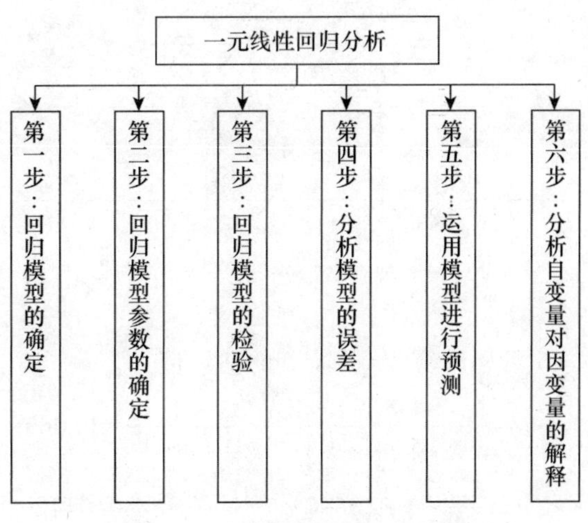

图 7－2　一元线性回归分析步骤图

（一）确立一元线性回归模型

一元线性回归模型也称简单直线回归模型，是分析两个单相关变量的数据而拟合的数学方程式，其一般表达式为：

$$\hat{y} = a + bx \tag{7.5}$$

在公式（7.5）中：x 是自变量；$\hat{y}$ 是因变量的估计值；

a，b 是两个待定的参数，需要根据两个变量的观察值来进行估计。其中，a 表示直线在 y 轴上的截距，b 是回归系数，也是直线的斜率，表示自变量变动一个单位时，因变量的平均变动值。

上述的一元线性回归方程在平面直角坐标体系中，表现为一条回归直线。当 $b>0$，如图 7－3 所示，y 随 x 的增加而增加，两变量是正相关关系；当 $b<0$，如图 7－4 所示，y 随 x 的增加而减少，两变量是负相关关系。

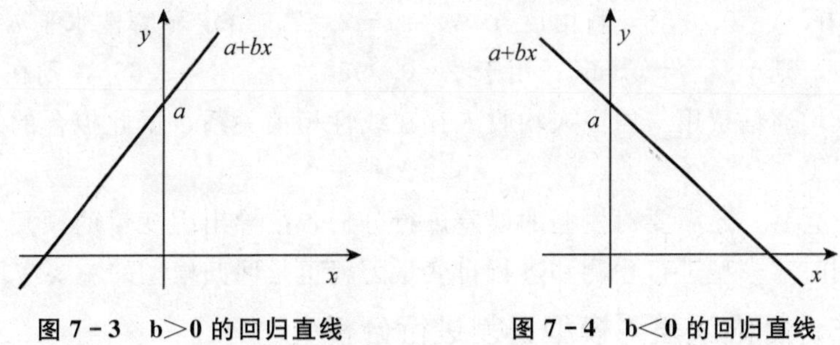

图 7－3　b>0 的回归直线　　图 7－4　b<0 的回归直线

（二）确立一元线性回归模型参数

在得到两个变量的观察值后，先用相关表或者相关图确定两变量的相互关系，相关方向和相关系数，再通过显著检验判断两变量之间是否存在着显著的相关关系，其次确定自变量和因变量，然后再根据观察资料来估计模型参数，建立回归方程。

b 参数的估计，可以采用最小平方法求解，得到如下公式：

$$b=\frac{n\sum xy-\sum x\sum y}{n\sum x^{2}-(\sum x)^{2}}$$

$$a=\frac{\sum y}{n}-b\frac{\sum x}{n}$$

或者

$$a=\overline{y}-b\overline{x} \tag{7.6}$$

根据例 7-1 和表 7-5 可以计算得到 a，b 的估计值：

$$b=\frac{9\times83.5534-107.33\times6.45}{9\times1383.9205-(107.33)^{2}}=0.0638$$

$$a=\frac{6.45}{9}-0.0638\times\frac{107.33}{9}=-0.0442$$

将 a 和 b 的数值代人公式 $\hat{y}=a+bx$，得到如下方程式：

$$\hat{y}=-0.0442+0.0638\text{x}$$

（三）检验一元线性回归模型

由于线性相关系数是在相关图和相关表的基础上分析出来的，抽取的样本是有限的，因此会出现抽样误差，所以有必要对相关系数进行显著性检验。对回归方程的检验包括相关系数的检验，总体检验（F 检验）和参数检验（t 检验）。对于一元线性回归模型，由于只涉及两个变量，相关系数的检验和总体检验的方向是一致的，因此，进行相关系数的检验，就可以判断回归方程的实际意义。

相关系数的检验步骤为，给定相关系数、自由度 $n-m$（n 是样本容量，m 是参数个数，单相关 m 为 2）和显著性水平 α，从相关系数检验表中查出临界值 $\gamma_{\alpha(n-m)}$，据此判断其相关系数是否成立。如果 $|\gamma|\geqslant\gamma_{\alpha(n-m)}$，则判定在显著性水平下，变量之间的线性关系是显著的。如果 $|\gamma|\leqslant\gamma_{\alpha(n-m)}$，则两个变量不是线性回归模型，需要对其进一步分析。

在例 7-1 中，$\gamma=0.9958$，自由度 $n-m=9-2=7$，给定显著性水平 $\alpha=0.05$，根据相关系数检验表，则 $\gamma_{0.05(7)}=0.666$；由于 $\gamma=0.9958>\gamma_{0.05(7)}=0.666$，则在 $\alpha=0.05$ 的显著性水平上，人均通信费用与居民人均收入存在线性相关关系，据此拟合的线性回归方程还是有实际的意义。

回归模型建立后，还需要对模型的误差进行分析，推导出因变量的预测值，回归分析才更有意义。同时对模型进行预测和进行自变量解释也是回归模型的主要应用。

（四）用估计标准误差对模型误差进行分析

估计标准误差是因变量的观察值和估计值的平均离差，用来反映回归直线上的估计值与观察值之间的平均离差程度，同时可以看出回归模型拟合的优劣水平。估计标准误差通常用 s_y 来表示，其公式为：

$$s_{y}=\sqrt{\frac{\sum(y-\hat{y})^{2}}{n-m}} \tag{7.7}$$

公式中，y 是观察值，$\hat{y}$ 是估计值，n 是资料的个数，m 是变量的个数。显然，s_y 越小，说明估计值离观察值越近，估计值的代表性越好。反之，估计值的代表性就越差。

表 7-6 人均收入和人家通信费用的误差计算表

单位：千元

年份（年）	人均收入 x	人均通信费用 y	$\hat{y}$	$(y-\hat{y})^2$
2000	7.53	0.45	0.4362	0.0002
2001	8.50	0.50	0.4981	0.0000
2002	9.56	0.55	0.5657	0.0002
2003	9.93	0.60	0.5893	0.0001
2004	11.02	0.67	0.6589	0.0001
2005	12.43	0.75	0.7488	0.0000
2006	13.93	0.80	0.8445	0.0020
2007	16.15	0.98	0.9862	0.0000
2008	18.28	1.15	1.1221	0.0008
$\sum$	107.33	6.45	6.4499	0.0034

由表 7-6 可知：

$$s_y = \sqrt{\frac{\sum (y-\hat{y})^2}{n-m}} = \sqrt{\frac{0.0034}{7}} = 0.0220(\text{千元})$$

公式（7.7）虽然很直观的反映了两者的离差程度，但是计算过程比较麻烦，因此可以使用简便的计算公式：

$$s_y = \sqrt{\frac{\sum y^2 - a\sum y - b\sum xy}{n-m}} \tag{7.8}$$

利用公式（7.8）和表 7-5，可以得出：

$$s_y = \sqrt{\frac{5.0493-(-0.0442)\times 6.45-0.0638\times 83.5534}{9-2}} = 0.0230(\text{千元})$$

通过以上两个公式，得到的数值虽然不完全一样，但是相差很小，主要是计算过程中对于数据的处理有误差。由于 $\bar{y}=0.7167$，而 $\frac{s_y}{y}\times 100\% = 2.8\%$，可见误差占的比例还是较小的。

（五）运用模型进行预测

拟合的模型经检验具有意义，并且在进行了误差估计后，就可以用抽样推断的方法，用给定的自变量来推导因变量的预测估计值。

（1）点估计。利用上面的拟合模型 $\hat{y}=-0.0442+0.0638x$，假设 2009 年该城市的人均收入是 $x_{10}=20$，则可以得到当地人均通信费用是：

$$\hat{y}=-0.0442+0.0638\times 20=1.2318(\text{千元})$$

(2) 区间估计。点的估计存在着较大的误差，不能给出很精确的数值，因此再给定一个显著性水平 α，就可以找出一个区间使得对应于某特定值 x_{10} 的估计值以 $1-\alpha$ 的置信概率被区间包含。

结合以上资料，可以得出 $\hat{y}$ 的置信空间为 $(\hat{y}-ts_y, \hat{y}+ts_y)$，当 $x_{10}=20$ 时，以 $1-\alpha$ 的置信水平进行区间估计，则：

$$\hat{y}-ts_y=1.2318-1.96\times0.0230=1.1857\text{（千元）}$$

$$\hat{y}+ts_y=1.2318+1.96\times0.0230=1.2769\text{（千元）}$$

因此在给定置信度为95%的条件下，预测区间是（1.1857，1.2769）千元。

（六）分析自变量对因变量的解释力

因变量的变化除了主要受到自变量的影响外，还受到其他因素的影响。自变量对因变量的影响大小，可以用判定系数来进行表述：

$$\gamma^2=\frac{\sum(\hat{y}-\overline{y})^2}{\sum(y-\overline{y})^2} \tag{7.9}$$

其中 $\sum(y-\overline{y})^2$ 为因变量的总变差；

$\sum(\hat{y}-\overline{y})^2$ 为自变量对因变量的变差(称为回归变差)；

$\sum(y-\hat{y})^2$ 为不是自变量引起的变差(称为剩余变差)；

很显然，总变差＝回归变差＋剩余变差。

例7-1中，由于相关系数是0.9958，因此 $\gamma^2=99.16\%$，可以看出自变量对因变量的影响达到99.16%，剩下的0.84%是由于别的偶然因素引起的。

【关联性知识】相关分析和回归关系的联系和区别

二者的联系在于，相关分析和回归分析都是研究变量之间的依存关系，并且回归分析是建立在相关分析的基础上进行。通过相关分析，可以分析出现象之间的相关程度和相关方向，并且可以用来进行定量分析和预测趋势，因此回归分析是相关分析的延续和深入。其区别在于相关分析研究的变量是对等关系，变量都是随机变量，可以改变变量之间的位置而不影响相关系数的大小；回归分析中自变量是确定性变量，因变量是随机变量，不能随便改变自变量和因变量的位置。

二、进行多元线性回归分析

一元线性回归模型是将因变量的变化主要归结于一个自变量，但是客观事物和现象是复杂的，往往仅因变量的变化要受到多个自变量的影响。当变量之间的关系涉及两个以上的变量时，就应该运用多元线性回归分析法。

（一）多元线性回归模型的确立

多元线性回归模型研究的是多个自变量与一个因变量的相互关系，是一元线性回归分析的扩充，因此其分析原理与一元线性回归分析类似，只是在具体计算上面要更加复杂。

多元线性回归模型的一般形式如下：

$$y = a + b_1x_1 + b_2x_2 + \cdots + b_nx_n \tag{7.10}$$

在式中，a 是常数项，b_i 是 y 对 x_i 回归系数（i=1，2，3…，n）；b_i 表示在其他变量不变的情况下，自变量 x_i 变动一个单位而引起因变量 y 的平均变量水平。

（二）多元线性回归模型参数的确立

多元线性回归分析的估计方法，要求观察值和回归分析模型得到的估计值要误差最小，同样要用最小平方法来求解，就会得到有 $n+1$ 个方程的线性方程组：

$$\begin{cases} \sum y = na + b_1\sum x_1 + b_2\sum x_2 + \cdots + b_n\sum x_n \\ \sum x_1y = a\sum x_1 + b_1\sum x_1{}^2 + b_2\sum x_1x_2 + \cdots + \sum x_1x_n \\ \cdots \\ \sum x_ny = a\sum x_n + b_1\sum x_1x_n + b_2\sum x_2x_n + \cdots + \sum x_n{}^2 \end{cases} \tag{7.11}$$

求解以上的联立方程组，就可以得出参数 a 和 b_i。

【例 7－3】 利用小张对某家电企业在某中部城市的家电销售额与当地居民人均收入和家电的平均价格的调查资料为例。

根据表 7－2 可知，在其他条件不变的情况下，家电作为家庭耐用品，人均收入越高，对家电的需求越多，销售额不断增长。同样，在其他条件不变的情况下，随着家电平均销售价格的不断下跌，家电销售额不断增长。

分别考虑居民人均收入和家电销售额、家电平均销售价格与家电销售额，建立相关图（散点图）如图 7－5、图 7－6 所示：

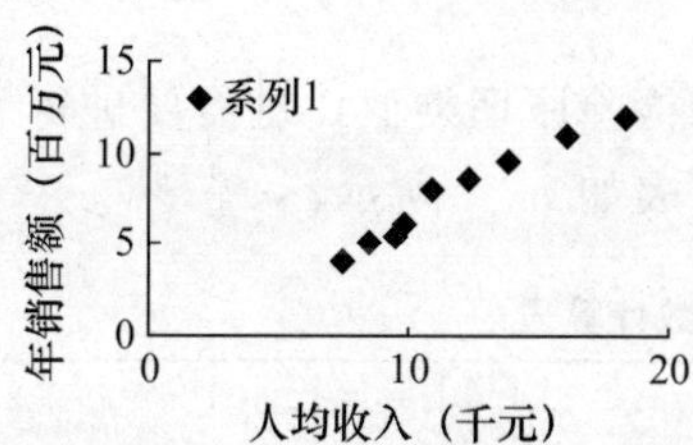

图 7－5　家电销售额与人均收入相关图

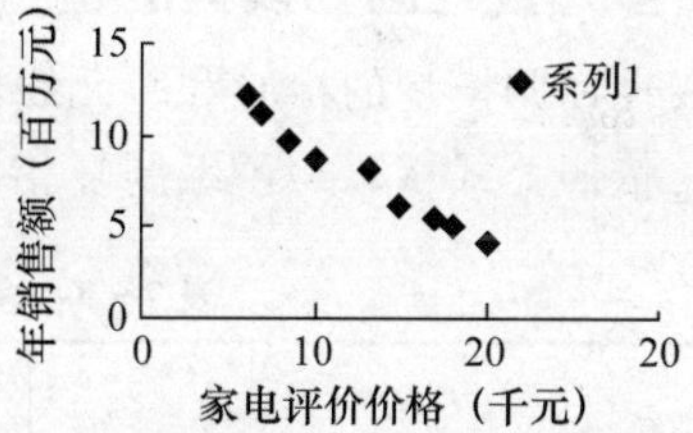

图 7－6　家电销售额与平均价格相关图

通过图 7－5 和图 7－6，可以大致判定出三个变量之间表现为线性相关关系，因此用二元线性回归模型进行分析为：

$$\hat{y} = a + b_1x_1 + b_2x_2$$

依照公式（7.11），列表分析计算，结果如表 7－7 所示：

表 7－7　家电企业二元线性回归计算表

年份	x_1	x_2	y	x_1y	x_2y	x_1x_2	x_1^2	x_2^2	y^2
2000	7.53	20	4	30.12	80.00	150.60	56.70	400.00	16.00
2001	8.50	18	5	42.50	90.00	153.00	72.25	324.00	25.00
2002	9.56	17	5.5	52.58	93.50	162.52	91.39	289.00	30.25

续表

年份	x_1	x_2	y	x_1y	x_2y	x_1x_2	x_1^2	x_2^2	y^2
2003	9.93	15	6	59.58	90.00	148.95	98.60	225.00	36.00
2004	11.02	13	8	88.16	104.00	143.26	121.44	169.00	64.00
2005	12.43	10	8.5	105.66	85.00	124.30	154.50	100.00	72.25
2006	13.93	8.5	9.5	132.34	80.75	118.41	194.04	72.25	90.25
2007	16.15	7	11	177.65	77.00	113.05	260.82	49.00	121.00
2008	18.28	6	12	219.36	72.00	109.68	334.16	36.00	144.00
Σ	107.33	114.5	69.5	907.94	772.25	1223.77	1383.92	1664.25	598.75

注：x_1 为人均收入（千元）；x_2 为平均价格（千元）；y 为销售额（百万元）

将表 7-7 中的数据资料代入公式（7.11），可以得到联立方程组：

$$\begin{cases} 69.5 = 9a + 107.33b_1 + 114.5b_2 \\ 907.94 = 107.33a + 1383.92b_1 + 1223.77b_2 \\ 772.25 = 114.5a + 1223.77b_1 + 1664.25b_2 \end{cases}$$

解此联立方程组，求得参数为：

$$b_2 = -0.2848 \quad b_1 = 0.3728 \quad a = 6.8997$$

据此可以得到三个变量的回归分析模型为：

$$\hat{y} = 6.8997 + 0.3728x_1 - 0.2848x_2$$

（三）多元线性回归模型的检验

多元线性回归模型的检验和一元线性回归模型的检验原理类似，也需要进行复相关系数的检验。依照公式（7.4），编制复相关系数的计算表如 7-8 所示：

表 7-8　多元线性回归参数计算表

年份	x_1	x_2	y	$\hat{y}$	$(y-\bar{y})^2$	$(\hat{y}-\bar{y})^2$	$(y-\hat{y})^2$
2000	7.53	20	4	4.0109	13.8548	13.7739	0.0001
2001	8.50	18	5	4.9421	7.4104	7.7290	0.0034
2002	9.56	17	5.5	5.6221	4.9382	4.4106	0.0149
2003	9.93	15	6	6.3296	2.9660	1.9393	0.1086
2004	11.02	13	8	7.3056	0.0772	0.1736	0.4823
2005	12.43	10	8.5	8.6856	0.6050	0.9281	0.0344
2006	13.93	8.5	9.5	9.6720	3.1606	3.8017	0.0296
2007	16.15	7	11	10.9268	10.7440	10.2696	0.0054
2008	18.28	6	12	12.0057	18.2996	18.3482	0.0000
Σ	107.33	114.5	69.5	69.5003	62.0556	61.3740	0.6787

注：x_1 为人均收入（千元）；x_2 为平均价格（千元）；y 为销售额（百万元）；$\hat{y}$ 为估计值

由于 $\overline{y}=\dfrac{\sum y}{n}=\dfrac{69.5}{9}=7.7222$

则 $\gamma=\sqrt{\dfrac{\sum(\hat{y}-\overline{y})^2}{\sum(y-\overline{y})^2}}=\sqrt{\dfrac{61.3740}{62.0556}}=0.9945$

根据例 7－3 得到的二元相关系数，相关的数据为：

自由度 $n-m=9-3=6$，给定的显著性水平 $\alpha=0.05$，根据相关系数检验表，则 $\gamma_{0.05(6)}=0.795$。由于 $\gamma=0.9945>\gamma_{0.05(6)}=0.795$，则在 $\alpha=0.05$ 的显著性水平上，家电的销售额与居民人均收入和家电平均价格存在线性相关关系，据此拟合的线性回归方程存在实际的意义。当然，对于多元回归分析的检验，除了相关系数检验（拟合度检验）外，还应做回归模型的总显著性检验（F 检验）和参数检验（t 检验），才能最终综合判断。

（四）用估计标准误差对模型误差进行分析

多元回归模型的判定误差 $s_y=\sqrt{\dfrac{\sum(y-\hat{y})^2}{n-m}}$，对于例 7-2 和表 7-8，可知 $s_y=\sqrt{\dfrac{0.6787}{6}}=0.3363$。由于 $\overline{y}=7.7222$，则 $\dfrac{s_y}{\overline{y}}=\dfrac{0.3363}{7.7222}=0.0435$，因此误差为平均值的 4.35%，说明模型的拟合性还是很好的。

由于例 7－3 的相关系数为 $\gamma=0.9945$，则其判定系数 $\gamma^2=\dfrac{\sum(\hat{y}-\overline{y})^2}{\sum(y-\overline{y})^2}=0.9890$，因此人均收入和 家电平均价格两个自变量对因变量家电的销售额的影响占到 98.9%，其余的 1.1%是由其他因素影响的。当然，要了解人均收入和家电平均价格各自的解释力，则需要用到偏相关系数。

（五）运用模型预测

假设 2009 年该城市的居民人均收入 $x_1=20$（千元），家电的平均价格 $x_2=5.5$（千元），则该企业 2009 年的销售额 $\hat{y}=6.8997+0.3728\times20-0.2848\times5.5=12.7893$（百万元）。为该企业的进一步分析和决策提供了一些参考。

任务三 用 Excel 进行相关和回归分析

要研究现象之间是否存在某种依存关系，并对有具体依存关系的现象进行相关方向以及相关程度的研究，需要进行相关分析。

一、利用 Excel 绘制相关图

利用 Excel 的图表向导可绘制两个变量的相关图（散点图），下面以表 7－1 的数据为例说明利用图表向导绘制相关图的具体步骤。

第一步：输入数据，本例中作为 X 的变量是居民人均收入，其数据位于单元格 B2 至

B10；作为 Y 的变量是人均通信费用，其数据位于单元格 C2 至 C10。

第二步：选择菜单栏中的“插入”→“图表”命令（或直接在常用工具栏中单击“图表向导”图标）。

第三步：在弹出的“图表向导”对话框中选择“XY 散点图”，单击“下一步”按钮。

第四步：弹出“源数据”对话框，在其“数据区域”数值中输入 X 和 Y 的数据所在区域。本例中，可以直接输入“＝＄B＄2：＄C＄10”，也可以用鼠标从 B2 拖动至 C10，Excel 会自动确认数据产生在“列”，同时在图形预览中会显示即将输出的图形，如图 7－7 所示。

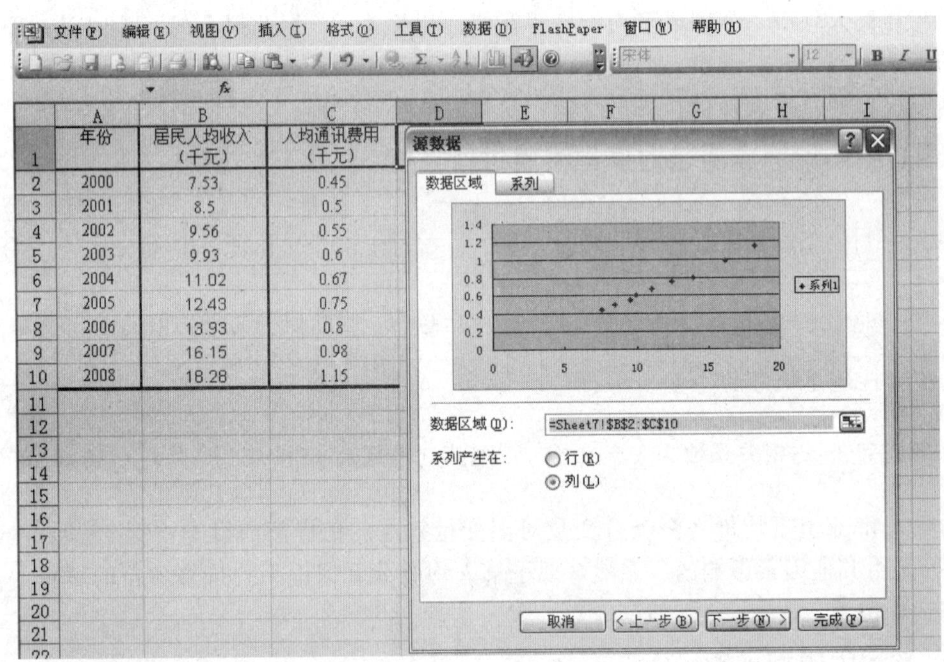

图 7－7 利用 Excel 制作相关图

输入数据时，应将 X 的数据放在前，Y 的数据放在后，并将它们置于紧邻的两列（或两行）。否则，可选择“数据源”对话框的“系列”选项卡，单击左边的“添加”按钮，右边即出现 X 值和 Y 值两栏，分别指定 X 和 Y 两个变量的数据所在区域即可。

第五步：单击“下一步”按钮，弹出“图表选项”对话框，其中有“标题”“坐标轴”“网格线”“图例”和“数据标志”等选项卡。根据情况和需要填写相应内容即可生成相关图（散点图）。本例输出得到的相关图如图 7－1 所示。

二、利用 Excel 计算相关系数

下面仍以表 7－1 的数据来说明利用 Excel 计算变量间相关系数的具体步骤。

第一步：在工作表中分别输入各个变量的数据，本例中居民人均收入的数据位于单元格 B2 至 B10，人均通信费用的数据位于单元格 C2 至 C10。

第二步：选择菜单栏中的“工具”→“数据分析”命令，在“数据分析”对话框中选

择“相关系数”选项后单击“确定”按钮，弹出“相关系数”对话框。在“输入区域”数值框中输入样本数据所在区域，本例中可以直接输入“＄B＄1：＄C＄10”或“B1：C10”，也可使用鼠标来选定，在“分组方式”栏中选中“逐列”单选按钮（如果变量的数据是按行放置的，选中“逐行”单选按钮）；如果输入区域的第一行（列）为变量名，选中“标志位于第一行（列）”复选框，否则取消选中此复选框；在“输出区域”数值框中指定输出结果的起点位置，本例输入“＄B＄12”或“B12”，如图 7－8 所示。

第三步：单击“确定”按钮即可得到相关系数，如图 7－3 中的 C13：D14 所示。本例中，居民人均收入与人均通信费用之间的相关系数为 0.9959。

文件(F)　编辑(E)　视图(V)　插入(I)　格式(O)　工具(T)　数据(D)　FlashPape

B12　　fx

	A	B	C	D	E
1	年份	居民人均收入（千元）	人均通讯费用（千元）		
2	2000	7.53	0.45		
3	2001	8.5	0.5		
4	2002	9.56	0.55		
5	2003	9.93	0.6		
6	2004	11.02	0.67		
7	2005	12.43	0.75		
8	2006	13.93	0.8		
9	2007	16.15	0.98		
10	2008	18.28	1.15		
11					
12			居民人均收入（千元	讯费用（千元）	
13		居民人均收入（	1		
14		人均通讯费用（	0.995912873	1	
15					

图 7－8　用 Excel 计算相关系数

使用统计函数 CORREL 也可以计算两个变量之间的相关系数。本书对其使用方法不再赘述，建议读者使用“数据分析”中的相关系数工具。这不仅是因为该工具的操作更加简便、直观，而且使用该工具所得到的输出结果实际上是一个相关系数矩阵即两两之间的相关系数，对角线上的数值都是 1（各个变量与其自身当然是完全相关）。涉及多个变量时，这一工具的优越性更加突出。得到多个变量之间的相关系数矩阵的操作方法与上面相同。

三、利用 Excel 进行一元线性回归分析

下面以表 7－1 的数据来说明利用 Excel 进行一元线性回归分析的具体操作步骤，并且解释有关输出结果的含义。

第一步：在工作表中分别输入各个变量的数据，本例中居民人均收入的数据位于单元格 B2 至 B10，人均通信费用的数据位于单元格 C2 至 C10。

第二步：选择菜单栏中的“工具”→“数据分析”命令，在“数据分析”对话框中选择“回归”选项。

第三步：单击“确定”按钮，弹出“回归”对话框。在“Y 值输入区域”数值框中输入因变量观测数据的起止单元格，本例中输入“$C$1：$C$9”；在“X 值输入区域”数值框中输入自变量数据的起止单元格，本例中输入“$B$1：$B$9”；选中“标志”复选框（因为这里输出区域的第一行是变量名，如果输入区域只有观测值，可取消选中此复选框）；在“输出区域”数值框中指定显示输出结果的单元格起点（本例输入“$F$1”）。

第四步：单击“确定”按钮，即可得到回归估计结果。本例的输出结果如图 7－9 所示。

文件(F) 编辑(E) 视图(V) 插入(I) 格式(O) 工具(T) 数据(D) FlashPaper 窗口(W) 帮助(H)

F23

	A	B	C	D	E	F	G	H	I	J	K	L
1	年份	居民人均收入（千元）	人均通讯费用（千元）	SUMMARY OUTPUT								
2	2000	7.53	0.45									
3	2001	8.5	0.5	回归统计								
4	2002	9.56	0.55	Multiple	0.995913							
5	2003	9.93	0.6	R Square	0.991842							
6	2004	11.02	0.67	Adjusted	0.990677							
7	2005	12.43	0.75	标准误差	0.022302							
8	2006	13.93	0.8	观测值	9							
9	2007	16.15	0.98									
10	2008	18.28	1.15	方差分析								
11					df	SS	MS	F	gnificance F			
12				回归分析	1	0.423318	0.423318	851.1009	1.43E-08			
13				残差	7	0.003482	0.000497					
14				总计	8	0.4268						
15												
16					Coefficien	标准误差	t Stat	P-value	Lower 95%	Upper 95%	下限 95.0%	上限 95.0%
17				Intercept	-0.04436	0.027125	-1.63533	0.145994	-0.1085	0.019782	-0.1085	0.019782
18				居民人均	0.063815	0.002187	29.17363	1.43E-08	0.058642	0.068987	0.058642	0.068987

图 7－9 Excel 的“回归”对话框和回归的输出结果

输出结果包括“回归统计”“方差分析”和“参数估计”等三个部分。“回归统计”部分输出结果的含义如下。

Multiple R 为相关系数，在多元线性回归中指复相关系数（复相关系数不考虑相关方向，在一元线性回归中它就是就简单相关系数 r 的绝对值）。本例中 $|r|=0.995913$。

R Square 为判定系数，即相关系数 r 的平方。本例中，$r^2=0.991842$。

Adjusted R Square 为修正的判定系数（在多元回归分析中有用）。

标准误差为回归方程的估计标准误差，如本例中估计标准误差为 0.022302（与任务二中计算的结果略有出入，这是因为任务二在计算过程中的舍入所致）。

观测值为观测值的数目即样本容量 n。

在输出结果的“方差分析”部分给出了对回归方程进行检验的 F 统计量的值及其对应

的显著性水平（即 Significance F）。例如，本例中 Significance F 很小（接近于 0），表明两个变量之间存在显著的线性相关关系。

在输出结果的第三部分不仅给出了回归方程参数的估计值 a 和 b，还给出了两者的 t 检验值及其对应的 P 值，最后两列是 a 和 b 置信区间的下限和上限。例如本例中，从 Coefficients 下可得到截距项 a（Intercept）的估计值为－0.04436，回归系数 b（本例中为居民人均收入的系数）为 0.063815，由此可得到所求的回归方程为：

$$\hat{y}=a+bx=-0.04436+0.063815x$$

如果在图 7－4 中数据输入区域未包括变量名，则本例输出结果中“居民人均收入”处显示的是“X variable 1”。

本例中，回归系数的 t 检验值为 29.17363，远远大于显著性水平 0.05 对应的临界值，P 值为 7.67E－0.6，几乎等于 0，表明这里的商品销售额和企业利润两个变量之间存在显著的线性相关关系。事实上不难验证，F 统计量的值等于 t 统计量的值的平方，F 检验显著性水平与 t 检验的 P 值相等。所以，对于一元线性回归而言，回归方程的 F 检验与回归系数的 t 检验是一样的。

项目小结

社会经济现象之间彼此联系，相互依赖，客观上存在函数关系与相互关系。函数关系是唯一确定的，相关关系则是不确定的。

该项目内容主要包括：判断现象之间的相关状态和相互关系的密切程度，在此基础上确定相互关系的数学表达式，并对这种模拟关系进行误差分析和推断。

现象之间的相互关系，一般是以理论分析为前提，以相关表和相关图进行分析判断。相关系数是在线性相关的前提下，说明两个现象之间相关关系的密切程度的统计分析指标。

相关分析是为了揭示现象之间的联系方向和联系程度，回归分析则是在相关分析的基础上，进一步揭示这一现象影响另一现象变动的一般水平。

回归分析是相关分析的继续和拓展。通过回归分析，对现象之间的相关关系拟合回归方程，就可以预测事物未来的发展变化，更好地发挥相关分析的作用。

最后，简单介绍了用 Excel 进行相关和回归分析。

实训操作

实训一：案例分析

经济模型

经济模型是指经济理论的数学表述。经济模型是一种分析方法，它极其简单地描述了现实世界的情况。现实世界的情况是由各种主要变量和次要变量构成的，错综复杂，除非把次要的因素排除在外，否则就不可能进行严格的分析，或使分析复杂得无法进行。通过做出某些假设，可以排除许多次要因素，从而建立起经济模型。这样一来，便可以通过模型对假设所规定的特殊情况进行分析。经济模型本身可以用带有图表或文字的方程来表示。

经济模型主要用来研究经济现象间互相依存的数量关系。其目的是为了反映经济现象的内部联系及其运动过程，帮助人们进行经济分析和经济预测，解决现实的经济问题。

多元回归分析研究不同文化间的差异

多元回归分析用途广泛，甚至可以用来分析不同国家间的差异。多元回归分析揭示了3个重要的关系：第一，回归可以确定可疑自变量是否与关键因变量有关系；第二，回归可以确定自变量与因变量之间关系的方向；第三，回归可以确定自变量与因变量之间关系的依赖程度。例如，有人在研究不同国家大米的消费情况时收集了人文资料和家庭每月大米的消费量资料。

下面比较美国和泰国的大米消费情况。我们将分别对两国的资料进行回归分析，再比较结果。

美国：

$$\text{大米消费}=0.3-1.5\times\text{收入}+0.3\times\text{受教育程度}$$

泰国：

$$\text{大米消费}=2.4-0.2\times\text{收入}$$

比较二元回归的结果可以看出两国在大米消费上的文化差异。第一，泰国主要粮食大米，其消费量大于美国（截距2.4>0.3）；第二，在两国，收入对大米的消费量都有显著影响，收入越高，大米消费量越少，在美国收入的负影响更大（1.5>0.2）；第三，在美国，大米的消费量与教育程度有很大关系，教育程度越高，大米消费量越多，但在泰国却与受教育程度无关。

从两个国家饮食回归分析的结果加上某些饮食习惯方面的知识，可以理解两国在文化上的不同。美国的主食是“肉和土豆”，大米只是副食。收入低的人购买大米的原因是因为大米便宜。同时，受教育越高的人越认识到含淀粉食品有益健康。而泰国是亚洲“米文化”的典型国家，大米是主食，并且已进入宗教庆典。由于这一文化因素的影响，亚洲大米的消费已超越了人文的范围。由于大米供量大而便宜，所以在泰国低收入的家庭吃大米比高收入家庭多。

实训二：相关与回归分析技术在经济与企业中的运用

一、实训主题：相关与回归分析在经济与企业中的运用

二、实训方案

（一）实训目的要求

本实训是在学习相关与回归分析的理论之后进行的，通过实训使学生熟悉相关分析与回归分析的基本原理及应用，掌握相关分析与回归分析在实际运用中的技巧与方法。

（二）实训形式

单独训练或分组讨论。

（三）模拟操作过程

1. 由课程主讲教师提供资料实训素材：某企业产品销售预测与分析。

2. 先小组讨论相关关系与回归分析的基本概念，回归分析的模型构成因素，从长期趋势预测分析、相关分析、品种销售比率的测定三个方面分析该企业产品销售预测的情况。

3. 总结讨论的问题，并派代表回答结果。

4. 指导教师点评。

（四）模拟操作点评

1. 区分自变量与因变量在相关关系与回归分析中的作用。

2. 回归预测时注意方法的应用。

（五）课后操作实践

结合专业课程的资料，用回归分析的方法对某一现象分析。

社会实践题

农村居民收入与消费的关系

经济学理论和常识表明：居民的收入水平与消费水平和消费结构都有一定的关系。它们之间到底有什么样的关系呢？可以用统计方法对这些关系进行定量分析，并且做出合理的解释和估计、预测。

表 7－9 是 2006 年我国 31 个地区农村居民家庭的人均纯收入、人均消费支出、人均食品消费支出和食品消费支出占生活费支出的比重的实际数据。

表 7－9　2006 年我国农村居民家庭的收入和生活消费支出

地区	人均纯收入（元）	人均生活消费支出（元）	人均食品消费支出（元）	食品消费支出占生活费支出的比重（%）
北京	8275	5725	1879	32.8
天津	6228	3341	1213	36.3
河北	3802	2495	916	36.7
山西	3181	2253	868	38.5
内蒙古	3342	2772	1082	39.0
辽宁	4090	3067	1163	37.9
吉林	3641	2701	1082	40.1
黑龙江	3552	2618	924	35.3

续表

地区	人均纯收入（元）	人均生活消费支出（元）	人均食品消费支出（元）	食品消费支出占生活费支出的比重（%）
上海	9139	8006	3024	37.8
江苏	5813	4135	1729	41.8
浙江	7335	6057	2219	36.6
安徽	2969	2421	1045	43.2
福建	4835	3591	1622	45.2
江西	3460	2677	1312	49.0
山东	4368	3144	1191	37.9
河南	3261	2229	911	40.9
湖北	3419	2732	1279	46.8
湖南	3390	3013	1463	48.6
广东	5080	3886	1887	48.6
广西	2770	2414	1196	49.5
海南	3256	2232	1191	53.4
重庆	2874	2205	1151	52.2
四川	3002	2395	1216	50.8
贵州	1985	1627	838	51.5
云南	2250	2196	1071	48.8
西藏	2435	2002	966	48.2
陕西	2260	2181	850	39.0
甘肃	2134	1855	866	46.7
青海	2358	2179	939	43.1
宁夏	2760	2247	929	41.4
新疆	2737	2032	811	39.9

思考与讨论问题：

1. 农村居民家庭的人均纯收入分别与人均生活消费支出、人均食品消费支出和食品消费支出占生活消费支出比重等变量之间存在什么样的关系？尝试利用恰当的统计图和统计指标来说明。

2. 如果有相关关系，具体说明它们之间分别是什么性质（方向）、形态和强度的相关关系。

3. 上述变量之间的关系能否用数学关系式（回归方程）来表达？如果能，应该建立什么样的关系式？自变量和因变量分别是什么？

4. 试求出具体的回归方程，并解释所估计的回归方程中回归系数的具体意义。

5. 上述定量分析结论是否与经济学理论相符合？

6. 若已知某地区农村居民家庭的人均纯收入，能否估计该地区农村居民家庭的人均消费支出或食品消费支出占生活消费支出比重？

7. 由于数据量较大，建议利用 Excel 来完成上面所要求的计算和图表制作，由此熟悉 Excel 在相关回归分析中的运用。

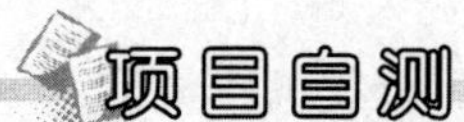

项目自测

一、单选题（每题 3 分）

1. 当自变量 x 不断增大时，因变量 y 也近似地按相同比例增大。这表明 x 和 y 之间存在着（　　）。

A. 直线相关关系　　B. 曲线相关关系

C. 完全相关关系　　D. 没有相关关系

2. 相关系数的取值范围是（　　）。

A. (0，1)　　B. (−1，1)

C. [1，1]　　D. 以上都不是

3. 相关系数的数值越接近 0，说明两变量之间（　　）。

A. 线性相关程度越强　　B. 线性相关程度越弱

C. 没有相关关系　　D. 无法判断相关关系的程度

4. 在一元线性回归分析中，自变量和因变量（　　）。

A. 自变量和因变量都是随机变量　　B. 自变量是随机的，因变量是确定的

C. 自变量和因变量都是确定性变量　　D. 以上都不是

5. 在一元线性回归模型中 $\hat{y}=a+bx$，关于回归系数 b 的取值（　　）。

A. 只能取正值　　B. 只能取负值

C. 只能取 [−1，+1]　　D. 可以取任何值

6. 二元线性回归模型中，参数的个数有（　　）。

A. 2 个　　B. 3 个

C. 4 个　　D. 根据资料的个数而定

7. 下列现象中属于正相关关系的是（　　）。

A. 单位产量和产品单位成本之间的关系

B. 商品流转规模和平均流转费用的关系

C. 家庭收入与食品支出占家庭收入的比侧

D. GDP 与第三产业的发展

8. 在下列回归方程与相关系数的对应中，错误的是（　　）。

A. $y=20+2x$　$\gamma=0.80$　　B. $y=-10+2.5x$　$\gamma=0.9$

C. $y=5-3x$　$\gamma=0.85$　　D. $Y=4-3.6x$　$\gamma=-0.6$

9. 设两个变量 x 和 y 之间具有线性相关关系，它们的相关系数是 r，y 关于 x 的回归直线的斜率是 b，纵截距是 a，那么必有（　　）。

A. b 与 r 的符号相同　　B. a 与 r 的符号相同

C. b 与 r 的相反　　D. a 与 r 的符号相反

10. 工人月工资（元）与劳动生产率（千元）变化的回归直线方程为 $\hat{y}=1600+90x$，下列判断正确的是（　　）。

A. 劳动生产率为 1000 元时，工资为 50 元

B. 劳动生产率提高 1000 元时，工资提高 150 元

C. 劳动生产率提高 1000 元时，工资提高 90 元

D. 劳动生产率为 1000 元时，工资为 90 元

二、多选题（每题 4 分）

1. 相关系数 $\gamma=0.85$，则这些现象之间可能是（　　）。

A. 高度相关关系　　B. 显著性相关关系

C. 高度正相关关系　　D. 高度复相关关系

2. 在一元线性回归模型分析中（　　）。

A. 要求两个变量都是随机的　　B. 因变量是随机的，自变量是确定性的

C. 必须要首先确定自变量和因变量　　D. 回归系数可以取正值

3. 判断现象之间有无相关关系的方法有（　　）。

A. 相关表　　B. 相关图

C. 计算相关系数　　D. 估计标准误差

4. 如果两个变量的相关系数等于 1，则两个变量（　　）。

A. 是完全相关关系　　B. 是函数关系

C. 观察值和估计值的离差不存在　　D. 估计标准误差等于 0

5. 在一元线性回归模型 $y=10-20x$ 中，则（　　）。

A. 自变量和因变量是负相关关系

B. 自变量和因变量是正相关关系

C. 自变量每增加一个单位，因变量减少 20 个单位

D. 自变量每减少一个单位，因变量减少 20 个单位

6. 直线回归方程中的两个变量（　　）。

A. 都是随机变量

B. 都是给定的变量

C. 一个自变量，另一个是因变量

D. 一个是给定的变量，另一个是随机的变量

E. 必须确定哪个是自变量，哪个是因变量

7. 简单直线回归分析的特点有（　　）。

A. 存在两个回归方程

B. 回归系数有正负号

C. 两个对等变量不是对等关系

D. 因变量是随机的，自变量是给定的

E. 利用一个回归方程，两个变量可相互推算

8. 下列属于正相关的有（　　）。

A. 一个变量的值增加，另一个变量的值也随之增加

B. 一个变量的值增加，另一个变量的值减少

C. 一个变量的值减少，另一个变量的值也减少

D. 一个变量的值减少，另一个变量的值却增加

E. 一变量的值增加或减少，另一个变量的值不变

9. 计算相关系数的公式正确的有（　　）。

A. $r=\dfrac{\text{变量 } x \text{ 和 } y \text{ 的协方差}}{\sigma_x\sigma_y}$　　B. $r=\dfrac{\sum(x-\overline{x})(y-\overline{y})}{n\sigma_x\sigma_y}$

C. $r=\dfrac{\sum\limits_{i=1}^{n}(y_i-\overline{y})(x_i-\overline{x})}{\sqrt{\sum\limits_{i=1}^{n}(y_i-\overline{y})^2\sum\limits_{i=1}^{n}(x_i-\overline{x})^2}}$　　D. $r=\dfrac{n\sigma_{xy}^2}{\sigma_x\sigma_y}$

10. 下列表述中正确的有（　　）。

A. 明显的因果关系一定不是相关关系

B. 两变量的相关系数值较大，则一定存在着密切的线性相关关系

C. 相关系数的正负号表明两变量相关关系的方向

D. 以样本相关系数来推断总体相关系数，存在着抽样误差

E. 不具有因果关系的变量一定不存在相关关系

三、计算题（30 分）

1. 某省高校 2002～2009 年毕业人数和考研人数的统计资料如下

年份	毕业生人数（万人）	考研人数（万人）
2002	18.0	2.5
2003	19.0	2.8
2004	20.5	3.0
2005	22.0	3.5
2006	25.0	4.0
2007	28.0	4.5
2008	29.5	4.8
2009	30.5	5.5

根据所给资料进行分析和计算：

(1) 编制相关图，粗略判断二者之间的相关方向和相关形态；

(2) 计算相关系数；

(3) 建立回归方程，并估计标准误差；

(4) 2010 年毕业人数是 32 万，以 95%的概率，估计考研人数的置信区间。

2. 检查 6 位同学英语学习时间与考试成绩分数如下表：

每周学习时数	学习成绩
4	45
6	60
7	55
10	75
13	88
15	94

(1) 由此计算出学习时数与学习成绩之间的相关系数；

(2) 建立直线回归方程；

(3) 计算估计标准误差。

3. 已知 10 只狗的血球体积及红细胞的测量值如下（x 为血球体积，单位：mm；y 为血红球数，单位：百万）：

x	45	42	46	48	42	35	58	40	39	50
y	6.53	6.30	9.25	7.50	6.99	5.90	9.49	6.20	6.55	7.72

根据所给资料进行分析和计算：

(1) 画出上表的散点图；

(2) 求 $\overline{x},\overline{y},\sum xy,\sum x^2$；

(3) 由散点图判断能否用线性回归方程来刻画 x 与 y 之间的关系，若能，求出线性回归方程。

项目八　统计综合分析

学习要点

统计综合分析是统计工作的最后工作环节，也是本教材的最后一个项目，是前面各项目知识的综合运用。本项目是围绕如何进行统计综合分析展开的。即在了解统计综合分析概念、特点及原则的基础上，学习怎样从确定研究课题开始，历经课题研究设计、资料准备、系统分析等步骤，最后形成统计分析报告。

学习目标

【知识目标】

1. 了解统计综合分析的概念、特点和原则；
2. 熟悉统计分析报告的内容。

【能力目标】

1. 熟练运用统计综合分析方法对社会经济现象进行综合分析；
2. 能够撰写统计分析报告。

项目导入

通过本项目的学习，学生要掌握统计综合分析方法的运用及统计综合分析报告编写的写作技巧，以全面提高学生分析问题和解决问题的能力。

背景资料：某厂 2008 年、2009 年的主要经济指标数值和变动情况如表 8－1 所示：

表 8－1　某厂 2008 年、2009 年的主要经济指标数值

指标名称	单位	2009 年	2008 年	变动百分比（%）
工业总产值	万元	33896	28378	19.44
工业销售产值	万元	31954	23007	38.89
工业增加值	万元	6569	4927	33.33
平均资产总计	万元	25582	23280	9.89
流动资产年平均余额	万元	16258	14632	11.11

续表

指标名称	单位	2009年	2008年	变动百分比（%）
负债合计	万元	18256	15883	14.94
期初所有者权益	万元	5156	4897	5.29
期末所有者权益	万元	6235	5156	20.93
产品销售收入	万元	35624	27074	31.58
成本费用总额	万元	68258	60756	12.36
利息支出	万元	500	425	17.65
职工平均人数	人	3568	3211	11.11
实现利税总额	万元	3452	2654	30.07
利润总额	万元	2996	2214	35.32

试根据这些数字分析该厂2009年的经济效益状况，并写出统计分析报告。

【基本知识】统计综合分析概述

统计是社会认识最有效的工具之一。认识的根本任务在于认识事物的本质和规律性，然而社会经济现象是非常复杂的，其存在和发展是以多种因素相互依存、相互制约、相互联系为条件的。如果只运用一种方法，仅从表面现象来认识，或者只从几个指标数值而不是从联系中综合分析，就不能全面深入地认识事物。所以，通过统计调查搜集到所需要的材料并经过整理之后，必须进行综合分析。

一、统计综合分析的概念和种类

统计综合分析就是指根据分析研究的目的，在正确地指导下运用统计方法，以统计资料为依据，结合具体情况，定性与定量结合，对客观事物进行科学分析和综合研究，揭示其本质和规律性，提出解决矛盾的办法的一种逻辑思维活动。

统计综合分析是统计工作的一个重要阶段，也是统计工作的最终环节，其完成情况的好坏直接影响统计的质量。在统计实践中，只有开展统计综合分析，才能更好地发挥统计的作用，提供有数据、有情况、有分析的资料，为制定政策、实行宏观调控、决定有关方针、提供科学依据。

根据统计综合分析的任务和研究重点不同，其形式主要有以下四种。

1. 专题性分析

主要是就社会经济现实状况的某一方面或某一问题而进行专题调查的研究分析。专题性分析的范围虽然可以是一个部门或综合部门，题目可大可小，内容可多可少。但是，一般都强调内容的专门性、形式的多样性、表达的灵活性和剖析的深刻性。这种分析一般不受时间和空间的限制，要求分析研究具有针对性，单刀直入，深刻解剖，摆观点、揭矛盾、提建议。这种分析最忌面面俱到，泛而不专。这种分析同其他分析比较，目标更集

中，重点更突出，认识更深刻，是最常用的一种分析方法。

2. 总结性分析

主要是多方位多角度进行综合研究。其主要特点是全面性、系统性和综合性。例如，微观上，对企业的人、财、物，供、产、销运营情况进行综合评价；宏观上，将整个国民经济全局的发展速度、重要比例、经济效益，生产、分配、流通、消费与积累联系起来，进行分析研究。此种分析的目的是对全局做出总评价，反映总变动趋势，从错综复杂的联系和发展中揭示存在的主要问题，找出原因，探寻对策。这种分析要求实事求是，正确总结，科学评价，切不可浮夸虚假。

3. 进度性分析

主要是从事物发展的历程所进行分析。如生产进度、工程进度、工作进程等分析。进度性的分析分为一般性进度分析和战略性进度分析两种。前者主要是就人民关心的和敏感的问题进行分析；后者主要是就影响全局未来发展的、较大的趋势性问题进行研究。进度性的分析要求有很强的时效性，它最忌讳“雨后送伞”。

4. 预测决策性分析

在分析历史和现实的基础上，运用统计预测方法，对所研究事物的未来发展趋势做出的科学推理判断和定量预测。预测的目的是为增强预见性。预测分析的要求是基础数据要准确，计算上要定量分析与定性分析紧密结合，提出预测的分析结果具有置信区间和可信度。在进行预测分析的基础上进行决策分析，为正确决策提供参考依据。

二、统计综合分析的特点

1. 以统计数据为基础，定量与定性分析相结合

统计综合分析是对所研究事物进行剖析，从有关统计指标数值中研究其联系、差别、矛盾，摆情况、揭矛盾、找措施。所以统计综合分析离不开统计数据。但统计综合分析也并非单纯的数据罗列，而是将真实的数据与生动的情况相结合，定量分析与定性分析相结合，综合掌握事物的联系和变化过程，掌握事物量变的关键点、最佳度，综合深入探索事物变化、发展的根本原因，进而提出可行的对策。

2. 统计综合分析的目的在于提出办法解决问题

分析方法是手段，解决问题是目的。统计综合分析要求对所计算和研究的问题做出周密的分析和正确的判断与评价，进而提出解决问题的方向和办法。所以，统计综合分析绝不仅仅是分析方法的总和，而是认识和研究问题的更高级的分析研究阶段。

3. 综合运用多种分析方法

统计综合分析要认识问题的全貌，掌握现象运动的全过程，这就不能只限于运用一种分析方法，而必须综合运用多种分析方法；更不能局限于运用统计分析方法，而是要运用有关学科知识，诸如经济计量学、系统工程等分析方法。在进行综合分析时要根据研究事物的特点和研究目的选择符合实际需要的一整套分析方法体系来进行综合分析研究。

上述统计综合分析的概念和特点是针对统计综合分析的实践活动而言，在统计学中，不可能具体研究和阐述统计综合分析活动实际的复杂内容。统计学中所阐述的统计综合分析是以统计数据为基础，定性与定量分析相结合，综合运用多种方法，对事物进行剖析，认识其本质和规律性的方法论。

三、统计综合分析的一般程序

统计综合分析从选题到完成报告，一般程序是：选择并确定研究课题；课题研究设计；采集、积累与鉴别资料；进行系统周密的分析；得出结论，提出建议；根据分析结果形成分析报告。具体程序可依实际情况灵活安排。

1. 选择并确定研究课题

统计综合分析要有针对性，这是进行统计综合分析首先需要解决的问题，它集中体现在研究课题上。研究课题体现着研究目的和所要分析的问题。所以，选择并确定课题是统计综合分析的初始环节，是课题研究设计的前提。研究课题的选择与确定是否恰当直接影响统计综合分析的效果。研究课题要从实际出发，根据客观需要来选择和确定。选择和确定的课题应当是关键问题，并且要有相当的预见性，能超前提出即将出现的问题。既可根据党和政府在各时期的方针、政策和工作重心的要求，选择人民关心的问题，也可根据生产、经营管理工作中的难点来选择；既可选择社会各界关注的热点、焦点和有争论的问题，也可选择发展中出现的新情况、新问题。在选题中要正确处理好需要与可能的关系。课题虽好，但尚无条件，可暂时不做；课题虽不太好，但已掌握材料，只要能反映出值得重视的问题也可以做。前种情况可积极创造条件，后种情况可进一步努力提高质量。

2. 课题研究的设计

选择并确定课题之后，接着就要设计课题研究计划。这是统计综合分析的重要一环。研究课题设计内容，一般包括：分析研究的目的、要求；课题研究的必要性和可行性；指导思想、理论、政策和法规依据；分析研究的内容纲目；分析研究所需资料及其来源；分析研究课题的实施步骤、方法与组织。分析研究课题设计是指导性文件，但在具体实施时，并不是一成不变的，它还要根据分析研究中所发现的新情况和新问题进行补充、修改。

3. 采集、积累与鉴别资料

统计综合分析以统计数据资料为基础。因此，在选定课题并进行设计之后，就要采集足够丰富和充分可靠的资料。不仅要采集有关普查、抽样调查、重点调查的资料，还要进行科学推算；不仅要适当利用定期统计报表资料，还要积累有关会议文件、总结和简报资料；不仅要采集并积累平时掌握的比较丰富的系统的材料，还要根据需要，深入实际，深入群众，进行调查研究，掌握典型材料，补充新材料，探索解决矛盾的切实办法。采集、积累什么材料，主要取决于研究课题的内容和所涉及的领域。有的主要是本单位、本地区或本国的材料，有的则要用到外单位、外地区或外国的材料。

由于所采集和涉及的材料不同、来源各异，所以材料的总体范围、指标口径、计算方

法、准确程度等都会有差别，这就需要对材料进行审查和鉴别。对所采集的资料要进行质量评价，根据需要决定取舍，并进行调整、估计和换算。特别是在利用外域和历史资料时，要特别注意资料的范围、口径、计算方法是否一致，各自的条件如何，要根据具体情况进行必要的调整、换算，否则就会导致结论错误。

对经过审查、鉴别、调整、换算的材料，要根据课题研究设计需要，进一步加工整理，使其成为系统、完整的材料，以提供分析研究的直接依据。

4. 运用各种方法进行系统周密的分析

这是统计综合分析研究中最重要的环节，它是依据经过鉴别、整理的资料，进行细致的思考，系统周密的分析的过程。进行系统周密的分析，要运用各种统计方法，诸如分组法、综合指标法、时间数列法、指数法、抽样推断法、相关分析法与回归分析法、预测估算法，等等。这些方法中既有静态分析，又有动态分析；既有描述方法，又有推算方法；既有实际剖析，又有预测分析。众所周知，方法是达到目的的手段，了解并掌握每种方法的作用、应用条件和实施过程，对于搞好统计综合分析十分重要。这些方法已在有关章节讲述，这里不再赘述。

(1) 要根据所研究对象的特点和分析研究的任务来选用适当的方法，它既可以是几种方法的有机结合，也可以是多种方法的综合运用。

(2) 从各种方法的特点出发，灵活运用比较和对照法，既可进行纵向对比，也可进行横向比较。综合分析错综复杂的现象并进行对比时，要注意比得合理，比得恰当，比得有效。

(3) 从统计认识活动总任务出发，深刻认识事物的本质和规律性，把比较法、剖析法、分解法结合起来。统计中的比较对照研究即比较法，分组法即剖析法，指数法即分解法。为认识事物的本质，要进行比较对照，层层剖析，细细分解，以便揭示主要矛盾，抓住症结。

(4) 运用一般分析方法进行逻辑推理和判断，准确分清一般与个别，正确划分正常与非正常、主要与次要、必然与偶然、系统与非系统，综合概括，得出正确的结论。

(5) 在运用统计方法进行系统周密的分析时，切忌单纯用统计方法反复计算纷繁的数字，就数字论数字，脱离实际，无视生动的情况，而应当使数字与情况结合，定量与定性结合，实事求是地下结论。

5. 得出结论，提出建议

这是系统周密分析的深化过程，也可说是系统周密分析的结果。这一过程并非凭空臆想，而是以实际材料为依据，将丰富的材料去粗取精、去伪存真、由此及彼、由表及里的改造制作，形成系统的概念和理论的系统，从感性认识跃进到理性认识。在这个环节中一定要抓住主要矛盾，找出根本原因，透过现象看本质，通过数据的变化看趋势，得出结论，提出积极建议。

6. 根据分析结果形成分析报告

这是统计综合分析的最后程序。分析报告是分析研究成果的集中表现。统计综合分析中，应根据研究目的和内容，采用灵活多样的形式来表现，以供有关方面使用或参考。一般来说，做好统计分析的关键是真实丰富的材料、完整的内容和正确的观点，但恰当的表现形式也是统计分析发挥作用的重要因素。统计综合分析结果的表现形式有多种，其中分析报告是主要的，因而一定要认真考虑叙述的逻辑问题，写好分析报告。

任务一　统计综合分析技术

一、了解统计分析方法基本知识

在前面介绍的统计分析方法是就方法本身来介绍的，主要包括具体方法的概念、作用、适用条件及应用举例等。在应用举例时使用的数据既可以是实际工作中的数据资料，也可以是假定的数据资料。因为其目的在于了解、掌握统计分析方法。在这里阐述的综合分析方法，是从实际问题分析的需要出发，在实际问题的系统分析过程中，对各种统计分析方法进行选择和综合运用。分析问题是目的，运用方法是手段。问题与方法是交错的，一个问题可以用多种方法分析，一种方法也可以应用于多个问题的分析研究。在统计综合分析中，要善于运用多种方法，并相互结合，对实际问题进行系统、综合的分析。

统计综合分析的最终目的在于解决问题，因此所使用的分析方法虽以统计分析方法为主，但也不仅仅限于统计分析方法，只要有利于问题的分析均可使用，所有的分析方法概括起来可分为三个层次。

1. 最高层次的唯物辩证法

在统计综合分析阶段它不仅直接发生作用，而且对于统计特有的分析方法的选择、确定和使用起着指导作用。即统计综合分析必须用唯物辩证法的观点和方法进行。

2. 一般性的科学方法

如数学方法、计量经济学方法、系统工程方法等等。这些方法的综合运用将扩展统计综合分析的领域，保证统计综合分析的质量，提高统计综合分析水平。

3. 统计分析的特有方法

在进行统计综合分析时，要用到许多统计分析方法。统计综合分析通过对现象的解剖、比较，将基本情况与具体情况相结合进行综合、概括，以揭示事物的内部联系，得出对事物整体的全面认识与正确判断。整个过程主要涉及比较法、解剖法、平衡分析法、综合评价法。

（1）比较法。比较法是指通过比较对照来说明与分析问题。

（2）解剖法。解剖法是指对事物进行解剖，通过分解，揭示事物的内在矛盾。

在统计分析实践中，统计分组法是一种使用最广泛，也是最直接有效的解剖现象的重要方法之一。通过分组，可以划分事物的类型，运用有关指标反映各组的数量特征，显示现象的内部结构，还可用来研究现象之间的数据依存关系。因此，分组法不仅仅是统计整理的基础，同时更是一种对现象进行解剖并加以分析的重要方法。

指数法也是一种重要的解剖方法，它常在分组的基础上，通过指标对比来进一步分解并测定各构成因素的影响程度，也包括测定结构变动的影响程度。

将解剖法和指数法有机地结合起来使用，往往能更充分地发挥作用，对问题的分解将更直观、更透彻。

(3) 平衡分析法。所谓平衡就是各个互相联系的因素之间，在数量上保持一定的合理的对应关系。平衡分析法是分析事物之间相互关系的一种方法。它分析事物的发展是否平衡，揭示出事物间出现的不平衡状态、性质和原因，指引人们去研究积极平衡的方法，促进事物的发展。统计平衡分析的主要方法有编制平衡表和建立平衡关系式。

平衡表与一般统计表的区别在于：指标体系必须包括收入与支出，来源与使用两个对应平衡的指标。平衡表的主要形式有三种，即收付式平衡表、并列式平衡表和棋盘式平衡表，前两种形式如资产负债表、能源平衡表，后一种形式如投入产出表。

平衡关系式是用等式表示各相关指标间平衡关系的式子。如期初库存＋本期入库＝本期出库＋期末库存，资产＝负债＋所有者权益，增加值＝总产出－中间投入。

统计中的平衡分析基本要求和特点是：平衡分析要通过有联系的指标数值的对等关系来表现经济现象之间的联系；要通过有联系指标的数值的比例关系来表现经济现象之间的联系；要通过任务的完成与时间进度之间的正比关系来表现经济现象的发展速度；要通过各有关指标的联系表现出全局平衡与局部平衡之间的联系。

(4) 综合评价法。综合评价是根据统计数据，结合各种材料，在具有一定认识的基础上，通过数量的比较、计算、研究与论证，对被评对象做出明确的评定、判断与估计。综合评价的结果表现为排出名次顺序、分出等级、作出判断的结论。

二、统计比较方法

(一) 统计比较的概念和作用

所谓统计比较是将现象的实际数量状况与标准数据对比，计算出差别，进而做出评价与判断的思维过程。统计比较是统计综合分析研究中最常用的、最基本的方法，其作用主要有以下几个方面。

1. 可以更明确、更深入地认识事物

一个独立的统计指标数值只能说明总体的实际数量状况，究竟其水平如何，程度如何，只用通过比较分析，从数量差别和变化中，得到明确的概念，这样才能更深刻地认识事物，做出基本的评价。

2. 可以深入分析原因，寻求解决问题的办法

通过将某种事物的存在与发展状况同有关政策、标准进行比较，看是否符合有关规范，是否达到规定的标准，这样可以发现存在的问题和不足，由此可进一步分析原因，并寻求解决问题的办法。

3. 有利于发挥统计广泛的促进作用

通过将统计指标数值在各地区、各单位、单位内部进行比较可以发现它们之间的差别，以鼓励先进、鞭策后进，发挥广泛的促进作用。

（二）统计比较的种类

统计比较可以从不同的角度进行分类，一般来说，主要有以下几种分类。

1. 按其时间状况不同，可以分为静态比较和动态比较

静态比较也叫横向比较，是同一时间（时期或时点）条件下的数量比较，如不同地区的比较，不同部门的比较，实际完成情况和计划目标的比较。

动态比较也叫纵向比较，是同一统计指标不同时间上统计数值的比较，它反映随历史发展而发生的数量上的变化。

根据统计综合分析的需要，这两种比较可以单独使用，但在实际应用中常常要把二者结合使用。

2. 按比较方式不同，分为相比（除）比较和相差（减）比较

相比（除）比较是将比较对象和比较标准相除而进行的比较，比较的结果表现为相对数，如系数、倍数、分数、成数、百分数、千分数、万分数等。相比比较表明静态差别的比率或者动态变化的程度。

相差（减）比较是将比较对象和比较标准相减而进行的比较，相减的结果表明两者相差的绝对量。

这两种比较方式给人们不同的感受。有时可以单独使用，但以结合使用为宜。结合使用可使人们对事物的认识比较完整，既可了解差别或变化的程度，也可了解相差的绝对量。

3. 按比较对象内容范围不同，可分为单项比较和综合比较

单项比较是指比较某种总体现象某一方面、某一局部的比较，它可以使用单独一个统计指标，也可以将反映某一方面、某一局部的若干指标联系起来进行比较分析。

综合比较是指对总体或若干方面的全面评价比较，通常称为综合评价。例如，宏观方面，国民经济和社会发展情况的全面评价和比较；微观方面，同类企业经济效益的综合评价和比较，对某种产品质量的综合评价和比较，等等。

（三）统计比较标准

统计比较标准是进行对比和评价的依据，它是统计比较的基础或比较基数。依研究目的不同有各种各样的比较标准，常用的主要有如下几种。

1. 经验数据标准

经验数据是根据大量的或长期的资料总结计算而得的正常值，在一定条件下具有相对稳定性，可以用来作为比较标准。例如，根据我国以往的经验，在当前条件下，积累率以25%～30%比较适度；又如，国际上一般认为，偿债率（每年偿还外债的本息额占出口创汇总额的比重）大体以25%为警戒线，超过了这个比例就会使偿债发生困难。这类经验数据是很多的，在实际工作中很有用。这种比较标准有助于评价和判断事物发展是否正常。

2. 理论数据标准

理论数据标准是根据有关科学理论研究确定的，以一定的正常值作为比较标准。这种正

常值不是根据经验总结出来的，而是根据理论推算设定的。例如，根据经济学理论确定积累率的比较标准时，以保证原有人口和新增人口不低于当前的消费水平为积累的最高限，把保证新增劳动力就业所需固定资产装备基金和流动基金，以及新增人口所需要的非生产性基金和流动基金作为最低限，等等，根据这个原理计算出来的积累率的界限，就是理论标准。

3. 时间数据标准

时间数据标准是以时间上的数据为标准，一般是用比较对象本身的历史数据作为比较标准，观察和分析研究现象本身的发展变化。有时也可以用其他空间单位的历史数据作为比较标准。例如，以某一时期外国的历史数据作为比较标准等。时间数据标准有以下几种。

（1）前期数据标准。如本年与上年比较，本月同上月比较，本年某月与去年同月相比较，等等。

（2）历史最好时期标准。即以较长一段时间内水平最高时期的数据作为比较标准。例如，我国以 1984 年的人均粮食产量（396 千克）作为比较标准等。

（3）历史转折前期数据标准。即以历史发展中阶段性变化开始前期的数据作为比较标准。例如，以第一个五年计划开始前一年的 1952 年的数据作为比较标准，以党的十一届三中全会召开的前一年的 1978 年作为比较标准，以跨入 21 世纪的前一年的 2000 年作为比较标准，等等。

4. 空间数据标准

空间数据标准是以某一空间数据作为比较标准。通常是将同一时间上的比较对象不同空间（包括不同系统、不同单位、不同地区）的数据进行比较。空间数据标准主要有以下几种。

（1）平均水平标准。即以一定范围（全世界、全国、一省、一市、一部门等）内的平均实际水平作为比较标准，判定比较对象的水平在平均水平以上或以下，相差多少。

（2）先进水平标准。即以一定范围内的最好水平作为比较标准，比较结果表明与最好水平的差距，有促后进赶先进的作用。

（3）相似空间标准。即使用与比较对象条件大体相似的其他空间的数据作为比较标准。

（4）互为标准。即各地区、各单位相互比较。竞赛评比排名次时就使用这种比较方法。

5. 计划或政策规定数据标准

计划或政策规定数据标准，是以国家计划部门或公司、企业单位所制定的有关计划、方针政策规定的数据作为比较标准。通常是在检查监督计划或政策的执行状况时用此标准。由于检查的时间要求不同，可以按月、按季、按年和更长的时间来检查。进行比较分析时，有进度比较和期终总结性比较两种。

上述五类比较标准，是为了对于比较标准有个明确的概念而归纳的。在实际进行统计比较时，应根据分析研究的目的选择适当的比较标准，并综合运用，以使人们得到正确而明晰的认识，否则就难以做出正确的评价。

（四）统计比较具体规则

在统计综合分析中，绝大部分方法都属于对照比较的方法。在一定意义上可以说，统计比较是统计分析的基本方法。这里所说的统计比较规则是指进行统计比较所必须遵守的具体规则。主要有以下几点。

1. 统计比较事物的联系性

统计比较的目的在于通过比较和对照，体现事物的差别、比例、联系程度和变化速度。因此，所比较的事物必须有联系才有意义。统计比较事物联系性规则是相对的，要具体分析判断，其主要依据是研究目的。依研究目的所确定的有联系的事物进行统计比较，才能发挥统计比较的效用。这是统计比较可比性规则最基本的规则。

2. 统计比较指标含义的一致性

统计比较指标含义的一致性主要指它的内含和口径的一致性。不论进行静态比较或是动态比较都必须遵守这个规则。指标含义的一致性要从实质上看，而不能从形式上看。例如，从形式上看，我国粮食产量和外国粮食产量指标名称全相同，但实际内容不同，不能直接比较。我国粮食（通称粮豆薯）产量中包括大豆和薯类，而外国粮食（通称谷物）产量中则不包括大豆和薯类。由于指标含义和口径不一，不能直接进行比较。

3. 统计比较时间限制的一致性

一般来说，静态比较时应是同一时期或同一时点的数据；动态比较时，时期指标的时期范围应该一致。年度数据和前期的年度数据可以比较，月度数据和以前的月度数据可以比较。时点指标的时间间隔根据特殊分析的需要虽然可以不一致，但在通常情况下以一致为宜。

4. 统计比较空间范围的一致性

空间范围主要是指地区范围和组织系统范围。例如，省、自治区、市、县等的范围，各个组织机构、企业和事业单位的隶属关系的范围。它们有时会发生变化，这时，即使行政区划或组织系统的名称没有改，也不能直接进行比较（除非是要特地了解这种变化和结果）。

5. 统计比较指标的计算方法的一致性

统计指标的计算方法与指标含义和口径是相联系的，指标含义不同，计算方法也就不相同，但某些指标是可以按不同方法计算的，这时只有同口径、同方法的才可以进行比较。计算方法不同就不能比较，要比较就要进行必要的调整或换算。

6. 统计比较指标的计量单位的一致性

表面上看，这个问题比较简单，但实际上这却是个相当复杂的问题，它涉及计算对象本身的差别。实物指标表现的实物本身就有差别。钢材有各种不同种类和型号，都以“万吨”为单位计算的生产量并不能准确反映生产成果。汽车也包含各种不同型号、不同载重量，如果以“万辆”为单位计算，且仅为了粗略地了解数量，这种比较有一定的价值，但要深入了解和研究，就远远不够了。因此，使用实物指标进行比较时既要求计量单位一致，同时要注意到计量单位一致时所存在的实物本身的差别。以货币为计量的价值指标问题更为复杂。就国内来讲，有各种不同的价格，而且经常发生变动。因此，就产生使用哪个环节的价格以及价格指标是否包括变动因素的问题。这些问题要按照研究目的来决定。

总的来讲，可比性是统计比较的重要规则，也可以说是统计比较的前提条件。上述六个方面并不能概括可比性的所有问题。例如，由于社会结构不同、历史条件不同、风俗习惯不同等，会使得某些统计指标不能够用来比较。因此，可比性问题要对具体问题进行具体分析。

三、综合评价法

（一）综合评价法的概念

综合评价法是指运用多个指标对多个参评单位进行评价的方法，称为多变量综合评价方法，或简称综合评价方法。其基本思想是将多个指标转化为一个能够反映综合情况的指标来进行评价。如不同国家经济实力、不同地区社会发展水平、小康生活水平达标进程、企业经济效益评价等，都可以应用这种方法。

（二）综合评价的特点和步骤

与简单评价比较，综合评价的特点表现为以下几点。

（1）评价过程不是一个指标一个指标顺次完成的，而是通过一些特殊的方法将多个指标的评价同时完成。

（2）在综合评价过程中，一般要根据指标的重要性进行加权处理。

（3）评价结果不再是具有具体含义的统计指标，而是以指数或分值表示参评单位“综合状况”的排序。

综合评价一般按以下步骤进行。

（1）确定综合评价指标体系，这是综合评价的基础和依据。由于其后步骤的操作较为确定，因此，指标的选择往往是综合评价科学性的关键。

（2）搜集数据并对不同计量单位的指标数值进行同度量处理，以消除影响。

（3）确定指标权重。由于参评指标的重要性是不同的，所以要根据指标的重要性大小对其进行加权处理（但有观点认为，在指标之间不可避免存在相关性的情况下，加权意义不大）。

（4）对经过处理后的指标值（变量值）进行汇总，计算综合评价指数或综合评价分值。

（5）根据综合评价指数或综合评价分值对参评单位进行排序。

（三）评价指标体系的确定

评价指标的选择关键在对被评对象进行定性研究基础上，确定优选评价指标的依据。选择评价指标的主要原则有以下几点。

1. 科学性

科学性是指根据评价事物的性质、特点和运动过程来选择影响大的重要指标，即选择关键、核心或主要的指标，以反映事物本质的特征。

2. 目的性

即根据综合评价的目的来选择评价指标。分析研究的目的不同，评价就有不同的侧重，指标的选择也就不尽相同。

3. 全面性

全面性是指所选的指标能够代表被评对象或某个领域的整体情况。指标数量并非越多越好，主要取决于被评事物的性质与评价目的。

4. 可行性

可行性是指所选择的指标能获得数据，可以合成。

(四) 综合评价的主要方法

1. 关键指标法

关键指标法是选用一项指标作为“代表”对被评对象进行评价。其特点是具有关键性。其优点是简单明了，重点突出。其缺点是具有一定的局限性。

2. 简易计分法

根据评价事物选择若干指标法，规定计分标准与计分方法，然后根据多项指标的实际数值，按规定方法计分，将所有指标计分后相加汇总得出总分，依据总分做出评价，或排名或分出等级。

具体方法主要有：

(1) 名次计分法。先将被评对象列序排名，规定各名次的得分，然后汇总得分。在体育竞赛中，各单位的得分就是采用这种方法。

(2) 去尾计分法。对于主观评分，为减少人为因素的影响，将极端分值（最高分与最低分）去掉，再汇总所得总分，也可计算去尾平均值。

3. 综合评价指数法

综合评价指数法的具体步骤如下。

(1) 选择评价指标；

(2) 确定标准值（如计划数、过去的实际数、先进水平值等等）；

(3) 根据重要程度确定每项指标的权数；

(4) 将每个指标的实际值与标准值相比得出个体比较指标（即个体指数）；

(5) 根据个体指数和权数进行加权平均计算（加权算术平均或加权几何平均），得出总指数，通常用百分数表示，数值高者为优。

运用综合评价指数法应注意的问题：

(1) 逆指标的问题。有些指标数值越低越好，如消耗率、负担系数等等，这时要转化为正指标才能合成计算，方法是取其倒数，再进行加权平均计算。

(2) 比较标准问题。比较标准不同，比较结果说明的问题也不一样，因此需具体分析，用不同的比较标准对比所反映的不同情况。

4. 功效系数法

功效系数法是多目标决策中进行综合评价的一种方法，其程序如下。

(1) 确定评价指标体系（x_i，$i=1，2，3\cdots n$）；

(2) 确定各项评价指标的满意值（x^h）和不允许值（x^s）；

满意值与不满意值有不同的确定方法，可以用可能达到的最佳值为满意值，用不应出现的最低值为不允许值；也可以用评比指标中的最佳值为满意值，最低值为不允许值；也可以根据历史上出现的最佳值与最低值来确定等等。

(3) 对每个评价指标计算功效系数（d_i）；

$$d_i=\frac{x_i-x^s}{x^h-x^s}$$

(4) 确定各评价指标的权数（f_i）；

(5) 用加权平均法（加权算术平均或加权几何平均）计算总功效系数 D，然后按 D 值大小排序。

$$D=\frac{\sum d_i f_i}{\sum f}$$

$$\text{或}\ D=\sqrt[\sum f]{d_1^{f_1}\cdot d_2^{f_2}\cdot\cdots\cdot d_n^{f_n}}$$

任务二　撰写统计分析报告

一、明确统计分析报告的概念和特点

统计分析报告简单地说，就是对统计分析成果进行系统、全面表述的文章。运用统计方法对统计数据进行统计分析后，对于分析对象所形成的分析结论和最终成果，要采取适当的形式表达出来，这些形式既可以是口头总结，也可以是书面表达形式，如果把统计分析的结论用文字写成逻辑清晰、结构严谨、表述科学，有数字、有情况、有观点、有建议的文章，就形成了统计分析报告。对于统计分析报告的概念可以从如下三个方面理解。

首先，从写作文体的角度来看，是一种报告。报告是指对于某种特定的客观现象经过某种形式的研究以后得出的结论性认识的文字表述。报告作为一种文体，有其自身的基本写作要求，比如说，行文逻辑应该清晰有条理，文章结构应该完整严谨，文字表述应该尽可能科学准确等等。这样，统计分析报告作为一种报告，不能只是不讲究文法文理的文字资料，也不能只是一堆数字的简单堆砌，而应该遵循报告这种文体的基本规律和写作要求，做到逻辑清晰结构严谨、表述科学。此外，统计分析报告作为一种应用性文体，不同于文学这种文体具有纪实性特点，而是要客观反映被研究对象、现象在一定具体时间、地点、条件下的具体情况及其发展变化的特点。这样，在撰写统计分析报告时，要文体严谨，文字表述朴实，而不必采用夸张的手法或用华而不实的文辞表述、堆砌词藻。

其次，从报告类型来看，是一种分析性的报告。从统计数据这一初级信息跃升到统计分析报告这一高级信息，实现了对于客观事物认识的一个飞跃，其中作者所进行的分析起到了桥梁的作用。最初，作者对分析对象的认识处于一种模糊、零碎、浅显的状态，但经过对初级信息进行提炼加工、分解组合、结果综合，作者的认识得以逐步深化，进入一种比较清晰、连贯和深刻的阶段，并且以报告的形式表达出来。

最后，从分析特点来看，分析中采取的是统计分析方法。一般而言，在社会科学范畴内，对于社会经济现象的分析研究有三种形式：理论分析、经济分析和统计分析。理论分析侧重于对社会经济现象的理论抽象和演绎，经济分析是依照经济学原理框架对经济现象的变化以及影响这种变化的因素、关系进行概括和归纳，而统计分析则是依靠数据说话，通过运用一些统计方法从数据中找出社会经济现象各个层次的数量关系。当然，这三种分析形式也不是完全割裂和孤立的，在实际中常常可见这三种分析形式的结合运用。从统计分析报告的概念内含出发，统计分析报告主要具有如下特点。

（1）实用性。任何文章都有一个主题，统计分析报告的主题一般是社会经济生活中人们关注的一些热点、焦点问题，或者是迫切需要采取措施加以解决的问题，通过统计分析并且以报告形式加以表达，能够为人们了解现状、认识问题、制定政策提供参考依据。这种服务于社会实际生活需要的特点，使得它具有明显的实用性。

（2）数量性。这是由于统计分析报告主要采取统计分析的形式，研究问题时，从数量入手，用数字说话。数字是统计分析报告的语言，统计分析报告中有大量的数据和数据分析结果来作为说明问题的依据，同时方法也是以量化分析为主。当然，这并不意味着统计分析报告只是单纯地罗列、堆砌数据，或者进行无意义的数字运算，定量和定性分析、数字和文字的有机结合更加说明了统计分析报告的数量性特点。

（3）时效性。这是确保统计分析报告对实践的参考和指导价值的重要前提条件。由于信息本身的时效性，统计分析报告作为信息的一种载体，也具有很强的时效性。同样的信息，先提供的，发挥的作用就大，滞后的信息常常是失效信息，对实践也就缺乏参考意义。这时，报告写得再好，也失去了价值。

二、了解统计分析报告的类型

统计分析报告有多种不同的类型，在实践中比较常用的有如下几种。

1. 专题型统计分析报告

专题型统计分析报告是对社会经济现象的某一方面或者某一个专门问题进行专门研究的一种分析报告。这种报告不要求面面俱到，但是，要对选定方面或者问题进行比较深入的研究。如针对产品质量下降的情况形成产品质量分析报告。

2. 综合型统计分析报告

与专题型相反，综合型统计分析报告是用于反映一定时期、一定阶段内对一个地区、部门或者单位的全面情况的一种分析报告。这种报告要求站在全局的高度反映总体特征，做出总体评价，得到总体认识。如分析一个企业，既要全面反映产、供、销各环节，又要全面分析人、财、物诸因素，以得到对该企业运行状况比较全面完整的认识。

3. 进度型统计分析报告

进度型统计分析报告是以定期统计报表为依据，反映计划执行情况，并分析其影响和形成原因的一种统计分析报告。这种报告的内容主要用来检查计划执行情况，一般按照年度、季度、月度等时间阶段定期进行，因此又叫定期分析报告。进度型报告最大的特点是时效性很强。

4. 预测型统计分析报告

预测型统计分析报告是基于统计预测结果对社会经济现象发展趋势和状况进行论证和判断的一种统计分析报告。和上述报告不同的是，预测型报告反映的对象不是过去和现在，而是着重于展望未来，而且，这种展望不是信口开河，而是基于以大量数据和事实为依据的科学的统计预测分析的结果。

三、明确统计分析报告的结构

统计分析报告的结构，是表述分析内容的框架和叙述内容的逻辑安排。一般来说，一篇分析报告应该包括以下内容。

1. 基本情况与背景资料

统计分析报告是以基本统计数据作为事实的基础，并围绕这些方面将被研究事物所处的客观条件和主观条件写清楚，简明介绍其基本情况及所处的背景。

2. 成绩和经验

在报告中要将被研究事物发展变化的基本情况、经营管理的成绩准确地反映出来，总结出取得这些成绩的经验。总结是以事实为依据，通过分析研究，归纳判断，使之上升到理性认识，以供借鉴和推广。叙述发展变化的过程是为了探索规律，只有认识规律，掌握规律，才能有效地指导工作，改善经营管理，提高工作效率，减少工作盲目性。

3. 问题和原因

统计分析报告必须实事求是，一分为二，即反映与总结成绩，又客观地将存在的不足与问题真实地反映出来，指出问题的性质、原因和影响程度，以便寻求有效的途径和方法，促进问题的解决。

4. 提出解决问题的方法和建议

在统计分析报告的结束部分，一般应针对存在的问题提出解决的措施和建议，以供决策参考。

上面叙述的是统计分析报告的一般结构，反映一般的认识过程，即“提出问题—分析问题—解决问题”。当然，这并不意味着我们撰写统计分析报告必须照搬这种格式，具体写作过程中可以因时制宜，参照一般思路灵活设计结构；而且由于各种分析报告的目的不同，重点要求各异，统计报告的结构也不能千篇一律，而应当针对所分析问题的性质，设计分析报告的结构。

四、统计分析报告的写作技巧

在撰写统计分析报告时要把握如下要点。

（1）统计分析报告是有情况、有观点、有建议的分析结论的表达形式，统计分析报告的过程，是由材料形成观点、观点统帅材料的辩证统一过程。因此，报告中一定要旗帜鲜明地提出自己的统计分析结论和观点，切忌模棱两可。

（2）要做到观点和材料的统一。材料要准确，判断推理要合乎逻辑，切忌逻辑含糊不清、材料和观点南辕北辙。

（3）要做到统计数字和情况相结合。要用数字说明观点，用数字比较，用数字分析问题，但所用数字要精选，切忌数字的罗列。此外，适当地使用图表能够起到锦上添花的作用。

（4）既要做到形式服从内容，又要注意表达效果。内容要生动具体，通俗易懂，文字要简练，切忌华而不实、拖泥带水。

五、案例分析

某厂 2008 年、2009 年的主要经济指标数值和变动情况如表 8－1 所示，试根据这些数字分析该厂 2009 年的经济效益状况，写出统计分析报告。

成就喜人，问题犹在

——我厂 2009 年经济效益状况分析

2009 年，我厂通过深化企业内部改革、加强全面管理，大力挖掘生产销售潜力，产值、销售收入和利润大幅增长，企业经济效益各项指标明显趋好，企业经济效益全面回升，取得了骄人成就。但是，我们也要清醒地看到，我厂经济效益和同行业先进企业相比，还存在很大的差距，企业仍然存在不少问题。下面，我们通过纵向和横向比较，来分析我厂 2009 年经济效益状况。

表 8－2　我厂 2009 年经济效益状况

	效益指标值				经济效益分值		
	2009 年	2008 年	同行业先进企业	国家标准水平	2009 年	2008 年	同行业先进企业
总资产贡献率	15.45	13.23	24.50	10.75	28.74	24.61	45.58
全员劳动生产率	1.84	1.53	2.80	1.65	11.16	9.30	16.97
资本保值增值率	120.93	105.29	125.00	120.00	16.12	14.04	16.67
成本费用利润率	4.39.	3.64	8.50	3.71	16.56	13.75	32.08
资产负债率	71.36	68.23	58.00	60.00	10.09	10.55	12.41
流动资产周转率	2.19	1.85	2.60	1.52	21.62	18.26	25.66
产品销售率	94.27	81.07	99.00	96.00	12.77	10.98	13.41
综合指数	—				117.06	101.49	162.77

纵向比较看发展：成就喜人

2009 年是我厂生产、销售蓬勃发展，企业经济效益全面回升的一年。从表 8－1 和表 8－2 可以看出，2009 年，我厂实现工业增加值、利税总额分别达 6569 万元、2996 万元，比去年同期相比，增幅分别高达 33.3％、35.3％，企业产销两旺，工业经济效益指数创下新高，达到 117.06，比 2008 年增长了 15.34％。就不同经济效益指标状况而言，除了资

产负债率以外各项指标明显好转，显示了企业经济效益的全面提高。通过进一步分析，我厂2009年经济效益水平的提高主要体现在以下方面。

1. 企业盈利能力大大改善。2009年我厂实现利税总额3452万元，比2008年增长了30.07%，而同期资产、成本费用总额等增长幅度却相对偏低，这种产出和投入不同幅度的增长带来了企业盈利能力的大大改善。2009年，我厂总资产贡献率和成本费用利润率指数分别为28.4、16.56，比2008年分别增长了16.8%、20.44%。

2. 企业劳动生产率大大提高。2009年我厂通过加强对员工的职业培训，改革人事激励机制，充分调动了员工生产积极性，使得全员劳动生产率达到1.84万元/年，超过了国家标准水平1.65万元/年，分项指数值达到11.16，比2008年增长了20%。

3. 资本保值增值能力有所加强。我厂2009年末所有者权益额为6235万元，比2008年年末增长了20.93%，资本保值增值率由2008年的105.29%提高到2009年的120.93%，对应指数值达16.12，提高了14.85%。

4. 产销平衡情况继续好转。2009年，我厂加大了销售工作力度，进一步开拓了市场，产销率达到94.27%，接近国家标准值，和2008年的81.07%产销率水平相比有较大幅度的增长。

5. 资产管理水平进一步提高。2009年，我厂在资产管理运营上下功夫，着力加快资产周转水平，提高资金和设备的使用效率，实践上取得了比较好的效果，流动资产周转率达到2.19，大大高出国家标准水平，对应指数值达21.62，比2008年增长18.42%。

横向比较看差距：问题犹在

虽然我厂2009年生产经营步入良性循环轨道，经济效益水平全面好转，但是，我们必须清醒地看到，和同行业先进水平相比，我厂经济效益水平仍然不高，各项经济指标处于较低水平，生产销售诸环节还存在诸多问题。各项指标中，除了资本保值增长率和产品销售率水平分别达到了行业先进水平的90%以上，其他诸项指标均差距较大，显示了我厂与同行业先进水平相比还存在相当的差距。

1. 企业盈利能力有待进一步提高。我厂2009年总资产贡献率和成本费用率指数值分别只及行业先进水平的63.06%、51.63%，显示我厂企业盈利能力在同行业中处于中下游水平，企业盈利水平尚有较大拓展空间，成本管理有待加强。

2. 劳动生产率水平差距甚远。我厂2009年全员劳动生产率只达到行业先进水平的65.75%，绝对值上相差将近1万元/年，显示我厂劳动经济效益仍不够高，企业员工劳动积极性有待进一步提高。

3. 资产负债水平过高。我厂2009年资产负债率为71.36%，不仅高于行业先进水平58%和国家标准水平60%，和2008年相比，还有所提高，致使对应指数值有所下滑。

4. 流动资产周转水平有待继续提高。我厂目前流动资产周转状况虽然较2008年有较明显改善，但是和行业先进水平相比，流动资产周转率只及其84.27%，显示我厂还需提高流动资产周转的速度，缩短产品库存资金转化为货币资金占用的时间。

综上所述，2009年我厂经济效益状况和2008年相比有明显好转，但是也喜中见忧，和行业先进水平还存在一定差距，反映出企业生产经营诸环节上仍然存在一些问题。对此，我厂应该着重从所存在的问题和差距入手，狠练企业内功，大力加强资产管理和成本管理，进一步开拓市场，扩大市场占有份额，以不断提高我厂的经济效益水平。

项目小结

本项目是围绕如何进行统计综合分析来展开的。即在了解统计综合分析概念、特点及原则的基础上，学习怎样从确定研究课题开始，历经课题研究设计、资料准备、系统分析等步骤，最后形成统计分析报告。具体包括以下主要内容。

（1）统计综合分析的概念、种类和特点。

（2）统计综合分析的一般程序：选择并确定研究课题；课题研究设计；采集、积累与鉴别资料；进行系统周密的分析；得出结论，提出建议；根据分析结果形成分析报告等步骤。

（3）统计综合分析的一般方法。

（4）统计比较法的作用和种类。

（5）综合评价的概念和步骤。

（6）统计分析报告的概念、特点和种类。

（7）统计分析报告的结构及撰写统计分析报告的要点。

本项目的重点是统计综合分析方法的运用，难点是统计分析报告的撰写，通过该项目的学习，掌握统计综合分析方法的运用及统计分析报告编写的写作技巧，提高分析问题和解决问题的能力。

实训操作

实训一：案例分析

某日用机械厂 2008 年、2009 年各项主要经济指标及相对应的国内同行业先进水平的指标资料如表 8-3 所示。

表 8-3

指标	单位	该企业水平		同行业
		2008 年	2009 年	先进水平
1. 成本利润率	%	12.95	18.65	19.42
2. 资金利润率	%	10.72	14.19	20.66
3. 人均利润	元/人	2400	2500	2550
4. 产品销售率	%	96.83	91.26	98.32
5. 销售成本率	%	79.22	75.20	75.53
6. 优质产品率	%	70.60	75.02	78，10
7. 新产品产值率	%	3.43	21.57	34.04
8. 流动资金周转次数	次	3.70	3.52	5.24
9. 资产比率		1.90	1.81	2.11
10. 支付能力系数		0.82	0.97	1.12
11. 全员劳动生产率	元/人	15000	16000	18000
12. 生产能力利用率	%	92.32	95.08	98.02
13. 原材料利用宰	%	85.17	90.20	93.39
14. 万元产值综合能耗	标准煤吨	8	6	7
15. 资金产值率		110	115	115
16. 利润增长率（比上年）	元/百元	24.01	23.74	37.96
17. 销售增长率（比上年）	%	11.41	11.03	27.55
18. 净产值增长率（比上年）	%	6.11	5.27	7.02
19. 品种更新换代率	%	5.15	4.27	6.24
20. 主要产品产量计划完成率	%	99.95	99.80	100
21. 上缴利税率	%	80.20	81.70	83.01

思考与讨论问题：

根据表 8-3 的资料，对该企业生产经营状况进行综合评价。

提示：

1. 分析内容可从企业收益、企业经营安全、企业经济效率、企业发展、宏观经济制约等各方面分析。

2. 部分经济指标的计算公式：

$$资产比率=\frac{资产总额}{负债总额}$$

$$支付能力系数=\frac{可用于支付各相应交付款的资金数}{生产的全部品种}\times 100\%$$

$$品种更换代率=\frac{投入生产的新品种数}{生产的全部品种数}\times 100\%$$

$$上缴利税率=\frac{上缴利税总额}{利税总额}\times 100\%$$

实训二：撰写统计分析报告

一、实训主题：撰写统计分析报告

二、实训方案

（一）实训目的要求

实训的目的是通过学习分析报告的基本知识与案例，掌握统计分析报告的基本撰写方法。

请同学们认真学习并掌握统计分析报告的基本知识部分，参阅统计分析报告的案例以后，完成以下内容的实训练习。

（二）实训形式

本实训是在完成统计学所有理论知识的基础上，学生单独完成或分组讨论。每个人提交不少于2000字的统计分析报告。

（三）操作过程

1. 由课程主讲教师提供资料整理实训素材（可以用实训一的资料）。

2. 学生对上述资料进行综合分析。

3. 撰写统计分析报告。

（四）实训点评

学生在实训过程中教师做适当的点评。

（五）课后实践

完成项目测试中的应用题。

社会实践题

请同学们利用假期调查自己家乡的任意一企业最近两年的主要经济指标，用统计综合分析方法进行分析，并撰写统计分析报告。

项目自测

一、单选题（每题3分）

1. 统计综合分析的针对性集中体现在（　　）。

A. 数据分析　　B. 研究课题

C. 分析方法　　D. 统计分析报告

2. （　　）是统计分析研究成果的集中体现。

A. 统计分析结论　　B. 统计分析方法

C. 统计分析报告　　D. 解决问题措施

3. 在统计综合分析中，（　　）是使用最广泛，也是直接有效的解剖现象的重要方法。

A. 统计分组法　　B. 相关与回归分析法

C. 综合指数法　　D. 抽样法

4. 平衡分析一般是通过（　　）来实现的。

A. 平衡等式　　B. 数量依存关系

C. 平衡措施　　D. 编制平衡表

5. 进行统计比较的前提是（　　）。

A. 可比性　　B. 一致性

C. 关联性　　D. 同质性

6. 用加权算术平均法计算总功效系数 $D=$（　　）。

A. $\dfrac{\sum d_i f_i}{\sum f}$　　B. $\dfrac{\sum f}{\sqrt{\Pi d_i{}^{f^i}}}$

C. $\dfrac{\sum f}{\sqrt{\Pi d_i f_i}}$　　D. $\dfrac{\sum d_i}{\sum f}$

7. 功效系数为（　　）。

A. $\dfrac{x^s - x_i}{x^h - x^s}$　　B. $\dfrac{x_i - x^s}{x^h - x^s}$

C. $\dfrac{x_i - x^s}{x^s - x^h}$　　D. $\dfrac{x^s - x_i}{x^s - x^h}$

8. 综合指数评价法通过加权平均计算得出的总指数通常用（　　）表示。

A. 绝对数值　　B. 平均数值

C. 比例数　　D. 百分数

9. 联系平衡分析是通过编制（　　）平衡表来实现的。

A. 平衡排列式　　B. 并列式

C. 棋盘式　　D. 丁字式

10. 统计综合分析的关键是（　　）。

A. 课题选择与确定　　B. 课题研究设计

C. 系统深入分析　　D. 提出措施建议

二、多项选择题（每题 5 分）

1. 统计综合分析方法可以利用多种方法，既可以是统计特有的方法，也可以是其他有关方法，适用于统计综合分析的方法有（　　）。

A. 唯物辩证法　　B. 数学方法

C. 系统工程　　D. 计量经济学

E. 指数法

2. 在统计综合分析实践中，主要涉及的方法有（　　）。

A. 比较法　　B. 解剖法

C. 平衡分析法　　D. 功效系数法

E. 综合评估法

3. 统计比较按比较对象的范围不同有（　　）。

A. 相除比较　　B. 单项比较
C. 相差比较　　D. 综合比较
E. 动态比较

4. 统计比较常用的比较标准有（　　）。

A. 理论数据标准　　B. 历史上最好时期数据
C. 下期的预计数值　　D. 先进水平标准
E. 平均水平标准

5. 统计比较的可比性具体包括（　　）。

A. 时间范围的一致性　　B. 空间范围的一致性
C. 计算方法的一致性　　D. 计算单位的一直性
E. 工作人员的一致性

6. 在综合评价中，选择评价指标的主要原则有（　　）。

A. 科学性　　B. 目的性　　C. 全面性
D. 同质性　　E. 可行性

7. 总结性分析报告的主要特点是（　　）。

A. 全面性　　B. 及时性　　C. 系统性
D. 综合性　　E. 总结性

8. 根据个体指数与加权进行平均计算总指数的方法包括（　　）。

A. 加权算术平均　　B. 加权调和平均
C. 加权几何平均　　D. 简单算术平均
E. 简单几何平均

9. 简单法是对事物进行解剖，通过分解揭示事物的内在矛盾。在统计分析实践中，常用的解剖方法有（　　）。

A. 统计分组法　　B. 综合指标法
C. 抽样法　　D. 相关回归分析法
E. 指数法

10. 计算总功效系数的方法包括（　　）。

A. 加权算术平均　　B. 加权调和平均
C. 加权几何平均　　D. 简单算术平均
E. 简单几何平均

三、应用题（20 分）

在对你所在的班级英语、计算机考级通过情况进行调查的基础上进行系统分析，编写统计分析报告，提出进一步提高英语、计算机考级通过率的措施办法。

附录 A Excel 的基本操作

Excel 2003 统计分析功能概述

一、统计分析功能简介

（一）统计方法概述

概括而言，所谓的统计方法是指用以收集数据、分析数据和由数据得出结论的一系列方法。统计方法通常可分为两类：描述统计方法和推断统计方法。

1. 描述统计方法

描述统计方法是指通过图表的方式对数据进行处理显示，进而对数据进行定量的综合概括的统计方法。

表 1 列示了 10 家公司首席执行官（CEO）的酬金。描述统计方法可以对下表的数据进行处理，得出综合信息，以图表表示的数据更加容易理解。从图 1 可以很容易地看出大多数公司 CEO 的酬金在 1000 千～3500 千美元之间。图 1 中的数据表明，CEO 的酬金在 1000 千美元以下的公司占 10%，CEO 的酬金在 1000 千～3500 千美元之间的公司占 80%，CEO 的酬金在 3500 千美元以上的占 10%。

表 1　10 家公司首席执行官（CEO）的酬金　　单位：千美元

公司	1	2	3	4	5	6	7	8	9	10
酬金	8925	2437	1410	696	1847	1490	3414	3344	1490	2861

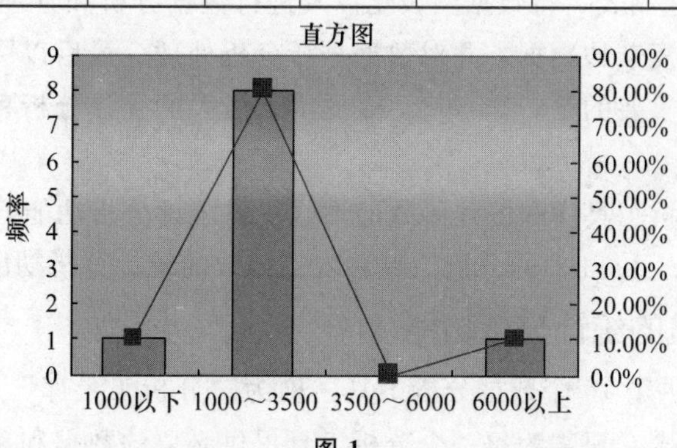

图 1

除了用图表对数据进行分析处理外，还可以应用描述统计方法进行数据汇总计算。如可以计算出 10 家公司 CEO 的平均酬金为 2801.4 千美元，中位数为 2142 千美元。这些数据一方面说明 CEO 酬金的平均水平是 2801.4 千美元，但是中位数又说明有一半公司 CEO 的酬金低于 2142 千美元，有一半公司 CEO 的酬金高于 2142 千美元；另一方面也说明

CEO酬金之间差异是比较大的。

2. 推断统计方法

推断统计方法是指根据样本数据去推断总体数量测度的方法。

Excel的推断统计方法应用的具体内容如图2所示：

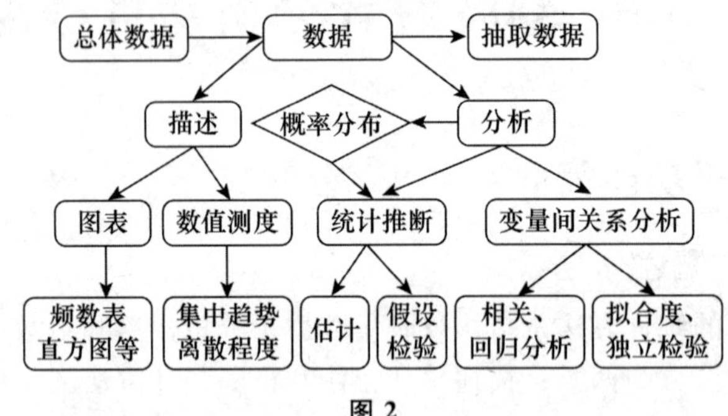

图2

二、Excel统计分析功能

在当今众多的电子表格软件中，微软公司的Excel以其强大的功能、先进的技术、良好的可操作性和简单易用的特点，赢得了全世界的一致认可。

英文Excel的中文含义是“胜过，优于”。Excel自1985年问世，就因其独特的功能特性被公认为功能最完整、技术最先进和使用最简单的电子表格软件。十几年来，随着计算机领域新技术和新思维的不断推陈出新和计算机硬件技术的迅猛发展，微软公司对其重要产品Excel倾注了极大的热情，并投入了巨大的开发力量，几乎每隔几年就对Excel进行改进升级，每一次升级都融入了许多独具匠心的新技术和新方法，使得Excel功能更加完善，用户更加得心应手。

Excel是一个快速制表、将数据图表化以及进行数据分析和管理的工具软件包。Excel可以管理、组织纷繁复杂的数据，并对数据进行分析处理，最后以图表、统计图形的形式给出分析结果。尤其重要的是，Excel 2003提供了强大的统计分析程序，范围涵盖了最基本的统计分析。

Excel 2003以分析工具库和统计函数的形式提供统计分析功能。

下面分别就Excel 2003中的分析工具和统计函数的统计分析功能加以介绍。

（一）分析工具的统计分析功能

Excel软件中提供了15个数据分析工具，称为“分析工具库”。在进行统计分析时使用分析工具可节省步骤。只需为每一个分析工具提供必要的数据和参数，分析工具就会使用适宜的统计函数，在输出表格中显示相应的结果。其中，有些工具在生成输出表格时还能同时生成图表。

1. 统计绘图、制表

利用Excel分析工具库中的“直方图”分析工具，可以进行频数分布处理和绘制直

方图。

2. 描述统计量计算

利用Excel分析工具库中的“描述统计”分析工具，可以计算常用的集中趋势测度、离散程度测度、数据分布测度及其他基本统计量。

集中趋势测度：平均值、中位数、众数。

离散程度测度：极差（全距）、标准误差（相对于平均值）、标准偏差、方差。

数据分布测度：峰值、偏斜度。

数值统计：最小值、最大值、总和、总个数。

利用“排位与百分比排位”分析工具，可以产生一个数据列表，在其中罗列给定数据各个数值的大小次序排位和相应的百分比排位，用来分析数据中各数值间的相互位置关系。

3. 参数估计

利用“描述统计”分析工具，可以计算正态分布下方差未知样本的均值极限误差，从而实现单一总体均值的区间估计。

4. 假设检验

利用F－检验分析工具、t－检验分析工具、z－检验分析工具，可以进行总体均值、方差的假设检验。

(1) 两个总体均值检验：

①利用“z－检验：双样本平均差检验”分析工具，可以在两总体方差已知时，进行两总体均值的假设检验。

②利用“t－检验：双样本等方差假设”分析工具，可以在两正态总体方差未知但相等时，进行两总体均值的假设检验。

③利用“t－检验：双样本异方差假设”分析工具，可以在两正态总体方差未知且不相等时，进行两总体均值的假设检验。

④利用“t－检验：成对双样本均值分析”分析工具，可以进行均值的成对检验。

(2) 两个总体方差检验：

利用“F－检验：双样本方差分析”分析工具，可进行两个总体的方差检验。

5. 方差分析

利用方差分析工具，可进行单因素和双因素的方差分析。

(1) 单因素方差分析：

利用“单因素方差分析”分析工具，可以对两个以上总体均值的显著性差异进行检验。

(2) 双因素方差分析：

利用“无重复双因素分析”分析工具，可以对两个因素各自对实验结果影响的显著性进行检验。

利用“可重复双因素分析”分析工具，可以对两个因素各自对实验结果及两因素交互作用对实验结果影响的显著性进行检验。

6. 相关、回归分析

利用“相关系数”分析工具和“协方差”分析工具，可以对两个及两个以上变量间的相关关系进行分析计算。

利用“回归分析”分析工具，可以建立简单线性回归和多元线性回归模型，并可对模型的有效性进行检验分析。

7. 时间序列分析

利用“指数平滑”分析工具，可对时间序列基于前期预测值导出相应的新预测值，进行趋势分析。

利用“移动平均”分析工具，可对时间序列数据进行移动平均处理，进行数据的趋势分析。

8. 抽样

利用“随机数发生器”分析工具，可以按照用户选定的分布类型，在工作表的特定区域中生成一系列独立随机数。

利用“抽样分析”分析工具，可以以输入区域为总体构造总体的一个样本。当总体太大而不能进行处理或绘制时，可以选用具有代表性的样本。如果确认输入区域中的数据是周期性的，还可以对一个周期中特定时间段中的数值进行采样。例如，如果输入区域包含季度销售量数据，可以以 4 为周期进行。

9. 数据变换

利用“傅里叶分析”分析工具，可以对数据进行快速傅里叶变换（FFT）和逆变换，变换后的数据用于相关系数检验和分析。

（二）统计函数的统计分析功能

Excel 中提供了 78 个统计函数用于统计分析。这些统计函数的统计分析包括以下功能：

1. 频数分布处理

频数分布处理：FREQUENCY

2. 描述统计量计算

（1）集中趋势计算。

算术平均数：AVERAGE、AVERAGEA

几何平均数：GEOMEAN

调和平均数：HARMEAN

中位数：MEDIAN

众数：MODE

四分位数：QUARTILE

K 百分比数值点：PERCENTILE

内部平均值：TRIMMEAN

（2）离散程度计算。

平均差：AVEDEV

样本标准差：STDEVA、STDEV

总体的标准偏差：STDEVP、STDEVPA

样本方差：VAR、VARA

总体方差：VARP、VARPA

样本偏差平方和：DEVSQ

（3）数据分布形状测度计算。

偏斜度：SKEW

峰度：KURT

标准化值 z：STANDARDIZE

（4）数值计算。

计数：COUNT、COUNTA

极值：MAX、MAXA、MIN、MINA、LARGE、SMALL

排序：RANK、PERCENTRANK

3. 概率计算

（1）离散分布概率计算。

排列：PERMUT

概率之和：PROB

二项分布：BINOMDIST、CRITBINOM、NEGBINOMDIS

超几何分布：HYPGEOMDIST

泊松分布：POISSON

（2）连续变量概率计算。

正态分布：NORMDIST、NORMINV

标准正态分布：NORMSDIST、NORMSINV

对数正态分布：LOGINV、LOGNORMDIST

卡方分布：CHIDIST、CHIINV

t 分布：TDIST、TINV

F 分布：FDIST、FINV

β 概率分布：BETADIST、BETAINV

指数分布：EXPONDIST

韦伯分布：WEIBULL

Γ 分布：GAMMADIST、GAMMAINV、GAMMALN、GAMMALN

4. 参数估计

均值极限误差计算：CONFIDENCE

5. 假设检验

方差假设检验：FTEST

均值假设检验：TTEST、ZTEST

6. 卡方检验

拟合优度和独立性检验：CHITEST

7. 相关、回归分析

相关分析：COVAR、CORREL、PEARSON、FISHER、FISHERINV

线性回归分析：FORECAST、RSQ、LINEST、INTERCEPT、SLOPE、STEYX、TREND

曲线回归：LOGEST、GROWTH

附录B 正态分布概率表

t	$F(t)$	t	$F(t)$	t	$F(t)$	t	$F(t)$
0.00	0.0000	0.33	0.2586	0.66	0.4907	0.99	0.6778
0.01	0.0080	0.34	0.2661	0.67	0.4971	1.00	0.6827
0.02	0.0160	0.35	0.2737	0.68	0.5035	1.01	0.6875
0.03	0.0239	0.36	0.2812	0.69	0.5098	1.02	0.6923
0.04	0.0319	0.37	0.2886	0.70	0.5161	1.03	0.6970
0.05	0.0399	0.38	0.2961	0.71	0.5223	1.04	0.7017
0.06	0.0478	0.39	0.3035	0.72	0.5285	1.05	0.7063
0.07	0.0558	0.40	0.3108	0.73	0.5346	1.06	0.7109
0.08	0.0638	0.41	0.3182	0.74	0.5407	1.07	0.7154
0.09	0.0717	0.42	0.3255	0.75	0.5467	1.08	0.7199
0.10	0.0797	0.43	0.3328	0.76	0.5527	1.09	0.7243
0.11	0.0876	0.44	0.3401	0.77	0.5587	1.10	0.7287
0.12	0.0955	0.45	0.3473	0.78	0.5546	1.11	0.7330
0.13	0.1034	0.46	0.3545	0.79	0.5705	1.12	0.7373
0.14	0.1113	0.47	0.3616	0.80	0.5763	1.13	0.7415
0.15	0.1192	0.48	0.3688	0.81	0.5821	1.14	0.7457
0.16	0.1271	0.49	0.3759	0.82	0.5878	1.15	0.7499
0.17	0.1350	0.50	0.3829	0.83	0.5935	1.16	0.7540
0.18	0.1428	0.51	0.3899	0.84	0.5991	1.17	0.7580
0.19	0.1507	0.52	0.3969	0.85	0.6047	1.18	0.7620
0.20	0.1585	0.53	0.4039	0.86	0.6102	1.19	0.7660
0.21	0.1663	0.54	0.4108	0.87	0.6157	1.20	0.7699
0.22	0.1741	0.55	0.4177	0.88	0.6211	1.21	0.7739
0.23	0.1819	0.56	0.4245	0.89	0.6265	1.22	0.7775
0.24	0.1897	0.57	0.4313	0.90	0.6319	1.23	0.7813
0.25	0.1974	0.58	0.4381	0.91	0.6372	1.24	0.7850
0.26	0.2051	0.59	0.4448	0.92	0.6424	1.25	0.7887
0.27	0.2128	0.60	0.4515	0.93	0.6476	1.26	0.7923
0.28	0.2205	0.61	0.4581	0.94	0.6528	1.27	0.7959
0.29	0.2282	0.62	0.4647	0.95	0.6579	1.28	0.7995
0.30	0.2358	0.63	0.4713	0.96	0.6629	1.29	0.8030

续表

0.31	0.2434	0.64	0.4778	0.97	0.6680	1.30	0.8064
0.32	0.2510	0.65	0.4843	0.98	0.6729	1.31	0.8098
1.32	0.8132	1.65	0.9011	1.98	0.9523	2.62	0.9912
1.33	0.8165	1.66	0.9031	1.99	0.9534	2.64	0.9917
1.34	0.8198	1.67	0.9051	2.00	0.9545	2.66	0.9922
1.35	0.8230	1.68	0.9070	2.02	0.9566	2.68	0.9926
1.36	0.8262	1.69	0.9090	2.04	0.9587	2.70	0.9931
1.37	0.8293	1.70	0.9019	2.06	0.9606	2.72	0.9935
1.38	0.8324	1.71	0.9127	2.08	0.9625	2.74	0.9939
1.39	0.8355	1.72	0.9146	2.10	0.9643	2.76	0.9942
1.40	0.8385	1.73	0.9164	2.12	0.9660	2.78	0.9946
1.41	0.8415	1.74	0.9181	2.14	0.9676	2.80	0.9949
1.42	0.8444	1.75	0.9199	2.16	0.9692	2.82	0.9952
1.43	0.8473	1.76	0.9216	2.18	0.9707	2.84	0.9955
1.44	0.8501	1.77	0.9233	2.20	0.9722	2.86	0.9958
1.45	0.8529	1.78	0.9249	2.22	0.9736	2.88	0.9960
1.46	0.8557	1.79	0.9265	2.24	0.9749	2.90	0.9962
1.47	0.8584	1.80	0.9281	2.26	0.9762	2.92	0.9965
1.48	0.8611	1.81	0.9297	2.28	0.9774	2.94	0.9967
1.49	0.8638	1.82	0.9312	2.30	0.9786	2.96	0.9969
1.50	0.8664	1.83	0.9328	2.32	0.9797	2.98	0.9971
1.51	0.8690	1.84	0.9342	2.34	0.9807	3.00	0.9973
1.52	0.8715	1.85	0.9357	2.36	0.9817	3.02	0.9986
1.53	0.8740	1.86	0.9371	2.38	0.9827	3.04	0.9993
1.54	0.8764	1.87	0.9385	2.40	0.9836	3.06	0.99968
1.55	0.8789	1.88	0.9399	2.42	0.9845	3.08	0.99986
1.56	0.8812	1.89	0.9412	2.44	0.9853	4.00	0.99994
1.57	0.8836	1.90	0.9426	2.46	0.9861	4.50	0.999993
1.58	0.8859	1.91	0.9439	2.48	0.9869	5.00	0.999999
1.59	0.8882	1.92	0.9451	2.50	0.9876		
1.60	0.8904	1.93	0.9464	2.52	0.9883		
1.61	0.8926	1.94	0.9476	2.54	0.9889		
1.62	0.8948	1.95	0.9488	2.56	0.9895		
1.63	0.8969	1.96	0.9500	2.58	0.9901		
1.64	0.8990	1.97	0.9512	2.60	0.9907		

附录C　几种常用的统计软件简介

SAS。SAS系统全称为 Statistics Analysis System，最早由北卡罗来纳大学的两位生物统计学研究生编制，并于1976年成立了SAS软件研究所，正式推出了SAS软件。SAS是用于决策支持的大型集成信息系统，但该软件系统最早的功能仅限于统计分析，至今，统计分析功能也仍是它的重要组成部分和核心功能。SAS现在的版本为9.4版。经过多年的发展，SAS已被全世界120多个国家和地区的近3万家机构所采用，直接用户则超过300万人，遍及金融、医药卫生、生产、运输、通信、政府和教育科研等领域。在数据处理和统计分析领域，SAS系统被誉为统计分析的标准软件，并在1996～1997年度被评选为建立数据库的首选产品。

SPSS。SPSS是软件英文名称的首字母缩写，原意为 Statistical Package for the Social Sciences，即“社会科学统计软件包”。但是随着SPSS产品服务领域的扩大和服务深度的增加，SPSS公司已于2000年将英文全称更改为 Statistical Product and Service Solutions，意为“统计产品与服务解决方案”，标志着SPSS的战略方向做出重大调整。SPSS是世界上最早的统计分析软件，由美国斯坦福大学的三位研究生于20世纪60年代末研制，同时成立了SPSS公司，并于1975年在芝加哥组建了SPSS总部。1984年SPSS总部推出了世界上第一个用于个人电脑的统计分析软件SPSS/PC+，开创了SPSS微机系列产品的开发方向，极大地扩充了它的应用范围，并使其能很快地应用于自然科学、技术科学、社会科学的各个领域，世界上许多有影响的报纸杂志纷纷就SPSS的自动统计绘图、数据的深入分析、使用方便、功能齐全等方面给予了高度的评价与称赞。迄今SPSS软件已有30余年的成长历史。全球约有25万家产品用户，它们分布于通信、医疗、银行、证券、保险、制造、商业、市场研究、科研教育等多个领域和行业，是世界上应用最广泛的专业统计软件之一。

EViews。EViews是美国GMS公司1981年发行的 Micro TSP 第1版的 Windows 版本，通常称为“计量经济学软件包”。EViews是 Econometrics Views 的缩写，它的本意是对社会经济关系与经济活动的数量规律采用计量经济学方法与技术进行观察。计量经济学研究的核心是设计模型、收集资料、估计模型、检验模型、运用模型进行预测、求解模型和运用模型。EViews是完成上述任务必不可少的工具。正是由于EViews等计量经济学软件包的出现，使计量经济学取得了进步，发展成为实用与严谨的经济学科。使用EViews软件包可以对时间序列和非时间序列的数据进行分析，建立序列（变量）间的统计关系式，并用该关系式进行预测、模拟等等。虽然EViews是由经济学家开发的，并且大多数被用于经济学领域，但并不意味着该软件包只用于处理经济方面的时间序列数据，EViews处理非时间序列数据照样得心应手。实际上，大型的非时间序列（截面数据）的项目也能在EViews中进行处理。

S 语言（S—PLUS），R 语言。S 语言是由 AT&T 贝尔实验室开发的一种用来进行数据探索、统计分析、作图的解释型语言。它的丰富的数据类型（向量、数组、列表、对象等）特别有利于实现新的统计算法，其交互式运行方式及强大的图形及交互图形功能使得探索数据更加方便。目前 S 语言的实现版本主要就是 S—PLUS。S—PLUS 基于 S 语言，并由 MathSoft 公司的统计科学部进一步完善。作为统计学家及一般研究人员的通用方法工具箱，S—PLUS 强调演示图形、探索性数据分析、统计方法、开发新统计工具的计算方法以及可扩展性。S—plus 有个人电脑版本和工作站版本，它是一个商业软件，可以直接用来进行标准的统计分析得到所需结果，但是它的主要的特点是它可以交互式地从各个方面去发现数据中的信息，并可以很容易地实现一个新的统计方法。另外奥克兰大学的 Robert Gentleman 和 Ross Ihaka 及其他人员开发了一个 R 系统，其语法形式与 S 语言基本相同，但实现不同，两种语言的程序有一定的兼容性。R 语言是一个 GPL 自由软件，它比 S—PLUS 还少许多功能，但已经具有了很强的实用性。

Statistica。Statistica 为一套完整的统计资料分析、图表、资料管理、应用程式发展系统也是对其他技术、工程、工商公司资料挖掘应用等进阶分析的应用程式。此系统不仅包含统计的一般功能及制图程序，还包含特殊的统计应用（例如社会统计人员、生物研究员或工程师）。全新的 Statistica 在功能上，更提供了四种线形模型的分析工具，包括 VGLM、VGSR、VGLZ 与 VPLS。对使用者而言，该软件可以提供完整且具备可选择性的使用者界面，亦可使用程式语言辅助精灵来建立一般的范围，或整合 Statistica 与其他应用程式进行计算，这些都是非常方便好用的模组。Statistica 能提供所有使用者需要的统计及制图程序。另外，Statistica 能够在图表视窗中显示各种分析，以及有别于传统统计范畴的最新统计作图技术，获得许多使用者的好评。Statistica 为基本系列产品，可独立使用此模组，或搭配 Statistica 其他组合产品系列。

Minitab。Minitab 同样是国际上流行的一个统计软件包，其特点是简单易懂。在国外大学统计学系开设的统计软件课程中，Minitab 的重要程度与 SAS、BMDP 并列。MiniTab for Windows 版本比 SAS、SPSS 等小得多，但其功能并不弱，特别是它的试验设计及质量控制等功能。MiniTab 目前的最高版本为 18，它提供了对存储在二维工作表中的数据进行分析的多种功能，包括基本统计分析、回归分析、方差分析、多元分析、非参数分析、时间序列分析、试验设计、质量控制、模拟、绘制高质量三维图形等。从功能来看，Minitab 除各种统计模型外，还具有许多统计软件不具备的功能——矩阵运算。

Stata。Stata 作为一个小型统计软件，在许多方面甚至优于其他大型统计软件。由于 Stata 在分析时是将数据全部读入内存，在计算全部完成后才和磁盘交换数据，因此计算速度极快。Stata 也是采用命令行方式来操作，但使用上比 SAS 简单。用 Stata 绘制的统计图形相当精美，很有特色。Stata 的另一个特点是它的许多高级统计模块均是编程人员用其宏语言写成的程序文件（ADO 文件），这些文件可以自行修改、添加和下载。用户可随时到 Stata 网站寻找并下载最新的升级文件。事实上，Stata 的这一特点使其成为几大统计软件中升级最多、最频繁的一个。Stata 最大的缺点数据接口太简单，只能读入文本格式的数据文件；其数据管理界面也过于单调。

TSP。TSP是一种用于经济模型估算和模拟的完整语言。虽然TSP主要由经济学家开发并发展，但它的设计并未将其限制在经济领域。任何由相同变量的重复观测得到的数据，都可用TSP分析。

SYSTAT。SYSTAT由美国SYSTAT公司于20世纪70年代推出，因方法齐全、速度快、精度高、软件小、处理数据量大而大受欢迎，成为目前较为流行的通用数据分析软件包之一，在我国也曾风靡一时。但随着市场的风云变幻，于1994年9月为SPSS公司兼并。但幸运的是，SPSS公司并没有放弃SYSTAT的开发研究，它通过调整产品布局，利用SYSTAT较为突出的图形优势，发展MAC平台上的产品系列使得SYSTAT焕然一新。SPSS在兼并BMDP后，拟将UNIX平台版本划入SYSTAT发展，SYSTAT几乎可以完成统计研究者所需要的任何统计要求，软件包含有包括世界地图、三维图、经纬图等普通及特殊的图像模型，它虽然还没有SPSS的软件包先进，但比SPSS价格低，而且硬盘容量要求更小。

参考文献

[1] 陶靖轩．应用统计学［M］．北京：中国计量出版社，2003.
[2] 李时．应用统计学［M］．北京：清华大学出版社，2005.
[3] 卫海英．应用统计学［M］．1版．广州：暨南大学出版社，2001.
[4] 谢忠秋，等．应用统计学［M］．1版．上海：立信会计出版社，2005.
[5] 张举刚．统计基础与方法［M］．2版．北京：中国财政经济出版社，2005.
[6] 史书良．统计学原理［M］．1版．北京：清华大学出版社，2007.
[7] 贾怀勤．应用统计［M］．1版．北京：中国对外经济贸易出版社，2002.
[8] 欧耿生，等．统计学原理［M］．1版．长沙：中南大学出版社，2004.
[9] 罗洪群，王青华．新编统计学［M］．1版．北京：清华大学出版社，2009.